Rolf Beyer
König Salomo

Rolf Beyer

# KÖNIG SALOMO

Vom Brudermörder zum Friedensfürsten

Gustav Lübbe Verlag

Meinem Freund Jürgen von Eisenwein gewidmet.

© 1993 by Gustav Lübbe Verlag GmbH, Bergisch Gladbach
Umschlaggestaltung: Manfred Peters, Bergisch Gladbach
Satz, Druck und Einband: Friedrich Pustet, Regensburg
Alle Rechte vorbehalten.
Kein Teil dieses Buches darf ohne ausdrückliche
Genehmigung des Verlages in irgendeiner Form
reproduziert oder übermittelt werden, weder in
mechanischer noch in elektronischer Form,
einschließlich Fotokopie.
Printed in Germany
ISBN 3-7857-0669-3

# Inhalt

# Einleitung

König Salomo weckt viele Assoziationen. Wer Frauen liebt, dem gilt er als Liebhaber schlechthin; wer Weisheit sucht, dem erscheint er als Prototyp des Weisen; wer Frieden ersehnt, dem glänzt sein Zeitalter als eine beispiellose Epoche des Friedens. Salomos bedeutendstes Werk – der Tempelbau in Jerusalem – wuchs auf zu einem der mächtigsten Symbole menschlichen Hoffens und Sehnens.

Salomo gilt auch als großer Dichter, der die Schöpfungswerke der Natur besang, der in Sprüchen und Liedern Liebes-, Lebens- und Weltweisheit kundgab; das »salomonische Urteil« ist sprichwörtlich geworden. Von Legenden umrankt, lebt weiter der geheimnisvolle Besuch jener namenlosen Königin von Saba, die nach Jerusalem kam, um den König mit Rätselfragen zu prüfen. Salomos Reichtum an Gold, Silber und Edelsteinen, seine Palast- und Festungsbauten, nicht zuletzt sein elfenbeinerner Thron werfen Glanzlichter, die den König und seine Werke in jene Aura einhüllen, die eher dem Märchen als der tatsächlichen Geschichte anzugehören scheint. Wie selten eine Gestalt der Geschichte bietet sich König Salomo an als Medium von Hoffnungen und Sehnsüchten, von Gaben und Erfüllungen, die den Nachgeborenen unerreichbar waren und sind.

Glanzlichter verwandeln sich aber schnell in Irrlichter, die diffuse Schatten werfen. Dann verwandelt sich auch das Bild des Königs: Seine Liebe zu den Frauen erscheint als Alterstorheit, sein unermeßlicher Reichtum als erworbener, aber nicht erarbeiteter Besitz, seine Bauwut als abgepreßt einem Volk, das unter Fronarbeit stöhnte. Seine tolerante Religionspolitik erweist sich dann als Abfall vom traditionellen Jahwe-Glauben, seine gepriesene Weisheit als befremdlicher Umgang mit den unteren, den dämonischen Mächten.

Salomo erscheint aber nicht nur in einem verwirrenden Spiel und Widerspiel von Idealisierungen und Dämonisierungen, in denen seine wirkliche Gestalt entweder zu verglühen oder zu verdampfen droht. Sein Königtum wird auch politischen Interessen dienstbar gemacht. »So war Salomo Herr über alle Königreiche, vom Euphrat-Strom bis zum Philisterland und bis an die Grenze Ägyptens« – auf diesen Satz der Salomo-Überlieferung berufen sich heute noch einflußreiche Kreise im Judentum zur historischen Legitimation »großisraelischer« Interessen. Ob darauf Segen oder Fluch liegt, ist eine Frage zukünftiger Geschichte. Ob die Berufung auf das Groß-reich Salomos historisch zu Recht oder Unrecht besteht, diese Frage muß hier und heute beantwortet werden.

Den »wirklichen« Salomo und seine Zeit lebendig werden zu lassen ist ein schwieriges Unternehmen, da die Bedingungen für ein solches Unterfangen denkbar ungünstig sind. Allein die Bibel gibt uns Kunde von Salomo; ansonsten schweigen die altorientalischen Quellen. Kein Wort über ihn in ägyptischen Texten oder Inschriften, obwohl Salomo doch mit einer ägyptischen Prinzessin verheiratet gewesen sein soll. Dieses Schweigen der altorientalischen Quellen hat einige Forscher dazu verführt, die Geschichtlichkeit Salomos überhaupt in Frage zu stellen.

Doch Vorsicht: Schauen wir uns einmal etwas genauer die israeli-tischen Könige an, die in altorientalischen Quellen – außerhalb der Bibel – genannt werden: Als erster wird der nordisraelitische König Omri – er wirkte etwa fünfzig Jahre nach Salomos Tod – bezeugt, und zwar in der sogenannten Mescha-Stele, die sich heute im Louvre befindet. Die Stele, benannt nach dem moabitischen König Mescha, handelt vom Sieg der Moabiter über das Haus Omris.

Der zweite König in einer außerbiblischen Quelle ist der nordis-raelitische König Ahab (871–852 v. Chr.). Auf der »Kurkh-Stele« des assyrischen Königs Salmanassar III. (858–824 v. Chr.) taucht König Ahab als einer jener Könige auf, die vom Assyrerkönig unterworfen wurden. Eine weitere Inschrift Salmanassars III. nennt den nordis-raelitischen König Jehu (845–818 v. Chr.), der als Tributpflichtiger aufgeführt wird. Der assyrische König hat dieses Ereignis aus dem

Jahre 841 v. Chr. für so wichtig gehalten, daß er es sogar bildlich auf jenem berühmten »Schwarzen Obelisken« darstellen ließ, der sich heute im Britischen Museum in London befindet. König Jehu liegt niedergeworfen vor dem siegreichen Assyrerkönig, dem er ganz unmajestätisch zu huldigen hat (Abb. 11). Die Bildunterschrift lautet: »Tribut des Jehu, Sohn des Omri: Ich empfing von ihm Silber, Gold, eine Schale aus Gold, eine Vase mit spitzem Boden aus Gold, Becher aus Gold, Eimer aus Gold, Zinn, ein Königszepter ...«[1]

Wir könnten jetzt fortfahren und weitere außerbiblische Zeugnisse anführen, die alle eines gemeinsam haben: Sie präsentieren die Könige Israels *ausschließlich* als Besiegte, Gefangene, Tributpflichtige. Allein der »Unterlegenheitsstatus« bringt die Könige Israels erst in die außerbiblischen Dokumente hinein. Und genau das scheint zu erklären, warum König Salomo außerhalb der Bibel nicht aufzutreten vermochte: König Salomo wurde weder besiegt noch gefangengenommen; er entrichtete keine Tributleistungen; er führte keinen einzigen Krieg. So ist es letztlich das Friedenswerk König Salomos, das ein Eingehen in außerisraelitische Quellen verhinderte.

Nur die Bibel berichtet von König Salomo: so die ersten zwölf Kapitel des Könige-Buches (1. Könige 1–12) und ein kürzerer Parallelbericht im Geschichtswerk des Chronisten (2. Chronik 1–9), daneben noch eine kurze Geburtsnotiz (2. Samuel 12,24f.). Aber die biblischen Zeugnisse sind nur sehr bedingt als historische Quellen auswertbar. Die Könige-Bücher wurden gut vier Jahrhunderte nach Salomos Wirken geschrieben, der chronistische Bericht über Salomo sogar noch später, etwa siebenhundert Jahre nach Salomos Tod. Für die biblischen Verfasser war Salomo schon längst eine Gestalt fernster Vergangenheit, nur eine Gestalt unter vielen, die in der israelitischen Geschichte kamen und gingen.

Zwar schrieben die biblischen Verfasser ein Geschichtsbuch, doch um geschichtliche Kunde ist es ihnen in erster Linie nicht gegangen. Die Verfasser der Könige-Bücher suchten Antwort auf die furchtbaren Katastrophen, die über Israel hereingebrochen waren: jene Auslöschung des nordisraelitischen Staates im Jahre 722 v. Chr. durch die Assyrer, vor allem aber die schreckliche Zerstörung Jeru-

salems und des Königreichs Juda durch den babylonischen König
Nebukadnezar im Jahre 587 v. Chr. Der salomonische Tempel sank
damals in Schutt und Asche; die Tempelgeräte wurden zerschlagen,
eingeschmolzen oder nach Babylon verbracht. Die judäische Oberschicht erlitt das Schicksal der babylonischen Gefangenschaft.

Die Verfasser der Könige-Bücher schrieben aus der Perspektive
dieser Katastrophe, in welcher auch die letzten Reste des salomonischen Erbes – das Königtum, die staatliche Unabhängigkeit, die
grandiosen Bauten Jerusalems – vernichtet wurden. Ihr Blick auf die
Geschichte Israels war nicht der sachlich neutrale Blick archivieren-
der Historiker, die »sine ira et studio« festhielten und überlieferten,
sondern ein religiös bestimmter »Katastrophenblick«, der ergründen wollte, wie es zum Zusammenbruch des Königreiches, zur
Zerstörung Jerusalems und des salomonischen Tempels hatte kommen können.

Die Antwort der biblischen »Historiker« war von einfacher und
fast brutaler Eindeutigkeit: das Volk Israel sei vom reinen Jahwe-
Glauben abgefallen, die Katastrophen seien also Strafgerichte Jahwes gewesen. Erbarmungslos wurden auch die Könige Israels aus
dieser Perspektive des Strafgerichts behandelt. Die Mehrzahl unter
ihnen verfiel der religiösen Verurteilung. Auch Salomo konnte dem
strafend harten Blick nicht standhalten, da er sich – so die religiösen
»Historiker« – anderen, fremden Göttern zugewandt habe. Der
Blick, den die biblischen Könige-Bücher auf Salomo werfen, ist
deshalb ein letztlich »böser« Blick, geboren aus dem Schmerz und
der Betroffenheit über jene Katastrophe, durch die das Werk Salomos endgültig der Vernichtung preisgegeben wurde. Uns aber bleibt
die beunruhigende Frage, ob dieses aus der Qual der Katastrophe
geborene Bild Salomos der historischen Wahrheit entspricht.

Zweifel sind angebracht. So zeichnet der Parallelbericht im Chro-
nikbuch der Bibel ein anderes Bild des Königs, ein mit ihm versöhn-
tes. Kein Wunder, denn als die Verfasser der Chronik über Salomo
schrieben, schien die Katastrophe Israels schon überwunden: Babylon war entmachtet, und der Perserkönig Kyros hatte den exilierten
Juden erlaubt, nach Jerusalem zurückzukehren – so im berühmten

Kyros-Edikt aus dem Jahre 538 v. Chr. Dem einstigen Königreich Judäa wurde eine begrenzte Autonomie eingeräumt. Es kam zum Wiederaufbau des zerstörten Jerusalem, später durfte eine Stadtmauer errichtet werden. Vor allem aber wurde ein neuer Tempelbau gestattet. Auf ihn richtete sich die Hoffnung der Propheten, wovon die Tempelvisionen Sacharjas Zeugnis ablegen; auf ihn konzentrierten sich die Anstrengungen religiöser Kreise, die einen priesterlichen Tempelstaat errichten wollten. Die Verfasser des chronistischen Geschichtswerkes sind aus diesen priesterlichen Kreisen hervorgegangen.

In ihrer Phantasie verklärte sich das Bild König Salomos und seiner Epoche. Ihnen erschien Salomo vornehmlich als frommer König, der den ersten Tempel erbaut, den Tempelkult eingeführt und eine priesterliche Lebensordnung gestiftet hatte. Der im Könige-Buch berichtete Abfall Salomos vom reinen Jahwe-Glauben wurde jedoch vollständig ausgeblendet. Auch die priesterlichen Chronisten erzählten Salomos Geschichte nicht als Historiker, sondern formten ein Bild Salomos, das ihren priesterlichen Interessen entsprach.

So sind wir wieder zurückgeworfen auf die Frage, wie ein historisch zutreffendes Bild von Salomo zu zeichnen ist. Erschwerend kommt hinzu, daß die Person Salomos hinter seinem Werk zu verschwinden droht. Daß er geboren wurde, wird immerhin mitgeteilt, aber kein Wort fällt über seine Kindheit und Jugend, über sein Erwachsenwerden. Allein die Situation seiner Königserhebung wird genauer beschrieben, dann einiges über die Phase seiner Thronsicherung – brutale Machtkämpfe, deren grausiges Einerlei uns eher abstoßen möchte. Ansonsten nur wilde und wirre, zum Teil durcheinandergeratene Notizen über alles Mögliche und Unmögliche: über die phantastische Zahl von siebenhundert Ehefrauen und dreihundert Nebenfrauen, über unglaubliche Reichtümer, über Fahrten ins legendäre Ophirland, über Tempel- und Palastbauten, über Gedichte, Richtersprüche und Gebete, dazwischen Beamtenlisten, Verwaltungs- und Vertragsnotizen.

Die Person Salomos bleibt dabei merkwürdig schwach porträtiert, im Unterschied etwa zu seinem Vater David, dessen Lebens-

geschichte dramatischen Konflikten, grandiosen Leidenschaften
und entsetzlichen Schwächen ausgesetzt war. Im Unterschied auch
zu Saul, dem ersten König Israels, dessen Lebensgang von tiefer
Tragik umschattet ist. Salomo hingegen scheint keinen Stoff abzu-
geben, aus dem Legenden oder Romane geschmiedet werden. Wer
es dennoch gewagt hat, sich Salomo literarisch zu nähern – etwa
Gérard de Nerval oder Stefan Heym –, kommt zu einem eher negativen Bild Salomos, das selbstverständlich mit dem historischen
Salomo kaum etwas gemein hat.

Unser Dilemma hat sich vergrößert. Eine historisch korrekte
Darstellung Salomos scheint uns auf Grund der desolaten Quellenlage nicht zu gelingen, eine lebensvolle Biographie Salomos, die es
eher mit der menschlich-allzumenschlichen Wahrheit aufzunehmen hätte, bleibt uns aber ebenso verwehrt. Doch jetzt gilt es
einzuhalten. Gerade der merkwürdig unausgeglichene Charakter
der Quellenlage, die erstaunlichen Spannungen, Brüche und Wider-
sprüche in der biblischen Überlieferung sind unsere Chance. Sie
weisen darauf hin, daß den biblischen Erzählern umfangreichere
Quellen zur Verfügung standen, die in die biblischen Erzählungen
aufgenommen, überarbeitet, gedeutet wurden. Vieles aus diesen
alten Quellen wurde aber auch weggelassen.

Die biblische Überlieferung verweist selbst auf eine »Chronik
von Salomo« (1. Könige 11,41), auf eine »Geschichte des Propheten
Nathan«, auf die »Prophezeiungen Ahijas von Silo« und auf die
»Gesichte des Sehers Jedo« (2. Chronik 9,29), in denen anderes und
mehr von Salomo überliefert werde. Diese Quellen, die wohl der
unmittelbaren Zeit Salomos zuzuordnen wären, sind leider ver-
lorengegangen. Was auf uns gekommen ist, sind also späte Ge-
schichtswerke, die altes Material aufnahmen und überarbeiteten,
vieles aber wegließen, was den Erzählerinteressen nicht mehr entsprach. Uns aber ist aufgegeben, das »historische Urgestein« freizulegen, jenes Ungesagte zum Sprechen zu bringen, das in den
Texten verschwiegen wurde.

Ist das überhaupt möglich? Eine Antwort zeichnet sich ab, wenn
wir die Überlieferungskomplexe über Salomo etwas genauer ins

Auge fassen, eine Anstrengung, der sich ganze Forschergenerationen gewidmet haben.[2]

Salomo tritt erstens auf in jener Überlieferungsschicht, die als »Thronnachfolgegeschichte Davids« bezeichnet wird.[3] Diese wurde wohl schon während der Zeit Salomos abgefaßt und erzählt die unglückselige Geschichte des David-Hauses, eine Geschichte von Vergewaltigungen und Machtkämpfen (2. Samuel 9–20). Salomo tritt erst am Ende dieser Geschichte auf, als er inthronisiert wird und mit ungewöhnlich brutalen Mitteln seine Macht sichert (1. Könige 1–2). Salomo erweist sich dabei als Bluträcher und Brudermörder. Von positiven Taten Salomos weiß die »Thronnachfolgegeschichte Davids« nichts zu berichten. Im Gegenteil: Der mörderische Salomo wird eindeutig kritisch gesehen. Zwar wird sein Königtum nicht grundsätzlich in Frage gestellt, aber der Eindruck vermittelt, als wolle man Salomo einen Spiegel vorhalten, ihn – den Bluträcher und Brudermörder – zur Besinnung bringen.[4]

Es ist bemerkenswert, daß man um den mörderischen Salomo immer einen großen Bogen gemacht hat. Bis heute gibt es keine genauere Untersuchung, die den Hintergrund seiner finsteren Taten ausleuchtet. Diese Aufgabe wird im ersten Kapitel dieses Buches angegangen, wobei ein »Psychogramm« Salomos entwickelt wird, das ihn als Angehörigen einer »archaischen« Bewußtseinskultur ausweist. Die Brisanz der Ergebnisse besteht im Nachweis, daß selbst den biblischen Verfassern die archaischen Hintergründe im Charakterbild Salomos schon nicht mehr bewußt waren.

Der zweite Überlieferungskomplex (1. Könige 3–10) bietet hingegen einen gewandelten Salomo. Nicht der mörderische, sondern der weise, reiche und tolerante Salomo beherrscht jetzt die Szene, jener Salomo, der Sprüche und Lieder verfaßt, der als Bauherr von Tempeln, Palästen und Städten agiert, der in Diplomatie und Handel, Verwaltung und Wirtschaft erstaunliche Resultate erzielt. Das positive Salomo-Bild dieser zweiten Überlieferungsschicht ist nur sehr fragmentarisch überkommen: archivalische Nachrichten mit Listencharakter, Bauberichte, Verwaltungsnotizen, aber auch ausgeführte Erzählungen über Salomos Weisheit sind bunt gemischt. Die Nach-

richten scheinen hauptsächlich jener »Chronik Salomos« (1. Könige
11,41) zu entstammen, auf die wir schon hingewiesen haben.
Ein Hauptinteresse des vorliegenden Buches besteht nun darin,
das »historische Urgestein« des positiven – vielleicht idealisierten –
Salomo-Bildes der zweiten Überlieferungsschicht freizulegen, vor
allem zu verstehen, wie aus dem mörderischen der friedliebende,
weise und tolerante König werden konnte. Der Lösungsversuch –
vorgelegt im zweiten Kapitel – kommt zu ganz ungewöhnlichen
Ergebnissen, die in der bisherigen Auseinandersetzung um Salomo
noch nie thematisiert wurden.
Noch ein dritter Überlieferungskomplex muß beachtet werden.
Er läßt sich erheben aus dem elften Kapitel des Könige-Buches und
behandelt das Ende Salomos. Die Grenzen des Königs werden sichtbar, Erklärungen angeboten, wie es zum Zerfall des salomonischen
Friedensreiches kommen konnte. Ein Gegenspieler Salomos – Jerobeam aus Ephraim – tritt auf; ein Prophet – Ahija von Silo – verheißt
diesem das Königtum über die nordisraelitischen Stämme, die sich
vom Judäischen Königreich abspalten. In dieser dritten Überlieferungsschicht wird Salomo wieder sehr kritisch gesehen, aber nicht
aus der Perspektive der Jerusalemer Hofkreise, sondern aus dem
Blickwinkel nordisraelitischer und prophetischer Oppositionskreise,
die dem Jerusalemer Königtum ablehnend gegenüberstanden.[5]
Der dritte Überlieferungskomplex wird uns davor bewahren,
Salomo voreilig zu idealisieren. Wir verabschieden uns allerdings
von der biblischen Interpretation, als seien religiöse Gründe – vor
allem Salomos Abfall vom reinen Jahwe-Glauben – verantwortlich
gewesen für sein letztendliches Scheitern. In Wahrheit standen sich
unterschiedliche »Königsideologien« gegenüber, die zum Auseinanderbrechen des salomonischen Großreiches führten.
In einem vierten Überlieferungsschritt werden die drei genannten Überlieferungskomplexe von Verfassern zusammengeführt, deren Hand überall zu spüren ist.[6] Sie haben die ihnen vorliegenden, in
sich widersprüchlichen Überlieferungen zu jenem Werk vereinigt,
das heute in der Bibel dargeboten wird. Diese Verfasser sind jene, die
angesichts der Katastrophe von 587 v. Chr. das ihnen vorliegende

Material umgearbeitet haben. In der Forschung nennt man sie
»Deuteronomistische Redaktoren«, da sie sich an den strikten Aussagen des fünften Mose-Buches, am Deuteronomium, orientierten.
Sie unterdrückten dabei weder die positiven noch die negativen
Nachrichten über Salomo, die sie vorfanden, steuerten aber ein
weiteres Salomo-Bild bei: Für sie gehört Salomo zu jenen Königen,
die vom reinen Jahwe-Glauben abgefallen waren. Daß sich Salomo
ihrem Katastrophenblick jedoch nicht fügen will, ist offensichtlich.
Hätte Salomo nicht schon zu seinen Lebzeiten gestraft werden müssen, da er von Jahwe abgefallen war? Das jedenfalls war die Meinung
der »Deuteronomistischen Redaktoren«, aber dieselben müssen fast
widerwillig konstatieren, daß Salomo nach einem langen Königs-
leben ein friedliches Ende fand (1. Könige 11,9ff.).

Ein wesentliches Interesse des vorliegenden Buches wird darin
bestehen, jenen Schleier, den die »Deuteronomistischen Redaktoren« über den »historischen« Salomo gelegt haben, wegzuziehen.
Das aber heißt, die biblische Überlieferung, so wie sie sich uns heute
darbietet, an entscheidenden Stellen zu destruieren. Was aber auf
den ersten Blick wie eine Zerstörung aussieht, ermöglicht uns in
Wahrheit, das Bild des »historischen« Salomo zu rekonstruieren.

Wir werden dabei die faszinierende Entdeckung machen, daß
Salomos Lebenswerk in einer bisher unentdeckten Weise dem Frieden verpflichtet war. Das hört sich alles andere als spektakulär an,
denn leider ist es nicht Frieden, sondern der Krieg, der seit jeher die
Phantasie des Menschen bewegt und gefesselt hat. So kommt es, daß
altorientalische und antike Geschichtsschreibung weitgehend oder
ausschließlich »Kriegsberichterstattung« ist. Und auch die biblische
Geschichtsschreibung des Alten Testaments ist davon nicht auszu-
nehmen. Der Frieden hingegen steht auf den ungeschriebenen Seiten der Geschichtsbücher.

Ist es nicht ein denkwürdiges Phänomen menschlicher Bewußt-
seinsgeschichte, daß der Frieden ein dürres, blasses, unentwickeltes
Thema geblieben ist? Selbst Kinder spielen Krieg. Wer hätte schon
einmal Kinder beobachtet, die »Frieden spielen«. König Salomo
hingegen repräsentiert – das ist die Grundintention des vorliegenden

Buches – ein mögliches Gegenbild zur unterdrückten und unentwik-
kelten Friedensgeschichte der Menschheit.

Doch schon die biblische Erzählung über Salomo, wie sie uns heute
vorliegt, hat nicht mehr die lebendige, machtvolle, phantasiebeweg-
ende Kraft von Salomos Friedenswerk erfaßt und gewürdigt. Zwar
verschweigt sie nicht, daß unter Salomo Frieden herrschte, doch
Frieden wird nur als »Abwesenheit von Krieg« wahrgenommen, nicht
aber als Lebensprinzip, das alle Aktivitäten des Königs durchwirkt,
auch jene, die von den biblischen Verfassern abgelehnt wurden.

Um diesen König des Friedens geht es im vorliegenden Buch,
einen König, dem bisher keine besondere Aufmerksamkeit seitens
der beamteten Forscher zuteil geworden ist.[7] Auch sonst steht König
Salomo außerhalb des öffentlichen Interesses. Wohlwollender steht
ihm hingegen das »untergründige« Wissen aller Zeiten gegenüber,
das ihn in Glanz und Gloria idealisiert, seinen Reichtum auf durchweg naive Weise bewundert, seine Weisheit bis ins Sprichwort
hinein rühmt, seinen Tempelbau als Sinnbild von Erfüllung und
Hoffnung versteht, obwohl er in Schutt und Asche gelegt ist. Vielleicht ist im trivialen Verständnis mehr an Wahrheit enthalten als in
gelehrten Abhandlungen, in denen eher die Defizite des Königs
hervorgehoben werden.

Die vorliegende Rekonstruktion des »historischen« Salomo versucht, das Lebenswerk dieses Königs lebendig zu machen, indem sie
den bestimmenden Weg des Friedens in seinen Werken konsequent
nachgeht. Wir verfallen dabei keiner idealisierenden Überschätzung
des Königs, da es kein billiges Werk war, dem er sich verschrieb.
Denn König Salomo trat nicht als Friedenskönig an, sondern als
Bluträcher und Brudermörder. Dennoch vollzieht sich eine erstaunliche Wandlung, deren Hintergründe aufgedeckt werden müssen –
mit bis heute nicht durchschauten Motiven, die uns verständlich
machen, was es mit der vielgerühmten Richterweisheit Salomos
wirklich auf sich hatte.

Doch Motive sind eine Sache, die Verwirklichung eine andere. So
haben wir einzutreten in das politische Lebenswerk König Salomos,
haben zu ergründen, was es mit seiner Heiratspolitik, seiner Han-

dels- und Wirtschaftspolitik auf sich gehabt hat. Es ist bezeichnend, daß man auf dem Gebiet der »oberflächlichen« Geschichtsrekonstruktion relativ weit vorangekommen ist. Wir meinen jedoch, daß es bisher nicht gelungen ist, Salomos tiefster Impulse bei seiner Verwaltungs- und Heeresreform, bei der Anlage seiner Festungsstädte usw. ansichtig zu werden. Die Freilegung des salomonischen Friedenswerkes ermöglicht uns auch, Salomos bedeutendste Leistung – den Tempelbau in Jerusalem – in neuem Lichte zu sehen. Schon die biblische Überlieferung hat – so unsere These – den Friedenscharakter des Tempelbaus nicht mehr angemessen verstanden.

Ganz und gar verdunkelt wurde von den biblischen Verfassern Salomos Religionspolitik, deren tolerante Grundhaltung als Abfall vom reinen Jahwe-Glauben verurteilt wurde. Was es wirklich auf sich hatte mit »Salomos Religion«, ist eine erregende Frage – mit frappierenden Antworten, die uns erlebbar machen, wie tief Salomos Friedenswerk auch den Lebensnerv der israelitischen Religion betraf und traf. Unsere These lautet, daß Salomo nicht in Altersverblendung, sondern schon während des Tempelbaus mehr als nur Sympathien für Astarte, die Göttin der Phönizier, bekundete, daß er – anders als die Propheten und strengen Jahwe-Gläubigen – auch dem Gotte Baal einen Raum im israelitischen Glauben einzuräumen vermochte. Sein Friedenswerk bedeutete nicht fanatische Abschließung fremden Erfahrungen gegenüber, sondern verwandelnde Aneignung dessen, was andere als Bedrohung erlebten und bekämpften.

Und wie stand es mit Salomos innerer Erfahrung? Sein Lebensgefühl setzte auf Offenheit und Weite – ausgeführt in jenem, was man traditionell »salomonische Weisheit« oder neuerdings sogar »salomonische Aufklärung«[8] zu nennen bereit war. Doch worin bestand Salomos Weisheit eigentlich? Unsere Antwort eröffnet bis heute unerkannte Perspektiven, in denen auch der Besuch der rätselhaften Königin von Saba eine neue Beleuchtung erhält. Kam sie wirklich, um Salomos Weisheit mit Rätseln zu prüfen, oder stellte sie König Salomo auf ganz andere Weise auf die Probe? War sie eine »dämonische« Gestalt, wie es die spätere jüdische Legende wissen wollte, oder Stammutter des Islam, wie es der Koran suggeriert? Was trieb sie – die schwarze Königin – in Äthiopien, wohin sie nach der Entlassung durch Salomo großzügig versetzt worden war? Die Königin von Saba eröffnet uns exotische, weite Perspektiven.

Von tragischem Scheitern scheinen hingegen Salomos letzte Lebensjahre verdunkelt, so daß wir nicht umhinkönnen, Salomos auch als eines »Menschen in seinem Widerspruch« ansichtig zu werden. Hat Salomo in seinem Alter resigniert, ist er vielleicht Verfasser jenes Prediger-Buches der Bibel, das vom großen »Vergeblich des Lebens« weiß? Darauf versucht das letzte Kapitel eine Antwort zu finden.

Leider ist die biblische Salomo-Überlieferung durch eine verengte Perspektive geprägt. Nur Phänomene, die den Jerusalemer Hofkreis betreffen, kommen in den Blick. Das Verhältnis der Bevölkerung zu Salomo wird fast ganz ausgeblendet. Überhaupt ist von den Menschen außerhalb des Hofes, von ihren Lebensverhältnissen kaum die Rede. Um ein Bild der salomonischen Alltagsgeschichte zu gewinnen, wird es notwendig sein, neben der Bibel auch aus anderen Überlieferungen zu schöpfen. Eine wichtige Rolle wird dabei den archäologischen Zeugnissen zukommen. Die Ausgrabungen in Hazor, Geser und Megiddo – vorgenommen in den letzten fünfunddreißig Jahren – haben uns mit Monumenten bekannt gemacht, die der Zeit Salomos zuzurechnen sind; es gelang sogar, Wehrtürme freizulegen, die eindeutig auf Salomo als Bauherrn zurückzuführen sind. Archäologen kommt auch das Verdienst zu, den Tempel in Arad ausgegraben zu haben, der zweifelsfrei in die Zeit Salomos gehört, in der Bibel jedoch nirgends erwähnt wird.

Das Bild Salomos und seiner Zeit kann weiterhin aufgehellt werden durch die Heranziehung von altorientalischem Vergleichsmaterial. Besonders die ägyptische Weisheit wird eine wichtige Rolle spielen. Sie lehrt uns, was es wirklich mit der »Friedensweisheit« Salomos auf sich hatte, was wir unter Salomos Natur- und Lebensweisheit zu verstehen haben, wie das Sprüche-Buch und das Hohelied der Bibel einzuordnen sind. Stammen Sprüche-Buch und Hoheslied wirklich von Salomo, wie die biblische Überlieferung suggeriert, oder ist Salomo nur als »fiktiver Verfasser« in Anspruch genommen?

Wer sich mit Salomo beschäftigt, wird hinweggeführt in eine fremde Welt. Das aber heißt: Mit »Modernismen« ist Salomo nicht beizukommen. Und dennoch leuchtet sein Friedenswerk auch in unsere Zeit hinein. Wer Frieden als Lebensmacht erfahren möchte, hat in Salomo ein weit über seine Zeit hinausweisendes Leitbild. Doch auch Friedenserfahrungen sind nicht billig zu haben. Das galt für Salomo, der sich aus einer mörderischen, »archaischen« Vorgeschichte herausarbeiten mußte, das gilt für uns, die wir uns gleichsam zurückarbeiten müssen in eine versunkene Welt. Es ist die Bereitschaft erforderlich, sich einzulassen auf ungewöhnliche Erfahrungen, die drei Jahrtausende zurückliegen, sich faszinieren zu lassen von Fremdem und Vergangenem, ohne welches die Gegenwart schal und bedeutungslos wäre.

## 1. Kapitel

## »Es lebe König Salomo« –
## Der mörderische Salomo

Salomo war der Sohn einer verbotenen Leidenschaft und eines Verbrechens; seine Mutter Bathseba war eine Ehebrecherin, sein ehebrecherischer Vater David wurde zum Mörder am Ehemann der Geliebten. Das ist der düstere Hintergrund, dem sich Salomos Geburt verdankt. Salomo tritt ins Leben – von Anbeginn belastet mit einem schicksalhaften Erbe. Wir wissen nicht, wie, wann und wo Salomo sich der verbrecherischen Leidenschaft seiner Eltern bewußt geworden ist. Denn über Kindheit, Jugend und Erwachsenwerden Salomos wird nichts überliefert.

Überliefert allerdings ist, daß man Hoffnungen auf ihn setzte. Man nannte ihn »Salomo, den Friedliebenden«, so, als solle der dunkle Schatten verbrecherischer Leidenschaft gebannt werden; der Hofprophet Nathan gab ihm den Namen »Jedidja, den von Gott Geliebten« (2. Samuel 12,24 f.). Diese Namen sind Hoffnungszeichen, doch es war keine billige Hoffnung, die an Salomo geknüpft war. Wie jeder Sohn hatte auch Salomo die Aufgabe, sich dem zu stellen, was Vater und Mutter an Last und Vermächtnis, an Einfluß und Chance dem Nachgeborenen übereignet oder auferlegt hatten. Salomos Erbe war nicht das leichteste, denn überlebensgroß mußte sich das Bild des mörderischen Vaters und der ehebrecherischen Mutter auf seine Seele legen. Wer vom Sohn erzählen will, muß folglich von Vater und Mutter erzählen. Erzählen wir also die Geschichte von David und Bathseba, ohne die Salomo nicht das geworden wäre, was er wurde. Das Bild Davids muß etwas genauer gezeichnet werden, da Salomo das Gegenteil seines Vaters war.

## DAVID, DER VATER SALOMOS

David kam als junger Mann an den Hof von König Saul, jenem König, der nach glanzvollem Anfang von Altersschwermut heimgesucht wurde. Er kam als Harfenspieler, der den »bösen Geist« des Königs durch Saitenspiel und Gesang besänftigen sollte. Saul gewann den Harfenspieler lieb, denn die Schwermut wich von ihm, wenn David spielte und sang. David war ein schöner Mann, aber nicht nur den Musen zugewandt: Er wurde Waffenträger des Königs. Seine Feuerprobe bestand er im Zweikampf mit Goliath, dem Vorkämpfer der feindlichen Philister. David geriet zufällig als Kleinviehnomade in das Kampfgeschehen. Eigentlich hätte er die Schafe seines Vaters Isai hüten sollen. Er war nicht einmal im waffenfähigen Alter, im Unterschied zu seinen Brüdern, die sich im Heeresaufgebot der Israeliten befanden.

Da steht also – irgendwo im Ela-Tal – jener furchterregende Goliath, der mit etwa drei Metern Körperlänge durch die Legende geistert, ausgestattet mit einer imposanten Rüstung, mit Helm und schwerem Schuppenpanzer; fürchterlich dräut sein Spieß, dessen Spitze aus Eisen gegossen ist.[1] Ihm gegenüber David, in eine Rüstung gezwängt und mit dem Schwert Sauls umgürtet, was ihn beim Gehen behindert. Also legt er das Königsschwert ab, nimmt aus seiner Hirtentasche fünf flache Steine, um die Schleuder zu bedienen. Dann nähert sich Goliath, der dem Fehler aller Kriegshelden verfällt, den jungen Mann zu verachten, der schön, aber wohl weichlich erscheint, dazu noch von bräunlichem Teint. Doch der Sieg fällt David anheim, als der Stein seiner Schleuder die Stirn des Gegners trifft.

Wir wissen nicht, was mit dem toten Goliath geschah. Wurde er in einem der menschengestaltigen Steinsarkophage (Abb. 14) beigesetzt, die als großartiges Zeugnis der Philister-Kultur auf uns gekommen sind?[2] Wir wissen es nicht, ahnen aber, daß die Philister eine entwickeltere Kulturstufe erreicht hatten. Während die Israeliten ihre Toten schmucklos in Gruben versenkten oder in Grabhöhlen beisetzten, wurden tote Philister in »Menschensärge« gelegt. Als erhofften sie, über den Tod hinaus weiterzuleben, wurde ihr Körper in Stein geformt und gleichsam verewigt.

Davids Sieg wird dem Gott Israels gutgeschrieben, so will es die biblische Überlieferung. Ist aber der Kampf Davids gegen Goliath historisch überhaupt belegt? Wir können das mit Recht bezweifeln, denn in einer Liste der »Krieger Davids« wird nicht David, sondern einem gewissen Elhanan die Tötung Goliaths zugeschrieben (2. Samuel 21,19).[3] Was nun? Ist die allseits berühmte Goliath-Geschichte nichts weiter als eine fromme Heldensage, zum Ruhme Davids erzählt?

Das wäre zu kurz gegriffen, denn eine tiefere Wahrheit dringt aus der Legende hervor: der Kampf zwischen zwei Welten! Ein wandernder Kleinviehnomade tritt an gegen den »seßhaften« Städtekrieger. Dort Goliath, der hochgerüstete Krieger aus der Philister-Stadt Gath, hier der herumziehende David, der gerade seinen Schafhürden entsprungen ist. Körperkraft und Rüstung eines städtischen Kriegers gegen Hirtentasche, Schleuder und List des kleinen Nomaden. Daß zu David weder Rüstung noch Königsschwert passen wollen, wird jetzt verständlich, ebenfalls die vorlauten Worte Davids gegen den »unbeschnittenen« Philister, Zeugnisse nomadischer Prahlsucht.

Jahwe, der Gott Israels, ist auf der Seite des Nomaden – wie seit Anbeginn der Geschichte Israels, als Abraham, Isaak und Jakob durch das Land zogen, als die Mose-Schar sich aus Ägypten aufmachte und in der Wüste umherzog. Zwar war den Israeliten das »Land, wo Milch und Honig fließt«, versprochen worden, doch blieb den Altisraeliten das Seßhaftwerden – die Bauern- und Städtekultur – immer unheimlich.

Die Unheimlichkeit der »seßhaften« Zivilisation begleitet die altisraelitische Geschichte von Anbeginn und findet ihren »urgeschichtlichen« Ausdruck in jener bis heute durchweg unverstandenen Geschichte des Brudermordes, den Kain an Abel beging, nachdem das Opfer Kains von Jahwe abgelehnt, das Opfer Abels aber angenommen worden war. Schon Generationen von Forschern haben versucht, die Entscheidung Jahwes zu ergründen.[4] Dabei ist die Lösung so einfach: »Abel wurde ein Schäfer, Kain aber wurde ein

Ackermann«, heißt es lapidar in der Bibel (1. Mose 4,2). Jahwe fand
also Wohlgefallen am Opfer des Nomaden Abel, während das Opfer
des seßhaften Kain verworfen wurde. Darüber hinaus wurde Kain,
was meistens übersehen wird, als Stammvater des ersten Städte-
erbauers verehrt und auch als Ahnherr der Erz- und Eisenschmiede
(1. Mose 4,17ff.).

Mit dem Kainsmal behaftet sind also schon in der Urgeschichte
die seßhaften Städteherren und Eisenschmiede. Was im Brudermord Kains aufbricht und im Schicksal der städtebauenden und
eisenschmiedenden Kainiten fortlebt – der Gegensatz zwischen No-
madentum und seßhafter Zivilisation –, wiederholt sich im Zweikampf des Nomaden David mit dem eisenbewehrten Städtekrieger
Goliath. Die Information, die wir der Goliath-Geschichte verdanken,
ist also beträchtlich: Israel befand sich in einer rückständigen Posi-
tion den Philister-Städten gegenüber, war noch, wie wir heute sagen
würden, »Entwicklungsland«.

Doch zurück zu David: Sein Kriegsruhm begründete eine Hofkar-
riere, die allerdings schon nach kurzer Zeit abbrach, denn König
Saul fürchtete in David einen Konkurrenten um die Königsmacht.
Dem König kamen Gesänge zu Ohren, die David über Saul stellten:
»Saul hat tausend geschlagen, David aber zehntausend!« Daß es
ausgerechnet Frauen waren, die diese Worte beim Reigentanz sangen, mag Saul um so mehr erbittert haben. David als Harfenspieler,
Kriegsheld und Frauenliebling – wie buchstäblich alt sah daneben
der alternde und in Schwermut versunkene König Saul aus. So
kommt es zu Anschlägen auf den vom Glück begünstigten David.
Mehrere Male geht Saul mit dem Spieß auf David los, dann schickt er
ihn in »Todeskommandos« gegen die Philister. Als das alles nichts
nützt, schmiedet er tödliche Komplotte.

Doch David hat Freunde. Michal, die Tochter Sauls, liebt ihn,
versorgt ihn mit Nachrichten und läßt ihn heimlich aus dem Fenster
klettern. Sie wird später seine Frau. Gewarnt wird David mehrmals
von Jonathan, Sauls Sohn, dem er in mehr als Männerfreundschaft
verbunden ist. Beide schließen einen Lebensbund, tauschen ihre
Kleider, verbinden ihre Herzen – wie es die Bibel vorsichtig um-

schreibt (1. Samuel 18,1 ff.). König Saul aber findet Jonathan gegenüber drastischere Worte für die ungewöhnliche Beziehung: »Du Sohn einer ehrlosen Mutter! Ich weiß sehr wohl, daß du den Sohn Isais erkoren hast, dir und deiner Mutter, die dich geboren hat, zur Schande!« (1. Samuel 20,30) Das ist eine kaum verhüllte Anspielung auf eine homoerotische Beziehung zwischen den beiden.

Später wird David in einem ergreifenden Klagelied auf den gefallenen Jonathan sagen: »Es ist mir leid um dich, mein Bruder Jonathan; ... deine Liebe ist mir wundersamer gewesen, als Frauenliebe ist.« (2. Samuel 1,26)

David verläßt heimlich den Königshof und zieht sich in unwegsame Wüsten- und Höhlengebiete zurück, die sich im westjudäischen Hügelland befinden. Er versteckt sich in seinem »Heimatland«, sucht aber keinen Schutz bei seiner Sippe in Bethlehem. Er sammelt zwielichtige Gestalten um sich, verschuldete und aus der Bahn geworfene Existenzen, etwa vierhundert oder sechshundert Freischärler, die ihren Anführer suchen. Man sammelt sich in der schwer zugänglichen judäischen Felswüste um Engedi an den Küsten des Toten Meeres (Abb. 13). Ihre selbstgestellte Aufgabe: das Umland vor Einfällen der Philister zu schützen. Dafür verlangt David Tributleistungen von seinen Landsleuten, so in der Gegend um Maon bei Hebron, wo er es mit Nabal, dem Kalebiter, zu tun bekommt. Der will freiwillig keine Kontributionen entrichten, schon gar nicht einem »davongelaufenen Knecht«. Die Rache Davids wäre ihm sicher gewesen, hätte nicht Abigail, Nabals schöne Frau, um Gnade gebeten und David reiche Geschenke gemacht, die Tributleistungen gleichkamen. Als Nabal das erfährt, stirbt er vor Schreck. David aber hat nichts Besseres zu tun, als Abigail zu ehelichen.

David nimmt Beziehungen zu ausländischen Mächten auf, bringt seine Eltern bei den Moabitern unter, traditionellen Feinden der Israeliten. Doch die Nachstellungen Sauls werden ihm zu gefährlich, so daß ihm nichts anderes übrigbleibt, als zu den Philistern – den Todfeinden Sauls – zu fliehen. Er kommt unter bei Achisch, dem Herrn der Stadt Gath, aus der auch Goliath stammte, so, als habe es den schmählichen Tod Goliaths und die Niederlage der Philister niemals gegeben. David dient sich den Philistern als Söldner an und schreckt dabei vor terroristischen Gewalttaten nicht zurück. »Sooft David in das Land einfiel, ließ er weder Mann noch Frau leben.«

David ist also nicht nur ein terroristischer Freischärler, sondern auch ein Verräter am eigenen Volk, eine Spielfigur in der Hand der Philister, um König Saul zu schwächen. Er läßt sich als Vasall mit der Stadt Ziklag belehnen und ist zur Heeresgefolgschaft für seinen Lehnsherrn Achisch verpflichtet. Er kämpft erfolgreich gegen die Amalekiter, die allerdings nicht die Philister, sondern die Judäer bedrohen. So treibt David ein Doppelspiel, findet sich sogar bereit, für die Philister gegen Saul zu ziehen. Ganz getraut aber hat man David nicht, denn vor Beginn der Schlacht wird er aus dem Söldnerdienst entlassen. Saul hingegen findet sein grauenhaftes Ende am Fuße des nordisraelitischen Berges Gilboa. Sein Leichnam wird an die Mauer der Stadt Beth-Schean gespießt, seine Rüstung im Astarte-Tempel der Stadt aufbewahrt.

Wie es trotz bedenkenloser Kollaboration mit den Philistern dazu kommen konnte, daß David nach dem Tode Sauls zum König ausgerufen wurde, bleibt ein Rätsel.[5] Zwar hatte David während seiner Dienste bei den Philistern Kontakt zu den südisraelitischen Stämmen gehalten. So wird erzählt, daß er diesen heimlich Beuteanteile zukommen ließ; auch scheint hinter der Ehelichung mit Abigail eine überlegte Heiratspolitik zu stehen, durch die er freundschaftliche Beziehungen aufbauen wollte. Nicht nur die Judäerin Abigail wird seine Frau, auch mit Ahinoam aus dem nordisraelitischen Jesreel wird eine Ehe angebahnt. Doch all das kann kaum verdecken, daß David den Feinden Israels bedenkenlos Dienste geleistet hat.

Auffällig allerdings ist, daß David in Hebron zunächst nur als König über Juda erhoben wird. Erst sieben Jahre später wird er auch von den nordisraelitischen Stämmen als König anerkannt. Ausschlaggebend waren wahrscheinlich militärische Gründe: David hatte ein schlagkräftiges Söldnerheer um sich gesammelt, das in der Lage war, die den Israeliten drohenden Gefahren besser abzuwehren als die traditionelle Kriegführung der einzelnen Stämme, bei denen alle freien und »ehrbaren« Männer nur gelegentlich mobilisiert wurden.

Die Organisation eines stehenden Söldnerheeres durch David – ursprünglich rekrutiert aus zwielichtigen Gestalten – war eine revolutionäre Neuerung, die nach Sauls Scheitern notwendig geworden war. Der auch zu Zeiten Sauls noch lockere Stämmebund bedurfte einer neuen Verfassung, insbesondere einer modernen Heeresverfassung, um den gefährlichen Herausforderungen durch die hochorganisierten Stadtstaaten in der Nachbarschaft schlagkräftig zu begegnen. So lief alles auf David zu: Er hatte bei den Philistern das moderne Kriegshandwerk gelernt, hatte ein Söldnerheer um sich gesammelt und sich als bedenkenloser, aber erfolgreicher Heerführer bewährt.

Eine wichtige Rolle spielte die Truppe bei der wohl folgenreichsten Operation Davids: der Inbesitznahme Jerusalems, damals noch eine unabhängige Stadt, die von den kanaanäischen Jebusitern bewohnt wurde. Wie Jerusalem in die Hand Davids kam, ist umstritten. Die biblische Überlieferung geht wohl von einer kriegerischen Eroberung aus, nachdem es dem Söldnergeneral Joab und seinen Mannen gelungen war, durch einen Bewässerungsschacht in das Innere der Stadt zu gelangen. Andere gehen davon aus, daß unter Anführung Joabs die Wasserversorgung der Stadt Jerusalem unterbrochen wurde. Der Wasserschacht wurde im Jahre 1867 freigelegt und nach dem Namen des Ausgräbers als Warren-Schacht bezeichnet (Abb. 4).[6]

Er machte von der geschützten Innenstadt aus die außerhalb der alten Jebusiter-Stadt liegende Gihon-Quelle zugänglich, die in der Legende als »Marienquelle« weiterlebt, weil hier Maria die Windeln des Jesuskindes gewaschen haben soll. Doch neuere Untersuchungen des biblischen Textes haben ergeben, daß Davids Jerusalem-Coup auch ganz anders stattgefunden haben könnte. Das Wort »sinnor«, bisher immer mit »Schacht« übersetzt, bedeutet nach neueren philologischen Untersuchungen tatsächlich »Schwurhandlung«[7]. David wäre demnach auf friedliche Weise – auf Grund einer Frieden und Freundschaft garantierenden Schwurhandlung – in den Besitz der alten Jebusiter-Stadt gelangt.

Wie dem auch sei, die Inbesitznahme Jerusalems stellte neben der neuen Heeresorganisation eine weitere revolutionäre Neuerung in der Landnahme der Israeliten dar. David gewann eine Stadt, die keinem der israelitischen Stämme zuzurechnen war, die genau dort lag, wo sich das judäische Südland von den nordisraelitischen Stämmen abgrenzte. Vor allem aber war diese Stadt nicht durch eine Aktion der Stämme israelitisch geworden, sondern durch eine Aktivität des Königs und der ihm ergebenen Gefolgschaft. Damit war Jerusalem von Anbeginn an ausschließlich eine Königsstadt, in der die israelitischen Stämme und deren traditionelle Lebensformen nicht mehr voll zum Zuge kamen. Die Bedeutung dieses Vorgangs kann gar nicht überschätzt werden. An die Stelle des lockeren Stämmebundes trat ein Königtum, das sich eine Hauptstadt geschaffen hatte, von der aus Nordisrael und das südliche Judäa in der Personalunion eines Königs regiert wurden.

Von Jerusalem aus (Abb. 20) hat David die von der Küstenregion drohende Philister-Gefahr endgültig abgewendet, von hier aus hat er die Ammoniter und Moabiter im Ostjordanland und die ans judäische Südland angrenzenden Edomiter unterworfen. Nachdem ihm das gelungen war, ging es erfolgreich gegen den nordöstlich im Euphrat-Gebiet agierenden Hadad-Eser, den König von Zoba, und gegen den aramäischen König von Damaskus. Die Kriege waren grausam, das Ergebnis eindeutig: Israel war unter David zu einer respektablen Großmacht (Fig. 1) aufgestiegen und beherrschte ein umfangreiches Gebiet wie niemals mehr später in der Geschichte.

Dagegen hatte David in seiner eigenen Familie keine glückliche Hand. In einer breit einsetzenden Thronnachfolgeerzählung (2. Samuel 11 bis 1. Könige 2) wird die unglückselige Familiengeschichte erzählt, eine Geschichte von Lebensgier und Machtwahn.[8] Davids ältester Sohn namens Amnon vergewaltigt seine schöne Halbschwester Thamar, die er kurze Zeit später fortjagt. »Und als König David dies alles hörte, ward er sehr zornig. Aber er tat seinem Sohn Amnon nichts zuleide, denn er liebte ihn, weil er sein Erstgeborener war.« (2. Samuel 13,21)

David läßt die Sache also treiben, so daß sich Absalom, Davids

Zweitgeborener, dazu aufgerufen fühlt, die Schande seiner Schwester zu rächen. Er läßt Amnon anläßlich eines Festgelages töten und flieht dann.

Jetzt wäre es an David gewesen, das Gesetz der Blutrache an Absalom zu vollstrecken. Doch Davids Herz hing trotz der Tat an Absalom, so daß es nach Jahren zur Versöhnung kommt. Eine merkwürdige Schwäche für seine mißratenen Söhne charakterisiert David. Deshalb läßt er Absalom auch gewähren, als dieser Vorbereitungen zur Rebellion trifft.[9] Absalom schafft sich einen Streitwagen an, engagiert eine fünfzigköpfige Leibwache und gebärdet sich vor den Augen Davids schon wie ein orientalischer Herrscher. Er empfiehlt sich jenen, die an den Toren Jerusalems Recht suchen, und denunziert dabei den König, der den Rechtsuchenden kein Recht schaffe. Er knüpft konspirative Verbindungen zu den israelitischen Stämmen, indem er wohl alte Ressentiments gegen das Königshaus geschürt hat. »So stahl Absalom das Herz der Männer Israels«, heißt es kurz und lapidar (2. Samuel 15,6). David scheint all dem tatenlos zugesehen zu haben.

Dann kommt es zur offenen Rebellion; David ist gezwungen, Jerusalem zu verlassen, und Absalom zieht an seiner Stelle ein. Vor aller Augen geht er in den Harem Davids und schändet die Frauen, um seinen königlichen Machtanspruch zu dokumentieren. Denn wer den Harem des königlichen Vorgängers übernahm, wurde selbst zum König. Doch das Blatt wendet sich, als David seine einst gewonnenen Söldnererfahrungen mobilisiert. Doch beweist er dabei einmal mehr seine väterliche Schwäche für Absalom, den er trotz des Hochverrats schonen möchte. Joab, Davids General, hält sich aber nicht an Davids Weisung und tötet Absalom, als dieser – auf einem Maultier fliehend – mit seinen langen Haaren in einem Baum hängenbleibt. David jedoch scheint über Absaloms Tod zu zerbrechen.

»Da erbebte der König und ging in das Obergemach des Tores und weinte, und im Gehen rief er: Mein Sohn Absalom! Mein Sohn, mein Sohn Absalom! Wollte Gott, ich wäre für dich gestorben! O Absalom, mein Sohn, mein Sohn!« (2. Samuel 19,1)

Niemals mehr wird David sich von diesem Schlag erholen. Die

Düsternis der Familientragödie liegt über den letzten Jahren des Königs.

Soviel zu König David, dessen Leistungen unbestritten sind: die Vereinigung der israelitischen Stämme in einem durchsetzungsfähigen Königsstaat, der Aufbau einer zentralen Verwaltung und Heeresverfassung, die Erhebung Jerusalems zur königlichen Hauptstadt. David ist eine Persönlichkeit, die zwei Lebensformen in sich vereinigen konnte: die nomadische Lebensweise, die in seinem Freischärlerdasein nachwirkt, und die altorientalische Städte- und Königskultur, die in Jerusalem verwirklicht wird. David ist aber auch

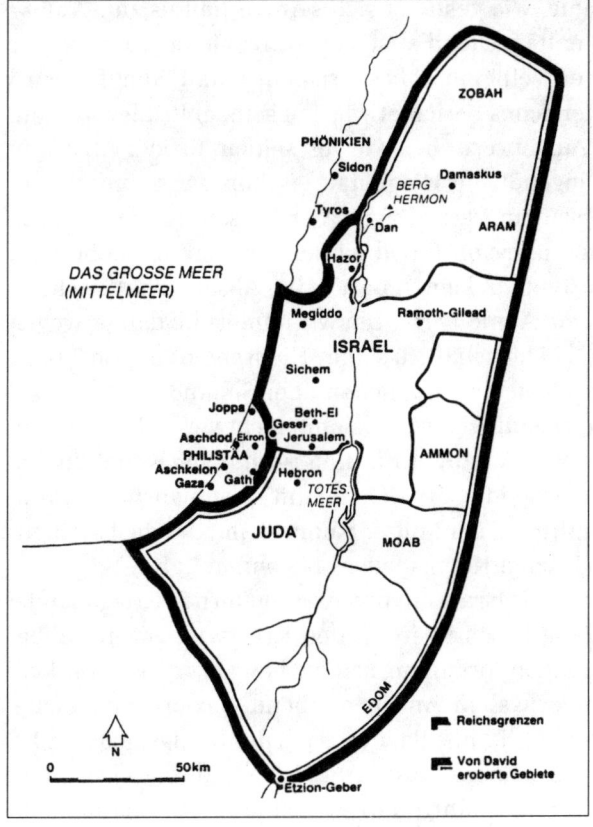

Fig. 1 Das Reich Davids

ein zwiespältig schillernder Charakter, dem Stärken und Schwächen in höchstem Maße zu eigen waren: ein starker König und schwacher Vater, ein grausamer Krieger, der seinen Feinden die Vorhäute abschneiden ließ, und ein großmütiger Sieger, der den ihm nachstellenden Saul in der Wüstenhöhle zu Engedi (Abb. 13) verschont hatte.

## SCHATTEN ÜBER SALOMO

Wie kommt nun Salomo ins Spiel, welchen Standort nimmt er ein in der Familientragödie, wie gestaltet sich sein Verhältnis zum Vater? Die Antwort muß enttäuschend ausfallen: Von Salomo erfahren wir so gut wie nichts, er bleibt ein unbeschriebenes Blatt. Von ihm wird nichts Blutschänderisches berichtet wie von seinem Bruder Amnon, nichts Rebellisch-Aufrührerisches wie von seinem Bruder Absalom, aber auch keine jugendliche Heldentat – schon gar keine kriegerische – wie von seinem Vater David. Wir wissen auch nicht, wie Salomo ausgesehen hat. Von David wissen wir, daß er schön war, einen bräunlichen Teint und einen Bart hatte; Absalom hatte schöne lange Haare, und von Amnon erfahren wir immerhin, daß er wegen seiner verbotenen Leidenschaft zu seiner Halbschwester von Tag zu Tag magerer wurde. Nichts dergleichen über Salomo!

In die Familientragödie hat sich Salomo nicht verwickeln lassen. Und doch steht er von Anfang an in untergründiger Beziehung zu eben jener Familientragödie, die sich um ihn herum abspielt. Damit kommen wir zu Bathseba, der Mutter Salomos, mit der die Familientragödie des davidischen Königshauses begonnen hatte.

Bathseba tritt auf, als Israel mit den Ammonitern in Kriegshändel verstrickt war. König David überläßt den Kriegszug gegen Rabba, dem heutigen Amman in Jordanien, seinem bewährten General Joab und bleibt selbst in Jerusalem. An einem Abend spaziert er auf dem – nach orientalischer Tradition – flachen Dach des Königspalastes. Da sieht er eine Frau von schöner Gestalt, die sich gerade wäscht. Er holt Erkundigungen ein und erfährt, daß es sich um Bathseba handelt, die verheiratet ist mit Uria, einem Hethiter, der im Heer Davids steht. Das hält David nicht davon ab, Bathseba in den Palast zu holen. »Und als sie zu ihm kam, wohnte er ihr bei.« (2. Samuel 11,4)

Bathseba wird schwanger, und Davids böseste Tat nimmt ihren Lauf. Uria wird in den Palast eingeladen, mit Geschenken bedacht und zu seiner Frau geschickt. Offensichtlich wollte David seinen Anteil an Bathsebas Schwangerschaft vertuschen. Doch Uria schläft nicht mit seiner Frau, sondern bleibt bei den Soldaten, getreu der altorientalischen Sitte, während eines Kriegszugs enthaltsam zu bleiben. Dadurch fällt ein noch dunklerer Schatten auf den Ehebrecher David: Während Uria – ein Ausländer – als enthaltsamer Soldat die traditionelle Kriegerethik aufrechterhält, hat sich der oberste Kriegsherr schon längst von den altisraelitischen Traditionen verabschiedet.

Der Plan Davids, Uria die von ihm verursachte Schwangerschaft unterzuschieben, mißlingt also. Ein neuer Plan muß her. David schreibt einen Brief an seinen General Joab, in dem er ein Himmelfahrtskommando für Uria befiehlt. Uria wird vor der Stadt Rabba eingesetzt und fällt – Resultat eines mörderischen Komplotts, das sich als Todesschicksal eines Kriegers kaschieren läßt. Als Bathseba vom Tod ihres Ehemannes hört, hält sie die Totenklage. Dann wird sie Davids Frau.

Letzteres ist keineswegs selbstverständlich, sondern der Klärung bedürftig. Denn weder die Tatsache des Ehebruchs noch die damit verbundene Mordtat Davids bleiben unentdeckt. Der Hofprophet Nathan, der in einer berühmten Weissagung Davids Haus ein »ewiges Königtum« verheißen hat[10], tritt nun als Unheilsprophet auf, geißelt die Untat Davids und kündigt ein Strafgericht an. Doch dieses vollzieht sich auf unheimliche Weise! Nicht David wird gestraft, nicht Bathseba, sondern der aus der ehebrecherischen Beziehung hervorgegangene Sohn, der nach kurzer Zeit verstirbt, »von Gott geschlagen«.

Sicher, David versucht das Unheil abzuwenden; er fastet, schläft auf der Erde, doch als das Kind gestorben ist, steht er auf, wäscht und salbt sich, geht zu Bathseba und tröstet sie, indem er sie schwängert. Neun Monate später wird Bathseba von Salomo entbunden.

Wer begreifen will, was hier geschehen ist, muß sich das Ungeheuerliche jener Vorgänge klarmachen, dem sich die Geburt Salomos verdankt – »ein Labyrinth von Unbegreiflichkeiten«[11]. Statt David oder Bathseba wird das unschuldige Erstgeborene mit dem Todesfluch behaftet. Wo bleibt die Gerechtigkeit? Kein Zweifel, archaische Abgründe werden sichtbar: Schuld und Strafe, böse Tat und Tatfolge werden nicht in einen »gerechten« Zusammenhang gebracht, da die Strafe nicht die Schuldigen trifft, sondern ein unschuldiges Wesen, das außerhalb des Schuldzusammenhangs steht. Das von Gott geschlagene Kind ist also ein Opfer, das – wie alle Opfer in archaischen Kulturen – unschuldig sein muß, um stellvertretend die Schuld und Strafe der Schuldigen auf sich zu nehmen. Das Opfer ist ein Menschenopfer, ein düsterer Hinweis, daß auch in Israel ein Denken durchbrechen konnte, das schon längst als überwunden erachtet wurde, spätestens nachdem Isaak, der Sohn Abrahams, vom Opfer freigestellt worden war (1. Mose 22).

Das gestorbene Kind läßt noch einen weiteren archaischen Zusammenhang erahnen, der bis heute unentdeckt geblieben ist: die altorientalische Tradition eines Ersatzkönigsrituals.[12] Assyrische, babylonische und hethitische Dokumente bezeugen einen merkwürdigen Brauch: Drohte etwa auf Grund von Mond- oder Sonnenfinsternissen der Tod des Königs, wurde ein Ersatzkönig – meist ein einfacher Mann aus dem Volke – auf den Thron gesetzt. Er sollte das furchterregende Ereignis, das den König treffen sollte, auf sich nehmen. Trat die Finsternis ein, mußte der Ersatzkönig eines gewaltsamen Todes sterben, der »legale« König aber blieb heil und unbeschädigt.

Das erwähnte Ersatzkönigsritual stammt aus der Korrespondenz des Königs Asarhaddon von Assyrien (680–669 v. Chr.). Doch schon für das 19. Jahrhundert v. Chr. wird aus dem babylonischen Isin ein Ersatzkönigsritus überliefert: Ein Hofgärtner wird als Ersatzkönig eingesetzt, kann sich aber, nachdem der wirkliche König gestorben ist, an der Macht halten. In anderen Fällen ist es ein Geistesgestörter, ein Strafgefangener oder ein Deportierter, der das böse Schicksal des Königs stellvertretend auf sich nehmen muß. In einigen Fällen kann an die Stelle eines menschlichen Ersatzkönigs aber auch ein Königsbild treten, das verbrannt, oder ein Tier, das in einem Opferritus dargebracht wird, vergleichbar jenem Sündenbock der Bibel, der – beladen mit der ungesühnten Schuld des ganzen Volkes (nicht nur des Königs) – in die Wüste gejagt wird, um den Straffluch von der Gemeinschaft abzuwehren (3. Mose 16).

Kehren wir zur Geschichte des gestorbenen David-Sohnes zurück und fragen uns, ob dahinter vielleicht ein »Ersatzkönigsopfer« steht. Der erstgeborene Königssohn wäre dann als Ersatzkönig anzusehen, der den Straffluch vom wirklichen König (David) abgelenkt und stellvertretend auf sich geladen hätte. Tatsächlich liegen einige merkwürdige Parallelen vor: Als das Neugeborene krank darniederliegt, steigt David vom Thron und legt sich auf die Erde. Damit gibt er symbolisch sein Königtum auf. Vergleichbares wird in einem hethitischen Ersatzkönigsritual überliefert: »Der König zieht sich völlig nackt aus und kommt herab.«

Als der Sohn gestorben ist, wäscht David sich, salbt sich und zieht andere Kleider an. Im hethitischen Ritual heißt es: »Er wäscht sich und zieht andere Festgewänder an.«

Die biblische Überlieferung hält ebenso wie die hethitische am Ersatzkönigsritus von Thronabstieg, Waschung und Kleiderwechsel fest. Der biblische Autor hat den Hintersinn dieses Vorgangs jedoch nicht mehr verstanden. Er läßt die Diener des Königs ratlos dem zunächst traurigen und – nach dem Tod des Kindes – merkwürdig aufgeräumten David zusehen, der anscheinend zynisch bemerkt: »Kann ich es [das Kind] wieder zurückholen?« (2. Samuel 12,23)

Licht fällt jetzt auch auf den merkwürdigen Fortgang der Geschichte, die zur Geburt Salomos führt. Unmittelbar nach dem Tod des Sohnes wird Salomo gezeugt. Die biblische Überlieferung erklärt dies wieder psychologisch: David wollte Bathseba trösten. Doch merkwürdig ist, daß damit eine Beziehung fortgesetzt wird, die auf Ehebruch und Mord gegründet war.

Verständlich wird die Fortsetzung der Beziehung nur, wenn wir den Tod des erstgeborenen Sohnes als »Menschenopfer«, das heißt als »Ersatzkönigsopfer« verstehen. Denn nur dadurch konnten objektive Schuld und Strafverhängnis ausgelöscht werden. Nicht ein psychologisches »Das Leben geht halt weiter« erklärt Davids ungewöhnliches Verhalten, sondern ein »archaisches« Ersatzkönigsritual.

Seine Geburt wird mitgeteilt, dann verschwindet Salomo aus der Geschichte, um erst am Ende der Thronfolgewirren wieder in Erscheinung zu treten. Der Eindruck, der dadurch vermittelt wird, ist bedrückend: Salomo scheint keine eigene Kindheitsgeschichte zu haben, seine Geschichte ist allein eine »archaische« Vorgeschichte, die in Gestalt einer ehebrecherischen Mutter, eines mörderischen Vaters und eines verstorbenen Bruders auf ihm lastet.

### DIE MAGIE DER NAMEN

Der Bann eines verhängnisvollen, von Leidenschaften, Mord und Brudertod gewobenen Schicksals liegt über Salomos Geburt. Konnte er sich aus diesem Schicksalszusammenhang befreien? Jene, die an seiner Wiege standen, haben das geglaubt. Darauf verweist die einzige Nachricht, die mit der Geburt Salomos verknüpft wurde: die Namensgebung. Merkwürdigerweise werden dem David-Sohn zwei Namen gegeben: David nennt ihn »Salomo«, den »Friedliebenden«. Vom Hofpropheten Nathan, der die Erziehung des Knaben übernimmt, wird er »Jedidja, der von Gott Geliebte«, genannt.

Was hat diese doppelte Namensgebung zu bedeuten? Sind die Namen nur als Hoffnungzeichen zu verstehen, die stärker leuchten sollen als das ehebrecherische und mörderische Verhalten der Eltern, als der Tod des Erstgeborenen – jener altisraelitischen Glaubensweisheit entsprechend, daß der Segen allemal stärker wirkt als der Fluch der bösen Tat? Sicher, die Namen geben Anlaß zu Hoffnung: Der Name »Salomo« bedeckt die Schuld der Eltern unter dem Zeichen des Friedens; der Name »Jedidja« reinigt die verhängnisvolle Leidenschaft der Eltern zu gemilderter Liebe und mag das Todesschicksal des Bathseba-Sohnes im Zeichen der erhofften Gottesliebe überwinden. So wird die Geburt des Sohnes zu

einem Zeichen, in dem sich Schuld und Strafverhängnis der Eltern
aufzuheben scheinen.

Die doppelte Namensgebung enthält jedoch noch eine weitere
Bedeutung. Sie entspricht altorientalischer Königstradition. So gibt
es eine Fülle von Beispielen, in denen dem orientalischen König

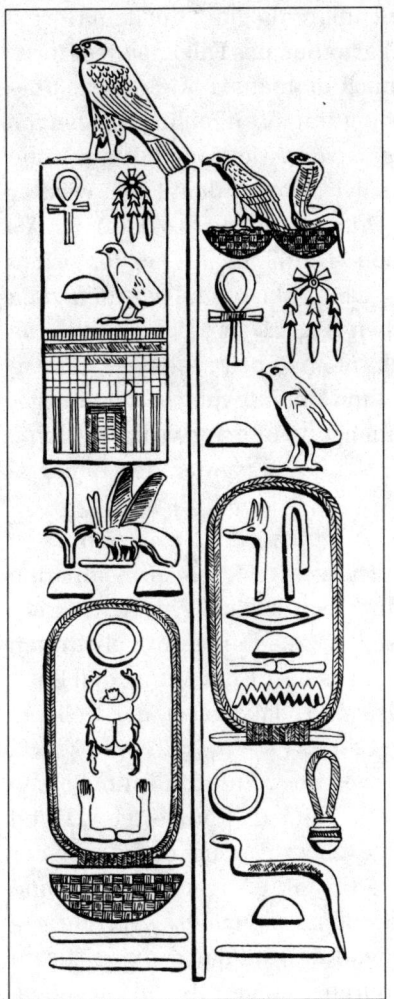

Fig. 2  Die »Großen Namen« von
Sesostris I. (1971–1930 v. Chr.)

bei seinem Machtantritt ein oder mehrere Thronnamen zugeeignet wurden.[13] In Ägypten etwa wurde dem König seit der Epoche des Mittleren Reiches ein »Großer Name« verliehen. Es waren Priester, die diesen Namen bei der Proklamation des Königs bekanntgaben.

Der »Große Name« des Pharao Haremheb (1340–1314 v. Chr.) etwa besteht aus fünf Gliedern. Die Titulatur beginnt mit dem Horus-Namen, der den Pharao zu einer Inkarnation des Falkengottes Horus erhebt, und verstärkend wird er noch einmal als »Goldhorus« bezeichnet. Der zweite Name bezeichnet ihn als »Liebling der beiden Herrinnen«, wodurch der Pharao zu den Göttinnen Unter- und Oberägyptens in Beziehung gesetzt wird. Noch deutlicher wird er dann als »König von Ober- und Unterägypten« proklamiert. Als »Sohn Re's« erhält der Pharao seinen »Familiennamen«, der sich in der Dynastie immer wiederholen wird. Manchmal wurden dem Pharao vier »Große Namen« gegeben (Fig. 2), so etwa dem Pharao Sesostris I. (1971–1930 v. Chr.): links oben der Horus-Name, darunter der »Name des Königs von Ober- und Unterägypten«, der angegeben wird mit »Die Macht des Sonnengottes Re verwirklicht sich«, rechts oben der »Zwei-Herrinnen-Name«, darunter der Geburtsname.

Was hat das für die doppelte Namensgebung des David-Sohnes zu bedeuten? Offensichtlich liegt eine frühzeitige Königsproklamation Salomos vor. Das wird zwar nicht ausdrücklich gesagt, ist aber vorauszusetzen. So fällt auf, daß schon David einen fünfgliedrigen Thronnamen trug: »David (1), der Sohn Isais (2), der Mann, den Eljon eingesetzt hat (3), der Gesalbte des Gottes Jakobs (4), der Geliebte des Kriegers Israels (5).« (2. Samuel 23,1)[14]

Auch spätere Könige erhielten bei ihrer Inthronisation einen Thronnamen: Eljakim wird König Jojakim (2. Könige 23,34) und Matthanja König Zedekia (2. Könige 24,17).[15] Und dann erst der Messias, jene ersehnte und erhoffte Gestalt der verzweifelten und gedemütigten Israeliten! Er erhält bei dem Propheten Jesaja (um 735 v. Chr.) – vergleichbar der ägyptischen Königstitulatur – vier Thronnamen: »Denn uns ist ein Kind geboren, ein Sohn ist uns gegeben, und die Herrschaft ruht auf seiner Schulter; und er heißt Wunder-Rat, Gott-Held, Ewig-Vater, Friede-Fürst ...« (Jesaja 9,5)[16]

Einer dieser Thronnamen – »Friede-Fürst« – muß uns besonders interessieren, da er eindeutig auf Salomo zurückweist. So ahnen wir noch etwas von der Kraft der Namen, auch des Salomo-Namens. Namen sind eben nicht Schall und Rauch. Sicher, uns ist schon lange die »magische« Macht der Namen entglitten. In einer Kultur, die alles und jedes ins unendliche Gerede bringt, ist kaum noch etwas zu spüren von der unmittelbaren Machthaltigkeit der Worte. Unverständlich ist uns deshalb auch jenes Gebot geworden, das verbietet, den »Namen Gottes« mißbräuchlich zu gebrauchen. Was soll es aber anderes bedeuten, als den Namen Gottes nicht in ein ewig in sich kreisendes Geschwätz herabzuziehen?

Die Namen des David-Sohnes zeigen ein »magisches« Wortverständnis. Doch darauf beschränkt sich die Bedeutung der Namen keineswegs. Es ging auch um ganz konkrete Hoffnungen, die man in sie setzte. Im Eigennamen »Jedidja« klingt der traditionelle Gottesname »Jahwe« an, wodurch eine Beziehung zum traditionellen Gottesglauben der Stämme Israels hergestellt wird. Im Königsnamen »Salomo« scheint nicht nur das Wort »schalom« (Frieden) auf, sondern auch der Name der Hauptstadt »Jerusalem«.

Der Salomo-Name knüpft also an die jebusitisch-kanaanäische Tradition an, die zunächst in Spannung, ja im Gegensatz zu den altisraelitischen Überlieferungen stand. Der Doppelname »Jedidja-Salomo« fungiert mithin als Hoffnungszeichen in dem Sinne, daß zusammenwachse, was getrennt war – Kanaanäertum und Israelitismus –, daß vereinigt werde, was zusammengehört.

Biographisch sagen die Namen nichts aus, sie künden allein von der Bedeutung, die dem David-Sohn beigelegt wurde, gleichsam über seine Wiege und seinen Kopf hinweg. Dabei ergibt sich eine Schwierigkeit: In der Regel wird die doppelte Namensgebung bei Thronantritt des Königs vollzogen. Bei Salomo hingegen wird die doppelte Namensgebung bereits im Rahmen der Geburtsgeschichte überliefert. Einige Forscher wollen deshalb die Namensgebung nicht mit der Geburt Salomos verknüpfen, sondern mit der späteren

Thronerhebung, wo an einer Stelle – allerdings auf ganz allgemeine Weise – der »Große Name« Salomos beschworen wird: »Und die Großen des Königs sind hineingegangen, zu segnen unsern Herrn, den König David, und haben gesagt: Dein Gott mache Salomos Namen herrlicher als deinen Namen und lasse seinen Thron größer werden als deinen Thron!« (1. Könige 1,47)

Doch warum lassen die biblischen Verfasser die doppelte Namensgebung schon bei der Geburt Salomos und nicht erst bei der Thronbesteigung geschehen? Unsere Antwort geht von der schon mehrfach wiederholten Beobachtung aus, daß über Salomos Geburt – abgesehen von der doppelten Namensgebung – nichts überliefert wird. Welch grandiose Ausmalungen sind hingegen bei den Geburtsgeschichten ägyptischer Pharaonen zu beobachten.[17]

Als Beispiel mag uns die Geburtsgeschichte des Pharao Amenophis III. (1417–1377 v. Chr.) dienen, die in einem umfänglichen Bilderzyklus im Amon-Tempel in Luxor dargestellt wurde (Fig. 3). Da erscheint die Liebesgöttin Hathor, die der Königin mitteilt, Gott Amon wolle sich mit ihr vereinigen. Amon teilt seinen Wunsch auch dem König mit. Dann sitzen sich beide gegenüber, zwei Göttinnen halten ihre Füße. Gott Amon reicht der Königin das Lebenszeichen, diskretes Symbol der göttlichen Begattung. Die Zeugung des neuen Pharao ist ein göttlich-menschliches Geschehen, bei dem außer Amon noch eine Vielzahl von Göttern behilflich ist: Der Töpfergott Chnum »baut« den Leib des Königskindes auf seiner Töpferscheibe, und Hathor verleiht ihm das Lebenszeichen.

Im Lichte der altägyptischen Geburtsgeschichten wird die Kargheit der salomonischen Geburtsnotiz zu einem sprechenden Zeugnis. Alle Anklänge einer »übernatürlichen« Geburt des Königskindes wurden ausgeschaltet[18]; übrig blieb allein jene unverfängliche Namensgebung, die vom Thronzeremoniell abgelöst und der Geburtsgeschichte zugeordnet wurde. Ägyptische »Gottesgeburt« contra salomonische »Wortgeburt«. In dieser etwas zugespitzten Form läßt sich die biblische Konzeption der Salomo-Namen zusammenfassen. Allein die Macht der Worte bleibt im doppelten Namen des David-Sohnes erhalten. Die allerdings wiegen schwer: Sie verhüllen, um es

noch einmal zusammenzufassen, die ehebrecherische Untat der
Eltern und umhüllen die Mördertat des Vaters; sie wollen die poli-
tische Königstat des Vaters – die Vereinigung der israelitischen
Stämme unter dem Jerusalemer Königtum – gleichsam verewigen;

Fig. 3  Göttliche Zeugung des
Amenophis III. (1417–1377 v. Chr.)

sie weisen weit voraus in die Zukunft, in welcher – siehe den
Propheten Jesaja – ein messianisches Friedensreich ersehnt wird im
Namen Salomos, des »Friedensfürsten«. Uns aber stellt sich die
Frage, ob Salomo der auf ihm lastenden Bedeutungsschwere seiner
Namen gewachsen war. Verfehlte oder erfüllte er die seinen Namen
innewohnenden Hoffnungen?

## Der blasse Salomo

Zunächst sah es nicht danach aus, als werde Salomo seinen Namen gerecht. In der tragischen Familiengeschichte scheint er abseits gestanden zu haben. In die Auseinandersetzungen um Amnon und Absalom hat er sich nicht eingemischt. Ob er überhaupt Partei ergriffen hat, bleibt ungeklärt.

Salomo taucht aus dem Schweigen der Überlieferung erst wieder auf, als die Thronnachfolgefrage akut wird. Sein Vater David liegt altersschwach darnieder, wohl schon hinfällig, mit erkalteten Gliedern. Eine schöne, junge Frau namens Abisag von Sunem wird engagiert, die kalten Glieder des Königs zu wärmen. In dieser Zeit entbrennt schon der leidenschaftliche Kampf um seine Nachfolge. Adonia, der älteste lebende David-Sohn, will König werden. Wie sein verstorbener Bruder Absalom fährt er mit einem Streitwagen durch Jerusalem; wie Absalom umgibt er sich mit fünfzig Leibwächtern. David läßt ihn wie seinerzeit Absalom gewähren – ein nochmaliger Beweis, welch schwacher Vater in diesem König steckte.

David schreitet auch nicht ein, als Adonia eine respektable Gefolgschaft um sich sammelt: den Heerbanngeneral Joab und den Priester Abjathar, die höchste religiöse Autorität. Das gibt zu denken, denn beide repräsentieren die nachwirkenden Traditionen der altisraelitischen Stämmeverfassung: Joab, der die Kriege Davids nach Sitte der Stämmekriege geführt hatte, und Abjathar, der die Bundeslade in seiner Obhut verwahrte.

Adonia scheint also eine Partei angeführt zu haben, die altisraelitische Traditionen stärker berücksichtigen wollte, als es die an Jerusalem orientierte Königspolitik Davids zuließ. Adonia kann auch seine Brüder und eine größere Gefolgschaft unter den Bürgern in Jerusalem auf seine Seite ziehen.

Eines Tages trifft sich die Adonia-Partei am Schlangenstein in der Nähe der »Walker-Quelle«, die heute als »Hiob-Brunnen« bekannt ist.[19] Sie liegt im Kidron-Tal, etwa dreihundert Meter südöstlich der David-Stadt, außerhalb der Stadtmauern. Dort bereitet man ein Opfermahl vor: Schafe, Rinder und andere Tiere werden geopfert, Teile davon verzehrt, offensichtlich ein Königsmahl, wie wir es auch sonst aus der altisraelitischen Geschichte kennen.

Ob Adonia von den anwesenden Autoritäten und Anhängern tatsächlich zum König ausgerufen wurde, ist zweifelhaft. Doch genau das behauptet die Gegenpartei, die mit allen Mitteln verhindern will, daß Adonia König wird. Es handelt sich um die wichtigsten Repräsentanten der Jerusalemer Hofpartei: den Propheten Nathan, den General Benajahu, Anführer von Davids Leibgarde, und den Priester Zadok, der die religiösen Traditionen der kanaanäischen Jebusiter in Jerusalem repräsentierte. Bei der Königsfrage ging es also nicht nur um Personen, sondern um unterschiedliche politische und religiöse Konzepte, die im Widerspruch zueinander standen.

Während das verdächtige Königsgelage außerhalb der Stadt in vollem Gange ist, also schon Tatsachen geschaffen werden, mobilisiert der Hofprophet Nathan Salomos Mutter Bathseba, die bei König David interveniert. Sie fällt vor David nieder und erinnert ihren altersschwachen Mann an sein früher gegebenes Versprechen, ihren gemeinsamen Sohn Salomo zum König zu erheben. David rafft den letzten Rest an Entscheidungsfähigkeit zusammen und ernennt Salomo zu seinem Nachfolger.

Eilig werden die Getreuen versammelt, und auf geht's zur Gihon-Quelle, die am Fuße der Davidischen Südstadt liegt (Abb. 2), nicht so weit vom Stadtzentrum entfernt wie der Schlangenstein. Salomo wird auf ein Maultier gesetzt, der Priester nimmt das Ölhorn und salbt Salomo zum König, die Posaunen werden geblasen und Anhänger aus dem Volk rufen »Lang lebe König Salomo!« Der Lärm der Königsproklamation dringt hinüber bis zum Schlangenstein; dort muß sich Adonia geschlagen geben. Sein verfrühter Erhebungsversuch ist gescheitert.

In der ganzen Auseinandersetzung bleibt Salomo jedoch merkwürdig blaß. Von Adonias Unternehmen scheint er nichts mitbekommen zu haben. Keinerlei Initiative ist von ihm ausgegangen. Er besteigt nicht einmal das Maultier aus eigener Kraft, sondern muß von seinen Anhängern erst aufs Maultier gehoben werden. Aktiv werden hingegen andere: der Hofprophet Nathan, der Priester Zadok, der General Benajahu, die Davidische Leibwache, die »Gibbo-rim«, jene legendären »Helden« Davids, und die Bevölkerung, die – allerdings nur teilweise – Salomo akklamiert. Aktiver ist sogar der altersschwache David und vor allem seine ebenfalls nicht mehr junge Mutter Bathseba.

Salomo erscheint nicht als aktiver Kämpfer um das Königtum wie Adonia, der in seinem Ehrgeiz an Absalom gemahnt, und schon gar nicht ähnelt er seinem einst jungen Vater, der umsichtig und beden-kenlos die Königswürde angestrebt hatte. Nein, Salomo wird von anderen geschoben und auf den Thron gehoben. Ein schwacher Einstand Salomos also, der nichts Gutes ahnen läßt.

Man könnte die Geschichte von Salomos Thronerhebung aber auch anders erzählen. Während alle in ein Intrigenspiel mit- und gegeneinander verstrickt sind, erscheint Salomo merkwürdig unbe-schädigt, nicht durch hemmungslosen Ehrgeiz gefährdet, nicht von Machtleidenschaft besessen. In friedloser Zeit erscheint Salomo friedlich, seinem Namen Ehre machend. Salomos vermeintliche Blässe, seine Passivität und sein Abseitsstehen wären dann Vorzei-chen eines »idealen« Königtums, das sich nicht ins Menschlich-Allzumenschliche herabziehen läßt.

Offensichtlich ist die Überlieferung von Salomos Thronerhebung in idealem Sinne gestaltet worden. Salomo setzt die Königserhebung nicht eigenmächtig ins Werk – wie Adonia –, sondern wird von seinem Vater zum König erhoben. Es soll die Legitimität der Nach-folge herausgestellt werden, nicht der selbstherrliche Kampf um das Königtum. Während Adonia mit Streitwagen und Leibgarde öffent-liche Aufmerksamkeit in Jerusalem erheischt, bescheidet sich Salomo mit einem Maultier, das seinen königlichen Anspruch recht unköniglich zum Ausdruck bringt.

Salomos Herrscherlegitimation beruht nicht auf charismatischen Eigenschaften, was ihn von anderen Herrschergestalten in Israel unterscheidet. Er ist kein Mose, der eine israelitische Stammes-gruppe unter dem religiösen Banner Jahwes aus Ägypten geführt, den Gesetzesbund am Sinai vermittelt, bei den Gefährdungen wäh-rend der Wüstenwanderung den Geist Gottes auf sein Volk herabgefleht hatte. Er ist keine Gestalt wie die sogenannten »Großen Richter«, die, vom Geist Gottes ergriffen, sich in Kriegen bewährten, um ihren Stämmen in Israel Gebiete zu sichern. Er ist kein Saul und auch kein David, die durch militärische Erfolge Könige wurden: Saul, indem er gegen die Ammoniter siegreich blieb und gegen die Philister antrat, David, indem er die Philister besiegte.

Salomo verfügt über keine besonderen, herausragenden Eigenschaften, die sein Königtum legitimierten. Sein einziges »Verdienst« war, der Sohn Davids zu sein. Salomos Königtum bezeichnet damit eine revolutionär zu nennende Wende in der Geschichte Israels. An die Stelle eines charismatischen Führertums tritt eine traditionelle, dynastisch legitimierte Herrschaftsform.

Die Überlieferung hat diesen Charakter von Salomos Königtum festgehalten. Während Könige wie Saul oder David vom Propheten Samuel *vor* der Königserhebung schon im geheimen als Könige gesalbt wurden, wird die Königssalbung Salomos *nach* der Königserhebung durch den Priester Zadok vorgenommen. Die religiöse Legitimierung wird hastig nachgeholt. Auch die Salbung des Königs ist, so könnten wir zuspitzen, nicht mehr das, was sie einmal gewesen war. Dabei handelt es sich beim Salbungsvorgang um das einzige Inthronisationselement, das nicht aus Ägypten stammt.[20]

Und wie steht es um die Rolle des Volkes? Dieses trat nicht bestimmend in den Vordergrund. Bei Saul und David war das ganz anders gewesen. Sauls Königserhebung wird dreimal erzählt. Eine märchenhafte Erzählung berichtet, Saul sei auf der Suche nach den verlorenen Eselinnen seines Vaters in eine namentlich nicht genannte Stadt gelangt, wo er heimlich vom Richter, Propheten und Priester Samuel zum König gesalbt wurde (1. Samuel 9). Einer anderen Überlieferung zufolge wurde Saul in Mizpa durch einen Losentscheid des Volkes zum König gewählt (1. Samuel 10). Eine dritte Überlieferung gibt an, daß Saul nach dem Sieg über die Ammoniter in Gilgal zum König erhoben wurde (1. Samuel 11). Das Volk spielt dabei eine wichtige, ja entscheidende Rolle.[21]

Saul war also ein charismatischer »Volkskönig«, ebenso auch David, Salomos Vater. Dessen Königserhebung vollzog sich in zwei

Phasen: Zunächst wurde er von den südpalästinensischen Judäern in Hebron zum König erhoben, später von den nordisraelitischen Stämmen, beide Male wohl in einem förmlichen Verfahren, bei denen die Stämme eine wichtige Rolle spielten. Ganz anders bei Salomo: Das Volk kann nur nachträglich seine Königserhebung bestätigen. Und das geschieht nicht einmal eindeutig, da ein Teil der Bevölkerung dem Gegenspieler Adonia zugejubelt hatte. Alles in allem heißt das: Salomos Legitimation stand auf schwachen Füßen.

Man könnte die Königserhebung Salomos noch auf eine dritte Weise erzählen, als Durchführung eines allein »menschlichen Projektes«. Alle Vorgänge um Salomos Königserhebung wirken merkwürdig hastig, sind eher Resultat einer Intrige denn eines feierlichen Zeremoniells. Das kommt dann in den Blick, wenn wir uns das spätere judäische »Thronzeremoniell« vor Augen halten[22], das überaus plastisch im zweiten Psalm geschildert wird: Der König wird ins Heiligtum geführt, und Gott Jahwe inthronisiert den König mit der berühmten Formel: »Du bist mein Sohn, heute habe ich dich gezeugt.«

Zum Königszeremoniell gehörte auch die Überreichung eines Diadems durch den Hohenpriester, so geschehen bei der Inthronisation von König Joasch (840–801 v. Chr.), gut einhundert Jahre nach Salomos Königserhebung. Auch eine »Satzung« wurde dem König übergeben, eine Art »Königsprotokoll«, in dem die »Großen Namen« des Königs verzeichnet waren. Beides, die Überreichung von Diadem und »Königsprotokoll«, entstammt altägyptischer Königstradition und wurde in Ägypten auch bildlich dargestellt: Gott Amon krönt den Pharao Amenophis III. (1417–1377 v. Chr.), der ibisköpfige Schreibergott Thot ritzt in eine Säule das »Königsprotokoll« (Fig. 4)[23]:

»Es spricht Thot, der Herr der Gottesworte: Ich habe dir dauernd gemacht den großen Namen und das Protokoll in Kraft und Stärke, indem alle Fremdländer unter deinem Schrecken sind und der Umkreis des Himmels unter deiner Aufsicht ...«[24]

Von der Überreichung eines Diadems oder eines »Königsprotokolls« ist bei Salomos Inthronisation keine Rede; es fehlt sogar die obligatorische Krönung, die – etwa in Ägypten – den Höhepunkt der

Königseinsetzung ausmachte. So bildet die Krönung der Hatschepsut (1501–1489 v. Chr.) das berühmte Gipfelmotiv auf ihrem Obelisken im Tempel zu Karnak: Die Königin kniet vor dem Gott Amon, der ihr die blaue Krone aufsetzt (Abb. 6).[25]

Verglichen damit wirkt Salomos Inthronisation unfeierlich, schlichtweg »unzeremoniell«. Offensichtlich sollten von Salomo alle »ägyptisierenden« Elemente ferngehalten werden. Seine Königserhebung wird aller überhöhenden Züge entkleidet. Allein ein Moment

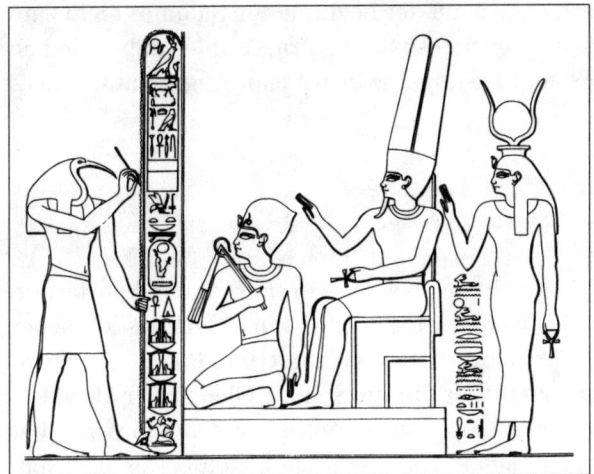

Fig. 4 Der Schreibergott Thot ritzt ein »Königsprotokoll« ein. Tempel in Karnak, 15. Jahrhundert v. Chr.

scheint auf die ägyptische Königsideologie zu verweisen: eine Reinigungszeremonie an der Quelle Gihon. Die Salomo-Überlieferung gibt uns keinen direkten Hinweis auf einen Reinigungsritus, doch spielte derselbe bei der Inthronisation der Pharaonen eine wichtige Rolle. So wird auf einem Relief des großen Tempels in Karnak die Reinigung von Pharao Sethos I. (1317–1301 v. Chr.) mit Lebenswasser dargestellt, wobei Gott Horus spricht: »Ich habe dich gereinigt (geweiht) mit Leben und Kraft, damit deine Dauer gleich der Dauer des Re (des Sonnengottes) sei.«[26]

Ob an der Gihon-Quelle ein vergleichbarer Reinigungsritus an Salomo vorgenommen wurde, wissen wir nicht. Eine Psalmenstelle gibt aber einen gewissen Hinweis: »Er [der König] wird trinken vom Bach auf dem Wege, darum wird er das Haupt emporheben« (Psalm 110, 7).[27]

Sollte eine Reinigung des Königs an der Gihon-Quelle stattgefunden haben, dann wurden alle magischen Vorstellungen unterdrückt.

Die unfeierliche Inthronisation Salomos bleibt, verglichen mit der älteren ägyptischen und späteren judäischen Königsinthronisation, ein denkwürdiges Phänomen, ein Zeichen dafür, daß Salomos Königtum vornehmlich ein »menschliches Projekt« darstellt. Das verstärkt den Eindruck, daß es mit der Legitimation Salomos nicht zum Besten stand. Uns stellt sich deshalb die Frage, ob es dabei bleiben sollte, oder ob es Salomo gelingen würde, seine Legitimationsbasis zu verstärken.

## Salomo, der Bluträcher

Wer die Profillosigkeit Salomos bei der Thronerhebung konstatiert, wird überrascht sein, wenn er die Maßnahmen Salomos zu seiner Machtsicherung untersucht. Vorbei ist es mit dem Bild des »schwachen« Salomo, der sich bisher nur als Sohn, vielleicht nur als »Muttersöhnchen« vorgestellt hatte. Aus dem blassen Salomo wird über Nacht, so will es uns scheinen, ein tatkräftiger Salomo. Die Nachrichten darüber finden sich im zweiten Kapitel des Könige-Buches und präsentieren uns einen dunklen, brutalen, ja bösen Salomo, was überhaupt nicht zu den späteren Idealisierungen des weisen und friedlichen Salomo paßt.

So läßt Salomo nach seiner Thronerhebung Joab, den Parteigänger Adonias, durch Benajahu töten. Joab muß gewußt haben, was ihm bevorstand. Denn er hatte sich in letzter Not zum Opferaltar geflüchtet und die Hörner desselben umfaßt. Normalerweise hätte das seine Verschonung bedeutet, denn der Hörneraltar galt seit alter Zeit als Asylstätte.[28] Doch weder Salomo noch Benajahu scheint das etwas bedeutet zu haben. Salomo bekräftigt seinen Tötungsbeschluß, und Benajahu führt ihn bedenkenlos aus.

Die Ermordung Joabs wirft einen dunklen Schatten auf Salomos Charakter. Auf den ersten Blick erscheint diese Tat als eine der zahlreichen »orientalischen« Grausamkeiten, die sich im Zeichen einer rücksichtslosen Machtsicherung ergaben. Es genügte, daß Joab sich auf Adonias Seite geschlagen hatte. Folglich mußte er sterben, obgleich nichts darüber berichtet wird, daß Joab nach Salomos Königserhebung in rebellische Umsturzversuche verwikkelt gewesen wäre.

Die biblische Überlieferung läßt noch einen anderen Aspekt von Salomos grausamer Tat durchschimmern und sucht ihn zu entschuldigen. Salomo habe – so der Entlastungsversuch – nur den Letzten Willen seines Vaters ausgeführt (1. Könige 2,5 ff.). Joab nämlich hatte Blutschuld auf sich geladen, als er einst seine Rivalen Abner und Amasa heimtückisch getötet hatte (2. Samuel 3,27; 20,8 ff.). Damit war Blutschuld auf das Haus Davids gefallen, denn Abner hatte sich unter den Schutz Davids begeben, und Amasa war der Sohn einer Stiefschwester Davids.

Doch ist dieser Entlastungsversuch zugunsten Salomos wirklich stichhaltig? Schließlich hätte David Joab zur Rechenschaft ziehen können. Daß dies nicht geschah, hängt vielleicht damit zusammen, daß Joab – im »archaischen« Sinne – auch seine Gründe gehabt hatte, Abner und Amasa zu Tode zu bringen. Abner hatte nämlich einen Bruder Joabs namens Asaël getötet (2. Samuel 2,17 ff.). Und Amasas Vater war einer Verwandten Joabs zu nahegetreten, hatte mit ihr geschlafen, sie aber wohl nicht geehelicht (2. Samuel 17,25). Kurzum: Joabs Bluttaten entsprachen dem unheimlichen Gesetz der Blutrache; David hingegen scheint den blutigen Bann der Blutrache gesprengt zu haben, wenn er Joab verschonte. Auf Salomo hingegen fällt ein dunkler Schatten, da er grausamer war als sein Vater.

Joabs Morde stehen ebenso wie Salomos Mord an Joab im Banne der Blutrache, eines menschenverschlingenden Prinzips, von dessen Bedeutung wir uns heute kaum noch eine rechte Vorstellung machen.[29] Bluttaten hatten in archaischen Stammeskulturen bedrohliche Folgen. Sie wurden dem Einzeltäter nicht individuell zugerechnet, sondern der ganzen Sippe, manchmal sogar dem ganzen

Stamm. Das Prinzip der individuellen Verantwortlichkeit war noch nicht entdeckt, eine von den Sippen unabhängige Strafinstanz wie das »staatliche Gewaltmonopol« noch nicht geschaffen. Fortzeugend schuf eine Bluttat die andere, welche die jeweils betroffenen Familien in einen unaufhörlichen Bann von Gewalt und Vernichtung zog. Es half nichts, wenn Abner verzweifelt ausrief: »Soll denn das Schwert ohne Ende fressen?« (2. Samuel 2,26)

Dabei wußte man schon früh um die zerstörerischen Folgen der Blutrache. Es waren vor allem die Leviten, diese wohl rätselhafteste Menschengruppe in Israel, die – verstreut unter allen israelitischen Stämmen – bevorzugt dann auftauchte, wenn sich Bluttaten ereigneten.[30] Mose rief sie herbei, als es zum Tanz um das »Goldene Kalb« gekommen war. Als strenge Hüter des Jahwe-Kultes töteten sie die Erstgeburt der anwesenden Israeliten, die durch die Verehrung des »Goldenen Kalbes« die Exklusivität des Jahwe-Glaubens verletzt hatten (2. Mose 32,25 ff.). Ein Levit war es, der nach Schändung seiner Frau zum Stämmekrieg gegen die benjamitische Stadt Gibea aufrief, indem er die zerstückelten Glieder seiner Frau an Israels Stämme verschickte (Richter 19,29). Leviten waren es, die offensichtlich das »blutige« Stammesrecht formulierten und über die Blutgerichtsbarkeit wachten, getreu der Formel: Auge um Auge, Zahn um Zahn!

Doch es waren auch Leviten, die um Mäßigung der Blutrache bemüht waren. Davon zeugen die achtundvierzig Leviten-Städte, von denen nach unterschiedlichen Zählungen drei (5. Mose 4,41 ff.) bzw. sechs (5. Mose 19,2/9) als Asylstädte für Menschen galten, die der Blutrache verfallen waren. In ihnen konnten allerdings keine Mörder, sondern nur Totschläger Zuflucht finden, die unbeabsichtigt und ohne Vorsatz einen Menschen zu Tode gebracht hatten.

Betrachten wir die Verteilung der Leviten- und Asylstädte, erkennen wir schnell, daß sie durchweg in Grenznähe jenes Reiches eingerichtet wurden, das David geschaffen hatte. Unter König David müssen also schon beträchtliche Anstrengungen unternommen worden sein, um die verheerenden Folgen der Blutrache einzudämmen.[31] Wie schön käme der Glanz des jungen Salomo zum Leuchten, hätte er den Mörder Joab in eine der von seinem Vater eingerichteten Asylstädte eingewiesen.

Sicher, Joab war nicht nur ein Totschläger, sondern ein Mörder, der mit Vorsatz, ja Heimtücke seine Opfer getötet hatte. Das hätte eine schonende Aufnahme in den Totschläger-Städten der Leviten schwierig gemacht. Doch ein anderer Ausweg wäre Salomo auch möglich gewesen: die Verschonung Joabs durch Königsrecht und Königsgnade. Er brauchte nur in seine Familie hineinzuschauen. Hätte nicht auch Absalom der Blutrache anheimfallen müssen, nachdem er seinen Bruder Amnon getötet hatte? König David aber ließ sich von der Vollstreckung der Blutrache an Absalom abhalten. Den unheilvollen Lauf der Blutrache aufzubrechen, war also schon zu Zeiten Davids Königsrecht und wurde in seiner eigenen Familie versöhnend praktiziert. Auch Salomo hätte Königsgnade statt Blutrache üben können. Daß er es nicht tat, bleibt ein Makel im Charakterbild des jungen Salomo.

Im Banne des Rachedenkens steht eine weitere Bluttat Salomos, die Tötung Simeis. Auch von dieser Bluttat will die biblische Überlieferung Salomo entlasten, da die Bestrafung – nicht Tötung – Simeis wie jene Joabs den testamentarischen Verfügungen Davids zugerechnet wird. Simei, ein Mitglied der Saul-Sippe, hatte es nicht verwunden, wie David mit den letzten Sauliden umgesprungen war.[32] Als David während des Absalom-Aufstands auf der Flucht war, sah Simei eine Gelegenheit, seinem Haß auf David Ausdruck zu geben. Er kam dem im Jordan-Gebiet herumirrenden David entgegen, warf mit Steinen nach ihm und sprach drohende Fluchworte gegen ihn aus:

»Hinaus, hinaus, du Bluthund, du ruchloser Mann! Jahwe hat über dich gebracht alles Blut des Hauses Sauls, an dessen Statt du König geworden bist ... und siehe, nun steckst du in deinem Unglück, denn du bist ein Bluthund.« (2. Samuel 16,7 f.)

Wir wollen nicht näher untersuchen, ob der Fluch Simeis gegen David eine berechtigte Grundlage hatte. Wesentlicher erscheint uns, daß so getan wird, als sei es Salomo testamentarisch aufgetragen worden, Simei zu bestrafen. Wieder ist nicht klar, warum David das

Rachewerk nicht selbst vollstreckte, sondern Simei ungeschoren davonkommen ließ. Wahrscheinlich war David der Meinung gewesen, der Fluch Simeis bestehe zu Recht. Denn er glaubte, Jahwe selbst habe Simei zum Fluch ermächtigt (2. Samuel 16,11). Also hält er seine Gefolgsleute davon ab, Simei zu bestrafen. Salomo aber soll testamentarisch ein Rachewerk aufgetragen worden sein, wo David selbst an Rache gar nicht gedacht hatte? Da paßt psychologisch nichts zusammen!

Salomo hat Simei nicht sofort nach seinem Thronantritt töten lassen. Zunächst stellte er ihn in Jerusalem unter Hausarrest bei Androhung der Todesstrafe, sollte er die Stadt verlassen. Nach zwei Jahren erfuhr er, daß Simei aus Jerusalem entwichen war, um zwei entlaufene Knechte aus der Philisterstadt Gath zurückzuholen. Damit ist sein Todesurteil besiegelt. Simei wird bei seiner Rückkehr nach Jerusalem von Benajahu tödlich niedergestoßen.

Das alles ist höchst unglaubwürdig, denn Simei wäre doch niemals nach Jerusalem zurückgekehrt, hätte eine Arrestmaßnahme mit Todesandrohung gegen ihn vorgelegen. Nein, Salomo ließ Simei auf eigene Rechnung töten. Sowohl das angebliche väterliche Testament als auch die Verletzung des Banngebotes durch Simei sollen Salomo entschuldigen. Nicht Salomo soll verantwortlich gemacht werden, sondern David und Simei, der sich an die königliche Anweisung nicht gehalten haben soll. Worauf ist die Tötung Simeis aber dann tatsächlich zurückzuführen? Wahrscheinlich fürchtete Salomo in Simei einen gefährlichen Gegenspieler, der vielleicht in der Lage gewesen wäre, eine saulidische Opposition gegen ihn anzuführen.

## SALOMO, DER BRUDERMÖRDER

Die Morde an Joab und Simei bleiben Morde, auch wenn die biblische Überlieferung Salomo zu entschuldigen versucht. Doch selbst der Bibel fällt keine Entlastung mehr ein für die schrecklichste Bluttat Salomos: die Ermordung seines Bruders und Gegenspielers Adonia. Das finstere Bild des Bluträchers ergänzt sich um das des blutbefleckten Brudermörders. Auch bei dieser Tat könnte man auf den ersten Blick wieder das Wort von den »orientalischen« Grausamkeiten anführen. Doch eine genauere Untersuchung führt uns zu einer anderen Einschätzung.

Nach Salomos überraschender Thronerhebung hatte sich Adonia zum Hörneraltar geflüchtet, und Salomo hatte ihn verschont. »Wird er redlich sein, so soll kein Haar von ihm auf die Erde fallen; wird aber Böses an ihm gefunden, so soll er sterben.« (1. Könige 1,52)

Adonia soll sich also ruhig verhalten und wird in sein Haus entlassen, vielleicht sogar unter Hausarrest gestellt. Der Bruder Salomos scheint sich tatsächlich unauffällig verhalten zu haben, bis er eines Tages Bathseba aufsucht. Der mißtrauischen Mutter Salomos versichert er seine Ergebenheit Salomo gegenüber, bittet aber darum, ihn zu unterstützen, Abisag, die letzte Konkubine Davids, zu ehelichen. Bathseba sagt ihre Unterstützung zu und trägt Adonias Wunsch Salomo vor. Sie fällt vor ihrem Sohn und König nieder, und Salomo läßt für die »Mutter des Königs« einen Thron herbeibringen, Zeichen für das große Ansehen, das Bathseba genießt. Doch als sie sich für Adonias Ehewunsch um Abisag von Sunem einsetzt, verhält sich Salomo nicht nur abweisend, sondern er befiehlt sogar die Tötung Adonias. Begründung: »Warum bittest du um Abisag von Sunem für Adonia? Erbitte ihm doch auch das Königtum! Denn er ist mein älterer Bruder ...« (1. Könige 2,22)

Salomo wittert also hinter Adonias Ehewunsch eine Verschwörung, die wir mit dem Begriff der »Haremseroberung« bezeichnen können, da Abisag zum Harem König Davids gehörte. Adonia beanspruchte also über die Einheiratung in den Königsharem das Königtum – so in etwa die Überlegungen Salomos. Adonia hätte den Anspruch auf das Königsamt noch nicht aufgegeben und mit einer besonders raffinierten Heiratsstrategie noch einmal den Versuch unternommen, zu seinem Königtum zu gelangen.

Salomo handelt sofort und erbarmungslos: Er schickt Benajahu, den uns schon bekannten Scharfrichter Salomos, mit dem Tötungsbefehl los, der augenblicklich ausgeführt wird. Salomo erscheint als entscheidungsstark, als es darum geht, seine Macht zu sichern –

auch gegen den eigenen Bruder. Adonias Tötung bildet ein weiteres Kapitel in den unseligen Thronnachfolgekämpfen, an denen die altorientalische Geschichte so reich ist.

Sicher, Salomos Brudermord war eine grausame Tat. Doch läßt er sich tatsächlich nur auf einen Machtkampf zurückführen? Diese Auffassung kann nicht überzeugen, denn sie erklärt nicht, warum Bathseba, die bisher so umsichtig und bestimmend die Interessen ihres Sohnes Salomo vertreten hatte, Adonias Partei ergreift. Dieses Verhalten Bathsebas gibt uns den ersten Hinweis, daß hinter Adonias Heiratswunsch nicht unbedingt eine politische Verschwörung gestanden hat.

Worum aber ging es dann? Wenn Salomo Adonias Heiratswunsch brutal zurückweist, lehnt er zuerst einmal den Wunsch und den Willen seiner Mutter ab. Salomos Verhalten beinhaltet somit einen harten Schritt der »Abnabelung« von mütterlichem Einfluß. Dieser Zug ist wichtig. Er wird dadurch verstärkt, daß Bathseba als machtbewußte Person auftritt. Ein eigener Thron wird für sie herangeschafft, wodurch sie als »Gebira« charakterisiert wird, als »Oberste Herrin«, der eine offizielle Stellung im Staat zukam. Der Status der »Gebira« wurde nicht nur in Jerusalem, sondern auch bei den Hethitern, im syrischen Ras Schamra, wohl auch bei den Assyrern respektiert.[33] Oftmals scheint die »Gebira« die Königsgeschäfte des minderjährigen Sohnes geführt zu haben. Aber auch nach der Inthronisation des Sohnes blieb ihr ein bedeutender Einfluß auf den König. Die Stellung der »Gebira« kommt auch darin zum Ausdruck, daß in der Folge fast immer der Name der »Königsmutter« genannt wird, wenn die judäischen Könige ihre Regierung antreten.

Wir wissen nicht genau, wann Bathseba in die Rolle der »Gebira« eintrat, doch weist alles darauf hin, daß erst die Designation Salomos zum Thronerben zu ihrer Rangerhöhung führte. Bathseba tritt Salomo also nicht nur als Mutter gegenüber, sondern auch als »Gebira«. Eine »machtvolle« Mutter will Einfluß nehmen auf ihren Sohn, der sich bisher als durchaus abhängig von ihr erwiesen hatte. Doch Bathseba erlag einem Irrtum. Salomo erwies sich als stärker, als sie gedacht haben mag.

Durch die Ermordung Adonias tritt Salomo aus der Einfluß-
sphäre seiner Mutter heraus. Sicher, Salomo befreit sich vom Einfluß
seiner mächtigen Mutter mit Hilfe eines grausamen Aktes, doch
gerade diese grausame Art der »Abnabelung« entspricht den Geset-
zen »archaischer« Psychologie, dem »modernen« Empfinden kaum
noch vermittelbar. Der Gewinn von Selbstbewußtsein, einer eigenen
»Identität«, wie man heute sagen würde, vollzieht sich bei Salomo
auf »archaische« Weise in einem Akt der Zerstörung: Die Tötung des
Bruders bekundet auch die »Tötung« des mütterlichen Willens.
Damit ist ein unheimlicher Zusammenhang aufgedeckt: Die »archaische« Wiege von Selbstbewußtsein und Identität mußte durch harte
Taten geschaffen werden, die fern jeglicher Idylle und Gefühligkeit
liegen. Die behütend-beschützende Macht der Mutter zerbricht an
der Härte des um Selbständigkeit ringenden Sohnes.

Salomos Mord an Adonia legt aber noch eine zweite »archaische«
Dimension frei. Adonia ist nicht nur der Bruder Salomos, sondern
auch der vaternächste Bruder. Ihm – Adonia – habe als ältestem
David-Sohn die Thronfolge zugestanden. So rechtfertigt Adonia seinen Anspruch. Zwar hat es in Israel ein patrilineares Thronerbe-
recht im strengen Sinne niemals – auch später nicht – gegeben. Die
Tötung Adonias bedeutet aber dennoch mehr als nur die Behauptung von Machtansprüchen; sie verweist auf einen weiteren Ab-
lösungsprozeß Salomos, dieses Mal von der »Vaternähe«, die Adonia
für sich gegen Salomo beanspruchen konnte.

Mit Adonia stirbt aber nicht nur der vaternächste, sondern auch
der vaterähnlichste Sohn, vergleichbar Absalom, den David über
alles vernünftige Maß hinaus geliebt hatte. Wie Absalom hat Adonia
jene Kräfte um sich gesammelt, die dem altisraelitischen Stämmebund verpflichtet waren. Wie Absalom erscheint er tatkräftig, selbstbewußt und entscheidungsstark. Adonia war also – wie Absalom – in
seinem Kriegerhabitus dem Vater ähnlich, im Gegensatz zu Salomo,
der bei seinem Machtantritt so blaß und unbedeutend aussah.

Wie ist in diesen Zusammenhang nun die Tötung Adonias durch
Salomo einzuordnen? Die Antwort ist einfach: Durch die Tötung
befreit sich Salomo auf archaisch-grausame Weise von seinem »va-

tergebundenen« Bruder, in welchem er nicht nur seinen kriegerischen Bruder, sondern auch seinen kriegerischen Vater trifft.

Salomos Brudermord verdeutlicht also auf unheimliche Weise
einen doppelten »Abnabelungsprozeß«: jenen von seiner Mutter,
gegen deren Willen er sich stellt, und jenen von seinem Vater, indem
er den vaternächsten und vaterähnlichsten Bruder tötet. Doch selbst
diese beiden Dimensionen des Tötungsgeschehens erschließen noch
nicht ganz den archaischen Hintergrund von Salomos Tat. Auffällig
ist, daß in archaischen Kulturen Brudermorde sehr oft geschehen.
Ob in Mythos oder Geschichte – Brudermorde begegnen uns in
vielfacher Weise.

Aus der griechischen Mythologie kennen wir Atreus und Thyest,
aus der griechischen Geschichte Eteokles und Polyneikes, aus der
römischen Geschichte Romulus und Remus. Aus der Bibel sind uns
Kain und Abel bekannt, die den Bruderkampf in gleichsam »urge-
schichtlicher« Zeit eröffnen. Merkmal dieser Bruderkämpfe ist der
Brudermord, dessen »archaische« Dimension aber bisher kaum
genügend erhellt worden ist. Dabei fällt auf, daß Brudermörder in
Mythos und Geschichte nicht etwa moralisch verurteilt werden,
sondern als Kulturheroen zwiespältige Verehrung auf sich ziehen:
Der Brudermörder Kain wird Stammvater der Städteerbauer, der
Handwerker und Künstler. Der Brudermörder Romulus wird der
Begründer Roms. Dem Brudermord eignet also eine kulturstiftende
Funktion.

Schon diese wenigen Beispiele zeigen eine gleichsam »nichtmo-
ralische« Behandlungsweise des Brudermordes, und wir sind aufgefordert, diese merkwürdig archaische Sicht des Brudermordes einer
vertieften Klärung zuzuführen. Da hilft uns der Anlaß für die Tötung
Adonias, sein Wunsch, in den ehemaligen Harem Davids einzuheira-
ten. Adonia gerät mit diesem Wunsch in eine merkwürdige Nähe zu
den tragischen Phänomenen, die das Haus Davids seit jeher verhängnisvoll belastet hatten.

Bei all diesen Phänomenen handelt es sich um geschlechtliche
Vermischungen innerhalb der Familie. So hatte sich schon Amnon
blutschänderisch an seiner Halbschwester vergangen, und Absalom

hatte den Harem seines Vaters ostentativ in Besitz genommen. Bei Adonia war es der Wunsch, sich mit Abisag von Sunem zu verbinden. Es ist auffällig, wie in Davids Familie ein gleichsam »inzüchtiges Jeder mit Jedem« hemmungslos ins Werk gesetzt wurde: Amnon mit seiner Halbschwester, Absalom mit den schon älteren Frauen seines Vaters, Adonia mit der jungen und letzten Konkubine seines Vaters. Davids Familie gleicht einem überhitzten Brutkasten, in dem sich die einzelnen Familienmitglieder nicht zu eigenen Individuen entwikkeln, sich nicht zu einer eigenen Persönlichkeit durcharbeiten konnten.

Archaische Kulturen haben das Bedrohliche der »Familienvermischung« immer bekämpft, sei es durch Aufrichtung des Inzesttabus, des bis heute stärksten Sozialtabus überhaupt, sei es durch Heiratsregeln, deren Kompliziertheit vor allem verhindern sollte, daß sich geschlechtlich verband, was nicht zusammengehören durfte. Nur durch »Familienentmischung« ließ sich die Intaktheit der einzelnen Persönlichkeit herstellen.

Auf »Familienmischung« aber reagieren archaische Kulturen durchweg mit unnachsichtiger Gewalt.[34] Sehr gut deutlich wird das an einem der befremdlichsten Phänomene der archaischen Geschichte – den Zwillingsmorden. Zwillinge sind schicksalhaft durch »Gleichheit« charakterisiert und wurden vom archaischen Menschen als unheimlich erlebt. So kam es zum antiken Zwillingsmord, den wir aus vielen Zeugnissen kennen.[35] Der Zwillingsmord ist eine extreme Form anhaftender »Familienidentität«, die naturhaft verhängt ist.

Eine andere Form der Familienidentität besteht im Brudersein. Der Bruder ist zwar der andere, aber umklammernd und umfangend, vielleicht sogar erstickend wurde das »Familienidentische« wahrgenommen, aus dem sich befreien mußte, wer zu sich selbst kommen wollte. Aus diesen Zusammenhängen heraus läßt sich die erstaunlich häufige Tatsache des Brudermordes und Bruderkampfes erklären – Merkmal einer archaischen Lösungsform aus dem Würgegriff der Familienbande.

Die Tötung Adonias durch Salomo trägt alle Merkmale eines

archaischen, das heißt gewaltsamen Loslösungsprozesses: Salomo
löst sich erstens vom Einfluß seiner Mutter, indem er deren »Vermi-
schungswunsch« – die Verbindung Adonias mit Abisag von Sunem –
zurückweist; Salomo befreit sich zweitens von der Vaternähe, indem
er den vaternächsten und vaterähnlichsten Sohn töten läßt; drittens
beseitigt er durch Tötung seines Bruders Adonia die durch Haremseroberung beabsichtigte inzestuöse »Familienvermischung«. Es ist
ein unheimlicher Loslösungsprozeß, kaum nachvollziehbar dem
modernen Bewußtsein, und schon der biblischen Überlieferung
nicht mehr gegenwärtig, da die tieferen, »archaischen« Schichten
der Selbstwerdung Salomos zu einem Kampf um politische Königsmacht verkürzt wurden. Nur wenn die biblische Verkürzung aufge-
brochen wird, kann die wirkliche Selbstwerdung Salomos verständlich gemacht werden.

Auf beunruhigende Weise ist Salomo zurückgebunden in eine
archaische Welt, in der Selbstfindung und Selbstwerdung an gewalt-
same Handlungsformen gebunden ist. Wird Salomo dieser archaischen Welt entkommen, wird er sie überwinden? Wird er dem Bann
archaischer Bluttaten entfliehen können und in eine lichtere Zukunft
hineintreten? Wird er sich seiner mit Hoffnung verbundenen Thronnamen würdig erweisen, jener Namen, die Frieden und Liebe verheißen?

## 2. Kapitel

## »Daß ich erkenne, was gut und böse ist« –
## Salomo, der weise Richter

Bisher ist uns Salomo in merkwürdig zwiespältiger Weise begegnet: einerseits als eine blasse Gestalt, die sich scheinbar unbeteiligt und teilnahmslos auf den Thron heben läßt, andererseits als ein gewalttätiges Monstrum, das auf unheimliche Weise archaischen Traditionen der Blutrache und des Brudermordes verpflichtet ist. Es gehört zu den faszinierenden Phänomenen der altisraelitischen Geschichte, wie sich diese zwiespältige Gestalt wandelt in jene weithin glänzende Gestalt eines aufgeklärten Königs, der auf erstaunliche Weise Frieden und Toleranz, Weisheit und Weltoffenheit verkörperte.

Diese Wandlung wird in der biblischen Überlieferung nicht erklärt, sondern nur erzählt. Wie dieser Übergang psychologisch zu verstehen ist, verraten die biblischen Quellen nicht. Um einer Lösung dieser einmaligen Wandlung vom rückwärtsgewandten, grausamen Rächer und Brudermörder zum Friedenskönig näher zu kommen, bedarf es einer genaueren Ausleuchtung jener Überlieferung, die vom weisen König Salomo handelt.

### Das Opferfest in Gibeon

Die Erzählung vom weisen Salomo setzt ein mit der Feier eines Opferfestes in Gibeon, einem der bedeutendsten Höhenheiligtümer (bamah) in Israel, zwölf Kilometer nördlich von Jerusalem gelegen, etwa dort, wo sich heute das arabische Dorf El-Dschib befindet. Selbstverständlich war den Archäologen viel daran gelegen, das Höhenheiligtum zu finden; leider bis heute ohne Ergebnis. Das ist auch weiter nicht verwunderlich, da die Ausstattung sehr bescheiden gewesen sein muß.

Ausgrabungsfunde an anderer Stelle geben aber Hinweise. Danach bestanden Höhenheiligtümer aus aufgestellten Felssteinen (Mazzeben), die manchmal bearbeitet waren. Sie galten als heilige Göttersymbole. Solche Mazzeben fand man etwa in den kanaanäischen Städten Geser (Abb. 15) und Hazor (Abb. 34) aus der Zeit zwischen 1500 und 1200 v. Chr. Zweifellos gehörte zu den Höhenheiligtümern neben den Mazzeben auch ein Opferaltar, der zu Festen bestimmt war, die im Freien abgehalten wurden.[1]

Ähnlich müssen die israelitischen Höhenheiligtümer ausgesehen haben, die zahlreich gewesen sind. Jede größere Stadt in Israel hatte ein Höhenheiligtum. Sie sind lange in Gebrauch gewesen und wurden in der Regel von Priestern und Leviten versorgt. Noch der Prophet Hosea wettert gegen den Höhenkult, und erst dem israelitischen König Josia (639–609 v. Chr.) wird zugeschrieben, daß er die Höhenkultorte zerstörte, um das gesamte Kultgeschehen am Jerusalemer Tempel zu konzentrieren.

Ungeklärt bleibt in der biblischen Überlieferung, warum Salomo ausgerechnet Gibeon aufgesucht hat. Das hängt damit zusammen, daß die »Deuteronomistischen Redaktoren« die Nachricht über das Opferfest in Gibeon als sehr peinlich empfunden haben und deshalb schnell über sie hinweggegangen sind. Für sie war allein Jerusalem die einzig zugelassene Opferstätte. Opfer auf den »Großen Höhen« – eben auch in Gibeon – waren aus ihrer Sicht schlimme Versündigungen. Eine einigermaßen plausible Entschuldigung bietet die chronistische Salomo-Überlieferung an. Sie läßt in Gibeon die mosaische »Stiftshütte« beheimatet sein (2. Chronik 1,4). Doch davon weiß leider nur der Chronist zu berichten, der, wie schon erwähnt, siebenhundert Jahre nach Salomo über Salomo schrieb.

Um das Opferfest Salomos in Gibeon zu verstehen, müssen wir das Schweigen der Überlieferung aufbrechen. Gibeon war eine kanaanäische Stadt, die während der Landnahme unter Josua ohne Krieg gefallen war. Es war zu einem Bund zwischen Gibeoniten und israelitischen Stämmen gekommen. Seitdem lebten die Gibeoniten in Frieden mit Israel, aber sie mußten als Untertanen Fron-

dienste leisten – Holzhauen und Wasserschöpfen für Israel (Josua 9).
Warum Wasserschöpfen für Israel?
Eine Antwort gaben die Ausgrabungen unter Leitung von James
B. Pritchard.[2] Schon in der ersten Grabungskampagne 1956 kam es
zur Freilegung einer monumentalen Bewässerungsanlage, für die
von den Baumeistern einst rund dreitausend Tonnen Kalkstein weg-
geschafft werden mußten (Abb. 3). Der berühmt-berüchtigte »Teich
von Gibeon« war gefunden, an dem sich einst Joab, der uns schon
bekannte General Davids, und Abner, der General Sauls, gegenüber-
gestanden hatten. Nach dem Tode Sauls rangen sie um die Macht.
Zunächst kam es nur zu einem Kampfspiel, bei dem zwölf Männer
beider Seiten aufgestellt wurden. Alle töteten sich gegenseitig, so daß
es zum Krieg zwischen beiden Parteien kam. Joab blieb mit seinem
Söldnerheer Sieger über den nordisraelitischen Abner (2. Samuel
2,12 ff.).

Gibeon war für Salomo also mit zwei Erinnerungen behaftet:
Einerseits war dies der Ort eines Freundschaftsbundes zwischen
Israeliten und Kanaanäern, andererseits Kriegsschauplatz zwischen
David-Anhängern und der Saul-Gefolgschaft. Mehr noch: In den
Tagen König Sauls war der einst zwischen Josua und den Gibeoniten
geschlossene Friedensbund gebrochen worden. »Saul suchte sie
auszurotten in seinem Eifer für Israel und Juda«, heißt es kurz und
lapidar in der Bibel (2. Samuel 21,2).

Das wiederum ließ König David nicht ruhen. Um die freundschaftliche Beziehung zu den Gibeoniten wiederherzustellen, schritt
er zu einer grauenhaften Tat: Sieben Prinzen aus der Sippe Sauls
wurden an die Gibeoniten ausgeliefert. »Die hängten sie auf dem
Berge vor dem HERRN auf. So kamen diese sieben auf einmal um und
starben in den ersten Tagen der Ernte, wenn die Gerstenernte
anfängt.« (2. Samuel 21,8)

Wenn Salomo den Ort Gibeon aufgesucht hat, mag er zwei Ab-
sichten verfolgt haben: einmal den friedlichen Freundschaftsbund
mit den Kanaanäern zu festigen und zum anderen den blutigen
Bann des Rachedenkens endgültig zu brechen. Deshalb die Feier
eines Opferfestes, bei dem ausschließlich Brandopfer dargebracht

wurden – zur Entsühnung von Schuld[3], zur Versöhnung der menschlichen Blutopfer, die zu beklagen waren, und nicht zuletzt auch zur Befestigung des Friedens mit den kanaanäischen Ureinwohnern, die sich vor Übergriffen der Israeliten und ihres neuen Königs sicher wähnen sollten.

In diesem Zusammenhang muß eine Nachricht ernst genommen werden, die man bisher nicht für wichtig gehalten hat. Jene sieben Mitglieder der Saul-Sippe, die David an die Gibeoniten ausgeliefert hatte, wurden erhängt »vor Jahwe, auf dem Berge des Herrn«, wie die biblische Überlieferung berichtet. Exakt diese Stätte, auf der die Tötung der Nachfahren Sauls stattgefunden hat, scheint Salomo aufgesucht zu haben. Salomos Opferfest in Gibeon verwandelte einen Ort des Grauens in einen Ort der Versöhnung. An die Stelle menschenvernichtender Gewalt trat jene »gute« Gewalt, die sich darauf beschränkte, Tiere zu opfern. Von tausend Brandopfern ist die Rede – eine ungeheure Zahl, die aufzubieten war, um der verschlingenden Menschengewalt endlich ein Ende zu setzen.

Das Opferfest von Gibeon gibt uns tiefere Einblicke in den Sinn von Opfern überhaupt. Die grausige Vorgeschichte von Gibeon weist noch einmal zurück in die wechselseitig sich steigernde Gewalt von Menschen. Allein im Opfer vermag diese Fortzeugung menschenverschlingender Gewalt zum Stillstand zu kommen. An die Stelle blutbefleckter Menschengewalt tritt das blutige Tieropfer, das den Kreislauf der Gewalt aufhebt. Sicher, die Bluttaten der Menschen werden auf unschuldige Tiere abgeladen, die verbluten müssen. Opfertiere zahlen den Preis für die Gewaltförmigkeit menschlicher Verhältnisse. Der Dienst aber, den das Blut der Tiere leistet, ist unermeßlich: Es schützt vor der Gewalt, die Menschen den Menschen antun.

Das Blutopfer der Tiere erschreckt uns heute; Tierfreunde mögen sich entsetzt abwenden. Doch wir sind verpflichtet, uns hineinzudenken in eine »archaische« Welt, in der andere Gesetze gelten als in der heutigen, modernen Welt. Das Problem wurde in »archaischer Logik« dadurch gelöst, daß menschliche Gewalt auf nichtmenschliche Wesen abgeleitet wurde. Die Gewalt, die den Tieren angetan wurde, erschütterte das »archaische Bewußtsein« nicht.

Es stellt sich an dieser Stelle allerdings die Frage, ob das Opferfest in Gibeon das letzte Wort Salomos zur Gewaltfrage war. Oder anders ausgedrückt: Ist Salomo bei blutigen Tieropfern stehengeblieben, um der verheerenden Menschengewalt Herr zu werden? Wir können diese Frage im Moment nur stellen, eine überraschende Antwort wird sich uns erst im Kapitel über den Jerusalemer Tempel eröffnen.

## DIE TRAUMOFFENBARUNG IN GIBEON

Der von uns aufgedeckte Zusammenhang zwischen Blutschuld und Sühneopfer auf der Höhe von Gibeon wird in der biblischen Überlieferung nicht direkt ausgesprochen. Die biblischen Verfasser sind sehr schnell über die für sie peinliche Notiz eines Opferfestes hinweggegangen, denn für sie stand etwas ganz anderes im Mittelpunkt: die Traumoffenbarung, durch die Salomo zum weisen Richter wurde. Da diese Überlieferung für unsere Rekonstruktion sehr wichtig ist, sei sie im Wortlaut wiedergegeben:

»Und Jahwe erschien Salomo zu Gibeon im Traum des Nachts, und Gott sprach: ›Bitte, was ich dir geben soll!‹ Salomo sprach: ›Du hast an meinem Vater David, deinem Knecht, große Barmherzigkeit getan, wie er denn vor dir gewandelt ist in Wahrheit und Gerechtigkeit und mit aufrichtigem Herzen vor dir, und hast ihm auch die große Barmherzigkeit erwiesen und ihm einen Sohn gegeben, der auf seinem Thron sitzen sollte, wie es denn jetzt ist. Nun, Jahwe, mein Gott, du hast deinen Knecht zum König gemacht an meines Vaters David Statt. Ich aber bin noch jung, weiß weder aus noch ein. Und dein Knecht steht mitten in deinem Volk, das du erwählt hast, einem Volk, so groß, daß es wegen seiner Menge niemand zählen noch berechnen kann. So wollest du deinem Knecht ein gehorsames Herz geben, damit er dein Volk richten könne und verstehen, was gut und böse ist. Denn wer vermag dies mächtige Volk zu richten?‹ Das gefiel Jahwe gut, daß Salomo darum bat. Und Gott sprach zu ihm: ›Weil du darum bittest und bittest weder um langes Leben noch um Reichtum, noch um deiner Feinde Tod, sondern um Verstand, zu hören und recht zu richten, siehe, so tue ich nach deinen Worten. Siehe, ich gebe dir ein weises und verständiges Herz, so daß deinesgleichen vor dir nicht gewesen ist und nach dir nicht aufkommen wird. Und dazu gebe ich dir, worum du nicht gebeten hast, nämlich Reichtum und Ehre, so daß deinesgleichen keiner unter den Königen ist zu deinen Zeiten. Und wenn du in meinen Wegen wandeln wirst, daß du hältst meine Satzungen und Gebote, wie dein Vater David gewandelt ist, so werde ich dir ein langes Leben geben.‹ Und als Salomo erwachte, siehe, da war es ein Traum. Und er kam nach Jerusalem und trat vor die Lade des Bundes Jahwes und opferte Brandopfer und Dankopfer und machte ein großes Festmahl für alle seine Großen.« (1. Könige 3,5 ff.)

Diese Erzählung gehört zu den eindrucksvollsten Offenbarungs- berichten der Bibel. Doch es gibt interessante Unterschiede: Jahwe kündigt keine machtvolle Geschichtstat an, vergleichbar jener Land- nahme- und Nachkommensverheißung an Abraham oder der an Mose ergangenen Verheißung von der Herausführung aus Ägypten. Die Salomo widerfahrene Gotteserscheinung ist auch nicht mit über- natürlichen Naturereignissen verbunden: weder brennt ein Dorn- busch wie vor Mose, noch erscheint Jahwe in Gewitter und Erdbeben wie auf dem Sinai. Jahwe begegnet Salomo ganz unspektakulär, er erscheint im Traum. Damit erweist sich die Gottesoffenbarung als inneres, ganz persönliches Erlebnis.

Der Offenbarungsbericht unterscheidet sich wesentlich von an- deren altisraelitischen Offenbarungsgeschichten, auch wenn wir die Stellung Salomos untersuchen. Obwohl passiv im Schlafe hinge- streckt, findet sich bei ihm keine Spur jener heiligen Scheu, die anderen Offenbarungsempfängern zu eigen war. Mose entledigte sich bekanntlich seiner Sandalen, als er sich dem brennenden Dorn- busch näherte, und die Mose-Schar am Sinai wagte kaum, dem Heiligen Berg nahe zu kommen.

Salomo jedoch bleibt im Traumgeschehen merkwürdig selbstbe- wußt. Er bricht nicht zusammen wie später die Propheten, wie etwa Jesaja, der seine Unreinheit bekundet, wie Jeremia, der sich seiner Jugend erschreckend bewußt wird, oder wie Hesekiel, der in Stummheit verfällt. Die Traumoffenbarung von Gibeon trägt keine gewalttätigen Züge. Sie überfällt Salomo nicht. Er wird von ihr nicht zerschmettert und aus allen bisher gewonnenen Lebenszusammenhängen herausgerissen. Salomo spricht zwar von sich als »Knecht«, weiß auch um seine jugendliche Unerfahrenheit und spürt die Größe seiner Aufgabe. Doch er weiß auch, daß er als Statthalter der Davidischen Dynastie ausersehen ist.

Dieses Selbstbewußtsein Salomos kann kaum aus altisraelitischen Voraussetzungen erklärt werden. Die einmalige Gottesoffenbarung wird erst verstehbar, wenn wir uns aus der israelitischen Umgebung entfernen und der ägyptischen Kultur zuwenden. Dort begegnen wir erstaunlichen Parallelen zur Traumoffenbarung in Gibeon.

Aus der Epoche des Mittleren Reiches – also ab dem Jahre 2000 v. Chr. – sind uns ägyptische Texte bekannt, die als »Königsnovellen« bezeichnet werden.[4] In ihnen erscheint der König vor seinen Beamten, denen er seine Beschlüsse und Vorhaben mitteilt. Oft wird in ihnen über eine Traumoffenbarung des Königs berichtet, in welcher der Wille der Gottheit kundgetan wird. Manchmal gehen die ägyptischen »Königsnovellen« auch ein auf die Erwählung des Königs, auf die Taten seiner Jugend. Abgeschlossen wird die Gottesoffenbarung mit einem Opferfest.

Ein überaus interessantes Beispiel der »Königsnovelle« befindet sich auf der sogenannten »Sphinx-Stele«: Thutmosis IV. (1422–1413 v. Chr.), der in der Gegend von Memphis zu jagen pflegte, rastet zur Mittagszeit im Schatten der großen Sphinx von Gise. Da wird er vom Schlaf überfallen. In einem Traum kündigt ihm die in der Sphinx gegenwärtige Gottheit seine künftige Königsherrschaft an. Daraufhin eilt Thutmosis zu seiner Königsresidenz, um ein großes Opfer darzubringen.[5]

Die Gottesoffenbarung von Gibeon wird auf frappierend ähnliche Weise erzählt. Die Motive Traumoffenbarung, Königsherrschaft und Opferfest an der königlichen Residenz finden sich auch im Bericht über Salomo. Die Parallelen gehen sogar noch weiter. In der sogenannten »Lederhandschrift« wird an die frühe Kindheit von Pharao Sesostris I. (1971–1930 v. Chr.) erinnert:

»Ich habe schon als Nestling erobert und war schon groß im Ei, ich lebte als Junge; [der Gott] Re hat mich weit gemacht zum Herrn der beiden Landeshälften als Kind ..., er hat mich bestimmt zum Palastbewohner als [ungeborenes] Kind, bevor ich noch aus den Schenkeln [der Mutter] hervorkam.«[6]

Auch Salomo spielt auf seine Jugend an, hebt aber nicht auf seine Größe, sondern auf seine Unerfahrenheit ab.

Schlagender noch sind die Parallelen, die sich auf die Zusagen Jahwes beziehen. Salomo werden – obwohl nicht von ihm erbeten – Reichtum, Ruhm und langes Leben verheißen. So geschieht es auch in den ägyptischen »Königsnovellen«, in denen der König »begabt wird mit Leben«[7]. Auch in phönizischen Inschriften kommen vergleichbare Zusagen sehr schön zum Ausdruck, etwa in den Inschriften von Karatepe:

»Und es segne der [Gott] B'l Krntrjs den [König] Azitawadda mit Leben und Heil und mächtiger Stärke über jeden König hinaus, indem er, der B'l Krntrjs, und alle Götter der Stadt dem Azitawadda Länge von Tagen und Fülle von Jahren und gute Regierung und mächtige Stärke über jeden König hinaus gibt!«[8]

Die Parallelen sind so eindrucksvoll, daß wir sagen können, die Offenbarung zu Gibeon wurde nach der ägyptischen »Königsnovelle« gestaltet. Die Traumoffenbarung dient dazu, das Königtum Salomos durch göttliche Weihe zu legitimieren. Das war auch bitter nötig. Denn wir erinnern uns, Salomos Königserhebung war recht menschlich-allzumenschlich ins Werk gesetzt worden und das Resultat von Palastintrigen um eine Gestalt, die nur unbedeutend in Erscheinung getreten war. Erst die Traumoffenbarung von Gibeon umgibt Salomo mit der Aura höherer Legitimation.

Doch in uns breitet sich der nagende Zweifel aus, ob diese Geschichte letztlich nur literarische Fiktion ist, gestaltet von Verfassern, die das Königtum Salomos nachträglich idealisieren wollten. Dieser Zweifel greift deshalb so stark, weil sich die Erzählung am literarischen Schema der ägyptischen »Königsnovelle« orientiert.

Um Klarheit zu gewinnen, müssen wir jene Züge hervorheben, die von der ägyptischen »Königsnovelle« abweichen. Salomo bittet

Jahwe um ein »hörendes Herz, damit er dein Volk richten könne und verstehe, was gut und böse ist«. Der Begriff »hörendes Herz« taucht zwar nicht in der ägyptischen »Königsnovelle« auf, ist aber aus der ägyptischen Weisheitsliteratur bekannt. So heißt es in der Weisheitslehre des Ptahhotep (um 2400 v. Chr.): »Es ist das Herz, das einen Menschen zu einem Hörenden werden läßt oder zu einem, der nicht hört.«[9]

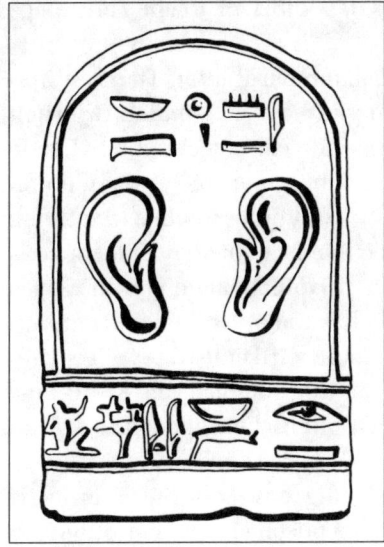

Fig. 5 Ägyptisches Ohrenmotiv

Das »hörende Herz« wurde sogar in jenem merkwürdigen »Ohrenmotiv« bildlich dargestellt, das häufiger auf ägyptischen Reliefs auftaucht (Fig. 5). Die Bitte Salomos um Richterweisheit durchbricht jedoch alle ägyptischen Parallelen.[10] Kein Pharao in Ägypten verstand sein Königsamt als weltliches Richteramt. Statt dessen sieht sich der ägyptische König als »Gottessohn« zu Höherem berufen: Er bringt seinem Gott die »Maat« dar, jenes »Gesetz der Weltordnung«, das kosmische Harmonie verbürgt und von ihm, dem Pharao, vermittelt und garantiert wird.[11] Sethos I. (1317–1301 v. Chr.) zum Beispiel bringt die »Maat« dar in Gestalt einer sitzenden weiblichen

Gestalt, die mit einer Feder im Haar geschmückt ist – so dargestellt auf einem Tempelrelief in Abydos aus dem »Tal der Könige« (Abb. 7). Zu solchen Höhenflügen hat Salomo nicht angesetzt. Er beschränkt seine Bitte auf menschliches Recht und Gesetz.

Eine engere Parallele liegt aus dem altbabylonischen Raum vor. Dort ist es König Hammurapi (1728–1686 v. Chr.), der in eine deutlichere Beziehung zum menschlichen Recht tritt. In einem Brief wird ihm in Erinnerung gebracht: »Marduk, der dich liebhat, hat dich in Wahrheit dazu geschaffen, daß du dem Recht zum Siege verhelfest.«[12]

Hammurapi hat sich sogar auf jener berühmten Hammurapi-Stele darstellen lassen, die sich heute im Louvre befindet. Er erhält vom Gotte Schamasch den Auftrag, »eine Gesetzgebung im Lande erscheinen zu lassen, den Bösen und Schlimmen zu vernichten und zu verhindern, daß der Starke den Schwachen schädige, damit ich wie Schamasch den Schwarzköpfigen [Menschen] erscheine und das Land erleuchte [und so] den Menschen Wohlbehagen verschaffe«[13].

Doch schnell wird der Unterschied zu Salomo deutlich: Hammurapi erhält von Gott einen Auftrag, Salomo wird eine Bitte freigestellt. Die Initiative zum Recht geht nicht von Gott, sondern vom König aus. Das Recht wird aus der göttlichen Sphäre herabgeholt, wird zu »menschlichem« Recht.

Doch zurück zur ägyptischen »Königsnovelle«. Sie überliefert niemals eine Rechtsbitte des Königs. Ägyptische Herrscher bitten um Herrschaft, langes Leben und Reichtum, sie erscheinen als Kriegs-herren und Machtgestalten. Salomo jedoch beschränkt sich auf die Bitte um richterliche Weisheit. Es ist offensichtlich, was das bedeu-tet: Salomo humanisiert das Königtum, dem Machtdenken setzt er das Rechtsdenken entgegen. Das Konzept altorientalischer Königs-ideologie wird durch Salomos richterliche Weisheit gemildert und eingeschränkt. Salomo wird damit zum Vorläufer jener Idee vom Rechtsstaat, die zu den großen Errungenschaften der Menschheits-geschichte gehört.

Es stellt sich die Frage, ob wir es bei der Zusprechung eines primär richterlichen Königtums mit »historischem Urgestein« zu tun haben. Oder geht selbst dieser Zug, der sich nicht aus der ägyptischen »Königsnovelle« ableiten läßt, auf das Konto einer idealisierten Salomo-Sichtweise?

Einer Antwort kommen wir näher, wenn wir uns dem Parallelbericht im zweiten Chronik-Buch zuwenden. Dort wird die Offenbarung von Gibeon unter anderem Vorzeichen beschrieben. Salomo bittet primär um »Regenten-Weisheit«, und diese ist es, die ihm von Jahwe zugesagt wird. Zwar taucht auch die Gabe des »Richtens« auf, doch der Zusammenhang zeigt deutlich, daß der Chronist unter »Richten« (schofet) nicht menschliche Rechtsprechung, sondern »Herrscherweisheit« versteht.[14] Es ist deshalb aus der Sicht des Chronisten logisch, daß er mit keinem Wort jenes »salomonische Urteil« erwähnt, das sprichwörtlich geworden ist und uns noch eingehend beschäftigen wird.

Der Salomo des Chronik-Buches wird also nicht primär als Richterkönig präsentiert, sondern als weiser Regent. Daraus ist zu schließen, daß man das königlich-salomonische Richteramt in späterer Zeit eher zurückhaltend beurteilt hat. Das wird auch bestätigt durch jene Äußerungen im fünften Buch Mose, in welchen dem König das Recht auf Rechtsprechung genommen ist, etwa im sogenannten »Richterspiegel«:

»Wenn eine Sache vor Gericht dir zu schwer sein wird, es gehe um Blutschuld, um Schaden, um Gewalttat oder was sonst Streitsachen sind in deinen Toren, so sollst du dich aufmachen und hinaufgehen zu der Stätte, die der HERR, dein Gott erwählen wird, und zu den levitischen Priestern kommen und zu dem Richter, der zu der Zeit sein wird, und sie befragen. Die sollen dir das Urteil sagen.« (5. Mose 17,8f.)

An anderer Stelle wird ausdrücklich gesagt, daß die Richter und Amtleute in den einzelnen Stämmen vom Volk gewählt werden (5. Mose 16,18). Damit war die gesamte Rechtsprechung dem König entzogen. Wir erkennen also deutlich, daß dem König in der nachsalomonischen Zeit das Richteramt Schritt um Schritt genommen wurde. Es wäre aber unverständlich, wenn man in jenen Zeiten, als man sehr kritisch mit dem königlichen Richteramt umging, eine

Geschichte erfunden hätte, in der ein König geradezu zum Sinnbild der Rechtsprechung erhoben wird. Die Folgerung liegt auf der Hand: Die richterliche Weisheit ist ein historischer Zug, der das Königtum Salomos charakterisiert, keine Legende, durch welche das Bild Salomos idealisiert wurde.

Und noch ein zweiter, für uns entscheidender Zug muß hervorgehoben werden. In der ägyptischen »Königsnovelle« bittet der König um Sieg und »Triumph über die Feinde«. Das Belegmaterial hierfür ist reich. So heißt es in einem Lied, das sich vermutlich auf Ramses II. (1292–1225 v. Chr.) bezieht, jenen Pharao, unter dem wahrscheinlich die Mose-Schar in Ägypten geknechtet wurde: »Er hat die Länder erobert durch seine Siege; er hat die beiden Länder gebändigt durch seine Gedanken. Die neun Völker liegen getreten unter seinen Füßen; alle Völker werden zu ihm geschleppt mit ihren Gaben ...«[15]

Der »Triumph über die Völker« wurde zu einem stehenden Motiv der ägyptischen Königsideologie und oftmals bildlich dargestellt, so auf der sogenannten Narmer-Plakette (Abb. 8), einem der bedeutendsten Bildzeugnisse aus dem Alten Reich (um 2850 v. Chr.). Und die Neunzahl der unterworfenen Völker wurde geradezu kanonisch: Manchmal liegen die neun Feinde gebunden unter dem Thron des Königs, so in einer Abbildung (Fig. 6) des siegreichen Thutmosis IV. (1422–1413 v. Chr.). Manchmal werden die Feinde auch symbolisch in Gestalt von neun Pfeilen unter den Füßen des Pharao dargestellt. Besonders aufschlußreich ist eine Stelle aus einem Hymnus auf Ramses III. (1197–1165 v. Chr.), in der Gott Amon den »Triumph über die Feinde« verheißt: »Die Großen aller Fremdländer sind in deiner Faust vereinigt; ich selbst strecke die Hände aus und binde sie dir. Ich schnüre die nubischen Troglodyten zusammen mit Zehntausenden und Tausenden und die Nordvölker zu Hunderttausenden, gefangen.«[16]

Auch diese Szene eines »Triumphs über die Feinde« wurde am Totentempel von Medinet Habu dargestellt: überlebensgroß erscheint der Pharao, als habe er allein die Feinde besiegt, ein Übermensch eher denn ein Mensch. Ihm gegenüber steht der Reichsgott

Amon mit dem Sichelschwert. Unter seinem ausgestreckten Arm und unter seinen und des Königs Füßen sind die Namen von zweihundertneunundvierzig Völkern und Städten eingeritzt, die der König unterworfen haben will.

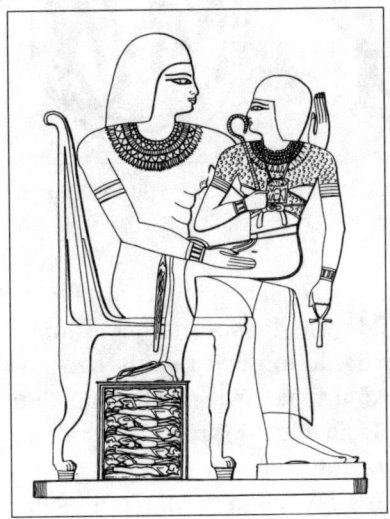

Fig. 6 Gebundene Feinde unter Thutmosis IV. (1422–1413 v. Chr.)

Der Pharao mit der erhobenen Keule oder dem tödlichen Sichelschwert gehört zur stehenden Motivik der ägyptischen Königsplastik und findet sich auch im kanaanäischen Raum, etwa auf Rollsiegeln, die in Beth-Schean, Beth-Mirsim und in El-Far'a gefunden wurden (Fig. 7).

Auch in der mesopotamischen Bildkunst wurde der »Triumph über die Feinde« dargestellt. Allerdings wuchs der Herrscher nicht überlebensgroß über seine Mitkämpfer hinaus, wie etwa die berühmte Siegesstele des akkadischen Königs Naram-Sin (um 2230 v. Chr.) zeigt, die heute ebenfalls im Louvre steht.

Einer der großen Züge in Salomos Traumoffenbarung ist, daß mit keinem Wort das altorientalische Feindmotiv aufgenommen wird. Salomo erbittet nicht den »Triumph über die Feinde«, und Jahwe verheißt ihm nicht die Niederlage der Feinde. Salomo erscheint als

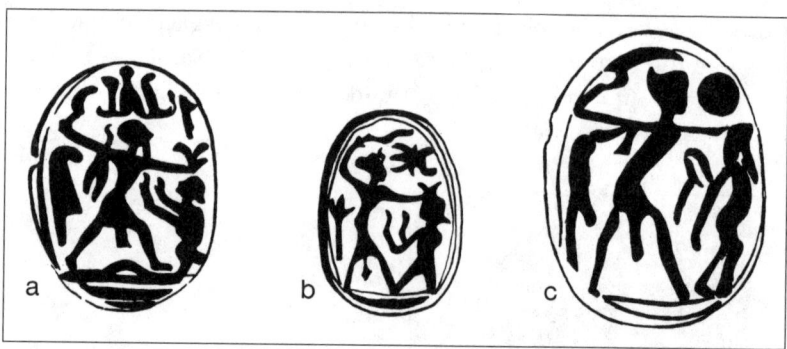

Fig. 7  Kanaanäische Rollsiegel aus Beth-Schean (a), Beth-Mirsim (b), El-Far'a (c).
14./13. Jahrhundert v. Chr.

Friedenskönig, aus dessen Herrscheridee der Feindgedanke verbannt ist. Er benötigt kein »Feindbild« wie die ägyptischen Könige.

Salomo steht aber auch einzigartig da in der israelitischen Königsgeschichte. Denn sowohl die Könige vor wie auch nach ihm hielten es mit der ägyptischen Königsideologie: Kriegführen stand für sie im Mittelpunkt ihres Amtsverständnisses. Wir können das so uneingeschränkt behaupten, weil uns im schon erwähnten Psalm 2,6ff. ein »judäisches Königszeremoniell«[17] vorliegt, in welchem dem König kriegerische Aktivitäten ausdrücklich auferlegt werden, und zwar von Gott Jahwe selbst: »Ich aber habe meinen König eingesetzt, auf meinem heiligen Berg Zion … Bitte mich, so will ich dir Völker zum Erbe geben und der Welt Enden zum Eigentum. Du sollst sie mit einem eisernen Zepter zerschlagen, wie Töpfe sollst du sie zerschmeißen.«

Mit diesem »kriegerischen« Königspsalm wurde die Psalmensammlung ursprünglich eröffnet, Zeichen seiner überragenden Bedeutung. Leider wissen wir nicht genau, ab wann das »kriegerische« Königszeremoniell gefeiert wurde. Doch wir können davon ausgehen, daß es im Tempel von Jerusalem oder im königlichen Palast stattfand und beim Amtsantritt der nachsalomonischen Könige gefeiert wurde.[18] Das Königszeremoniell wurde öffentlich gefeiert; ein Priester oder Kultprophet vermittelte die Gottesrede, in welcher der

Sieg über die Feinde in altorientalisch-ägyptischer Weise zugesprochen wurde: Der König zerschlägt die Völker wie »Töpfergeschirr«. Im ägyptischen Königsritual wurde das Zerschlagen von Tongefäßen tatsächlich vorgenommen, da auf sie die Namen der feindlichen Völker geschrieben waren. Anschließend wurden die Scherben in alle vier Himmelsrichtungen verstreut.[19] Manchmal wurde auch die Beschriftung einer Tonfigur vorgenommen und diese dann zertrümmert (Abb. 10). Solche »Ächtungstexte«, die seit dem zweiten Jahrtausend v. Chr. bekannt sind, bilden heute eine der wichtigsten Quellen zur altorientalischen Geschichte. Auch im mesopotamischen Raum kannte man dieses Vernichtungszeremoniell. So heißt es von Sargon (um 2340 v. Chr.), daß er »die Länder alle wie Töpfergeschirr zerbrach und den vier Weltgegenden Zügel anlegte«[20].

Salomos Königtum steht also nicht nur in denkbar größtem Gegensatz zur altorientalischen »Feindvernichtung«, sondern auch zum späteren judäischen »Königszeremoniell«, in dem das Zerschlagen der Feinde nach ägyptischer Tradition vorgenommen wurde. In Gibeon aber war alles anders: Salomo wird von Jahwe – wie in Psalm 2 – eine Bitte freigegeben. Doch er bittet nicht um Sieg und »Triumph über die Feinde«, sondern um Richterweisheit.

Wir meinen nun, daß die Friedensidee, die in Salomos Königtum aufleuchtet, zum »historischen Urgestein« der Salomo-Überlieferung gehört. Denn es ist nicht vorstellbar, daß in späteren Zeiten, als das judäische, sprich kriegerische »Königszeremoniell« maßgeblich war, die Geschichte eines »friedlichen« Königszeremoniells erfunden wurde.

## SALOMOS FRIEDENSKÖNIGTUM

Die Traumoffenbarung in Gibeon präsentiert uns Salomo als Friedenskönig, eine Tatsache, die allen Informationen zuwiderläuft, die uns ansonsten über israelitische Könige bekannt sind. Es würde unsere Darstellung sprengen, alle Kriege aufzulisten, die von den Königen Israels geführt wurden, ob es sich nun um Angriffs-, Verteidigungs- oder Koalitionskriege handelt. Mit Entsetzen wird man wahrnehmen, daß über sechshundert Stellen im Alten Testament »ausdrücklich davon sprechen, daß Völker, Könige oder einzelne über andere hergefallen sind, sie vernichtet und getötet haben«[21]. Verwunderlich ist allerdings, daß man diesen Tatbestand selten in den Mittelpunkt des Interesses gerückt hat.[22] Erstaunlicher noch ist die Tatsache, daß man – trotz der bedrückenden Bilanz – dem Friedenskönigtum Salomos so gut wie kein Interesse entgegengebracht hat.[23]

Dabei wäre eine Klärung dringend notwendig, zumal wir Salomo bisher keineswegs als einer Friedensgestalt innewurden. Wir erinnern uns an seine Thronkämpfe, an seine Blutrachetaten, an seinen Brudermord. Wie ist also der Gestaltwandel Salomos vom Bluträcher und Brudermörder zum Friedenskönig zu erklären?

In der Regel bietet man Erklärungen auf, die mit der Zeitsituation zusammenhängen. Danach wäre Salomo der typische Repräsentant einer zweiten Generation. Voran ging ihm sein Vater David, der durch Kriege ein Großreich geschaffen hatte, das vom nachgeborenen Sohn einfach nur zusammengehalten wurde. Salomo wäre dann nur der »schwache« Sohn eines machtvollen Vaters, ein epigonaler Nachkömmling.

Man könnte aber auch daran denken, daß sich Israel zur Zeit Salomos in einer friedlichen Umgebung befand, also kein Anlaß zu Kriegen bestand. Der Frieden unter Salomo bedeutete dann nichts anderes als die »Abwesenheit von Krieg«. In der Tat waren die damaligen Großmächte im orientalischen Raum in einer Schwächeperiode gefangen. Ägypten litt unter inneren Wirren, die mesopotamischen Großreiche waren zugrunde gegangen. In Palästina war ein machtpolitisches Vakuum entstanden, das von David zum Aufbau eines israelitischen Großreichs genutzt wurde. Salomo wäre folglich der nachrangige Bewahrer eines großen Erbes.

Doch bei näherem Hinsehen stellt sich die Situation Israels so idyllisch nicht dar. In den letzten Notizen zu König Salomo – im elften Kapitel des Könige-Buches – wird nämlich von Salomos Widersachern gesprochen. So hatte sich an der südlichen Peripherie des israelitischen Großreichs das edomitische Königreich konsolidiert.

Zwar waren die Edomiter unter David geschlagen worden; der Edomiter-Fürst Hadad war aber nach Ägypten geflohen und hatte sich als König im Wartestand behauptet. Als er vom Tod Davids und der Tötung des gefürchteten Heerbannführers Joab erfuhr, kehrte er nach Edom zurück und »hatte Haß auf Israel und wurde König in Edom« (1. Könige 11,25).

Ein zweiter Gegenspieler entstand Salomo in dem Syrer Reson, der König von Damaskus wurde. Damit war Israel an der nördlichen Peripherie ein Gegner erwachsen, der – wie die weitere Geschichte Israels zeigt – äußerst gefährlich werden konnte. Beide Könige – Hadad im südlichen Edom, Reson im nördlichen Syrien – hielten auch nicht einfach still. Die biblische Überlieferung berichtet von den »Schäden«, die beide Könige anrichteten.

Es kann also keine Rede davon sein, daß Salomo sich »in Frieden« zurücklehnen konnte. Um so erstaunlicher ist angesichts der Gefährdungen Israels der Friedenswille Salomos, und um so drängender sind wir zu einer Erklärung für Salomos Friedenskönigtum aufgerufen.

Wir meinen nun, daß Salomos Friedensidee einer schöpferischen Weiterentwicklung altisraelitischer Traditionen entstammt, insonderheit zweier Traditionen: Einerseits knüpft er an die friedlichen Landnahmevorgänge der israelitischen Stämme an. Zum anderen steht Salomo in der Tradition des Heiligen Krieges, die er, und das muß zunächst befremdlich klingen, auf »pazifistische« Weise weiterentwickelt. Um diese Zusammenhänge zu verstehen, müssen wir ein wenig weiter ausholen und in die Vorgeschichte des salomonischen Königtums – die Landnahme der Israeliten – einsteigen.

Die Landnahme der Israeliten (Fig. 8) erscheint in der biblischen Überlieferung als vornehmlich kriegerischer Akt. Ein Blick in das Buch Josua genügt, um der gewalttätigen Landnahme ansichtig zu werden (Josua 1–12). Es wird der Eindruck vermittelt, alle israelitischen Stämme hätten in einer grandiosen kriegerischen Kraftanstrengung Gesamtpalästina unter der Führung Josuas erobert: Die berühmte Schlacht um Jericho machte den Anfang, es folgte die Eroberung der Stadt Ai; eine kanaanäische Koalition unter den

Königen von Jerusalem, Hebron, Lachisch und Eglon wurde bei Gibeon geschlagen; dann traf es den König von Hazor im galiläischen Nordland. »So nahm Josua das ganze Land ein«, heißt es am Ende der Landnahmekriege (Josua 11,23).

Ist diese kriegerische Sicht der Landnahme korrekt? Zweifel sind angebracht. So konnte der Gelehrte Albrecht Alt in einer berühmt gewordenen Arbeit zeigen, daß die Landnahme der Israeliten durchweg friedlich vonstatten ging.[24] Er wies auf das »negative Besitzverzeichnis« hin, das sich im ersten Kapitel des Richter-Buches befindet. Danach ließen sich die israelitischen Stämme durchweg nicht in den Ebenen Palästinas nieder, wo sich die starken kanaanäischen Städte befanden, sondern in Siedlungsnischen auf den Gebirgen, die noch nicht oder nur gering besiedelt waren.

Ausdrücklich wird hervorgehoben, daß es dem Stamm Juda, aus dem später David hervorgehen sollte, nicht gelang, die Bewohner der Ebene zu vertreiben. Den Benjaminiten glückte nicht die Einnahme Jerusalems – das war erst das Werk Davids –, dem Stamm Manasse nicht die Eroberung der Stadt Megiddo, den Ephraimiten nicht die Übernahme der Stadt Geser. Die erste Phase der Landnahme muß sich also friedlich abgespielt haben: Die israelitischen Stämme beschränkten sich bei der Landnahme auf nicht oder nur dünn besiedeltes Land – vornehmlich Gebirgsregionen, die außerhalb des kanaanäischen Stadtstaatensystems lagen. Wer es dennoch – wie der Stamm Issachar – riskierte, in der fruchtbaren Ebene zu siedeln, wurde den Kanaanäern fronpflichtig (1. Mose 49,14).

Das Bild einer friedlichen Landnahme vermitteln auch die Patriarchengeschichten des Alten Testaments: Abraham, Isaak und Jakob suchten ebenfalls Siedlungsnischen, wenn sie als wandernde Kleinviehnomaden im Frühling die trockenen Steppengebiete verließen und in wasserreiches Kulturland einwanderten, ein Phänomen, das man als Weidewechsel bezeichnet hat.[25] Sie suchten wie Abraham Weidegebiete für ihre Kleinviehherden und wie Isaak nach Wasserstellen. Dann und wann gelang den Fremdlingen der Erwerb von Land: Abraham kaufte ein Begräbnisareal bei Mamre in Südpalästina; Isaak erwarb das Brunnenland um Beer-Scheba, ebenfalls

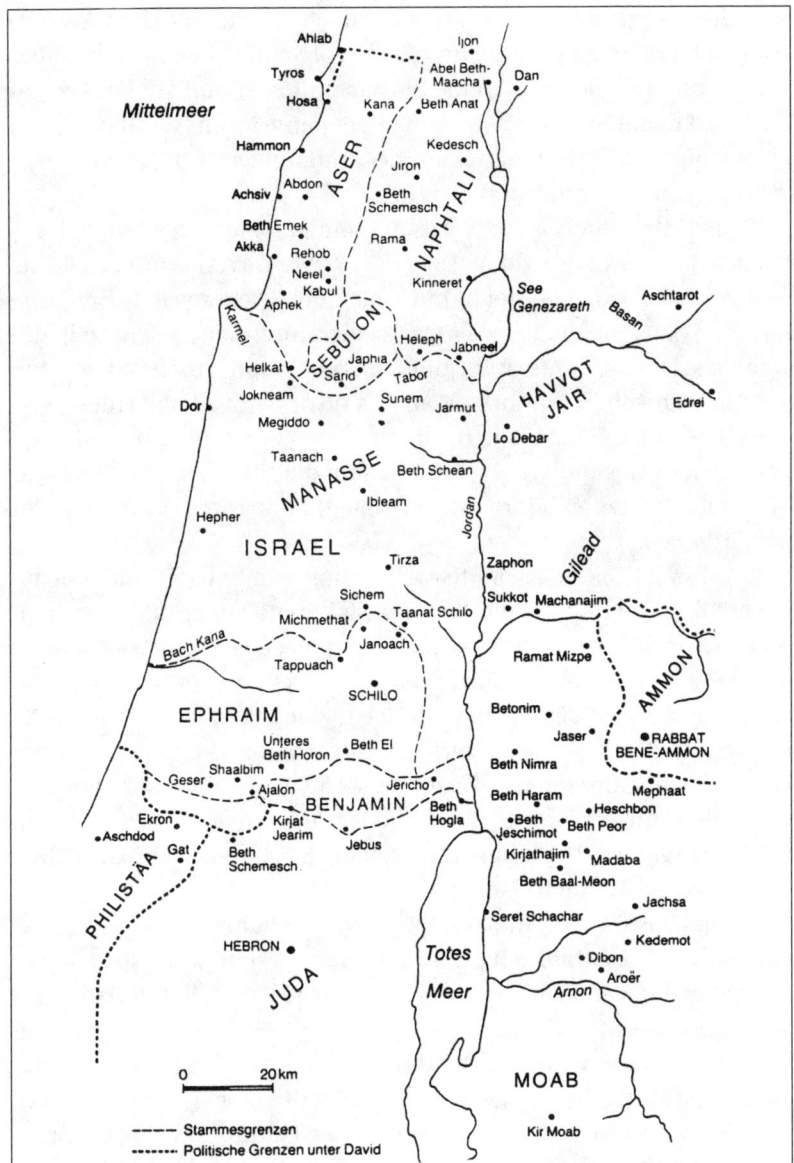

Fig. 8 Die zwölf Stämme Israels

in Südpalästina gelegen. Wenn es dennoch zu kriegerischen Auseinandersetzungen kam, hatte das fatale Folgen für die daran beteiligten Stämme: So ließen sich die Stämme Simeon und Levi in kriegerische Aktivitäten um die Stadt Sichem verstricken, weshalb ihnen wahrscheinlich beständige Stammesgründungen in Palästina nicht gelungen sind (1. Mose 34; 49,5 ff.).[26]

Sicher, das Buch Josua vermittelt ein ganz anderes, ein kriegerisches Bild der Landnahme. Doch war es wirklich Gesamtisrael, das an Josuas Kriegszügen teilnahm? Fast alle kriegerischen Ereignisse unter der Führung Josuas tragen sich im Gebiet der mittelpalästinensischen Stämme Ephraim und Benjamin zu, des kleinsten aller israelitischen Stämme. Wenn es etwa heißt »Euer eines jagte ihrer tausend« (Josua 23,10), dann war das eine glatte Übertreibung. Nicht Gesamtisrael, sondern nur die Stämme Ephraim und Benjamin scheinen eine kriegerische Landnahme bevorzugt zu haben.[27]

Die Fiktion einer gesamtisraelitischen, einmaligen und kriegerischen Landnahme ist ein Produkt späterer Zeiten, in denen man sogar so weit ging, israelitischen Stämmen Kriege zuzuschreiben, die sie gar nicht haben führen können. Das wird durch archäologische Funde bestätigt. So fanden sich in den Städten Jericho und Ai, die angeblich durch Josua zerstört wurden, keine aus der Zeit der Landnahme stammenden Trümmer. Jerichos Mauern wurden zerstört, aber tausend Jahre, bevor die Israeliten nach Jericho kamen. Schon längst in Trümmer versunkene Städte wurden also dem kriegerischen Handeln Israels zugeschrieben.[28]

Komplizierter liegt die Zerstörung der kanaanäischen Stadt Hazor (Abb. 12). Die biblische Überlieferung ist sehr widersprüchlich: Einmal heißt es, Josua habe Hazor erobert und König Jabin erschlagen (Josua 11,1/10), ein andermal soll es unter der Richterin Debora – also etwa hundert Jahre später – zur Einnahme Hazors und zur Tötung Jabins gekommen sein (Richter 4,24). Archäologische Grabungen in Hazor, die unter der Leitung von Yigael Yadin durchgeführt wurden, ergaben tatsächlich Zerstörungsspuren, die in die Zeit der Landnahme durch die Israeliten zu datieren sind.[29]

Doch es stellt sich die Frage, ob es die Israeliten oder nicht andere einwandernde Völker gewesen sind, die Hazor zerstört haben.

Die Landnahme der Israeliten ist ein langwieriger Prozeß gewesen, in dem primär friedliche, nur ausnahmsweise kriegerische Mittel eingesetzt wurden. Selbst wenn die Landnahme nicht immer friedlich vor sich gegangen sein sollte, darf ihr kriegerischer Charakter nicht überbetont werden.[30] Es fragt sich aber, wie die biblische Überlieferung zu dem blutig-kriegerischen Bild der Landnahme gekommen ist. Woher dieser alles beherrschende kriegerische Geist, warum selbst dort die Annahme gewalttätiger Auseinandersetzungen, wo Friedliches geschah?

Sagen wir es mit aller Deutlichkeit: Jahwe, der Gott Altisraels, ist ein kriegerischer und grausamer Gott.[31] Es ist kaum zu glauben, aber etwa tausendmal wird im Alten Testament davon gesprochen, daß Jahwes Zorn entbrennt, und rund hundertmal befiehlt Jahwe, Menschen zu töten.[32] Und die Kriege, die Israel führte – und auch nicht führte –, sind Jahwe-Kriege. Schon der Durchzug durch das Schilfmeer unter Mose zeigt Jahwe als Kriegsgott: »Ich will Jahwe singen, denn er hat eine herrliche Tat getan, Roß und Mann hat er ins Meer gestürzt ... Jahwe ist der rechte Kriegsmann. Jahwe ist sein Name.« (2. Mose 15,2 ff.)

Durch Jahwe wurden Kriege entschieden. Unsichtbar auf der Bundeslade thronend, geht er der Mose-Schar voran, von Mose als Kriegsgott herbeigerufen: »Jahwe, steh auf! Laß deine Feinde zerstreut werden und alle, die dich hassen, flüchtig werden vor dir!« (4. Mose 10,35)

Jahwe-Kriege wurden auch von den sogenannten »Großen Richtern« geführt, als es nach der ersten, vornehmlich friedlichen Landnahmephase zum »Landausbau« und zur »Landsicherung« kam.[33] Ob es sich dabei um Verteidigungskriege[34] oder um Angriffskriege[35] gehandelt hat, ist umstritten. Auf jeden Fall ist lautes Säbelgerassel zu vernehmen. Es tauchen auf der Benjamit Ehud, der die Moabiter niederzwingt, Gideon, der die Midianiter und Amalekiter besiegt, Jeftha aus Gilead, der die Ammoniter zurückschlägt, endlich der Danit Simson, der es mit den Philistern aufnimmt. Auffällig ist, daß ihnen zumeist abweichende Eigenschaften zugeschrieben werden: Ehud wird als Linkshänder vorgestellt, Gideon beklagt seine geringe Herkunft und jugendliche Unerfahrenheit, Jeftha war der Sohn einer Prostituierten, und Simson schließlich verfügte auf Grund seiner langen Haare über magische Körperkräfte. Auch König Saul, der gegen die Ammoniter siegreich blieb, ist in diese Reihe zu stellen. Er überragte alle Israeliten um Haupteslänge. Ihre Bestimmung zu kriegerischem Tun geschieht zufällig, ist nicht Menschen-, sondern Jahwes Werk. »Der Geist Gottes legte sich auf ihn« – so lautet die Formel, mit welcher die charismatischen Jahwe-Krieger ausgezeichnet wurden (Richter 3,10; 6,34; 11,29; 14,19; 15,14; 1. Samuel 11,6).

Mit der Idee des »Heiligen Jahwe-Krieges« hängt ein altertümlicher Brauch zusammen. Was im Heiligen Krieg an Beute zufiel, wurde unter Gottesbann (haram) gestellt.[36] Menschen durften sich die Kriegsbeute nicht aneignen; wer es dennoch tat, wie zum Beispiel der Judäer Achan, wurde mitsamt seiner Familie gesteinigt und verbrannt (Josua 7). Die Kriegsbeute fiel allein Jahwe zu, auch die gefangenen Menschen, die ausnahmslos für Jahwe getötet wurden. Es gehört zur Tragik König Sauls, daß er gegen die geheiligte Tradition des Gottesbannes verstieß, als er nach der siegreichen Amalekiter-Schlacht den feindlichen König und »alles, was von Wert war«, verschonte (1. Samuel 15). Seitdem galt Saul als von Jahwe verworfener König, und sein Untergang war besiegelt.

Jahwe-Kriege waren Heilige Kriege[37]; Jahwe führt sie, das Volk jedoch tritt kaum aktiv in Erscheinung. Von daher wird auch die »unhistorische« Eroberung Jerichos verständlich. Es ist nicht das aktive Handeln des Volkes, das Jericho in Trümmer fallen läßt, sondern allein das Eingreifen Jahwes. Denn wie wird die Eroberung Jerichos beschrieben? Jerichos Mauern fallen nicht durch einen von Menschen geführten Krieg, sondern durch eine Prozession. Je einmal umschreiten sechs Tage lang die »Kriegsleute« die Stadt; Priester tragen die Bundeslade voran. Am siebten Tag wird die Stadt siebenmal umschritten. Dann werden die Posaunen geblasen, das Volk erhebt sein »Geschrei« (teruah), und die Mauern fallen. Die

Eroberung Jerichos war allein Jahwes Werk. Die Eroberung Jerichos darf also nicht als »historisches« Kriegsgeschehen, sondern muß als Heiliger Krieg Jahwes verstanden werden. Die Heiligen Jahwe-Kriege Altisraels waren grausame Kriege. Das Banngebot mit der Vernichtung allen Lebens für Jahwe ist von kaum überbietbarer Härte. Auf erstaunliche Weise lag aber gerade in der Konzeption des Heiligen Krieges ein Potential an friedenswirkender Macht.[38] Schon die »Eroberung« Jerichos deutet dieses Friedenskonzept an. Wenn Kriege Jahwe-Kriege sind, kommt dem menschlichen Kriegshandeln keine entscheidende Rolle mehr zu, sie verpflichten den Menschen vielmehr zu kriegerischer Untätigkeit.

Ein anschauliches Beispiel dafür kennen wir aus der späteren Geschichte Israels. Es ist unauflöslich mit dem Namen des Propheten Jesaja verbunden. Damals schmiedeten die nordisraelitischen Ephraimiter mit den Syrern eine Kriegskoalition gegen Jerusalem (733 v. Chr.). Ahas, der König von Jerusalem, ergreift Maßnahmen zur Gegenwehr. Doch Jesaja tritt ihm entgegen und spricht: »Hüte dich und bleibe still! Fürchte dich nicht, und dein Herz sei unverzagt ...« (Jesaja 7,4)

Jahwe wird den Krieg für Jerusalem führen; König und Volk aber haben stillzuhalten.

Wir sind jetzt in der Lage, Salomos Friedenskönigtum besser zu verstehen. Salomo scheint an Traditionen anzuknüpfen, die der Friedensgeschichte Altisraels entstammen, an jene friedlichen Landnahmetraditionen, die wir ausführlich besprochen haben. Deshalb feiert er ein Fest in Gibeon, wo ein friedlicher Lebensbund zwischen Israel und den einheimischen Kanaanäern geschlossen wurde. Darüber hinaus bewegt sich Salomo in jener Traditionslinie des Heiligen Krieges, die den Menschen zu kriegerischer Enthaltsamkeit verpflichtete. Salomo hatte also die Lektion von Jericho verstanden und wurde zum Vorboten der prophetischen Friedensidee, die in Jesaja ihren großartigen Zeugen finden sollte.

Erst jetzt wird verständlich, warum Salomo mit jener altorientalischen Königsideologie brechen konnte, welcher der »Triumph über die Feinde« alles bedeutete. In der schöpferischen Weiterführung der verborgenen »pazifistischen« Züge im Heiligen Krieg erringt er sein Friedenskönigtum. Mehr noch: In Gibeon erscheint ihm ein Gott, der alle kriegerischen Eigenschaften abgelegt hat. Der Jahwe von Gibeon, der Gott Salomos, ist nicht mehr der Kriegsgott, der gefangene Menschen erbarmungslos »opfert«. Der Gott Salomos wandelt sein grausames Antlitz, und eine auf Frieden und Gerechtigkeit hin angelegte Gotteserfahrung leuchtet auf, die in dieser Reinheit und Klarheit einmalig dasteht. Erst in Gibeon muß Salomo aufgegangen sein, was Friede bedeutet, erst seit Gibeon brach der blutige Bann, der ihn umklammert hielt und ihn zum Bluträcher und Brudermörder gemacht hatte. Erst in Gibeon befreit sich Salomo auch von seinem Vater: Er führt keine Kriege mehr wie dieser, sondern wandelt sich zum Friedenskönig.

Damit bleibt Salomo in der altorientalischen und israelitischen Königsgeschichte ein glänzender Einzelfall. Dem Durchbruch zum Friedenskönigtum haftet dabei nichts Billiges oder Idealisiertes an. Denn wir wissen, aus welch unheimlichen und grausamen Tiefen der Bluträcher und Brudermörder Salomo aufsteigen mußte, bis es zum leuchtenden Durchbruch der Friedensidee kam.


## DAS SALOMONISCHE URTEIL

Leider ist dieser Durchbruch zur Friedensidee in Gibeon bisher noch nie in seiner Großartigkeit erkannt worden. Man beschränkte sich auf Salomos Bitte um richterliche Weisheit, ein Zug, der selbstverständlich auch seine unvergleichliche Leuchtkraft entfalten konnte, ablesbar an der Geschichte vom »salomonischen« Urteil, das sich unmittelbar an die Gibeon-Geschichte anschließt.

Es handelt sich um ein besonders kompliziertes Rechtsfindungsverfahren, bei dem keine Zeugen vorhanden waren. Zwei Frauen, die merkwürdigerweise als Dirnen vorgestellt werden, streiten sich um die Mutterschaft eines Kindes, da beide von einem Kind entbunden worden waren. Nachdem ein Kind gestorben war, beanspruchten beide Frauen die Mutterschaft für das noch lebende Kind. »Mein

Sohn lebt, doch dein Sohn ist tot«, behaupten beide (1. Könige
3,22 f.). Daraufhin läßt Salomo ein Schwert holen, um das lebende
Kind zu teilen. Jede Frau soll je eine Hälfte des zerteilten Kindes
erhalten.

»Da sagte die Frau, deren Sohn lebte, zum König – denn ihr
mütterliches Herz entbrannte in Liebe für ihren Sohn – und sprach:
Ach, mein Herr, gebt ihr das Kind lebendig und tötet es nicht! Jene
aber sprach: Es sei weder mein noch dein; laßt es teilen! Da antwortete der König und sprach: Gebt dieser das Kind lebendig und tötet's
nicht; die ist seine Mutter.« (1. Könige 3,26 f.)

Das salomonische Urteil ist sprichwörtlich geworden. Doch einmalig ist es nicht. Der Forscher Hugo Gressmann veröffentlichte im
Jahre 1907 einen Aufsatz, in dem er auf zweiundzwanzig parallele
Urteile hinweisen konnte.[39] So oft findet sich dieser Rechtsfall mit
derselben oder einer ähnlichen Lösung: entweder soll das lebende
Kind zerschnitten oder zerrissen werden. Nur der Kontext unter-
scheidet sich. Manchmal handelt es sich um die eifersüchtigen
Frauen ein und desselben Mannes, welche die Mutterschaft bean-
spruchen, wohingegen in der salomonischen Fassung die Frauen als
Dirnen bezeichnet werden.

Die Vergleichsfälle finden sich ausschließlich im indisch-ostasiatischen Raum. Aus der unmittelbaren Nachbarschaft Israels ist kein
vergleichbarer Fall bekannt, auch nicht aus Ägypten. Man muß aber
berücksichtigen, daß die indisch-ostasiatischen Parallelen sehr viel
jünger sind als die salomonische Urteilsgeschichte. Daraus zu fol-
gern, Salomos Richterweisheit sei bis in den asiatischen Raum
vorgedrungen, wäre zwar verlockend, ist aber sicherlich verfehlt.
Denn die Geschichte hat beispielhaften Charakter für richterliche
Klugheit schlechthin und konnte, losgelöst von Person und Ort,
erzählt werden.[40]

Das Besondere am salomonischen Urteil liegt weder im Fall noch
in der Lösung, sondern in den Zusammenhängen, die es enthüllt.
Merkwürdig ist zunächst die Reaktion der Menschen, die »den König
fürchteten« (1. Könige 3,28). Denn was wäre geschehen, hätte sich
die Mutterliebe nicht durchgesetzt? Dann hätte Salomo das Kind

töten und zweiteilen lassen, ein furchtbares Verbrechen, das im Zeichen der Rechtsfindung hätte begangen werden müssen. Einmal mehr hätte sich dann erwiesen, daß Rechtsprechen ein hartes Geschäft ist. »Summum ius, summa iniuria« (»Höchstes Recht schafft höchste Ungerechtigkeit«) – in dieser Formel faßten später die Römer diesen gravierenden Sachverhalt jeglicher Strafgerichtsbarkeit zusammen. Und der Kirchenvater Augustin wußte zu sagen: »Jeder Richter ist der Gerichtete«, ein Satz, der Salomo dann getroffen hätte, wenn die wahre Mutter das Kind nicht hätte leben lassen. Kein Wunder also, daß die Menschen angesichts der schrecklichen Urteilsalternative den König fürchteten.

Man muß bei der gräßlichen Alternative noch ein wenig länger verweilen, um einen anderen Aspekt wahrzunehmen, der bis heute allen Interpretatoren entgangen ist. Hätte nämlich nicht die Mutterliebe gesiegt, hätte Salomo das Kind getötet. Diese Prozedur, ein lebendes Wesen zu teilen, verbindet das salomonische Urteil mit der Opferpraxis in Altisrael. Zahlreiche Beispiele wären anzuführen: So zerteilt Abraham eine Kuh, eine Ziege und einen Widder. Als Abraham in einen Tiefschlaf fällt, fährt eine Feuerflamme zwischen den Opferstücken hin, Zeichen jenes Erwählungsbundes, den Gott mit Abraham geschlossen hat (1. Mose 15). König Saul läßt zwei Rinder zerteilen und schickt die Stücke an verschiedene israelitische Stämme, Zeichen dafür, den israelitischen Heerbann gegen die feindlichen Ammoniter zusammenzurufen (1. Samuel 11). Das Zerteilen und Zerstückeln entspricht also altertümlichen Opferpraktiken. Dieselben wären zum Tragen gekommen, hätte die Mutterliebe nicht über die harte »Richterweisheit« Salomos gesiegt. So ist es letztlich die Mutterliebe, der im salomonischen Urteil ein Denkmal gesetzt wird, weniger die »Weisheit« Salomos, die sich eher als richterliche »Klugheit« präsentiert.[41]

Worin zeigt sich dann aber »Salomos Weisheit« wirklich, wenn die Urteilsgeschichte keinen Anspruch auf Einmaligkeit erheben kann und der Held der Geschichte in Wahrheit die liebende Mutter ist? Eine Antwort gibt das Rechtsfindungsverfahren, das sich keiner überirdischen, sondern ausschließlich rationaler und natürlicher

Rechtsfindungsmittel bedient. Das war keineswegs selbstverständlich.

Ein Blick etwa auf die Rechtsprechungspraxis König Sauls zeigt ein ganz anderes Bild. Als sich das israelitische Heer in einer ausweglosen Situation gegen die Übermacht der Philister befand, verordnete König Saul ein unbedingtes Fasten. Wer das Fasten brach, wurde mit einem Todesfluch belegt. Jonathan, der Sohn Sauls, hatte von dem Befehl nichts gehört und sich an wildem Honig gelabt. Daraufhin schweigt das göttliche Orakel, das Saul bei den Priestern einholt. Um die Ursache zu erkunden, läßt Saul ein »Gottesurteil«[42] vollziehen. Der Heerbann muß antreten, das Los wird geworfen und fällt auf Saul und Jonathan. Ein weiteres Auswerfen des Loses trifft den unschuldig-schuldigen Jonathan, der von seinem Vater zum Tode verurteilt wird. Nur dem Protest des Volkes gelingt es, die Vollstreckung des Urteils zu verhindern (1. Samuel 14). Gottesurteile mit Auswerfung von Losen wurden auch sonst abgehalten. Achan etwa, der sich an heiligem, das heißt gebanntem Kriegsgut vergriffen hatte, wird durch die Auswerfung der Losorakel überführt (Josua 7).

Salomos Richteramt hingegen hat der Rechtsfindung durch Losorakel ein Ende bereitet. Mit Salomo setzt sich ein »natürliches« Rechtsverfahren durch, in dem keinem Gott mehr die Entscheidung zugeschoben wird. Das salomonische Urteil bedeutet folglich die Durchsetzung einer »aufgeklärten« Rechtsprechung und ist ein Meilenstein in der Entwicklung der Rechtsgeschichte.[43]

Das salomonische Urteil bedeutet darüber hinaus einen Bruch mit jeglicher Form »heiliger« Rechtsprechung, die – soweit noch feststellbar – in der Hand der Priester gelegen hatte. Bei den Priestern wurden Orakel eingeholt. Diese Art der Gottesbefragung fand wahrscheinlich vor einem altertümlichen Kultgegenstand – dem Ephod – statt, einem aus Metall und Gold gefertigten Schulterkleid.[44] Noch David befragte vermutlich die Priester vor diesem Ephod bei wichtigen Entscheidungen, die sich vornehmlich auf Kriegszüge bezogen.

Eine besondere Rolle kam bei »Gottesurteilen« den Leviten zu. Darauf weist jedenfalls ein altertümlicher Spruch aus dem sogenannten »Mose-Segen« hin: »Und über Levi sprach er [Mose]: Deine Lose tummim und urim sollen bleiben bei deinem Getreuen ...« (5. Mose 33,8)

Leviten sind uns schon einmal begegnet, als es um die archaische Bewältigung von Bluttaten ging: Sie traten nicht nur als jahwetreue Bluträcher auf, sondern hatten durch die Errichtung von Asylstädten auch dazu beigetragen, die vernichtende Gewalt der Blutrache zu mildern. Jetzt sehen wir, daß Leviten auch dazu ausersehen waren, Gottesurteile mit Hilfe der Losorakel Tummim und Urim (Licht und Recht) durchzuführen.

Betrachten wir das salomonische Urteil in diesem Zusammen-hang, dann wird klar, daß die königliche Rechtsprechung Salomos gegen die levitischen Gottesurteile gerichtet war. Die archaische Rechtsfindungspraxis der Leviten wurde von Salomo endgültig aus dem Rechtsleben verbannt, so daß sich eine aufgeklärte und ratio-nale Justiz durchsetzen konnte.

Bleibt die Frage, welche Fälle vor dem Königsgericht entschieden wurden.[45] Offensichtlich fielen nur Kapitalverbrechen in die könig-liche Gerichtsbarkeit, etwa wenn es um Hochverrat ging. In diesem Sinne machte König Saul den mit David verbundenen Priestern zu Nob den Prozeß (1. Samuel 22) oder schaltete König Salomo, folgen wir der biblischen Überlieferung, die Parteigänger um Adonia aus. Ferner fielen unter die Königsgerichtsbarkeit wohl jene Fälle, in denen die Ortsgerichtsbarkeit nicht zuständig war, etwa als König David den Saul-Mörder hinrichten ließ (2. Samuel 1). Schließlich wurden jene Fälle vors Königsgericht gezogen, in denen die lokalen Autoritäten der Ortsgemeinden überfordert waren. Hierzu gehört das salomonische Urteil, bei dem sich die »Parteivorträge« wider-sprachen und ein Zeugenbeweis nicht geführt werden konnte.

Und wie hielt es Salomo mit der traditionellen »kleinen« Gerichts-barkeit, der »Torgerichtsbarkeit«, die in Israel schon in vorkönig-licher Zeit in den einzelnen Ortschaften ausgeübt wurde? Der Recht-suchende trat ins Tor, dem in den engen Städten einzig geeigneten Platz, an dem sich alle Vollbürger eines Ortes teilnahmeberechtigt versammeln konnten. Die »Ältesten«, offensichtlich Autoritäten der

Sippen, bildeten ein bei Bedarf zusammentretendes Richterkollegium, das richtend und schlichtend eingriff, aber auch zum Recht verhalf.[46]

Wir erfahren nichts darüber, daß Salomo die »Torgerichtsbarkeit« an sich gezogen hätte. Königsgericht und Torgericht scheinen nebeneinanderher bestanden zu haben, ein Zeichen dafür, daß Salomo kein autoritärer Herrscher, kein »Rechtssetzungsdiktator« war, der den lokalen Ortsgemeinden das Königsrecht aufoktroyierte. Der »weise Richter« Salomo respektierte die traditionellen Rechtsformen, die sich bewährt hatten.

## DAS WISSEN UM GUT UND BÖSE

Eine weitere hochinteressante Beobachtung können wir machen, wenn wir noch einmal die Bitte genauer untersuchen, die Salomo während des Offenbarungsgeschehens in Gibeon vorträgt. Er bittet um Verstehen dessen, »was gut und böse ist«. Was ist mit »gut und böse« gemeint? Man hat diese Formel selten untersucht, denn sie taucht nur noch zweimal im Alten Testament auf.

Zunächst in eindeutig richterlichem Zusammenhang, und zwar bei König David. Wir erinnern uns: Absalom hatte seinen Bruder Amnon wegen der Schändung seiner Halbschwester getötet. Jetzt war es an David, das Gesetz der Blutrache walten zu lassen. Doch da taucht die »weise« Frau von Thekoa auf. Sie bringt einen offensichtlich »fingierten« Fall vor den König: Zwei Söhne habe sie gehabt, die in Streit geraten seien, wobei einer von ihnen erschlagen wurde. Jetzt verlange ihre Sippe den Vollzug der Blutrache, wodurch sie jedoch ihres letzten Sohnes beraubt werde. David wird um sein Urteil gebeten und entscheidet auf Aussetzung der Blutrache. So gelingt es der »weisen« Frau von Thekoa, David vom Vollzug der Blutrache an Absalom abzuhalten. Die Frau aber preist David: »Meines Herrn, des Königs, Wort soll mir ein Trost sein; denn mein Herr, der König, ist wie der Engel Gottes, daß er Gutes und Böses unterscheiden kann ...« (2. Samuel 14,17)

Das Wissen um Gut und Böse erweist sich also als die Fähigkeit zur Unterscheidung, als die Gabe der Differenzierung, das Gute und Böse im »Richten und Rechten« selbst wahrnehmen zu können. Rechtes Richten hätte den Vollzug der Blutrache erlaubt, doch damit ein »böses Recht« geschaffen, da der Schuldige zwar bestraft, die unschuldig betroffene Mutter aber in ihrem »guten Recht« verletzt worden wäre.

Vergleichen wir die »Richterweisheit« Davids mit der des »salomonischen Urteils«, dann könnten wir über Salomo enttäuscht sein. Denn Salomos »Weisheit« besteht allein in der klugen Anwendung eines Rechtfindungsmittels, Davids »Weisheit« hingegen sprengte den Bann einer ganzen Rechtstradition und brach mit der Blutrache. Oder muß man die »Richterweisheit« Salomos anders einschätzen? Worin bestand Salomos »Wissen um Gut und Böse« tatsächlich? Vielleicht in jenem Vertrauen, das er in die Wahrheit und Kraft der Mutterliebe setzte. Der »weise Richter« urteilt nicht mehr von oben herab, sondern schafft die Bedingungen, unter denen die Wahrheit sich gleichsam von selbst enthüllt. Die Mutterliebe, auf die Salomo mit Risiko setzte, bringt die Wahrheit an den Tag. Solch ein »Wissen um Gut und Böse« ist nicht mehr hartes Richterrecht, sondern vertrauende Ansprache an die unauslöschliche Lebensmächtigkeit, die in jeder Wahrheit verborgen liegt.

Das »Wissen um Gut und Böse« taucht auch in der Paradiesgeschichte, in welcher Adam und Eva das Essen vom »Baum der Erkenntnis des Guten und Bösen« verwehrt wird: »Aber vom Baum der Erkenntnis des Guten und Bösen sollst du nicht essen; denn an dem Tage, da du von ihm issest, mußt du des Todes sterben.« (1. Mose 2,17)

Die Schlange jedoch beginnt mit ihren Überredungskünsten: »An dem Tage, da ihr davon esset, werden eure Augen aufgetan, und ihr werdet sein wie Gott und wissen, was gut und böse ist.« (1. Mose 3,5) Beide, Adam und Eva, kosten die verbotene Frucht vom Baum der Erkenntnis. Die Folgen sind bekannt: Vertreibung aus dem Paradies und Verfallensein an die Welt des Schmerzes, der mühseligen Arbeit, des Todesgeschicks.[47]

Die Paradiesgeschichte eröffnet uns ganz neue Perspektiven des Wissens um Gut und Böse, wenn wir sie mit »salomonischen Augen« lesen. Offensichtlich ist überhaupt nicht an richterliche Weisheit gedacht. Was aber Gut und Böse tatsächlich bedeuten, ist nicht so leicht festzustellen. Eva betrachtet die Früchte vom Baum der Erkenntnis als »eine Lust für die Augen« (1. Mose 3,6). Bezieht sich das Böse etwa auf die sinnliche Lust, die es zu überwinden gilt? Oder handelt es sich bei der »Erkenntnis« um die Sphäre der Sexualität? Nachdem Adam und Eva nämlich die verbotenen Früchte genossen hatten, erkannten sie, daß sie nackt waren, und sie bedeckten ihre Scham. Erkenntnis des »Guten und Bösen« also als Entdeckung der Scham, jenes denkwürdigen und oftmals mißverstandenen Affektes, der davor bewahrt, daß sexuelle Gier die Schutzsphäre des begehrten anderen verletzt? Das Wort »erkennen« (yada') bezeichnet sehr oft aber auch den Geschlechtsakt, so zum Beispiel bevor Abel geboren wird (1. Mose 4,1).

Doch was bedeuten in diesem Zusammenhang »gut und böse«? Vielleicht muß man von den Folgen der Erkenntnis des Guten und Bösen ausgehen. Eva wird entlassen an die Schmerzen der Geburt, Adam an den verfluchten Acker, den er im Schweiße seines Angesichts zu bestellen hat. Und die zwischen der Schlange und Eva gesetzte Feindschaft wäre ein Sinnbild jenes Zwiespaltes zwischen Menschenkultur und Natur, der niemals überwunden wurde.

So konnte das Wissen um Gut und Böse zu tiefsinnigen Spekulationen ausgebaut werden, etwa zu jener, daß die Erkenntnis des Guten und Bösen den qualvollen Ausgang aus jener ersehnten paradiesischen Einfalt bedeutet, in welcher der Mensch sich in unmittelbarer Einheit mit sich, der Natur und dem göttlichen Sein befand.[48] Die Erkenntnis des Guten und Bösen beschriebe dann jene Grundverfaßtheit des Menschen, die ihn verfallen läßt an die Qualen der Existenz, an die Mühsal der Arbeit, an das Schicksal des verhängten Todes. Erkenntnis durchschaut die unparadiesische Ausgesetztheit des Menschen, seine Unbehaustheit, seine Heimatlosigkeit.

Der Mensch verlor sein paradiesisches Glück, als er von der Erkenntnis des Guten und Bösen kostete. Das ist die bedrückende

Lehre, die uns die biblische Urgeschichte lehrt. Doch mit Salomo betreten wir eine andere Welt. Ihm wird das Wissen um Gut und Böse nicht versagt, sondern gewährt, kein Gottesverbot wird um die Erkenntnis aufgerichtet, keine Unglücksgeschichte eingeleitet. Das Wissen um Gut und Böse liefert den Menschen nicht mehr an die Schicksalsmächte der Verfallenheit aus, sondern wird zur königlichen Eigenschaft, durch welche regiert und gerichtet wird. Dem urgeschichtlichen Fluch, der auf der Erkenntnis lastet, tritt die helle und aufklärende Hochschätzung des Wissens um Gut und Böse entgegen.

Wir gäben viel darum, wenn wir wüßten, ob Salomo die Unglücksgeschichte des paradiesischen Wissens um Gut und Böse gekannt, ob er gewußt hat, wie verhängnisvoll dieses Wissen anderwärts eingeschätzt werden konnte. Uns hingegen erscheint die Zusage des Wissens um Gut und Böse an Salomo wie ein Aufbruch in eine lichtere Zukunft, die jenes Übel heilte, das Adam einst angerichtet hatte. Das Wissen vom Baum der Erkenntnis brachte Adam und Eva das Todesverhängnis, Salomo jedoch wurde in Gibeon ein langes Leben zugesprochen. Als werde dem Unglückswissen des paradiesischen Menschen ein Gegenbild entgegengehalten, erscheint Salomo als der »wiederhergestellte Adam«, doch nicht versunken in paradiesischem Unwissen, sondern begabt mit Erkenntnis. Die Erkenntnis war es, die Adam und Eva aus dem Paradies in die dunkle Welt vertrieb; in Salomo beginnt die Erkenntnis zum Lebensprinzip, zum Gestaltungsprinzip der Welt zu werden.

### Salomo contra Mose?

Salomos Weisheit ist »aufgeklärte« Richterweisheit, die sich in Opposition stellt zu den archaischen Traditionen des »Heiligen Rechts«, wie sie von den Priestern, insbesondere von den Leviten gepflegt wurde. Wie aber verhält sich Salomos Richterweisheit zu den altisraelitischen Rechtstraditionen, die uns sonst noch bekannt sind?

Es ist mehr als auffällig, daß die Traumoffenbarung von Gibeon den König als Richterkönig inthronisiert, mit keinem Wort aber eingeht auf jene große Rechtsoffenbarung, die durch Mose auf dem Berg Sinai stattgefunden hatte. Keine Anspielung auch auf die Zehn Gebote, die durch Mose verkündet worden waren. Wie ist das Schweigen über die Rechtsoffenbarung am Sinai zu verstehen? Waren Salomo die Überlieferungen vom sinaitischen Gottes- und Rechtsbund unbekannt? Oder wollte er von den Zehn Geboten nichts wissen?

Um diese Fragen beantworten zu können, ist ein kurzer Blick auf Hintergrund und Form des mosaischen Gesetzgebungswerkes notwendig. Der Gottesmittler Mose wird eingesetzt, um das Volk auf den Gottesbund vorzubereiten. Voller Furcht verweilt das Volk im Wüstenlager, bis sich jene machtvolle Theophanie ereignet, in welcher Jahwe in Donner und Blitz erscheint, der Berg vulkanisch erschüttert wird und jene Worte vernehmbar werden, die sich als die Zehn Gebote tief in das Bewußtsein der Menschheit eingegraben haben.

Auffällig ist die Form, in welche die Gebote gekleidet sind. »Du sollst nicht ...«, so werden die einzelnen Gebote eingeleitet – Fremdgötterverbot, Bilderverbot, Namensverbot, Tötungsverbot, Ehebruchsverbot, Diebstahlverbot, Lügenverbot und Habgierverbot –, unbedingte Verbotssätze also, die streng und unerbittlich aufgerichtet werden. Daneben finden sich nur zwei positiv formulierte Gebote: das Gebot der Elternehrung und das Sabbatgebot.

Man hat die strenge Verbots- bzw. Gebotsform als »apodiktisches« Recht bezeichnet und darauf hingewiesen, daß sie sich vornehmlich im israelitischen Gottesrecht findet. Das »Du« der Anrede und das »Ich« des gebietenden Jahwe sind streng aufeinander bezogen. In der an Israel angrenzenden Welt wurde das Recht »kasuistisch« formuliert.[49] Ein Fall wird im Vordersatz genannt, eine konkrete Tatfolge im Nachsatz. Auch die Bibel kennt kasuistische Rechtssätze, die sich zum Beispiel im Anschluß an die heilige, »apodiktische« Rechtsoffenbarung (Zehn Gebote) im sogenannten »Bundesbuch« finden, zum Beispiel die Sklavenregel: »Wenn du einen hebräischen Sklaven kaufst, so soll er dir sechs Jahre dienen;

im siebten Jahr aber soll er freigelassen werden ohne Lösegeld.«
(2. Mose 21,2)

Das »kasuistische« Recht setzt durchweg die Seßhaftwerdung
des Volkes Israel im Kulturland voraus und dient zur Lösung bestimmter rechtlicher Fragen. Das »apodiktische« Gottesrecht hingegen ist kein »Fallrecht«, sondern gibt nur allgemeine Weisungen, die
zur Lebensweise nomadisierender Sippen passen. Es geht immer
um die unmittelbare Lebenswirklichkeit, um einfache Regeln für das
Leben in der kleinen Gruppe. Es ist deshalb nicht auszuschließen,
daß die Zehn Gebote ursprünglich im nomadischen Sippen- und
Familienrecht beheimatet waren und erst später zum sinaitischen
Gottesrecht umgeformt wurden.[50]

Hat Salomo nun die mosaische Sinai-Tradition gekannt, oder hat
er sie – trotz des Wissens um sie – ignoriert? Um diese Frage
beantworten zu können, müssen wir daran erinnern, daß die salomonische Rechtsidee gegen die levitische Rechtspraxis gerichtet
war. Mose aber war ein Levit. Und den Leviten war in besonderer
Weise die Pflege der mosaischen Gebote anvertraut. Ihnen kam
darüber hinaus die Aufgabe zu, die Zehn Gebote im Rahmen eines
feierlichen Zeremoniells zu rezitieren. Die Beschreibung eines solchen Ereignisses liegt uns im 27. Kapitel des fünften Buches Mose
vor, einem literarisch zwar jüngeren, aber formal sehr altertümlichen Text.

Wir müssen uns in die Zeit der Landnahme der Mose-Schar
versetzen. Nachdem diese den Jordan durchquert hatte, kam es zur
Aufrichtung von Gedenksteinen, auf welche jene Gebote geschrieben
waren, die Mose auf dem Berge Sinai verkündet hatte. Die Gedenk-
steine wurden aufgerichtet auf dem Berg Ebal, der sich in Nordisrael
auf ephraimitischem Stammesgebiet befindet. Dort auf dem gegenüberliegenden Berg Garizim sollten sich die israelitischen Stämme
versammeln, und den Leviten war aufgetragen, dem Volk die Bedeutung des Gottesrechts einzuschärfen. So kam es zur Rezitation der
Gebote, die in einer Fluchzeremonie mit allerdings zwölf – nicht
zehn – Geboten vorgetragen wurden.

Der levitische Fluchkatalog macht einen weitaus altertümlicheren Eindruck als die mosaischen Gebote vom Sinai. So trifft der levitische Todesfluch vor allem jene, die sich Inzestverirrungen und der Sodomie schuldig gemacht haben. An die mosaischen Zehn Gebote erinnern vor allem der Fluch über die Götzenverehrer und der Fluch über die Verächter der Eltern. Die mit dem Todesfluch bedrohten Sachverhalte weisen alle in die nomadische Lebenswelt, bestätigen also den Eindruck, daß es sich bei den Geboten ursprünglich um sippen- und familienrechtliche Fluchbestimmungen handelte, die von Leviten als Gottesrecht in Erinnerung gerufen, verkündet und überwacht wurden.

Wir können davon ausgehen, daß die levitische Gesetzesrezitation Teil einer regelmäßig stattfindenden Kultzeremonie gewesen ist. Darauf deuten auch die im Jahre 1984 von dem israelischen Archäologen Adam Zertal ausgestellten Funde hin, die das Ergebnis mehrerer Ausgrabungskampagnen waren. Zertal entdeckte unter anderem ein riesiges Kultzentrum auf dem Ebal (Fig. 9). Innerhalb einer langgestreckten Umfriedungsmauer erhebt sich ein monumentaler, rechteckiger Brandopferaltar, dessen Plattform über eine Rampe begehbar ist. Die Altarwände sind 1,40 Meter stark, 2,70 Meter hoch und aus unbehauenen Bruchsteinen gefügt – entsprechend dem altisraelitischen Altargesetz (2. Mose 20,25). An den Brandopferaltar grenzen zwei ummauerte, gepflasterte Höfe.[51] Das Sensationelle dieser Entdeckung besteht darin, daß die Kultanlage bis ins zehnte Jahrhundert v. Chr. zurückreicht, also schon zur Zeit Salomos bestand. Damit scheint festzustehen, daß jene Kultstätte gefunden ist, auf welcher die levitischen Fluchzeremonien regelmäßig abgehalten wurden. Und Salomo sollte von dieser Zeremonie nicht gewußt haben, keine Kenntnis gehabt haben von den Zehn Geboten? Das ist höchst unwahrscheinlich.

Und weiter noch! Auf den Bergen Ebal und Garizim ist es offensichtlich nicht nur zur levitisch-mosaischen Gesetzesrezitation gekommen. Auch antikönigliche Propaganda wurde von dort aus betrieben. Auf dem Garizim kam es nämlich zur Rezitation jener Jotham-Fabel, die das Königtum mit beißendem Spott überzieht: Die Bäume wollten einen König über sich salben. Doch die edelsten

Exemplare – der Öl- und Feigenbaum – sowie der rauschspendende Weinstock lehnen die Antragung des Königsamtes ab. Schließlich bleibt nur der unedle, niedrige und fruchtlose Dornenstrauch, der sich zur Annahme des Königsamtes bereit findet (Richter 9,7–15).

Wenn Salomo in Gibeon also nichts über das mosaisch-levitische Gottesrecht, nichts über die Zeremonien auf dem Berge Ebal verlauten läßt, muß er es bewußt ignoriert haben. Die Gründe dafür liegen auf der Hand: Salomos Recht war Jerusalemer Königsrecht, das mosaisch-levitische Recht hingegen nordisraelitisches Nomaden- und Stammesrecht, das antiköniglich zugespitzt werden konnte. Das mosaisch-levitische Stammesrecht wurde als »Gottesrecht« apodiktisch vorgetragen, das salomonische Recht hingegen erwies sich als »aufgeklärtes« Recht. Während Gott auf dem Berge Ebal das Recht setzt, wird die Rechtsetzung in Gibeon auf den König übertragen. Unter Salomo wird das Recht »säkularisiert«, das heißt aus allen religiösen Zusammenhängen herausgenommen. Salomos Recht be-

Fig. 9  Altisraelitische Kultstätte auf dem Berge Ebal. 13./12. Jahrhundert v. Chr.

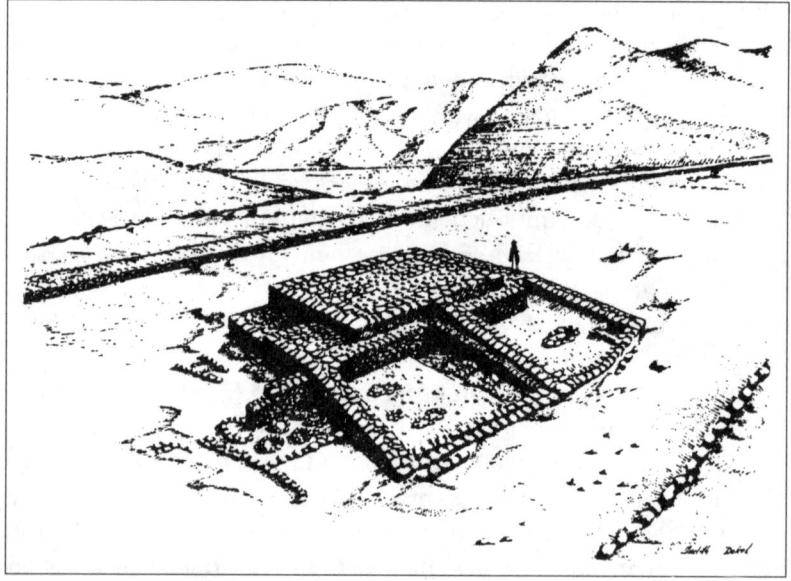

durfte auch nicht mehr grausiger Fluchformen, um die Gebote zur Geltung zu bringen, sondern verließ sich auf die im Rechtsfindungsprozeß sich enthüllende Wahrheit. Kein »Du sollst« und kein »Verflucht sei, wer …« wird aufgerichtet. Das Gottesrecht wird humanisiert, zu einer Sache des eigenverantwortlichen Menschen. Dieser Charakter des salomonischen Rechts stellt einen beachtlichen Fortschritt in der Kulturgeschichte Israels, ja der Menschheitsgeschichte dar und gehört zum unaufgebbaren Erbe der salomonischen Epoche.

Lassen wir noch einmal Revue passieren, was in Gibeon geschah, so gewinnt Salomo beträchtlich an Profil: Er leitet ein Opferfest ein, das der Menschengewalt ein Ende bereiten möchte; er knüpft an die »friedlichen« Landnahmetraditionen an, die ein gedeihliches Miteinander von Israeliten und Kanaanäern gewährleisten; er präsentiert sich nicht als orientalischer Herrscher, wie seine Nachfolger, sondern verzichtet auf den »Triumph über die Feinde«; statt dessen versteht er sich als Richterkönig, der gegen die levitischen Rechtsvorstellungen (Gottesurteile) ein »natürliches« Recht durchsetzt (salomonisches Urteil). Er greift nicht zurück auf das mosaisch-levitische Gottesrecht (Zehn Gebote), das zugeschnitten war auf die nomadische und sippenrechtlich organisierte Lebensweise, sondern bemüht sich, ein Königsrecht zu entwickeln, das den komplizierteren Verhältnissen des staatlichen und städtischen Lebens angemessen war.

Bleibt die Frage, warum es nicht zum Konflikt zwischen »modernem« Königsrecht und altisraelitischem Stammesrecht gekommen ist. Blieben beide Rechtssphären nebeneinander bestehen, oder kam es zur Zusammenführung? Die Antwort auf diese Fragen wird uns an einer Stelle gegeben, an der wir sie nicht vermuten: im Rahmen von Salomos grandiosem Tempelbauprojekt, auf das wir später eingehen werden.

## 3. Kapitel

## »Und er hatte Frieden mit allen Nachbarn« – Salomos Königtum

König Salomo setzte auf Frieden, nicht auf Krieg. Sein Friedenswille – gepaart mit einer ungewöhnlich modernen Rechtskonzeption – ist wesenhaft mit seinem Königtum verbunden. Darauf verwiesen uns nachdrücklich die Traumoffenbarung von Gibeon und das anschließende salomonische Urteil. Doch eine Friedensidee muß in die Wirklichkeit übersetzt werden.

Um dieser Friedenswirklichkeit ansichtig zu werden, müssen wir ganz unspektakulären Spuren nachgehen. So werden wir uns mit Salomos Harem beschäftigen, der so ungewöhnlich nicht war, wie es heute scheinen möchte, uns mit Salomos Verwaltungs- und Heeresreform auseinandersetzen, die nur einem oberflächlichen Beobachter langweilig erscheinen werden, und uns seiner Handelspolitik zuwenden, die uns in die weite Welt hinausführt.

SALOMOS HAREM

In Israel war Polygamie erlaubt, und König Salomo war nicht der erste israelitische König, der sich vieler Frauen rühmen konnte. Schon König Saul besaß eine Konkubine (2. Samuel 3,7) und mehrere Frauen. König David hatte in Hebron sechs Ehefrauen (2. Samuel 3,2 ff.); später kamen weitere Frauen und Konkubinen hinzu, unter ihnen Bathseba, die Mutter Salomos. König Salomo allerdings hat alle Könige vor und nach sich überboten. Siebenhundert Hauptfrauen und dreihundert Konkubinen soll er sein eigen genannt haben – exorbitante Zahlen, die aber nach orientalischer Tradition eher als abgerundete denn als historische Zahlen einzuschätzen sind.

Der Frauenreichtum steht ganz allgemein für den Reichtum Salomos und wird genausowenig wie dieser kritisch beurteilt. Erst in späteren, königskritischen Zeiten hat man am Harem König Salomos Anstoß genommen. In einem »Königsgesetz« wird der Herrscher dazu angehalten, »nicht viele Frauen« zu nehmen (5. Mose 17,17).[1] Zähneknirschend müssen die biblischen Verfasser zugestehen, daß Salomo vor allem ausländische Frauen heiratete. Damit handelte Salomo gegen die strenge Heiratspraxis späterer Zeiten, in denen Israeliten die Mischehe verboten war.

Leider wird Salomos Harem nur in runden Zahlen beschrieben, das Einzelschicksal seiner Frauen kommt dabei nicht zu einer anschaulichen Behandlung. Keine verführte Bathseba, keine umworbene Rahel, keine stolze Rebecca tritt uns entgegen, auch keine kämpferische Esther wie in späteren Zeiten; von Salomos Leidenschaften wird ebenfalls nichts überliefert. Dennoch sollen die ausländischen Frauen das verschuldet haben, was die biblische Überlieferung dem König erbarmungslos ankreidet: »Und als er nun alt war, neigten seine Frauen sein Herz fremden Göttern zu«, heißt es kurz und bündig (1. Könige 11,4).

Von Liebe zu den Frauen ist nicht die Rede, wohl aber von der Verführung Salomos zu fremden Göttern. Zwar versucht die biblische Überlieferung den König zu entschuldigen – sie betrachtet Salomos Glaubensschwäche als Alterstorheit –, doch dadurch ändert sich nichts an der negativen Beurteilung von Salomos Königszeit, die in eine gute Epoche und eine schlimme Altersphase zerfiel. So waren letztlich die ausländischen Frauen verantwortlich für das zwiespältige Bild, das die Bibel von König Salomo zeichnet.

Historisch muß man die negative Beurteilung von Salomos Mischehen zunächst einmal einklammern. Tatsächlich steckt hinter den Ehen mit »ausländischen Frauen« eine wohldurchdachte Heiratspolitik, die es dem König ermöglichte, in friedliche Beziehungen zu den umliegenden Ländern zu treten.[2] Auffällig ist, daß es sich um Frauen aus Ländern wie Moab, Ammon, Edom handelt, die sein Vater David mit Krieg bezwungen hatte. Hinzu kommen Heiratsverbindungen, um mit den Phöniziern und Hethitern friedliche Beziehungen zu unterhalten.[3] Salomo hat sich offensichtlich an jenen Wahlspruch gehalten, an den sich später auch die Habsburger gehalten haben: »Laß andere Kriege führen, du, glückliches Israel, heirate!«

Da es sich um politische Heiraten handelte, will sich jene Stimmung nicht so recht einstellen, die für eine außergewöhnliche Liebesgeschichte typisch wäre. Der Charakter politischer Zweckheiraten verhinderte auch, daß die Frauen ein eigenes Profil gewinnen. Nur zwei Frauen treten aus dem Harem etwas deutlicher hervor: zum einen die Ammoniterin Naama, die den Salomo-Nachfolger Rehabeam zur Welt brachte (1. Könige 14,21), und dann jene geheimnisvolle Pharaonentochter, die ein paarmal durch die biblische Überlieferung geistert, allerdings nur in archivalischen Notizen, die kaum auf eine Liebesheirat schließen lassen. Daß die Pharaonentochter aber fünfmal erwähnt wird, verdeutlicht das auch für Israel staunenswerte Ereignis.

Und das zu Recht. Wann hätte es das je zuvor gegeben, die Ehe einer Pharaonentochter mit einem ausländischen König! »Seit alters her ist eine Königstochter von Ägypten an niemanden gegeben worden«, so lautete der stolze Satz von Pharao Amenophis III. (1417–1377 v. Chr.)[4], und tatsächlich ist uns kein Beispiel bekannt, daß jemals eine Pharaonentochter an einen ausländischen Potentaten vergeben worden wäre. Die einzige Ausnahme bildete Salomo.

Verständlich wird diese erstaunliche Ausnahme erst dann, wenn man die Schwächeperiode Ägyptens zu Salomos Zeiten berücksichtigt. Nachdem es während der 21. Dynastie (1085–945 v. Chr.) zur Spaltung Ägyptens gekommen war, befand sich das Land in einer Zeit innerer Wirren. Im Norden regierten die Taniten, im Süden entstand die Theokratie von Theben.

Leider wird uns der Name der Pharaonentochter nicht mitgeteilt, auch nicht der Name ihres Vaters, nicht einmal der Zeitpunkt des Eheschlusses. Daß die Heirat in die Frühphase Salomos fiel, also um 960 v. Chr. stattfand, ist überaus wahrscheinlich (1. Könige 3,1), und daß er eine Tochter des tanitischen Pharao Siamon (um 978–958 v. Chr.) heiratete, zumindest sehr plausibel. Pharao Siamon bestieg

Abb. 1 *oben:* Blick auf Jerusalem mit dem Felsendom. Im Hintergrund der Ölberg.

Abb. 2 *unten:* Eingang zur Gihon-Quelle, an der Salomo zum König ausgerufen wurde.

Abb. 3 *rechts:* Der
»Teich« von Gibeon.

Abb. 4 *unten:* Der
Warren-Schacht, der
zur Gihon-Quelle führt.

Abb. 5: Sogenanntes »Grab der Pharaonentochter«
im Dorf Silwan.

Abb. 6: Krönung der Königin Hatschepsut (1501 bis
1489 v. Chr.). Tempel in Karnak.

Abb. 7 *oben:* König Sethos I. (1317–1301 v. Chr.) vor weiblicher Maat. Aus einem Grab im »Tal der Könige«.

Abb. 8 *links:* Sogenannte Narmer-Plakette (um 2850 v. Chr.). Der König von Oberägypten besiegt Feinde.

Abb. 9 *oben:* Assyrischer Streitwagen mit König Assurnasirpal II. (884–860 v. Chr.) und Wagenlenker.

Abb. 10 *rechts:* Tonfigur mit den Namen feindlicher Fürsten und Völker, die besiegt wurden. Aus Saqqara, 18. Jahrhundert v. Chr.

Abb. 11 *unten:*
Schwarzer Obelisk.
König Jehu fällt vor
dem Assyrer-König
Salmanassar III.
(858–824 v. Chr.)
nieder.

Abb. 12: Luftaufnahme von Hazor. Vorne salomonisches Festungstor mit Kasemattenmauer. Im
Bildhintergrund die Pfeilerhalle (die sogenannten
salomonischen Ställe) aus der Zeit König Ahabs
(871–852 v. Chr.).

einige Jahre vor Salomo den Thron und regierte etwa siebzehn Jahre
lang. Für Siamon spricht vor allem ein Feldzug, der in die Nachbarschaft Israels führte, ins Philisterland. Ein Relief in der Königsstadt
Tanis zeigt uns den Pharao, wie er einen Gefangenen mit der linken
Hand am Schopfe packt und mit dem rechten Arm zum Schlag
ausholt. Der Gefangene hält in seiner rechten Hand eine Doppelaxt,
die typische Kriegswaffe der Philister.[5]

Der Feldzug von Pharao Siamon hatte Folgen für Israel. Denn
dem Pharao gelang auch die Eroberung der Stadt Geser, einer alten
Kanaanäerstadt, die im Einflußbereich der Philister lag. Die Stadt
wurde niedergebrannt, ein Ereignis, das von Archäologen nachgewiesen werden konnte. Das Stadttor von Geser ruhte auf einer
Terrasse, die aus Bruchsteinen erbaut worden war. Diese stammten
von zerstörten Gebäuden, die aus dem zehnten Jahrhundert v. Chr.,
also aus der Zeit Salomos datieren.[6]

Doch die Zerstörung war nicht des Pharaos letzte Tat. Er übereig-
nete Geser seiner Tochter, welche die Stadt als Mitgift in die Ehe mit
Salomo einbrachte (1. Könige 9,16). Was den Pharao zu seiner groß-
zügigen Heiratsgabe veranlaßte, ist nicht mehr zu rekonstruieren.
Vielleicht hatte der Zug gegen die Philister alle ägyptischen Reserven
aufgezehrt, vielleicht war die eilige Heimkehr nach Ägypten notwendig. Wahrscheinlich ging es dem Pharao aber einfach darum, in
Salomo einen friedlichen Verbündeten zu finden. Wo die Waffen zu
schwach sind, erweist sich eine kluge Heiratspolitik allemal als
starkes Mittel zur Befestigung von Einfluß und Macht.

Das muß auch Salomo eingeleuchtet haben. Israel und Ägypten
traten in ein freundschaftliches Verhältnis – ein altorientalisches
Camp David gewissermaßen, ohne den Vergleich überzustrapazie-
ren. Vergessen war die Zeit, als ein Pharao die Mose-Schar mit
Sklavenarbeit beschwert und daran gehindert hatte, Ägypten zu
verlassen. Vergessen auch jenes Ereignis am Schilfmeer, bei dem die
Mose-Schar flüchten konnte, das ägyptische Heer aber mit Roß und
Reiter umkam.

Seine Pharaonenfrau hat Salomo zwar aus politischen Gründen
geheiratet, ihr aber dennoch einen besonderen Platz in seinem Ha-

rem eingeräumt. Das zeigt sich auch daran, daß er ihr einen Palast in Jerusalem errichtete, der archäologisch leider nie nachgewiesen werden konnte. Die Legende allerdings berichtet auch von einer Grabstätte, die für die Pharaonentochter erbaut worden sein soll. Dieses Grabmonument befindet sich im Dorf Silwan, einem Stadtteil Jerusalems am Osthang des Kidron-Tals (Abb. 5). Mündlichen Traditionen der dort ansässigen Araber zufolge soll das heutige Flachdach eine Pyramide getragen haben – Erinnerung an die ägyptische Herkunft von Salomos Frau.

Wir gäben einiges darum zu erfahren, wie die Hochzeit mit der Pharaonentochter gefeiert wurde. Doch die biblischen Verfasser gehen desinteressiert darüber hinweg. So wissen wir nicht, ob auch in Jerusalem im Stile der pompösen ägyptischen Königshochzeiten gefeiert wurde, vergleichbar etwa der Hochzeit des Pharao Ramses II. Seine Hochzeit mit einer hethitischen Königstochter gilt als die großartigste Hochzeit in altorientalischen Zeiten überhaupt. Ramses schickte eine ganze Armee aus, um die Tochter des Hethiterkönigs Chattuschilis III. (1282–1250 v. Chr.) abzuholen. Er machte sich nicht selbst auf den Weg, weil er seine Braut wahrscheinlich als »Tribut« betrachtete, der ihm »gebracht« werden mußte. Der Vater jedenfalls übergab seine Tochter in demütig-anbetender Haltung, während Ramses zwischen den Göttern Amon und Ptah königlich thronte.

Obwohl ursprünglich als »Tributfrau« empfangen, gewinnt Ramses sie lieb: »Dann sah Seine Majestät, daß sie schön von Angesicht war wie eine Götting. Nun entstand eine große, geheimnisvolle, wunderbare Beziehung, unbekannt und ungehört von Mund zu Mund von den Vorfahren ... So war sie schön im Herzen Seiner Majestät, und er liebte sie mehr als irgend etwas, wie ein großes Glück ... Dann veranlaßte Seine Majestät, daß sie einen [neuen] Namen bekam: Des Königs Frau Maat-nefru-Re.«[7]

Als »Tributfrau« ist die Pharaonentochter Salomo sicher nicht zugeführt worden. Aber großartig wird der Empfang wohl gewesen sein. Vielleicht spiegelt sich in Psalm 45 das Hochzeitsfest wider, über das die Salomo-Überlieferung nichts berichtet:

»Du bist der Schönste unter den Menschenkindern, voller Huld sind deine Lippen; wahrlich, Gott hat dich gesegnet für ewig. Gürte dein Schwert an deiner Seite, du Held und schmücke dich herrlich! ... Du liebst Gerechtigkeit und hassest gottloses Treiben; darum hat dich der Herr, dein Gott, gesalbt mit Freudenöl wie keinen deinesgleichen. Deine Kleider sind lauter Myrrhe, Aloe und Kassia; aus Elfenbeinpalästen erfreut dich Saitenspiel. In deinem Schmuck gehen Töchter von Königen; die Braut steht zu deiner Rechten in Goldschmuck aus Ophir. Höre, Tochter, sieh und neige dein Ohr: Vergiß dein Volk und dein Vaterhaus! Den König verlangt nach deiner Schönheit; denn er ist dein Herr [Baal], und du sollst ihm huldigen. Die Tochter Tyrus kommt mit Geschenken; die Reichen im Volk suchen deine Gunst. Die Königstochter ist mit Perlen geschmückt; sie ist mit goldenen Gewändern bekleidet. Man führt sie in gestickten Kleidern zum König; Jungfrauen folgen ihr, ihre Gespielinnen führt man zu dir. Man führt sie hin mit Freude und Jubel; sie ziehen ein in des Königs Palast. An deiner Väter Statt werden deine Söhne sein; die wirst du zu Fürsten setzen in aller Welt.«

Wir wissen nicht genau, ob dieses Lied auf Salomos Hochzeit mit der Pharaonentochter anspielt. Denkbar wäre auch die Einholung von Salomos phönizischer Frau, da die Stadt Tyrus genannt wird. Vielleicht handelt es sich auch um eine andere Braut, zum Beispiel um jene Isebel, die tatsächlich aus Tyrus stammte und mit König Ahab verheiratet wurde.[8]

Dabei muß uns einiges auffallen: So wird nicht nur die glanzvolle Erscheinung der Braut besungen, sondern auch der Schönheit des Königs gedacht. Und wichtiger noch: Der Braut wird nachdrücklich angeraten, all das zu vergessen, was sie an ihre Heimat erinnert. »Vergiß dein Volk und dein Vaterhaus!« In diesem Punkt ist Salomo allerdings nicht so streng gewesen, denn er erlaubte seinen Frauen, die Götter ihrer Heimat weiter zu verehren, ja er ließ ihnen sogar zu diesem Zweck vor den Toren Jerusalems Heiligtümer errichten. Dies ist im gesamten Alten Orient das einzige Zeugnis, das von solch erstaunlicher Toleranz zu berichten weiß. Von den biblischen Verfassern hingegen wurde es als Abgötterei verurteilt.

So ergibt sich ein merkwürdiger Befund: Während wir so gut wie nichts über Salomos Frauen erfahren, nichts erkunden können, was aus der Perspektive neugieriger Kammerdiener interessant wäre – wie Leidenschaften, Intimitäten, das Verhältnis der zahlreichen Frauen zueinander, denkbare Eifersüchteleien oder gar Rivalitäten –, erscheint Salomo im besten Lichte allein deshalb, weil er seinen Frauen mit ungewöhnlicher und in seiner Zeit einmaliger Toleranz begegnete.

## DAS HOHELIED DER LIEBE

Die Überlieferung verhält sich sehr spröde, wenn es um Salomos Frauen geht. Eine andere Welt eröffnet sich aber, wenn wir uns jenem grandiosen Liebeslied der Bibel zuwenden, das man Salomo zugeschrieben hat: dem »Hohenlied der Liebe«. Sollten wir aus diesem Lied mehr über Salomos Frauen erfahren? Gibt es uns Einblick in Fühlen und Empfinden des Königs? Hat er als der große Sachverständige in Sachen Liebe zu gelten? Die Eröffnung des Liedes läßt uns jedenfalls hoffen, denn Salomo wird ausdrücklich als dessen Sänger genannt. Doch stammt es wirklich von Salomo?

Für jene, die das »Hohelied« in die Bibel aufnahmen, muß das festgestanden haben. Denn schon im Könige-Buch gilt Salomo als Dichter von tausendundfünf Liedern (1. Könige 5,12). Also wird das »Hohelied« als sein schönstes eingeführt (Hohelied 1,1). Die meisten Forscher sind hingegen eher skeptisch. Ihnen gilt Salomo nur als »fiktiver« Verfasser. Man verweist auf vergleichbare Fälle, wo anonyme Texte einen großen Verfassernamen erhalten haben, um auf diese Weise die Bedeutung des Gesagten anzuheben und zu verstärken. Andere weisen auf die »unsalomonische« Sprache des »Hohenliedes« hin, auf die Aramäismen, auf ein (!) persisches und ein (!) griechisches Wort.[9] Doch was kann das wirklich besagen, wenn es um einen kunstvollen Gesang geht, in dem Geliebter und Geliebte in gewählten, ja exotischen Bildern zueinander sprechen – in einer »Kunstsprache der Liebe«?

Das »Hohelied« ist das rätselhafteste Buch der Bibel, weil es scheinbar am leichtesten verständlich ist. Gedankenschweren Theologen hat es immer Kopfschmerzen bereitet, denn seine Themen sind die Sehnsucht der Liebenden, der Schmerz der Trennung, das Glück der Vereinigung, ein Lob- und Preisgesang auf freizügige Erotik und Sinnenfreude, auf die Schönheit, Lieblich- und Leiblichkeit, dem nichts beigemischt ist von religiöser Erklärung: ein weltlicher Liebesgesang.[10]

Wer das früher allzu deutlich aussprach, lebte gefährlich. Der erste Ausleger, der es dennoch riskierte, war der syrische Bischof Theodor von Mopsuestia (350–428 n. Chr.). Er hielt das »Hohelied« für ein erotisches Gedicht ohne religiösen Hintersinn. Im Jahre 553 n. Chr. wurde seine Auffassung von einem Konzil in Konstantinopel mit einem Fluch belegt.[11]

Um so nachdrücklicher stellt sich die Frage, wie das so weltlich anmutende »Hohelied« in die Bibel gelangte. Wahrscheinlich war einfach ausschlaggebend, daß Salomo als Verfasser galt. Die jüdische Tradition machte das »Hohelied« zum Festgesang des achten Passahtages, doch Rabbi Akiba (um 150 n. Chr.) wußte noch, daß es bei Hochzeiten gesungen wurde, was er allerdings scharf verurteilte: »Wer das Hohelied mit vibrierender [singender] Stimme in Hochzeitshäusern vorträgt und es zu einer Art [profanen] Gesang macht, der hat keinen Anteil an der zukünftigen Welt.«[12] Schon Rabbi Akiba scheint dem »Hohenlied« einen allegorischen Geheimsinn zu unterschieben. Auf diesem Weg ist ihm die christliche Kirche gefolgt: Der Geliebte des »Hohenliedes« wurde in Christus verwandelt und die Liebende in eins gesetzt mit Maria, der Kirche oder sogar der »liebenden Seele«, die der mystischen Vereinigung mit dem geliebten Christus harrt.[13]

Ungeheure Energien wurden auf die allegorische Auslegung des »Hohenliedes« verwandt, allesamt ebenso scharf- wie tiefsinnige Kommentare, niedergeschrieben in riesigen Folianten, von denen etwa dreißig aus dem dreizehnten Jahrhundert überliefert sind. Der bekannteste stammt aus der Feder des großen Zisterzienserabtes Bernhard von Clairvaux. Doch die allegorischen Umdeutungen des

»Hohenliedes« auf Maria, die Kirche oder die »mystische Seele« sind zu kunstvoll, zu künstlich, um zu überzeugen. Sie lassen außer acht, was an sinnlicher Schönheit, spielerischer Leichtigkeit und erotischer Spannung das »Hohelied« durchzieht.

»Er küsse mich mit dem Kusse seines Mundes; denn deine Liebe ist lieblicher als Wein ... Zieh mich mit dir, laß mich eilen! Der König hat mich in seine Kammer geführt. Wir wollen uns freuen und fröhlich sein.« (Hoheslied 1,2–4)

So spricht die Verliebte zu ihrem Geliebten, der ein König zu sein scheint. Also doch Salomo, der besungen wird? Doch Vorsicht! Nur wenig später verwandelt sich der vermeintliche König in einen unruhig umherziehenden Hirten. Und schon bald wird auf die ängstliche Frage der Geliebten eine vertröstende Antwort gegeben:

»Sage mir an, du, den meine Seele liebt, wo du weidest, wo du ruhst am Mittag, damit ich nicht herumirren muß bei den Herden deiner Gesellen!

Weißt du es nicht, du Schönste unter den Frauen, so geh hinaus auf die Spuren der Schafe und weide deine Zicklein bei den Zelten der Hirten.« (Hoheslied 1,7 f.)

Doch es bleibt nicht lange beim bukolischen Hirtenspiel, schon hat sich der Hirte in einen Gärtner verwandelt: »Mein Freund ist hinabgegangen in seinen Garten, zu den Balsambeeten, daß er weide in den Gärten und Lilien pflücke. Mein Freund ist mein, und ich bin sein, der unter Lilien weidet.« (Hoheslied 6,2 f.)

Ein Spiel der Verwandlungen also: der Geliebte einmal Königssohn, ein andermal wandernder Hirte, dann Gärtner in einem idyllischen Garten. Dann noch einmal eine Verwandlung: Der Geliebte tritt tatsächlich als König Salomo auf, der in einer Sänfte aus der Wüste herangetragen wird:

»Was steigt da herauf aus der Wüste wie ein gerader Rauch, wie der Duft von Myrrhe, Weihrauch und allerlei Gewürz des Krämers? Siehe, es ist die Sänfte Salomos; sechzig Starke sind um sie her von den Starken in Israel ... Der König Salomo ließ sich die Sänfte machen aus Holz vom Libanon ... Ihr Töchter Jerusalems, kommt heraus und sehet, ihr Töchter Zions, den König Salomo mit der

Krone, mit der ihn seine Mutter gekrönt hat am Tage seiner Hochzeit, am Tage der Freude seines Herzens.« (Hoheslied 3,6ff.)

König Salomo also doch der Geliebte des »Hohenliedes«? Einspruch! Leider wurde der historische Salomo nicht von seiner Mutter gekrönt, schon gar nicht an einem seiner zahlreichen Hochzeitstage. Und merkwürdig wäre es schon, spräche der Verfasser Salomo von sich in der dritten Person. Selbstverständlich wird auf Salomo angespielt. Da ist an anderer Stelle die Rede von »sechzig Königinnen und achtzig Nebenfrauen und Jungfrauen ohne Zahl« (Hoheslied 6,8). Aber Salomos Harem – die Zahlen sind andere als im Könige-Buch – dient dem Liebhaber allein dazu, die Einzigartigkeit seiner Geliebten hervorzuheben. Nein, die Person Salomos ist – wie Königssohn, Hirte und Gärtner – nur eine der Rollen, in die der Geliebte des »Hohenliedes« schlüpft und von der er sich nach Belieben auch wieder distanziert. Ebenso seine Geliebte, die sich exotisch gibt:

»Ich bin braun, aber gar lieblich, ihr Töchter Jerusalems, wie die Zelte Kedars, wie die Teppiche Salomos. Seht mich nicht an, daß ich so braun bin; denn die Sonne hat mich verbrannt ... Zur Hüterin der Weinberge haben meine Brüder mich gesetzt.« (Hoheslied 1,5f.)

Die Geliebte ist hier eine braungebrannte Weingärtnerin, dann eine Tänzerin im Lager und dann wieder eine Fürstentochter, deren Schönheit von Kopf bis Fuß behandelt wird:

»Wende dich hin, wende dich her, o Sulamith! Wende dich hin, wende dich her, daß wir dich schauen! Was seht ihr an Sulamith beim Reigen im Lager? – Wie schön ist dein Gang in den Schuhen, du Fürstentochter! Die Rundung deiner Hüfte ist wie ein Halsgeschmeide, dein Schoß ist wie ein runder Becher, dem nimmer Getränk mangelt. Dein Leib ist wie ein Weizenhaufen, umsteckt mit Lilien. Deine beiden Brüste sind wie junge Zwillinge von Gazellen. Dein Hals ist wie ein Turm von Elfenbein. Deine Augen sind wie die Teiche von Hesbbon am Tor Bath-Rabbim ... Dein Haupt auf dir ist wie der Karmel. Das Haar auf deinem Haupt ist wie Purpur; ein König liegt in deinen Locken gefangen. – Wie schön und wie lieblich bist du, du Liebe voller Wonne!« (Hoheslied 7,1 ff.)

Wer mag die Geliebte des »Hohenliedes« gewesen sein? Etwa jene rätselhafte Pharaonentochter, die Salomo heiratete, oder die Königin von Saba, jene dunkelhäutige Exotin, die aus Arabien kam, um die Weisheit des Königs mit Rätseln zu prüfen? Wieso aber dann der Name Sulamith, der sich wie die weibliche Form von Salomo anhört? Die Antwort ist einfach: Die Geliebte wie auch ihr Geliebter können alles sein und alles werden. Sie sind Gestalten, die von einer Rolle in die andere springen, ob Salomo und Sulamith, ob Hirte und Hirtin, ob Gärtner und Gärtnerin. Salomo kann jeder werden, der liebt, und Sulamith kann jede sein, die verliebt ist. Mit dem historischen Salomo hat die »Liebesspielfigur« des »Hohenliedes« aber nur den Namen gemein.

Doch was will das heißen? Muß man deshalb das »Hohelied« gleich in die nachexilische Epoche (zirka viertes Jahrhundert v. Chr.) der israelitischen Geschichte verlegen, wie es zahlreiche Forscher tun?[14] Das möchten wir bestreiten.[15] Mag das »Hohelied« vielleicht nicht von Salomo selbst geschrieben worden sein, so atmet es doch in vielen Partien jenen freien Geist der »salomonischen Aufklärung«, der in späteren Epochen nicht mehr möglich war. Denn unvorstellbar ist in den späteren, strengen Zeiten jene unglaubliche Hochschätzung der »freien Liebe«, die uns besonders im Verhalten der Geliebten erfahrbar wird:

»Des Nachts auf meinem Lager suchte ich, den meine Seele liebt. Ich suchte; aber ich fand ihn nicht. Ich will aufstehen und in der Stadt umhergehen auf den Gassen … und suchen, den meine Seele liebt. Ich suchte; aber ich fand ihn nicht. Es fanden mich die Wächter, die in der Stadt umhergehen. ›Habt ihr nicht gesehen, den meine Seele liebt?‹ Als ich ein wenig an ihnen vorüber war, da fand ich, den meine Seele liebt. Ich hielt ihn und ließ ihn nicht los, bis ich ihn brachte in meiner Mutter Haus, in die Kammer derer, die mich geboren hat. – Ich beschwöre euch, ihr Töchter Jerusalems, bei den Gazellen oder bei den Hinden auf dem Felde, daß ihr die Liebe nicht aufweckt und nicht stört, bis es ihr selbst gefällt.« (Hoheslied 3,1 ff.)

Bemerkenswert, was die Verliebte tut: Sie läuft auf die Straße und sucht den Geliebten. Den Gefundenen bringt sie in ihr Gemach und pflegt heimlich mit ihm der Liebe. Beides – ihr Erscheinen auf der

Straße, allein und unbewacht von Brüdern oder Eltern, und die
Liebesnacht, im geheimen verbracht im Elternhaus – sind Verstöße
gegen die »guten Sitten« der Zeit. Doch wann hätten sich Verliebte
je darum gekümmert! Voreheliche Liebe hat ihren Anwalt in den
Verliebten des »Hohenliedes«. Und auch der Liebhaber sucht seine
Geliebte auf heimlich verbotenen Wegen:
    »Ich schlief, aber mein Herz war wach. Da ist die Stimme meines
Freundes, der anklopft: ›Mach mir auf, liebe Freundin, meine
Schwester, meine Taube, meine Reine! Denn mein Haupt ist voll
Tau und meine Locken voll Nachttropfen.‹ ›Ich habe mein Kleid
ausgezogen, wie soll ich es wieder anziehen? Ich habe meine Füße
gewaschen, wie soll ich sie wieder schmutzig machen?‹ Mein
Freund steckte seine Hand durchs Riegelloch, und mein Innerstes
wallte ihm entgegen. Da stand ich auf, daß ich meinem Freund
auftäte; meine Hände troffen von Myrrhe und meine Finger von
fließender Myrrhe am Griff des Riegels. Aber als ich meinem
Freund aufgetan hatte, war er weg und fortgegangen. Meine Seele
war außer sich, daß er sich abgewandt hatte. Ich suchte ihn, aber
ich fand ihn nicht. Ich rief, aber er antwortete mir nicht. Es fanden
mich die Wächter, die in der Stadt umhergehen; die schlugen mich
wund. Die Wächter auf der Mauer nahmen mir meinen Überwurf.«
(Hoheslied 5,2 ff.)
    Höherrangig als gesellschaftliche Moral ist das Recht der Ver-
liebten. Mag die Verliebte von den Wächtern der Stadt – diesen
ewigen Anwälten der »guten Sitten« – auch ergriffen und geschlagen werden, die Sehnsucht nach dem Geliebten ist allemal stärker.
Ihm sich frei hinzugeben, das ist ihr Verlangen; an ihre Unschuld,
die sie zu verlieren riskiert, denkt sie keinen Augenblick. Erschüt-
ternd deshalb aber auch die schmerzhafte Klage, wenn der Geliebte
abwesend ist: »Ich beschwöre euch, ihr Töchter Jerusalems, findet
ihr meinen Freund, so sagt ihm, daß ich vor Liebe krank bin.«
(Hoheslied 5,8)
    Keine Liebe ohne Liebesschmerz, ohne sehnende Klage, die
selbst dann noch anhält, wenn der Geliebte anwesend ist: »Er führt
mich in den Weinkeller, und die Liebe ist sein Zeichen über mir. Er

erquickt mich mit Traubenkuchen und labt mich mit Äpfeln; denn ich bin krank vor Liebe. Seine Linke liegt unter meinem Haupte, und seine Rechte herzt mich.« (Hoheslied 2,4 ff.)

Auch diese Liebe ist nicht ohne Angst, auch hier keine Erfüllung ohne Schmerz; noch in der Umarmung keimt die Sehnsucht nach mehr und abermals mehr. So braucht die Liebe die Landschaft, in die hinein sie sich verlieren möchte, die abbildet, was die Seele empfindet. Nicht die Winterlandschaft kann es sein, sondern der Frühling, der naht:

»Steh auf, meine Freundin, meine Schöne, und komm her! ... Der Winter ist vergangen, der Regen ist vorbei und dahin. Die Blumen sind aufgegangen im Lande, der Lenz ist herbeigekommen, und die Turteltaube läßt sich hören in unserm Land. Der Feigenbaum hat Knoten gewonnen, und die Reben duften mit ihren Blüten. Steh auf, meine Freundin, und komm, meine Schöne, komm her! Meine Taube in den Felsklüften, im Versteck der Felswand, zeige mir deine Gestalt, laß mich hören deine Stimme; denn deine Stimme ist süß, und deine Gestalt ist lieblich.« (Hoheslied 2, 10 ff.)

Die Geliebte ihrerseits verrätselt sich immer mehr, wird zum unfaßbaren Wesen, das Unergründliches birgt: »Meine Schwester, liebe Braut, du bist ein verschlossener Garten, eine verschlossene Quelle, ein versiegelter Born. Du bist gewachsen wie ein Lustgarten von Granatäpfeln mit edlen Früchten, Zyperblumen mit Narden, Narde und Safran, Kalmus und Zimt, mit allerlei Weihrauchsträuchern, Myrrhe und Aloe, mit allen feinen Gewürzen. Ein Gartenbrunnen bist du, ein Born lebendigen Wassers, das vom Libanon fließt.« (Hoheslied 4, 12 ff.)

Die Geliebte, ein »verschlossener Garten« und dennoch von feinster Sinnlichkeit, die nur aussprechbar wird in der Sprache der Düfte, des Wohlgeruchs, jenem unfaßbaren Fluidum des Liebeszaubers, in welchem alles aufzugehen scheint in einem Spiel von Stimmungen, die sich jeweils selbst genügen. Nur einmal bricht jenes Übermaß an Leidenschaft hervor, das die bedrohliche Nähe der Liebe zur Todeserfahrung belegt: »Lege mich wie ein Siegel auf dein Herz, wie ein Siegel auf deinen Arm. Denn Liebe ist stark wie der Tod

und Leidenschaft unwiderstehlich wie das Totenreich. Ihre Glut ist
feurig und eine Flamme Jahwes.« (Hoheslied 8,6)

Hier wird der Rahmen bloßen Verliebtseins gesprengt und die
geheimnisvolle Nähe von Liebe und Tod benannt. Gleich dem Tod
bedeutet Liebe die Auflösung des einen in einem anderen. Und nur
an dieser Stelle des »Hohenliedes« steht auch der Name Jahwes, jene
Urgewalt bezeichnend, welche der Liebe wie dem Tod zugrunde
liegt. So erzittern die Liebenden zu Recht, denn gefährlich nahe sind
sie den Grenzen des Ichs, die zu überschreiten in der Liebe ersehnt,
im Tode aber gefürchtet wird.

Wir haben das »Hohelied« ausführlich zu Wort kommen lassen,
denn wer nur *über* dieses Lied schreibt, hat es schon zerstört.
Sichtbar wurde aber auch, daß das »Hohelied« ein »kunstvoll Lied«
ist, eine Sammlung von vielen Liedern. Daß es Salomo zugeschrieben
wurde, kommt nicht von ungefähr. Denn nur zu seiner Zeit ist jenes
Maß an Freiheit auch in Liebesdingen denkbar, von dem das »Hohelied« zeugt. In die Zeit Salomos fällt zudem die Offenheit für alles
Fremde und Ausländische. Schließlich war Salomo mit einer Pharaonentochter verheiratet, die vielleicht inspirierend gewirkt hat.
Denn in Ägypten waren lange vor Salomo schon zahlreiche »Hohe-
lieder der Liebe« bekannt. Sie werden auf das »salomonische Hohelied« abgefärbt haben.[16]

So nennen sich die Geliebten in der altägyptischen Liebesdich-
tung »Bruder« und »Schwester«[17], und altägyptisch sind auch die
Vergleiche des Geliebten mit einer Gazelle (Hoheslied 2,9 und 17;
8,14)[18], der Geliebten mit einem Garten (Hoheslied 4,12ff.)[19] oder
mit der »Stute an den Wagen des Pharao« (Hoheslied 1,9).[20] Wie
»eine Flamme« schlägt auch in Ägypten die Liebe empor (Hoheslied
8,6)[21], und »krank vor Liebe« (Hoheslied 2,5; 5,8) ist man auch dort.
Der Nachweis kann hier im einzelnen, so reizvoll er wäre, nicht
weitergeführt werden. Die Hinweise mögen genügen, um zu zeigen,
daß nichts gegen die Zuordnung des »Hohenliedes« in die salomonische Epoche spricht.

Bleibt die Frage, welche Rolle dem weltlichen »Hohenlied« in der
Bibel zukam. Eine Antwort gab der Gelehrte Johann Wetzstein in

einer 1873 veröffentlichten Arbeit[22], in welcher er auf zeitgenös-
sische Hochzeitsbräuche in der arabischen Landschaft des Hauran
hinwies: Am Tag vor der Hochzeit tanzt die Braut einen Schwerttanz
zu dem Rhythmus eines Liedes, das ihren Schmuck und ihre körper-
lichen Reize beschreibt. In der auf die Brautnacht folgenden Woche
wird das junge Paar als König und Königin gefeiert, und mannigfal-
tige Lieder werden gesungen.[23]

Auch im »Hohenlied« ist von Schwertern die Rede (Hoheslied
3,8), und die Verliebten erscheinen sowohl als Braut und Bräutigam
wie auch als König und Königin. Doch ist es legitim, einen arabischen
Brauch des neunzehnten Jahrhunderts um gute dreitausend Jahre
zurückzuverlegen? Auch die Atmosphäre der vorehelichen Freizügigkeit, die das »Hohelied« durchseelt, will nicht so recht zur »ehelichen« Lebenswelt passen. Denn im »Hohenlied« wird das Spiel des
Verliebtseins gefeiert, in dem sich noch nichts verfestigt hat. Nichts
ist festgelegt, schon gar nicht die Verliebte: Sie ist noch nicht zur
züchtigen Hausfrau geworden, weiß noch nichts und will wohl auch
gar nichts wissen von Mutterschaft und Kindersegen; kein mora-
lischer Zeigefinger erhebt sich für die großen und kleinen Pflichten
der Ehe, der Treue und Beständigkeit.

Erwägenswerter ist da schon die Auffassung des Gelehrten Ernst
Würthwein, der zu Recht auf die strengen Formen der Eheanbah-
nung in Israel hinweist, in der Freizügigkeit kaum gestattet war.[24]
Ehen waren in der Regel nicht Ausdruck von Zuneigung und Liebe,
sondern die Eltern und die Sippe bestimmten Partner und Partnerin.
War die Ehe geschlossen, dann mochte all das geschehen, wovon das
»Hohelied« so freimütig spricht. Das »Hohelied« wäre demnach eine
Art »Ehespiegel«, in dem Verheiratete eine Liebe erblicken konnten,
die sie vor der Ehe gar nicht kennenlernen konnten und durften. Das
»Hohelied« also ein Hilfsmittel zur Erotisierung der Ehe? So faszinie-
rend die »Eherettung« des »Hohenliedes« auch ist, eine Bestätigung
dafür findet sich im Text nicht.

Nein, es bleibt wohl dabei: Das »Hohelied« ist eine Lobeshymne
auf die Kreatürlichkeit der Liebe, ein altorientalisches Zeugnis der
Bejahung von Erotik, Leiblichkeit und Leibseligkeit, eine Verbrie-

fung des Rechts auf Verliebtsein fernab aller gesellschaftlichen Normen. Für die »salomonische Epoche« aber heißt das, daß man bereit war, Liebe und Verliebtsein freizustellen von religiösen Interpretationen[25] und dem Menschenrecht auf Liebe einen gesicherten Freiraum zu schaffen. Zur »salomonischen Aufklärung« will diese »Entsakralisierung«, das heißt Vermenschlichung der Liebe aufs beste passen, nachdem Salomo schon so weit gegangen war, die Lebenssphäre des Rechts zu »säkularisieren«. In die »salomonische Epoche« fällt eben nicht nur die »Vermenschlichung« der äußerlichen Rechtsbeziehungen, sondern auch die der inneren Gefühlsbeziehungen.

## SALOMOS VERWALTUNGSREFORM

Kehren wir jetzt wieder zur nüchternen Historie zurück, so sei noch einmal betont, daß Salomos Harem Ausdruck seiner Bemühungen war, mit seinen Nachbarn in Frieden zu leben. Doch wie gestaltete sich seine Friedenspolitik im Innern?

Aufschluß darüber gibt ein biblisches Dokument, das die Bezirkseinteilung Israels zur Zeit Salomos wiedergibt. Es handelt sich um jene vieldiskutierte Liste, die in ihrer nüchtern aufzählenden Weise aus der übrigen Salomo-Überlieferung herausfällt (1. Könige 4,7 ff.). Die Liste ist weder mit der vorangehenden Erzählung vom salomonischen Urteil noch mit den nachfolgenden Notizen über Salomos Macht und Weisheit verbunden. Diese Tatsache und ihr archivalischer Charakter bürgen für historische Authentizität. Die salomonische Bezirksliste ist das einzige Zeugnis einer administrativen Unterteilung des Landes, das sich in der Bibel findet. In der Regel gelten Listen als trockenes Futterzeug des Historikers. Doch daß sie weittragende Aufschlüsse geben können, beweist die salomonische Distrikteinteilung auf faszinierende Weise.

Die Liste überliefert die Aufteilung Israels in zwölf Regierungsdistrikte, denen jeweils ein Regierungsbeamter vorgesetzt war. Doch schon naht eine überraschende Entdeckung: Der Stamm Juda einschließlich der Königsstadt Jerusalem wird nicht aufgeführt. Die

Distrikteinteilung bezog sich also allein auf Nordisrael. Was hat das zu bedeuten? Offensichtlich spiegelt sich in der Liste jene »urisraelitische« Tatsache wider, die in der Geschichte Altisraels immer eine maßgebliche Rolle gespielt hat: der Dualismus zwischen Nord- und Südisrael.

Schon die beiden Königserhebungen Davids haben uns diesen Dualismus gezeigt. David wurde zunächst König über Juda, und erst sieben Jahre später wurde er zum König über Nordisrael erhoben. Allein in der Gestalt des Königs vereinigte sich, was sich ursprünglich getrennt voneinander entwickelt hatte. Auch Salomo konnte diesen Dualismus nicht aufheben. Juda blieb Königsland, ausgestattet mit einer Sonderrolle, welche die Einbindung in ein einheitliches Staatswesen verhinderte. So war es von Anbeginn, und so blieb es auch weiterhin. Unmittelbar nach Salomos Tod (926 v. Chr.) spaltete sich das bis dahin in der Personalunion des Königs zusammengehaltene Reich wieder in die beiden Staaten. Jerusalem war danach nicht mehr die Hauptstadt Gesamtisraels, sondern nur noch die des Staates Juda.

Folglich muß man sich davor hüten, das salomonische Staatswesen als Einheitsstaat im modernen Sinne zu verstehen. Unter diesem Aspekt ist es schon interessant zu sehen, wie heutige Historiker diesen Tatbestand beurteilen. So kommt der bedeutende israelische Historiker und Archäologe Yohanan Aharoni zu einer letztlich negativen Einschätzung von Salomos Distrikteinteilung, die den Dualismus von Juda und Nordisrael festschrieb. Aharoni sieht in dem nicht überwundenen Dualismus der beiden Staaten den »schwersten Fehler« Salomos.[26] Diese vernichtende Beurteilung erscheint jedoch nur aus heutigen »gesamtisraelischen« Interessen heraus verständlich.

Wie kompliziert das salomonische Staatsgebilde tatsächlich gewesen ist, zeigt auch die Liste der zwölf Regierungsdistrikte. Auf merkwürdige Weise wechseln Distrikte mit den alten israelitischen Stammesnamen mit Distrikten, die nur Städtenamen angeben – Namen der ehemaligen kanaanäischen Stadtstaaten. Salomo hat also die kanaanäischen Stadtstaaten offensichtlich nicht den einzelnen israelitischen Stämmen zugeschlagen, eine erstaunliche Beobachtung, denn andere Zeugnisse der Bibel zeigen überdeutlich, daß die kanaanäischen Städte von den israelitischen Stämmen beansprucht wurden. Salomo hat dieser »Einverleibungspolitik« nicht entsprochen. Die kanaanäischen Stadtstaaten wurden nicht den Stämmen zugeschlagen, sondern dem König bzw. seinen Beamten unterstellt. Das heißt, sie wurden »reichsunmittelbar« gemacht. Obwohl sie der königlichen Oberhoheit unterstellt waren, respektierte Salomo die geographische »Autonomie« der vorisraelitischen Stadtstaaten, ein weiteres Indiz dafür, daß man Salomos Staatsverständnis nicht als »gesamtisraelitisch« im strengen Sinne mißverstehen darf.

Hier die Liste im einzelnen (Fig. 10), die, geographisch gesehen, aus der Perspektive des Jerusalemer Königshofes angelegt ist:

1. Der erste Regierungsbezirk liegt nördlich von Jerusalem und umfaßt das Gebirge Ephraim, wo die Joseph-Stämme Ephraim und Manasse siedelten.

2. Der zweite bis fünfte Distrikt präsentiert alte kanaanäische Städtenamen, deren Identifizierung bisher nur zum Teil gelungen ist. Im zweiten Distrikt sind von den fünf Namen zwei eindeutig identifiziert: Beth-Schemesch und Schaalbim im Ajalon-Tal. Wir befinden uns also südwestlich von Ephraim. Auf dieses Gebiet hatte der israelitische Stamm der Daniten Anspruch erhoben, der aber nie realisiert werden konnte (Josua 19,40ff.; Richter 1,35). Auch Salomo hat daran nichts geändert. Die kanaanäischen Stadtstaaten blieben auch zu seinen Zeiten bestehen; der Stamm Dan hingegen hatte keine Aufnahme in Salomos Distriktsliste erhalten. Das zeigt deutlich, daß Salomos Politik nicht rückwärtsgewandt war. Er bestärkte keine Ansprüche, die etwa die Daniten dazu hätten verleiten können, ihnen ursprünglich zugesichertes Gebiet – an Stelle der Stadtstaaten– einzunehmen. Im Bereich des zweiten Distrikts hat wohl auch der Mittelmeer-Hafen Jaffa gelegen (Josua 19,46), über den später das Bauholz für die salomonischen Bauten geliefert wurde.

3. Der dritte Distrikt schließt sich nördlich an und bildet das westliche Anschlußgebiet an Ephraim mit der Stadt Socho, die Alb-

recht Alt eindeutig mit dem westsamarischen Schuweke am Austritt des Tales von Nablus identifizieren konnte.[27] Dieser Ort wird schon in altägyptischen Urkunden aus der Mitte des zweiten Jahrtausends genannt, etwa in der berühmten Liste der palästinischen Orte, die der Pharao Thutmosis III. nach seinem asiatischen Feldzug (1468 v. Chr.) hatte anfertigen lassen. Noch frappierender ist die Bezeugung in jener palästinischen Ortsliste, die von Pharao Sisak I. stammt, jenem Pharao, der unmittelbar nach Salomos Tod in Israel einfiel.[28]

4. Der vierte Distrikt wird als das »Hügelland von Dor« bezeichnet, das sich nördlich an den dritten Distrikt anschloß. Dor war eine bedeutende kanaanäische Hafenstadt am Mittelmeer.

5. Der fünfte Distrikt bringt einige der einst bedeutenden kanaanäischen Stadtstaaten in der Jesreel-Ebene: Taanach, Megiddo und Beth-Schean. Diese bildeten einst den nördlich von Ephraim gelegenen kanaanäischen Städteriegel zwischen Mittel- und Nordpalästina. Die Bildung dieses »kanaanäischen« Distrikts ist insofern außerordentlich interessant, als das Gebiet – insbesondere die genannten Stadtstaaten – vom Stamme Manasse beansprucht wurde (Richter 1,27). Salomo ist eventuell vorliegenden Restaurationsversuchen von seiten des Stammes Manasse nicht nachgekommen, sondern respektierte die alte »kanaanäische« Tradition.

6.–12. Die folgenden sechs Distrikte passen sich hingegen der traditionell gegebenen Stämmegliederung an: Der sechste und siebte Distrikt liegen im östlichen Ostjordanland und werden vom Stamme Gilead und wahrscheinlich vom Stamm Gad gebildet, der aber namentlich nicht genannt wird[29]; der achte Distrikt umfaßt das ostgaliläische Naftali, der neunte das westgaliläische Asser, der zehnte nennt das sich südlich von beiden anschließende Issachar. Der elfte bringt den kleinsten israelitischen Distrikt Benjamin, der sich als schmale Schneise zwischen Juda und Ephraim legt. Von Benjamin aus richtet sich der Blick noch einmal ins unmittelbar gegenüberliegende Ostjordanland[30], wo sich der zwölfte Distrikt südlich des siebten Bezirks befand.[31]

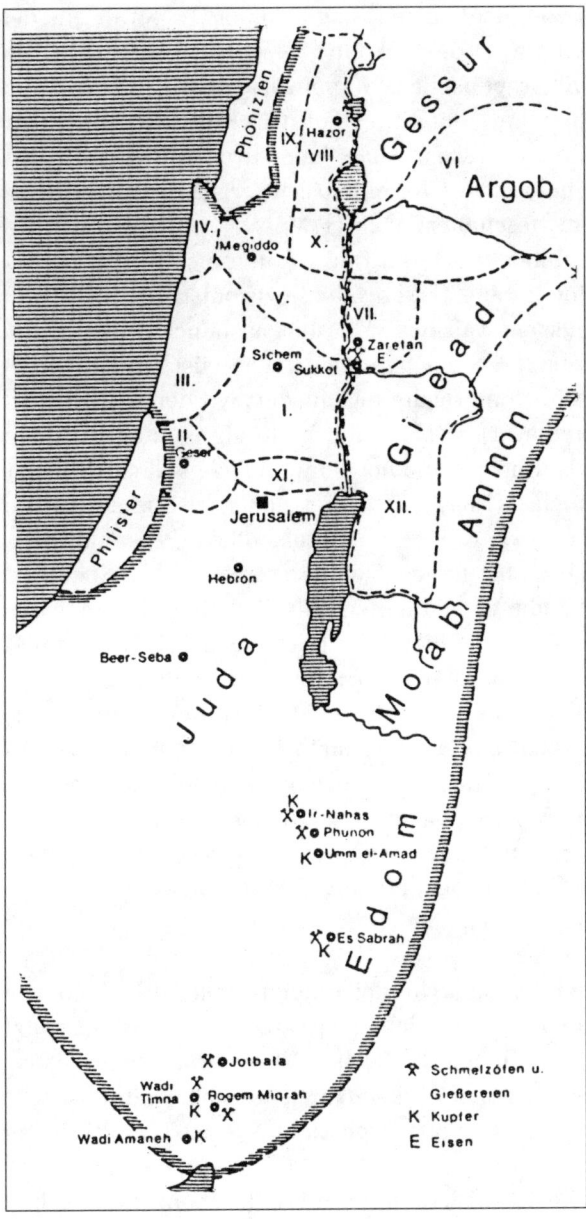

Fig. 10 Salomos
Regierungs-
distrikte

Die Liste zeugt vom Realismus König Salomos. Er verabschiedet sich damit endgültig von der Fiktion, die zwölf Stämme hätten traditionell den altisraelitischen Stämmeverband gebildet. Kein Wort über den Stamm Levi, der schon längst als Priesterstamm unter den anderen Stämmen verstreut lebte, keine Erwähnung des Stammes Simeon, der offensichtlich bei einem kriegerischen Landnahmeversuch in Sichem gescheitert war (1. Mose 34). Aber auch die Stämme Ruben, Sebulon, Gad und Dan werden nicht erwähnt.

Salomo war offenbar kein territorialer Revisionist, der mit Gewalt hätte herstellen müssen, was keine Überlebenschance gehabt hätte. Dagegen sucht er einen Ausgleich mit den kanaanäischen Stadtstaaten, die zwar in sein Königreich eingegliedert werden, aber direkt der Krone unterstehen. Das salomonische Königreich erweist sich damit als ein hochkomplexes und hochempfindliches Ganzes, weder als Einheitsstaat noch als Nationalstaat im modernen Sinne, sondern als staatspolitisches Experiment, Unterschiedliches zusammenzuhalten, ein friedliches Miteinander von nordisraelitischen Stämmen und dem Südstaat Juda, von Israeliten und Kanaanäern zu gewährleisten – unter Ausblendung aller Restitutionsansprüche der israelitischen Stämme gegenüber den kanaanäischen Stadtstaaten.

Salomo war kein »Restaurationspolitiker«, ihn leitete keine starre religiöse Dogmatik, vor allem nicht die Ideologie der »Zwölf Stämme«. Dieser Aspekt muß nachdrücklich betont werden, da zahlreiche biblische Verfasser in diesem Punkt ganz anders dachten. Ob wir den Jakob-Segen (1. Mose 49), den Mose-Segen (5. Mose 33) oder die Landverteilungskonzepte des Josua-Buches (Kap. 13 ff.) heranziehen, immer blieb die religiöse Dogmatik der »Zwölf Stämme« maßgeblich.[32]

Salomo hingegen hat sich von der religionspolitischen Ideologie der »Zwölf Stämme« niemals leiten lassen. Er war – zugespitzt ausgedrückt – klüger als alle biblischen »Territorial-Theoretiker«, da er sich von der politischen Wirklichkeit leiten ließ. Und weise war Salomo insofern, als er sein Königreich auf Ausgleich und Frieden hin gestaltete.

Die biblischen Verfasser haben diese Friedenskonzeption schon nicht mehr verstanden. Für sie galt Salomos Verwaltungsreform allein als Mittel, die Versorgung des königlichen Hofes in Jerusalem zu gewährleisten. Denn jeder der zwölf Distrikte mußte einen Monat lang den Unterhalt des Königshofes sicherstellen.

»Und die Amtleute versorgten den König Salomo und alles, was zum Tisch des Königs gehörte, jeder in seinem Monat, und ließen es an nichts fehlen. Auch Gerste und Stroh für die Pferde brachten sie an den Ort, wo diese waren, jeder nach seiner Ordnung.« (1. Könige 5,7 f.)

So heißt es im Anschluß an die Distriktsliste, und von da aus wanderte die Notiz in die Einleitung der Liste (1. Könige 4,7), ein Hinweis darauf, daß der Distriktordnung nachträglich die »Versorgungsfunktion« unterschoben wurde. Denn die Versorgung kann sich gar nicht so abgespielt haben, wie uns die biblischen Verfasser glauben machen. Ihrer Auffassung nach soll jeder der zwölf Distrikte einen Monat lang für die Versorgung des königlichen Hofes aufkommen. Das ist historisch jedoch kaum wahrscheinlich, da ganz kleine Distrikte wie etwa Benjamin dann dieselbe Versorgungslast hätten tragen müssen wie große, die über weit mehr Ressourcen verfügten. Wir wollen damit nicht bestreiten, daß den einzelnen Distrikten auch Versorgungsaufgaben auferlegt waren, doch das entscheidende Motiv für Salomos Verwaltungsreform wurde dadurch einseitig verfälscht: die auf Ausgleich der unterschiedlichen geographischen, historischen und nationalen Gegebenheiten ausgerichtete Friedenspolitik.

Die Liste gibt auch Aufschluß über die königlichen Beamten, die den einzelnen Distrikten vorgesetzt wurden. Dabei ist etwas Merkwürdiges zu beobachten: Sieben der obersten Königsbeamten werden namentlich genannt, die anderen fünf hingegen nicht, sondern nur als »Sohn des X« eingeführt. Man hat zwei Erklärungen für dieses seltsame Phänomen »namenloser Menschen« angeboten. Eine Erklärung geht von einer Textverderbnis aus, wonach der rechte Rand der Liste mit der Nennung der Namen beschädigt wurde, so daß nur die Familienangabe »Sohn des X« übriggeblieben sei.

Eine andere interessante Deutung hat Albrecht Alt vorgeschlagen.[33] Anhand zahlreicher Listen aus Ras Schamra und Ägypten konnte er nachweisen, daß »Menschen ohne Namen« königliche Dienstleute waren wie Streitwagenkämpfer, Pferdewärter, Priester, die in ererbte Stellungen nachrückten. Man nannte sie nicht mit Eigennamen, sondern nach dem ersten Amtsinhaber, in dessen Erbnachfolge der Sohn eintrat. Es ist auffällig, daß nur die Gouverneure des zweiten bis sechsten Distrikts »Menschen ohne Namen« aufweisen, das heißt jene Distrikte, die seit jeher kanaanäisch gewesen waren. Die Schlußfolgerung liegt auf der Hand, daß Salomo in den kanaanäischen Distrikten keine israelitischen Amtsleute einsetzte, sondern Repräsentanten des alten kanaanäischen Erbadels mit königlicher Amtsgewalt betraute. Das aber bedeutet, daß Salomo die kanaanäische Oberschicht nicht verdrängte, sondern in den königlichen Staatsverband aufnahm – ein weiterer Beweis für Salomos befriedende Innenpolitik.

Daß Salomos politisches Wirken auf Frieden hin ausgerichtet war, ist auch einer Liste zu entnehmen, in der die Minister am Königshof in Jerusalem aufgezählt werden. Auch diese Liste erscheint auf den ersten Blick als trocken und spröde. Ein genaueres Studium bringt jedoch spannende Ergebnisse zutage:

»Und dies waren seine Großen [sarim]: Asarja, der Sohn Zadoks, war Priester; Eliohoref und Ahia, die Söhne Schischas, waren Schreiber; Joschafat, der Sohn Ahiluds, war Sprecher; Benaja, der Sohn Jojadas, war der Heeresoberste; [Zadok und Abjathar waren Priester][34]; Asarja, der Sohn Nathans, stand den Amtleuten vor; Sabud, der Sohn Nathans, war des Königs Freund; Ahischar war Hofmeister; Adoniram, der Sohn Abdas, war Fronvogt.« (1. Könige 4,2 ff.)[35]

Was zeigt uns die Beamtenliste? Erstens, daß sie nicht aus der Frühzeit des Königs stammen kann, da nicht Zadok, sondern dessen Sohn als Hoherpriester amtiert. Außerdem wird das von Salomo neu geschaffene Amt des Fronvogts genannt, das erst nach der Distrikteinteilung eingeführt werden konnte.

Die Liste zeigt zweitens, daß Salomo auf Kontinuität Wert legte. Die Ämter des Schreibers, Sprechers, Hofmeisters, Heeresobersten und Priesters hatte schon David eingeführt (2. Samuel 8,15 ff.; 20,23 ff.). Auch der »Freund des Königs« taucht schon zur Zeit König Davids auf (2. Samuel 15,37; 16,16). Wahrscheinlich stammt dieses Amt aus ägyptischer Tradition. Denn in den Amarna-Briefen aus der Zeit König Echnatons (um 1370 v. Chr.) erklärt der König von Jerusalem, er sei der »ruhi« des Pharao. Die Bezeichnung »Freund des Königs« (re'eh) wäre dann vielleicht ein Lehnwort aus dem Ägyptischen.[36] Vielleicht ist aber auch ein mesopotamischer Ursprung des Amtes anzunehmen. Dann wäre der »Freund des Königs« jener Beamte, der vor allem in Heirats- und Familienangelegenheiten zu beraten hatte; eingedenk der ausgedehnten Heiratspolitik Salomos eine plausible Erklärung.[37]

Salomo schließt sich auch personell eng an die väterlichen Beamten an: Sprecher (mazkir) des Königs[38] bleibt weiterhin der Beamte, der schon unter David amtiert hatte. Den Sprecher müssen wir uns als eine Art königlichen Herold vorstellen, »der wiederholt, ruft, ankündigt«, so die Beschreibung in ägyptischen Quellen. Daß sich unter Salomo auch Formen von Erbadel herausgebildet haben, veranschaulichen Asarja, der seinem Vater Zadok im Priesteramt folgt, sowie Asarja und Sabud, Söhne des Hofpropheten Nathan, der die salomonische Partei bei der Thronerhebung angeführt hatte.

Andererseits hat Salomo den Ämterkatalog erweitert und differenziert: Neu geschaffen wurde das Amt des Fronvogts[39], der die Einnahmen des Hofes verwaltete, um den Finanzbedarf für Salomos Bauten sicherzustellen; ferner das Amt eines Kommissars für die »Amtsleute« (nissabim) in den einzelnen Distrikten sowie das Amt eines Hofmeisters ('al habbajit), der wahrscheinlich über das »Krongut« wachte. Dem Hofmeister war nach ägyptischem Vorbild auch der »Schlüsseldienst« anvertraut, worauf der Prophet Jesaja später einmal anspielt: »Ich lege den Schlüssel des Hauses David auf deine Schultern; öffnet er, so wird niemand schließen, schließt er, so wird niemand öffnen.« (Jesaja 22,22)

Im Unterschied zu David verfügte Salomo über zwei Schreiber (soper), die den umfangreicher gewordenen Schriftverkehr bewältigen mußten, vielleicht auch dem König Dokumente vorlasen (2. Könige 23). Pate für dieses Amt stand der »königliche Schreiber des Pharao«, der in Ägypten höchstes Ansehen genoß. In Israel allerdings waren die Schreiber wohl dem Hofmeister untergeordnet.[40] Betrachten wir zusammenfassend die Ministerliste Salomos, so läßt sich neben Kontinuität vor allem der verstärkte ägyptische Einfluß feststellen.

Nun aber zu einigen wesentlichen Unterschieden zum davidischen Beamtenapparat. Als erstes fällt auf, daß einige Namen nicht israelitisch klingen: Adoniram ist ein phönizischer Name, ebenso wie Abda, der Name seines Vaters. Die Namen des Schreibers Eliohoref und seines Vaters Schischa scheinen ägyptischen oder hurritischen Ursprungs zu sein.[41] Salomo hatte offenbar keine Hemmungen, Ausländer mit Regierungsaufgaben zu betrauen – Zeichen der von uns schon mehrfach beobachteten Offenheit, die am salomonischen Hof herrschte.

Der zweite, wichtigste Unterschied zu den davidischen Listen betrifft die Stellung des militärischen Befehlshabers: Stehen in der davidischen Beamtenordnung die militärischen Befehlshaber an erster Stelle, rangieren in der salomonischen Liste Priester, Schreiber und Sprecher auf den ersten drei Plätzen; erst an vierter Stelle kommt der Feldhauptmann ('al ha zaba'), der, wie wir gleich hinzufügen müssen, niemals kriegerisch in Aktion getreten ist.[42]

Dies kommt einer Degradierung des Militärischen unter Salomo gleich. Drei weitere Beobachtungen unterstützen diese Auffassung. So hat Salomo erstens nur noch einen militärischen Oberbefehlshaber, während David zwei Spitzenmilitärs berufen hatte: Joab als General des allgemeinen Heerbanns und Benajahu als Anführer der königlichen Leibgarde, die von Ausländern gestellt wurde und als »Krethi und Plethi«, wahrscheinlich die »Kreter und Philister«, sprichwörtlich geworden sind.[43]

Zweitens tauchen ausgerechnet die »Krethi und Plethi« in der salomonischen Liste überhaupt nicht mehr auf. Das ist insofern verwunderlich, als diese während der Thronwirren noch eine wichtige Rolle gespielt hatten, da sie auf der Seite Salomos gegen Adonia standen. Sie waren es gewesen, die ihn bei seiner Inthronisation an der Gihon-Quelle schützend begleitet hatten (1.Könige 1,38). Wir wollen damit nicht sagen, daß Salomo seine Leibgarde in die Wüste geschickt hätte. Dagegen spricht schon, daß er für sie wahrscheinlich die fünfhundert Goldschilde anfertigen ließ, die später im Libanon-Waldhaus untergebracht waren (1.Könige 10,16f.). Doch immerhin zeigt die Beamtenliste, daß die »Krethi und Plethi« zu späteren Salomo-Zeiten keine eigenständige »Verwaltungseinheit« mehr bildeten.

Auffällig ist drittens, daß auch die rätselhaften »Gibborim«, die »Helden« Davids, nicht mehr in Erscheinung treten.[44] Bei den »Gibborim« handelt es sich um Einzelkämpfer, die im Zweikampf ihren Mann standen und ganze Schlachten entschieden. Einer von ihnen – Elhanan – ist uns schon begegnet. Er – und nicht David – soll Goliath erschlagen haben (2.Samuel 21,19). Das Schweigen über die »Gibborim« ist deshalb so bemerkenswert, da die »Helden Davids« während der Thronkämpfe ebenfalls für Salomo und gegen Adonia votiert hatten (1.Könige 1,8).

So spricht die salomonische Beamtenliste zu uns gerade in dem, was sie nicht sagt: ein degradierter General, der sich nur noch im Wartestand befindet, ein verkleinertes Militärkommando, eine Leibgarde, die keine eigene »Verwaltungseinheit« mehr darstellt, die »Kriegshelden«, die übergangen werden. Kein Zweifel: Salomo hat auf konsequente »Abrüstung« gesetzt.

Die auf den ersten Blick so trockenen Archivlisten aus der Zeit Salomos geben uns wertvolle Aufschlüsse über die tiefsten Impulse seiner Friedenspolitik: Der militärische Aspekt tritt zugunsten der »friedlichen« Amtsgeschäfte zurück. Die innere Verwaltung respektiert die gewachsenen Unterschiede zwischen Nord- und Südisrael und achtet die Territorien der Kanaanäer, die nicht zur Beute der Stämme werden. Welch eindrucksvolles Zeugnis der friedenspolitischen Aktivitäten, die bis in die feinsten Verästelungen des Regierungsapparates ihren Niederschlag gefunden haben.

## SALOMOS HEERESREFORM

Salomo war kein »Machtpolitiker«; dem militärischen Gewerbe stand er offenbar mehr als zurückhaltend gegenüber. Dem scheint die Nachricht zu widersprechen, daß er eine revolutionäre militärtechnische Neuerung in Israel einführte: eine Streitwagenarmee.

Wir erinnern uns: Die altisraelitischen Stämme kannten allein ein Heerbannaufgebot, das alle wehrfähigen und ehrbaren Männer eines Stammes (mischpachah) umfaßte und allein im Kriegsfall aufgestellt wurde.[45] Nach Beendigung des Krieges wurden die Krieger wieder in ihr normales Leben entlassen. Erst unter König David änderte sich die israelitische Heeresverfassung grundlegend. Ein Söldnerheer wurde geschaffen, das sich ursprünglich aus zwielichtigen Freischärlern rekrutierte, die sich David in seiner Frühzeit angeschlossen hatten, sowie aus ausländischen Söldnern und den »Gibborim« (2. Samuel 23,8 ff.). Doch neben dem Söldnerheer, das allein dem König unterstand, existierte auch weiterhin der allgemeine Heerbann, der zusammengerufen wurde, wenn allgemeinisraelitische Belange auf dem Spiel standen, wie bei den Feldzügen gegen die Nachbarvölker.[46]

Interessant ist in diesem Zusammenhang, daß sich David während des Absalom-Aufstandes allein auf sein Söldnerheer stützte (2. Samuel 15 f.), wohingegen Absalom wohl den Heerbann auf seine Seite ziehen konnte. Die Verhandlungen Absaloms mit den einzelnen Stämmen sowie die Einleitung des Krieges durch Blasen des Widderhorns entsprachen jedenfalls den Praktiken des altisraelitischen Heerbannkrieges.

Davids Söldnerwesen war allerdings nicht unumstritten. Darauf weist eine merkwürdig dunkle Geschichte hin, in der es um die Durchführung einer Volkszählung geht. Sie wurde von Joab nur widerwillig durchgeführt und diente ganz offensichtlich der Rekrutierung und Musterung von Soldaten (2. Samuel 24). Damit wurde der Krieg zu einer Sache des Königs, während die Rekrutierung von Kriegern vordem in die Hoheit der einzelnen Stämme gefallen war. David wußte ganz genau, daß er altes Stammesrecht mißachtete, als er mit Hilfe einer Volkszählung den lockeren Stämmebund in einen durchorganisierten Militärstaat verwandeln wollte. Kein Wunder, daß daraufhin ein Unheilsprophet namens Gad auftritt und als Strafe eine Pest ankündigt, die zwar nicht David selbst, aber das Volk hart trifft.

Auffällig ist, daß Salomo die gemischte Heeresverfassung aus Söldnerheer und Heerbann aufgegeben hat. Jedenfalls wird für die Zeit Salomos mit keinem Wort auf den allgemeinen Heerbann verwiesen. Die Preisgabe der altisraelitischen Heerbannverfassung mag mit den traumatischen Erfahrungen zusammenhängen, die David erlitten und Salomo nicht vergessen hatte: Die Aufbietung des Heerbanns gegen den König sollte ein für allemal unmöglich gemacht werden.

Um so mehr hat Salomo alles darangesetzt, sein Söldnerheer zu modernisieren; das wird jedenfalls bis heute allgemein angenommen. Und zwar durch Einführung einer Streitwagenarmee. Salomo schloß damit zu den altorientalischen Machtstaaten auf, in denen Streitwagen schon seit Mitte des zweiten vorchristlichen Jahrtausends bekannt waren. Besonders das Reich der Mitanni in Nordmesopotamien verdankte seinen Aufstieg der Einführung der Streitwagen und Wagenkämpfer, die einen indoeuropäischen Namen trugen: Marjannu.[47]

Von den Mitanni aus verbreitete sich die Streitwagentechnik bei den Hethitern und Ägyptern. König David hingegen stand den Streitwagen eher skeptisch gegenüber. Auf die Idee, Streitwagen einzusetzen, war er niemals gekommen. Erbeutete man feindliche Kriegspferde, dann »lähmte [man] sie«, so, nachdem David gegen Hadad-Eser, den König von Zoba, siegreich geblieben war (2. Samuel 8,4). Nein, Pferde scheinen den Altisraeliten nicht nur fremd, sondern unheimlich gewesen zu sein. Zu stark wurzelte in den Israeliten die Tradition der Kleinviehnomaden, denen Schafe, Ziegen, Esel und Maultiere im täglichen Umgang vertraut, Pferde hingegen so gut wie unbekannt waren.

Ganz anders Salomo, der Streitwagen in Israel hielt und sogar Wagenstädte einrichtete (1. Könige 5,6; 9,19; 10,26). Die Zahlen zur

Streitwagenarmee sind aber nicht ganz eindeutig. Einmal wird von viertausend Streitwagen (märkabah)[48] und zwölftausend »Peraschim« gesprochen, worunter entweder die »Wagenbesatzungen«, die »Gespannpferde«, die »Pferche« oder einfach die »Gespanne« zu verstehen sind (1. Könige 5,6; 2. Chronik 9,25).[49] Ein Wagen hatte wahrscheinlich drei Mann Besatzung, wie es auch bei den Hethitern der Fall war: einen Wagenlenker, einen Kämpfer und einen Schildträger. Bei den Assyrern werden manchmal drei, manchmal nur zwei Mann Besatzung angegeben (Abb. 9). Auf ägyptischen Abbildungen hingegen wird der König fast immer allein auf dem Streitwagen dargestellt, was seinen »göttlichen« Rang betont, aber sicher unrealistisch ist.

Eine andere Notiz (1. Könige 10,26) enthält andere Zahlen zu Salomos Streitwagenarmee: tausendvierhundert Wagen (räkäb) und zwölftausend Gespanne (peraschim); vielleicht werden hier Reservisten oder Wartungspersonal hinzugezählt.[50] Auf jeden Fall muß die Streitwagenarmee Salomos beträchtlich gewesen sein, da ihre Unterbringung in eigenen Wagenstädten überliefert ist (1. Könige 9,19; 10,26).

Seit jeher haben Archäologen viel daran gesetzt, diese Wagenstädte ausfindig zu machen. Die Grabungen in Megiddo (1925–1939) und in Hazor (1928), auf die wir noch genauer eingehen werden, brachten in der Tat große, von Monolithen gestützte Gebäude zum Vorschein (Abb. 12). Sie wurden damals als »Ställe Salomos« identifiziert und gelten seitdem als Touristenattraktion für jeden Israel-Besucher.[51] Auf Grund der Nachgrabungen von Yigael Yadin (1954–1958 in Hazor und 1960–1972 in Megiddo) steht jedoch eindeutig fest, daß diese Gebäude erst einige Jahrzehnte nach Salomo unter König Ahab errichtet wurden. Und daß es sich bei den Gebäuden um Stallungen gehandelt haben soll – dann vielleicht um »Ahabs Ställe« –, ist bis heute ebenfalls heiß umstritten. Wahrscheinlich handelt es sich eher um Vorratshäuser.[52] Leider müssen wir uns also mit der Tatsache abfinden, daß archäologische Überreste der »Ställe Salomos« bis jetzt nicht gefunden wurden.

Doch zurück zu Salomos Streitwagen. Welche Aufgabe hatten

sie? Da Salomo keine Kriege führte, kam ihnen keine Bedeutung für eine offensive Kriegführung zu. Salomo scheint noch nicht einmal einen möglichen Kriegseinsatz in Erwägung gezogen zu haben. Das geht daraus hervor, daß von begleitenden Fußtruppen nie die Rede ist; immer nur von Wagen und Gespannen. Damit entfällt aber auch die zweite Möglichkeit, die Streitwagen als Abschreckungsarmee gegen mögliche Feinde zu verstehen. Sicher, Streitwagen spielten für die Kriegführung eine bedeutende, ja sogar die entscheidende Rolle, aber ohne Fußtruppen waren sie eine stumpfe Waffe. Wieder lehren uns Absalom und Adonia den angemessenen Einsatz eines Kampfwagens: Er wurde von fünfzig »Trabanten« (rasim) begleitet (2. Samuel 15,1; 1. Könige 1,5).

So nähern wir uns der dritten Erklärung. Da die Nachrichten über Salomos Streitwagenarmee sich immer im Zusammenhang mit Nachrichten über seinen Reichtum befinden, liegt die Vermutung nahe, daß Salomo die beachtliche Streitwagenarmee allein aus repräsentativen Gründen unterhalten hat. Sein Reichtum kam nicht nur in der Zahl seiner Frauen, in seinen Gold- und Silberschätzen zum Ausdruck, sondern auch in der erstaunlichen Größe seiner Streitwagenarmee, die aber eher einer »Operettenarmee« geglichen haben mag.

Vielleicht muß diese Interpretation sogar noch weiter eingeschränkt werden. Denn Streitwagen und Pferde tauchen in der Salomo-Überlieferung nicht nur nie in kriegerischen Zusammenhängen auf, sondern ausschließlich als lukrative Handelsware: »Und man brachte Salomo Pferde [susim] aus Ägypten und aus Koë; und die Kaufleute des Königs kauften sie aus Koë zu ihrem Preis. Und sie brachten herauf aus Ägypten den Wagen [märkabah] für sechshundert Silberstücke und das Pferd für hundertundfünfzig. Dann führten sie diese wieder aus an alle Könige der Hethiter und an die Könige von Aram.« (1. Könige 10,28f.)

Jetzt endlich bekommen wir zu fassen, wozu Streitwagen und Pferde tatsächlich dienten: Salomo betrieb mit den Streitwagen, die er aus Ägypten, und den Pferden, die er aus dem kleinasiatischen Kilikien bezog, einen lukrativen Tauschhandel.[53] Da alle Handelswege zwischen Süden und Norden über Israel führten, nahm Salomo wahrscheinlich so etwas wie eine Monopolstellung ein, die er umsichtig genutzt hat.

Könnte man deshalb die häufig diskutierten »Wagenstädte« Salomos nicht auch als »Handelsstädte« verstehen, in denen Streitwagen und Pferde für den Export »zwischengelagert« wurden? Die schwer einsichtigen Zahlen über Wagen, Pferde und Gespanne bezeichneten dann nicht unbedingt die Größe einer Streitwagenarmee, sondern gäben in etwa das Handelsvolumen der Exportwagen an. Ist diese Theorie plausibel? Wir meinen schon, auch wenn sie bis heute noch von keinem Exegeten oder Historiker bemüht worden ist. Schauen wir uns deshalb einmal genauer an, wie die »Wagenstädte« eingeführt werden:

»Und Salomo baute ... alle Städte der Kornspeicher ... und die Städte der Wagen ['ari haräkäb] und die Städte der Gespanne ['ari haperaschim] und was er zu bauen wünschte in Jerusalem, im Libanon und im ganzen Lande seiner Herrschaft ...« (1. Könige 9,17 ff.)

Wir haben es mit einer Aufzählung von Salomos Städtebauten zu tun und entdecken dabei etwas sehr Merkwürdiges: Die »Städte der Wagen« werden gesondert von den »Städten der Gespanne« aufgezählt. Es heißt eben nicht »die Städte der Wagen und Gespanne«, sondern »die Städte der Wagen und die Städte der Gespanne«, als hätte es getrennte Städte für beides gegeben. Waren Streitwagen und Gespanne aber nicht in denselben Städten aufgestellt, fällt die gesamte Theorie von militärisch verstandenen »Wagenstädten«, das heißt von »Kasernenstädten«[54] in sich zusammen: Streitwagen ohne Gespanne, das wäre wie ein Ritter ohne Rüstung, Gespanne ohne Streitwagen glichen einem Körper ohne Kopf. Die getrennte »Lagerung« von Streitwagen und Gespannen paßt aber hervorragend zu der Nutzung als Handelswaren. Als solche sind Streitwagen und Pferde unzweifelhaft bezeugt.

Wir wollen unsere Einschätzung nicht überdehnen. Es mag im weitesten Sinne auch militärisch-repräsentative Überlegungen gegeben haben, die zur Anlage von Wagenstädten führten. Doch alle anderen von uns schon früher beigebrachten Beobachtungen – die Degradierung des obersten Militärbefehlshabers, das Fehlen der Gibborim sowie der Krethi und Plethi – und die neu hinzugekommenen Ergebnisse – die Nichtmobilisierung des allgemeinen Heerbanns, das Schweigen über eine Fußtruppe, die Nutzung von Streitwagen und Pferden als Handelsware – führen uns zu der Einsicht, daß militärische Konzepte im Denken Salomos wenn nicht vollständig ausgelöscht, so doch untergeordnet und nachrangig angesiedelt waren. Auf jeden Fall sollten unsere Überlegungen dazu führen, den Salomo der Wagenstädte nicht als potentiellen Kriegsherrn auf Abruf mißzuverstehen. Eher will es scheinen, als habe Salomo – im Einklang mit seiner Friedenskonzeption, die sein Denken und Wollen beherrschte – konsequent abgerüstet.

## DIE FESTUNGSSTÄDTE SALOMOS

Salomos Sicherheitspolitik hat uns mit einer nur schwachen Gewichtung alles Militärischen bekannt gemacht. Daß Salomo aber nicht »machtvergessen« war, zeigt seine Bautätigkeit in den Festungsstädten. Auch über sie wird nicht viel gesagt; ein einziger Vers wird ihnen in der Salomo-Überlieferung zugestanden. Doch in ihm werden immerhin Namen genannt:

»Und so verhielt es sich mit den Fronleuten, die der König Salomo aushob, um zu bauen des HERRN Haus und sein Haus und den Millo und die Mauer Jerusalems und Hazor und Megiddo und Geser ... Und Salomo baute Geser wieder auf und das untere Beth-Horon und Baalat und Tamar in der Wüste im Lande Juda.« (1. Könige 9,15 ff.)

Wo die Bibel nur dürftige Hinweise gibt, hat die Archäologie ihren Spaten angesetzt. Und ohne Übertreibung kann gesagt werden, daß die Grabungsergebnisse der letzten dreißig Jahre faszinierende Aufschlüsse gegeben haben über jene Städte, die seitdem als salomonische Festungsstädte nachgewiesen sind. Und wenn der Satz »Und die Bibel hat doch recht« einmal zutreffen sollte, dann im Hinblick auf die Spuren Salomos in seinen Städten.

Alle Festungsstädte Salomos lagen an strategisch wichtigen Punkten: Geser befand sich am Fuß des Hügellandes, das sich von der westlichen Küstenebene abhebt, von dort aus die Via Maris, die Küstenstraße, von Süden nach Norden kontrollierend. An der Straße von Geser nach Jerusalem lagen andere Städte, darunter das Untere und Obere Beth-Horon. Mit Ajalon, Gibeon, Bethel und Jericho gehörte Geser zu einem Städtegürtel, der als Querriegel zwischen Süd- und Mittelpalästina angelegt worden war. Megiddo bildete zusammen mit der Stadt Beth-Schean einen nördlichen Querriegel und beherrschte die reiche und fruchtbare Jesreel-Ebene. Es diente auch zur Kontrolle des Karmel-Passes, der die günstigste Verbindung von Ägypten bis nach Nordsyrien darstellte. Hazor, das noch weiter im Norden Palästinas lag, kam die Herrschaft über den galiläischen Teil des Jordan-Tals zu.

Keine dieser Städte wurde von Salomo gegründet. Sie gehörten zu den kanaanäischen Stadtstaaten, die vielfach in altorientalischen Quellen erwähnt werden.[55] Hazor etwa taucht schon in den ägyptischen »Ächtungstexten« auf, die ab 1900 v. Chr. verfaßt wurden. Auch im Tontafelarchiv von Mari wird Hazor mehrmals genannt, wobei sich die interessanteste Notiz darauf bezieht, daß Hammurapi, der König von Babylon, Botschafter in Hazor unterhielt. Aufschlußreich sind vor allem die Briefe von El-Amarna aus der Residenz des Ketzerkönigs Echnaton (um 1370 v. Chr.). In ihnen wird allein dem Herrscher von Hazor der Titel eines »Königs« unter den vielen palästinischen Stadtherren zugesprochen.

Auch Megiddo ist aus ägyptischen Quellen bekannt. Im Jahre 1468 v. Chr. fand hier jene berühmte Schlacht statt, die der Pharao Thutmosis III. in einem berühmt gewordenen Bericht in vielen Einzelheiten beschrieb. Auch Geser wird darin genannt.

Salomo war zwar nicht der Gründer dieser Städte, aber ihr »Wiederbegründer«. Denn zu seiner Zeit lagen diese einst so mächtigen Stadtstaaten schon längst zerstört darnieder und waren dem Verfall preisgegeben. Die Stadt Hazor war im dreizehnten Jahrhundert, Megiddo um 1100 v. Chr. zerstört worden. Und Geser war noch zu Zeiten Salomos von den Ägyptern mit Krieg überzogen worden,

bevor die Stadt Salomo als Brautgabe seiner ägyptischen Frau über-
eignet wurde. Salomo kommt das Verdienst zu, die strategische
Bedeutung dieser Städte erkannt zu haben. Sie waren, wie die
Archäologin Kathleen M. Kenyon treffend formulierte,»reif für eine
Neuerschließung«[56].

Seit jeher haben sich Archäologen für diese in der Bibel nur kurz
erwähnten Festungsstädte Salomos interessiert. Ihre Ausgrabungen
stellen ein faszinierendes Wechselspiel von Irrtümern und Trium-
phen dar. Das spannendste Kapitel der Ausgrabungen wurde in
Hazor (Abb. 12) geschrieben. Schon im Jahre 1875 vertrat der Gelehrte J. L. Porter die These, Hazor habe sich an der Stätte befunden,
die von den Arabern als Tell El-Qedah bzw. Tell El-Waggas bezeichnet wurde. Seine These formulierte er nur nach Augenschein, ohne
Grabungen vorzunehmen:

»Seitlich der Stelle, wo ich saß, befand sich der Eingang der Senke
Hengaj. Ich bestieg mein Pferd und folgte einem breiten, wie eine alte
Landstraße aussehenden Pfad den südlichen Abhang hinauf und
fand die Ruinen einer uralten Stadt. Kein Gebäude – nicht einmal ein
Fundament – war vollständig erhalten. Berge von Steinen, Abfall-
haufen, umgestürzte Säulen, die Überreste eines Tempels und ein
Altar mit griechischer Inschrift – das waren die Reste, die diesen
Platz bedeckten. Ich dachte damals, es könnten die Ruinen von
Hazor sein, und seither hat sich diese Annahme immer mehr in mir
gefestigt.«[57]

Porters Ausführungen wurden zunächst nicht weiter ernst genommen, bis im Jahre 1928 John Garstang mit Ausgrabungen am
Tell El-Qedah begann und die Thesen Porters bestätigte.[58] Erregende
Funde ergaben dann die Grabungen der Rothschild-Expedition, die
in den Jahren 1955–1958 und 1968 stattfanden. Der Leiter der
Ausgrabungen, Yigael Yadin, hat die Forschungsergebnisse seit
1958 veröffentlicht.[59] Erst Yadin gelang es, die Identität des Tell El-
Qedah mit dem altorientalischen Hazor absolut zweifelsfrei nachzu-
weisen. Bei seinen Grabungen wurde das Fragment einer Tontafel
gefunden, das einen Rechtsstreit über Grundbesitz in Hazor dokumentiert. Damit ereignete sich der in der Archäologie seltene Fall,

daß eine biblische Stadt durch eine eindeutige Urkunde bestätigt wurde.[60]

Hazor war schon im zweiten Jahrtausend v. Chr. eine beeindruk- kend große Stadtanlage, die sich in eine frühbronzezeitliche Ober- und eine mittelbronzezeitliche Unterstadt teilte. Eine archäologische Sensation bedeutete dann der Nachweis, daß die untere Stadtanlage um 1230 v. Chr. zerstört worden war. Den Beweis lieferte die in der Brandschicht aufgefundene Töpferware, die eindeutig in diese Zeit gehört: die sogenannte Mykenisch III-B-Keramik. Töpferware dieses Typs wurde zu jener Zeit im gesamten altorientalischen Raum ver- wendet (Fig. 11). Die Frage, ob die Zerstörung Hazors auf die Israeli- ten im Rahmen der Landnahme durch Josua zurückzuführen ist, so Yadin, oder anderen landsuchenden Stämmen zugeschrieben wer- den muß, ist immer noch heiß umstritten.

Eine zweite, wenn auch enttäuschende Sensation bahnte sich an, als Yadin begann, die Oberstadt auszugraben. Er setzte dort an, wo schon John Garstang jene Monolithenreihe ausgegraben hatte, die seinerzeit viel Aufsehen erregt hatte. Garstang hielt die neun hervor- ragend erhaltenen Monolithe in der Schicht VIII für die tragenden Pfeiler eines Gebäudes, das er als einen der »Pferdeställe Salomos« meinte identifizieren zu können (Abb. 12).

Yadin nun war es, der die Identifikation mit den »Ställen Salo- mos« widerlegte. Auf Grund der gefundenen Töpferware und einer genauen Analyse der Schichtenfolge, die Garstang unterlassen hatte, konnte er zeigen, daß die »Ställe Salomos« – ein in der Tat beein- druckendes Gebäude – in die Zeit König Ahabs (871–852 v. Chr.) zu datieren waren.

Für alle Salomo-Freunde bedeutete diese Zerstörung einer ar- chäologischen Legende einen Schock; nicht jedoch für Yadin und seine Mitarbeiter. Nachdem Yadin zusammen mit seinem Mitarbei- ter Yohanan Aharoni die grandiose Pfeilerhalle aus der Zeit Ahabs vollständig freigelegt hatte, sahen sie im Kopfsteinpflaster des Ge- bäudes merkwürdige Vertiefungen, die es zu erklären galt: »Man muß nicht unbedingt ein Genie oder gar ein Archäologe sein ..., um die Folgerung zu wagen, daß das Pflaster über den Ruinen früherer

Schichten an jenen Stellen eingesunken war, die den Zwischenräumen zwischen den Mauern der früheren Schicht entsprachen.«[61]

Sollte sich unter der Pfeilerhalle aus der Zeit Ahabs tatsächlich ein Gebäude befinden, war man der Zeit Salomos sehr nahe, vielleicht sogar in der Zeit Salomos angekommen. Man legte in Schicht X ein garnisonsartiges Gebäude frei; doch ob es sich wirklich um einen Bau aus der Zeit Salomos handelte, war noch nicht zweifelsfrei erwiesen, da eine Datierung für den Zeitraum zwischen Salomo und Ahab nicht vollständig ausgeschlossen werden konnte.

Um endgültige Sicherheit zu gewinnen, setzte Yadin mit Grabungen östlich des Pfeilergebäudes an, wo schon Garstang einen Graben gezogen hatte. Man stieß auf zwei parallel verlaufende Mauern, die durch senkrechte Trennwände miteinander verbunden waren – offensichtlich Teile einer Kasemattenmauer. Vier Kasematten wur-

Fig. 11
Mykenische III-B-
Keramik

den vollständig, zwei teilweise freigelegt – acht bis zehn Meter lange Räume, die Außenmauer etwa anderthalb Meter, die Innenmauer und Zwischenwände etwa einen Meter stark. Jede Kasematte hatte einen Eingang. Die Frage war, ob man auf die salomonische Stadtbefestigung gestoßen war.

Eine endgültige Klärung ergab sich, als man nördlich der Kasemattenmauer auf ein großes Bauwerk stieß, das mit der Mauer verbunden war: das Festungstor von Hazor (Abb. 12). Yadin hat die entscheidende Grabungsphase überaus anschaulich beschrieben:

»Wir erkannten sogleich, daß wir das mit der Kasemattenbefestigung verbundene Tor gefunden hatten. Ferner stellte sich bald heraus, daß die Struktur des Tors – sechs Kammern und zwei Türme – wie auch seine Ausmaße mit denen des Tors in Megiddo übereinstimmten, und das hatten die Archäologen der Stadt Salomos zugeordnet. Die Erregung in unserem Camp steigerte sich. Das war der eigentliche Beweis! Nicht nur, daß wir diese Schicht mit Recht Salomo zugeschrieben hatten, bestätigte das Tor auch die Authentizität der Bibelverse, die Salomos Wirken in diesen Städten beschreiben. Unsere Stimmung erreichte den Höhepunkt. Ich erinnere mich noch lebhaft, wie wir einen Trick anwandten, um unsere Arbeiter zu beeindrucken, noch bevor Konturen und Anlage des Tors sichtbar hervortraten. Wir steckten den Grundriß des Megiddo-Tors auf dem Boden ab, kennzeichneten die Ecken und Mauern mit Pflöcken und wiesen die Arbeiter an, der Markierung entsprechend zu graben; dann verkündeten wir: Hier werden Sie eine Mauer finden, oder: Da sehen Sie bald eine Kammer. Als unsere ›Prophezeiungen‹ eintrafen, gewannen wir ungeheuer an Prestige und wurden fast für Zauberer gehalten. Aber unsere gelernten Arbeiter, meist ältere Juden, die erst vor kurzem aus Nordafrika eingewandert waren, kannten sich im Alten Testament gut aus; als wir ihnen die Bibelverse über Salomos Wirken in Hazor, Megiddo und Geser vorlasen, nahm unser Ansehen schlagartig ab, wohingegen das der Bibel stieg.«[62]

Mit der Ausgrabung des Torbaus hatte man ein salomonisches Bauwerk freigelegt, das denselben Bauplan aufwies wie jenes in

Megiddo. Jede Toranlage bestand aus sechs Kammern, drei auf jeder
Seite, mit einem Durchgang und jeweils einem quadratischen Turm
zu beiden Seiten des Eingangs. Die Sechskammeranlage war, wie
Yohanan Aharoni nachwies, eine Weiterentwicklung von davidi-

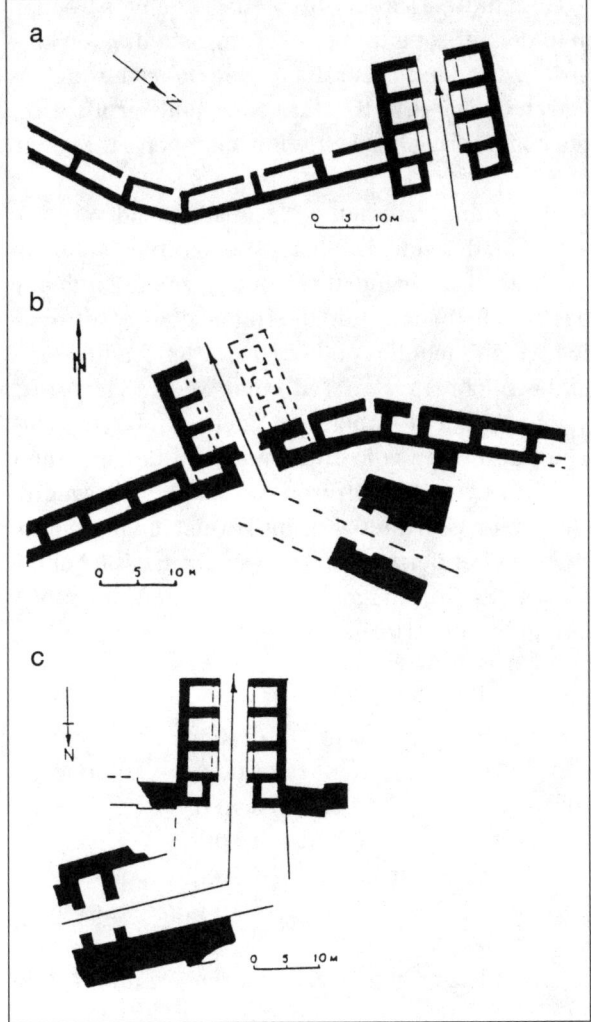

Fig. 12 Salomoni-
sche Festungstore
in Hazor (a), Geser
(b), Megiddo (c)

schen Toranlagen, die man in Beer-Scheba und Dan gefunden hatte; diese bestanden jedoch nur aus vier Torkammern.[63]

Salomonische Anlagen mit sechs Torkammern sowohl in Hazor wie in Megiddo – das legte die Vermutung nahe, daß Salomo all seinen Festungsstädten denselben Bauplan – gleichsam eine Blaupause – zugrunde gelegt hatte. Dazu mußten Ausgrabungen auch in Geser – der dritten in der Bibel genannten Festungsstadt Salomos – vorgenommen werden. Hier hatte bereits in den Jahren 1902 bis 1909 der irische Archäologe R. A. S. Macalister eine große Grabungskampagne durchgeführt, aber keine Beziehungen zu Salomo aufdecken können.

Yadin studierte die Grabungsberichte Macalisters und war wie elektrisiert, als er den Plan der von Macalister sogenannten »Makkabäer-Burg« untersuchte.[64] Die Grundrißzeichnung zeigte eindeutig eine Kasemattenmauer, ein Torhaus und die Hälfte eines Stadttors – also dieselbe Anlage wie in Megiddo und in Hazor. Für Yadin stand fest, daß es sich dabei nicht um den Teil einer Makkabäer-Burg, sondern um die salomonische Toranlage handelte (Abb. 31).[65] Sie wurde zwischen 1965 und 1973 vom Hebrew Union College unter Leitung von William G. Dever in mehreren Kampagnen ausgegraben.[66] Die gefundene rötlich gebrannte Keramik weist in die salomonische Epoche. Und ein Vergleich der Abmessungen läßt keinen Zweifel daran, daß Gesers Toranlage nach demselben salomonischen Plan wie in Megiddo und Hazor angelegt wurde (Fig. 12)[67]:

| Detail | Megiddo | Hazor | Geser |
|---|---|---|---|
| Länge des Tors | 20,30 m | 20,30 m | 19,00 m |
| Breite des Tors | 17,50 m | 18,00 m | 16,20 m |
| Turmzwischenraum | 6,50 m | 6,10 m | 5,50 m |
| Torwegbreite | 4,20 m | 4,20 m | 3,10 m |
| Mauerstärke | 1,60 m | 1,60 m | 1,60 m |
| Kasemattenmauerbreite | – | 5,40 m | 5,40 m |

Yadins Ausgrabungen in Hazor und Geser waren Triumphe biblischer Archäologie. Zwar wurde eine archäologische Legende zerstört, doch dafür wurden die salomonischen Festungstore gefunden. Doch wie stand es mit der Salomo zugeschriebenen Kasemattenmauer in Hazor und Geser, die mit der Toranlage verbunden war? Wenn ein identischer Bauplan vorgelegen hatte, dann mußte sie auch in Megiddo zu finden sein. Dort hatte man jedoch nur eine Basteimauer gefunden, die um den ganzen Hügel führte, doch keine Kasemattenmauer. Dieser Sachverhalt ließ Yadin keine Ruhe. Von 1960 bis 1972 führte er immer wieder Kurzgrabungen durch, auf der Suche nach der salomonischen Kasemattenmauer.[68]

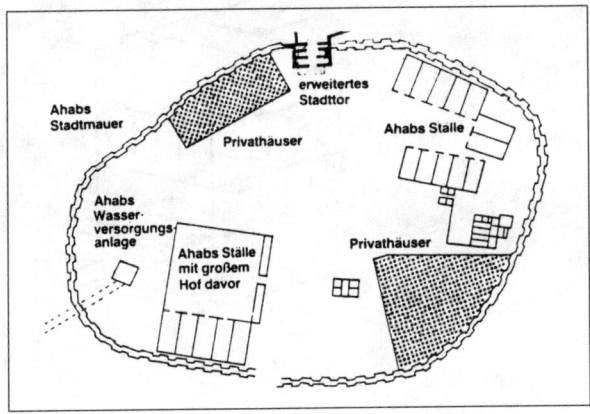

Fig. 13 Plan Megiddos

In der ersten Grabungskampagne (Fig. 13) kam unter den fälschlich identifizierten »Ställen Salomos« und teilweise unter der Basteimauer eine Mauer aus Quadersteinen zum Vorschein. Yadin nannte sie die »schöne Mauer«. Sie war errichtet aus großen, im LäuferBinder-Verfahren aneinander- und übereinandergefügten Quadersteinen (Fig. 14). Dieses Muster war auch schon an den salomonischen Torbauten beobachtet worden. Die Mauern gehörten zu einer großen Palastanlage – von den Ausgräbern mit der Zahl sechstausend belegt –, die rechteckig angelegt war, mit Längen von rund 28 mal 21 Metern.

Vergleiche mit phönizischen Bauwerken ergaben, daß dieser Bau als Zeremonienpalast gedient hatte. Kein Zweifel, alle Indizien – die

Schichtenfolge unterhalb des Pfeilergebäudes, das in die Zeit Ahabs datiert werden konnte, das Mauerwerk im Läufer-Binder-Verfahren, die rötlich gebrannte Keramik – sprachen für die Zuordnung ins zehnte Jahrhundert, in die Zeit Salomos.

Dasselbe gilt für einen weiteren Palastbau, den man im Süden der Stadt ausgegraben hat und dem die Ausgräber die Nummer 1723 gaben. Er lag in einem großen Hof, dessen Eingangstor man nachweisen konnte. Auch dieser Palast ähnelt mit seiner Eingangsvor-

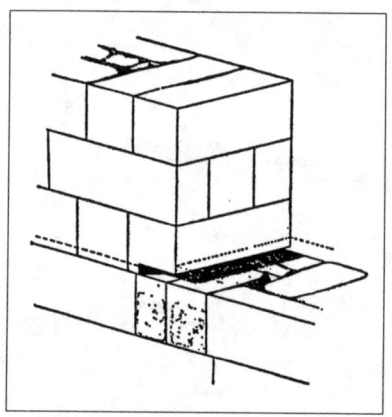

Fig. 14 Mauer im Läufer-Binder-Verfahren

halle, die in eine Audienzhalle führte, und mit seinen Privaträumen, die einen großen Innenhof säumen, nordsyrischen Palastbauten.

Daß die Mauern und die aufgefundene Keramik nur in zerstörtem Zustand erhalten sind, läßt sich ganz einfach erklären: Unter König Rehabeam, Salomos Nachfolger, kam es zum Feldzug des ägyptischen Pharao Sisak gegen Israel. In der Bibel liest sich das so:

»Aber im fünften Jahr des Königs Rehabeam zog herauf Sisak, der König in Ägypten, wider Jerusalem ... mit tausendzweihundert Wagen und mit sechzigtausend Reitern; und das Volk war nicht zu zählen, das mit ihm kam aus Ägypten, Libyer, Suchiter und Mohren. Und er gewann die festen Städte, die in Juda waren, und kam bis vor Jerusalem.« (2. Chronik 12,2–5)

Der biblische Chronist bezieht sich nur auf das Königreich Juda.

Ein glücklicher Zufall aber will es, daß uns Sisaks eigener Bericht vorliegt, aus dem hervorgeht, daß er weit in den Norden Palästinas vorgestoßen war. Und ausdrücklich wird die Einnahme der Stadt Megiddo erwähnt. Damit nicht genug, hatte man in Megiddo bei früheren Ausgrabungen schon eine Gedenkstele gefunden, auf welcher der Name Sisaks verzeichnet ist. In Megiddo hatte man also nicht nur die salomonischen Bauten entdeckt, sondern auch zweifelsfreie Beweise für die Eroberung der einstigen Salomo-Stadt durch Sisak, die um 923 v. Chr. stattgefunden haben muß.

Fig. 15 Salomonische Steinmetzzeichen

Die Auffindung des salomonischen Palastes war ein eindrucksvolles Ereignis, aber Yadin hatte immer noch nicht die salomonische Kasemattenmauer entdeckt. Da entschloß er sich, etwa zehn Meter östlich der Palastecke einen Versuchsgraben anzulegen. Das Erdreich wurde abgetragen, und siehe da, die salomonische Kasemattenmauer trat in einer Länge von sechsunddreißig Metern zutage, wobei drei lange und zwei kurze Kasematten gezählt wurden. Damit war der Beweis erbracht: Alle drei Festungsstädte Salomos waren nach einem gemeinsamen Bauplan angelegt worden. Leider konnte in Megiddo die westliche Weiterführung der Kasematten bis zum Stadttor (Abb. 32) nicht durchgängig nachgewiesen werden. Doch ist zu vermuten, daß die Quadersteine der Kasemattenmauer später von König Ahab zum Bau seiner Gebäude wiederverwendet wurden.

Denn etliche Steine in Ahabs Bauwerken tragen Steinmetzzeichen, die sich in salomonischen Bauten fanden (Fig. 15).

Um alle Zweifel auszuräumen, führte Yadin auch die Gegenprobe durch. Wenn Schicht IVB-VA mit Palast, Torbau und Kasematten der salomonischen Zeit angehörte, mußten die darunterliegenden Schichten weitaus älter sein. Und tatsächlich kam bei Grabungen unterhalb der falschen »Ställe Salomos« in der Schicht VIA eine dicke Ascheschicht zum Vorschein, Zeichen der Zerstörung Megiddos. In der Ascheschicht lagen unzählige Tonscherben, darunter die berühmten »Bierkrüge« im dekadenten Philister-Stil, die in die zweite Hälfte des elften Jahrhunderts datiert werden (Fig. 16).

Wir wissen nicht genau, wer Megiddos Zerstörung verursacht hat. Einige Forscher gehen davon aus, daß es König David gewesen sein muß. Doch darüber berichtet die Bibel nichts. Unabhängig von dieser Frage bleibt jedoch das Ergebnis eindeutig: Salomos Bauten in Schicht IVB-VA wurden auf der zerstörten Stadt des elften Jahrhunderts errichtet, ein glänzender archäologischer Beweis für die biblische Überlieferung.

Megiddo birgt noch eine weitere archäologische Überraschung, die in die Zeit Salomos weist. Es handelt sich dabei um die berühmt gewordene Galerie 629, die sich westlich des großen Südgebäudes und unterhalb der Basteimauer aus der Zeit Ahabs befindet. Die Galerie ist ein etwa ein Meter breiter Durchgang, der außerhalb der Stadt am Südwesthang des Hügels zu einer Quellgrotte führte. Die Seitenmauern dieses Durchgangs sind zwei Meter hoch und aus Quadersteinen im Läufer-Binder-Verfahren gefügt. Yadin konnte nachweisen, daß die Galerie zur Schicht IVB-VA gehört. Ein wichtiges Beweismittel – neben der Schichtenzuordnung – waren aufgefundene Quadersteine, die sich bei früheren Grabungen aus der Mauer herausgelöst hatten und zu Boden gefallen waren. Als man sie umdrehte, entdeckte man Steinmetzzeichen, die denen ähnelten, die man in anderen salomonischen Bauten gefunden hatte.

Welche Aufgabe hatte die Galerie? Man hatte diesen Schacht angelegt, um vom Inneren der Stadt einen Zugang zur außerhalb der Stadt liegenden Quellgrotte zu haben.[69] Im Falle einer Belagerung war so die überlebensnotwendige Wasserversorgung gesichert. Einige Jahrzehnte nach Salomo wurde unter König Ahab das Wassersystem in Megiddo noch weiter perfektioniert. Ein etwa fünfzig Meter langer Wassertunnel wurde angelegt, der von der Quellgrotte aus bis ins Innere der Stadt führte (Abb. 33). Am Ende des Tunnels wurde ein Wasserschacht gegraben, der das Wasser der Quellgrotte

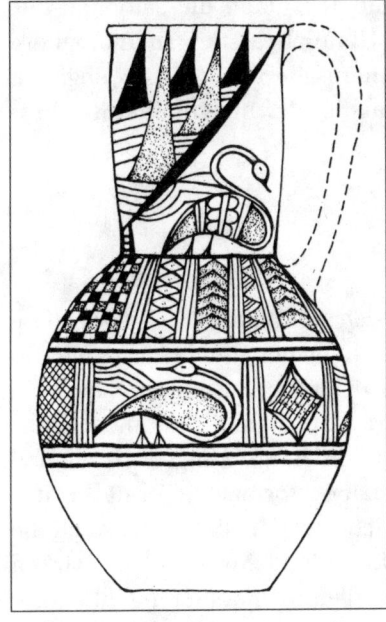

Fig. 16 Philister-Krug

aufnahm. Auf diese Weise befand sich die Wasserversorgung unmittelbar in der Stadt. Die außerhalb der Stadt liegende Quellgrotte wurde durch große Steine versperrt, um feindlichen Belagerern den Zugang zur Quelle zu versperren.

Mit den Ausgrabungen in Megiddo, Hazor und Geser wurde das Bild vom Baumeister Salomo glänzend bestätigt. Wer vor den erhaltenen Quadermauern des Befestigungstores von Megiddo steht, ahnt noch etwas von dem überwältigenden Eindruck, den die Torbauten Salomos auch auf nachfolgende Generationen ausgeübt haben. Der

Prophet Hesekiel etwa stellte sich nach der Zerstörung des Tempels in Jerusalem im Geiste einen neuen Tempel vor, der aber weniger einem Tempel denn einer Festungsanlage glich. Der visionär erschaute Tempel der Zukunft ist umgeben mit einer Mauer, in die Tore eingelassen sind, und diese Tore bestehen wie jene in Megiddo, Hazor und Geser aus jeweils drei gegenüberliegenden Kammern (Hesekiel 40,10). Kein Zweifel, Hesekiels Vision eines neuen Tempels bewahrt zumindest im Blick auf die Torbauten die salomonische »Blaupause«. Da sich in allen vier Himmelsrichtungen Tempeltore befinden, wiederholt sich die salomonische »Blaupause« sogar in mehrfachen Kopien – wenn auch nur in der Imagination des Propheten.

RÄTSELHAFTE OPHIRFAHRTEN

Als Salomo König wurde, befand sich die materielle Entwicklung Israels noch in den Kinderschuhen. Verglichen mit den Nachbarvölkern stand Israel auf der Stufe eines »Entwicklungslandes«, das sich erst relativ spät aus einer lockeren Sippen- und Stämmegemeinschaft zu einem Königreich konstituiert hatte. Lange Zeit blieben nomadische und halbnomadische Lebensformen in Kraft, so das großzügige Gastrecht oder die Einrichtung der Blutrache. Auch die Übernahme der Königsverfassung änderte nichts am Weiterwirken nomadischer Traditionen: Sie erlebten eine Auferstehung im kämpferischen Einzelschicksal der großen Propheten.

Die Rekabiter praktizierten das nomadische Lebensideal noch zu Zeiten des Propheten Jeremia (Berufung 627 v. Chr.) auf recht extreme Weise: Sie erwarben keinen bäuerlichen Besitz, säten und pflanzten nicht, sie bauten keine Häuser und tranken keinen Wein (Jeremia 35). Damit drückten sie ihren Protest gegen die städtische und auch gegen die königliche Lebensweise aus! Die ersten Könige Israels – Saul und David – entstammten Sippen, die seßhaft geworden waren, aber kleinbäuerliche Wirtschaftsweise mit nomadischen Elementen verbanden. So wird Saul ausgeschickt, um verlorene

Eselinnen zu suchen, David obliegt die Aufgabe des Schafehütens. In seinem Freischärlerdasein lebt die aggressive Seite des Nomadenlebens noch einmal sinnfällig auf. Ein Großgrundbesitzer wie Nabal wird auf fast ungehörige Weise zu Tributabgaben gepreßt. Der Großteil der israelitischen Sippen lebt von Kleinviehzucht, bestellt hier und da Felder, legt Weingärten an.

Die materielle Kultur war sehr bescheiden. Der Übergang zur Zivilisationsstufe der Eisenzeit geschah eher mit Verzögerung. So gewinnt jene Nachricht an Wichtigkeit, daß die Philister alles daran setzten, die Israeliten am Gebrauch von Waffen und Werkzeugen aus Eisen zu hindern.

»Es war aber kein Schmied im ganzen Lande Israel zu finden; denn die Philister dachten, die Hebräer könnten sich Schwert und Spieß machen. Und ganz Israel mußte hinabziehen zu den Philistern, wenn jemand eine Pflugschar, Hacke, Beil oder Sense zu schärfen hatte. Das Schärfen aber geschah für ein Zweidrittellot Silber bei Pflugscharen, Hacken, Gabeln, Beilen und um die Stacheln gerade zu machen.« (1. Samuel 13,19ff.)

Diese Beschreibung der technologischen Rückständigkeit Israels gilt noch für die Zeit Sauls. Entsprechend sieht die Kriegführung aus: Der Saul-Sohn Jonathan kämpft mit dem Bogen, Davids Waffe ist die Hirtenschleuder. Mit List werden Kriege geführt und Hinterhalte gelegt, um die offene Feldschlacht gegen hochgerüstete Armeen zu meiden.

Zwei Generationen später sieht alles anders aus. Die materielle Kultur ist um eine Stufe angehoben, Ergebnis der Wirtschaftspolitik König Salomos. Einige ihrer Elemente sind uns schon bekannt: Salomo legt Festungs- und Wagenstädte an, anknüpfend an die Zivilisation der vorisraelitischen Stadtstaaten; er hält eine Streitwagenarmee, die zwar nie zum Einsatz kam, aber den Anschluß an die entwickelte Kriegstechnologie der Nachbarvölker dokumentiert. Er betreibt als erster König Israels eine »internationale« Handelspolitik, wobei Israel als Umschlagplatz hochwertiger Güter fungierte.

Die Rückständigkeit Israels war Salomo bei alldem bewußt. So findet er sich bereit, weitreichende Kooperationsabkommen mit ausländischen Mächten zu schließen. Besonders eingeprägt hat sich jener langfristige Handelsvertrag mit dem phönizischen König Hiram von Tyrus (1. Könige 5,15 ff.). Salomo konnte dabei an Davids Kooperationspolitik anknüpfen. Im Gegensatz zu diesem hat Salomo die Beziehungen aber wohl auf vertragliche Grundlagen gestellt und auf Langfristigkeit gesetzt. Leider bietet die biblische Überlieferung nur ein eingeschränktes Bild der Beziehungen, denn das Handelsabkommen wird allein mit Lieferungen für den Tempelbau begründet. Doch es wird um mehr gegangen sein, um die Einfuhr von Rohstoffen, um den Einsatz hochqualifizierter Handwerker, die als Architekten sowie in der Holz- und Metallbearbeitung neue Maßstäbe setzten.

»Und Hiram, der König von Tyrus, sandte Botschafter zu Salomo; denn er hatte gehört, daß sie ihn zum König gesalbt hatten an seines Vaters Statt ... Und Salomo sandte zu Hiram und ließ ihm sagen: ... So befiehl nun, daß man mir Zedern im Libanon fällt, und meine Leute sollen mit deinen Leuten sein. Und den Lohn deiner Leute will ich dir geben, alles, wie du es sagst. Denn du weißt, daß bei uns niemand ist, der Holz zu hauen versteht wie die Sidonier ... Und Hiram sandte zu Salomo und ließ ihm sagen: Ich habe deine Botschaft gehört, die du mir gesandt hast. Ich will alle deine Wünsche nach Zedern- und Zypressenholz erfüllen. Meine Leute sollen die Stämme vom Libanon hinabbringen ans Meer, und ich will sie in Flöße zusammenlegen lassen auf dem Meer bis an den Ort, den du mir sagen wirst, und will sie dort zerlegen, und du sollst sie holen lassen. Aber du sollst auch meine Wünsche erfüllen und Speise geben für meinen Hof ... So gab Hiram Salomo Zedern- und Zypressenholz nach allen seinen Wünschen. Salomo aber gab Hiram zwanzigtausend Kor [Sack] Weizen zum Unterhalt für seinen Hof und zwanzig Kor gepreßtes Öl. Das gab Salomo jährlich dem Hiram. Und Jahwe gab Salomo Weisheit, wie er ihm zugesagt hatte. Und es war Friede zwischen Hiram und Salomo, und sie schlossen miteinander einen Vertrag.« (1. Könige 5,15 ff.)[70]

Es muß zunächst festgehalten werden, daß die salomonische Kooperationspolitik als »Weisheit«, genauer, als »Friedensweisheit«

charakterisiert wird. In der Tat, wer Handel treibt, führt keine Kriege, wer Verträge unterschreibt, greift zum Griffel, nicht zum Schwert; wo auf Kooperation gesetzt wird, verfallen alle Feindbilder. Man begrüßt den Machtantritt des anderen durch den Austausch von Grußbotschaften, Botschafter werden ausgeschickt, Abmachungen getroffen und vertraglich festgehalten. Der jüdische Historiker Josephus Flavius will Abschriften der Vertragstexte nicht nur in der Bibel, sondern in tyrischen Archiven gelesen haben, die öffentlich zugänglich gewesen sein sollen.[71] Doch Josephus ist nicht immer glaubwürdig, obwohl der Hinweis auf die öffentliche Überprüfbarkeit doch eher für die Richtigkeit der Nachricht spricht.

Die Kooperation mit Hiram wurde nicht nur vertraglich abgesichert, sondern auch durch Heiratspolitik untermauert. Denn in einer späteren Notiz wird zumindest eine »sidonische« Frau im salomonischen Harem erwähnt. Das bedeutet nicht unbedingt eine Herkunft aus der Stadt Sidon, sondern allgemein »phönizisch«. Wir wissen nicht genau, wer die phönizische Frau Salomos gewesen ist. Entstammte sie vielleicht dem Königshaus Hirams? Der schon erwähnte Hochzeitspsalm (Psalm 45) spricht von einer »Fürstentochter aus Tyrus«, und es ist nicht auszuschließen, daß es sich um jene namenlose Frau Salomos handelt.

Hiram und Salomo sind zu einer gütlichen Abmachung gekommen, was Meinungsverschiedenheiten aber nicht ausschloß. So ist Hiram nicht ganz auf Salomos Wünsche eingegangen. Denn Salomo war bereit, Arbeiter in den Libanon zu schicken, die beim Fällen und Abtransport behilflich sein sollten, Hiram hingegen wollte alle Arbeiten einschließlich der Verschiffung allein von phönizischen Arbeitern durchgeführt wissen. Salomo möge sich auf die Abholung der Hölzer vom Anlandungshafen beschränken, dessen Name allerdings nicht mitgeteilt wird. Vieles spricht dafür, daß es sich dabei um Jaffa gehandelt hat. Als Gegenleistung verlangt Hiram landwirtschaftliche Produkte. Deshalb müssen wir die biblische Nachricht – Salomo soll dreißigtausend Arbeiter in den Libanon geschickt haben (1. Könige 5,27) – als ungeschichtlich abschreiben; schon die Zahl der Arbeiter ist phantastisch überhöht.

Was wurde an Salomo geliefert? Die Bibel spricht von Zedern und Zypressen. Das ist allerdings nur schwer nachzuvollziehen, denn die Libanon-Zeder ('aras) liefert nicht das für den Tempelbau benötigte Langholz. Wahrscheinlich handelt es sich nicht um eine botanisch exakte Angabe, sondern allgemein um »Libanonbäume«, wobei als Bauholz wahrscheinlich die »kilikische Tanne« (Abies Cilicia Kotschy) verwendet wurde. Auch die »Zypresse« (berosch) wird aus den nämlichen Gründen nicht wörtlich zu nehmen sein, sondern meint wahrscheinlich den »phönizischen Wacholder«[72]. Die Stämme wurden ins Wasser gelassen, zu Flößen zusammengebunden und wahrscheinlich von noch relativ primitiven Booten in Küstennähe begleitet, eine Methode, die auf Bildnissen eindrucksvoll dargestellt wurde (Abb. 16).

Salomo zahlte nicht schlecht für die Holzlieferungen. Rechnet man für ein Kor etwa dreihundertfünfzig Liter, so kommt man auf sage und schreibe sieben Millionen Liter Weizen. Das wären ungefähr zwei Drittel der Menge, die am salomonischen Hof pro Jahr verzehrt wurde. Allerdings ging der Weizen in Körnerform, nicht als Mehl nach Tyrus. Daneben waren die Öllieferungen eher bescheiden: etwa siebentausend Liter von feinster Qualität, die aus zerstoßenen, nicht gepreßten Oliven gewonnen wurden.

Aus Phönizien kam nicht nur Holz, das im waldarmen Israel bitter benötigt wurde, mit Hiram von Tyrus wurde auch ein Schifffahrtsabkommen geschlossen. Leider sind die Nachrichten darüber nur knapp und verstreut.

»Und Salomo baute auch Schiffe in Ezion-Geber, das bei Elat liegt am Ufer des Schilfmeeres im Lande der Edomiter. Und Hiram sandte auf die Schiffe seine Leute, die gute Schiffsleute und auf dem Meer erfahren waren, zusammen mit den Leuten Salomos. Und sie kamen nach Ophir und holten dort vierhundertzwanzig Zentner Gold und brachten's dem König Salomo.« (1. Könige 9,26ff.)

»Auch brachten die Schiffe Hirams, die Gold aus Ophir einführten, sehr viele Almuggim-Hölzer und Edelsteine. Und der König ließ Pfeiler machen aus den Almuggim-Hölzern im Hause Jahwes und im Hause des Königs und Harfen und Zithern für die Sänger. Es kamen

nie mehr so viele Almuggim-Hölzer ins Land, wurde auch nicht gesehen bis auf diesen Tag.« (1. Könige 10,11 f.)
»Denn der König hatte Tarsisschiffe, die auf dem Meer zusammen mit den Schiffen Hirams fuhren. Diese kamen in drei Jahren einmal und brachten Gold, Silber, Elfenbein, Affen und Pfauen.« (1. Könige 10,22)

Man hat über Salomos Schiffahrtsunternehmen alles Mögliche und Unmögliche zusammenfabuliert, besonders über die rätselhaften Ophirfahrten. Bleiben wir nüchtern, dann ergibt sich folgendes Bild: Salomo hat sich mit Seefahrt beschäftigt – eine einmalige und historisch sicher korrekte Überlieferung, da die Israeliten trotz der Lage am Mittelmeer nie als Seefahrer in Erscheinung getreten sind; sie blieben vornehmlich Ackerbauern und Halbnomaden. Daß Salomo eine Annäherung an die Phönizier suchte, ist kein Wunder, denn wenn etwas die Phönizier besonders charakterisiert, dann ihre exzellenten navigatorischen Kenntnisse. Es hat noch die Griechen zu Bewunderung und Neid veranlaßt, daß dieses kleine Seefahrervölkchen immer und überall zugegen war, sich rund ums Mittelmeer Stützpunkte und Stapelhäfen geschaffen hatte. Die phönizische Kolonie in Karthago lehrte später die Römer das Fürchten: Hannibal ante portas!

Man rätselt bis heute darüber, wie es zu den erstaunlichen Seefahrerkünsten der Phönizier gekommen ist. Ein Grund mag die Einschnürung ihres schmalen Siedlungsgebietes gewesen sein, das sie gewissermaßen aufs Meer hinaustrieb. Sogar ihre Heimatstädte Byblos, Tyrus und Sidon waren eher dem Meer verschwistert als dem Festland. Alexander der Große hatte ein feines Gespür für diesen Zusammenhang. Um die Phönizier endgültig zu bändigen, ließ er die Inselstadt Tyrus über einen Damm mit dem Festland verbinden. Damit zerbrach er endgültig den »See-Mythos« dieser Stadt, die ihren Aufstieg König Hiram verdankte, dem Zeitgenossen König Salomos.[73]

Die Phönizier waren ein hochgebildetes Volk. Kenntnisse der Navigation, der Winde und Klimaverhältnisse waren Voraussetzung für die Meeresschiffahrt, welche sie die Straße von Gibraltar durchqueren ließ, ihnen den Atlantik öffnete, sie bis nach England vorstoßen ließ. Sie wußten sich, so Herodot, Plinius und Strabo, nach dem Sternbild des Kleinen Bären und dem Polarstern zu orientieren.[74]

Die Griechen übernahmen von ihnen die Buchstabenschrift, ein Zusammenhang, der noch weiterlebt im Wort »Bibel«, benannt nach der Stadt »Byblos«, was auf Griechisch »Papyrus« bedeutet. Natürlich wußten die Griechen, das der Papyrus aus Ägypten kam – die Schilfpflanze wächst nur in Afrika –, doch Byblos war zeitweise der wichtigste Umschlagplatz für dieses wichtigste Schreibmaterial der Antike sowie für die aus der Papyrusrinde gefertigten Seile und Taue. Als gewitzte Händler schlugen sie aus allem Kapital, was sich transportieren ließ, so auch aus einheimischen Produkten wie den purpurfarbenen Tuchen. Dabei gewann man den roten Farbstoff aus dem Sekret der Purpurschnecke. Einige Forscher leiten deshalb den Namen »Phönizien« von »porphyra«, dem griechischen Wort für »Purpur«, ab. Kein Wunder, daß Salomo später den Vorhang, der das Allerheiligste im Tempel abschirmte, aus phönizischem Purpur herstellen ließ (2. Chronik 3,14).

Mit ihren Schiffahrtskünsten standen die Phönizier alleine da. Dabei haben sie sicher bei anderen Völkern abgeguckt: von den Ägyptern etwa die extrem langen Ruderboote, die bis zu vierzig Meter lang sein konnten und überdimensionierten Kanus glichen, die durch Paddel, später mit Rudern angetrieben wurden. Diese Boote waren sehr spurtstark und konnten bei kriegerischen Auseinandersetzungen eingesetzt werden; darauf weisen die außenbords angebrachten Schilde und der Rammsporn am Bug hin. Zur Hochseeschiffahrt allerdings waren sie ungeeignet. Dafür waren die Anbringung von Kiel, Spanten und ein breites, bewegliches Oberrahsegel notwendig, Techniken, die vielleicht von den Kretern übernommen wurden und eine bessere Steuerung auch gegen die Dünung ermöglichten.

Man verzichtete auf Spanntrossen, die bei den Ägyptern noch über Deck und außenbords um den Schiffsrumpf gelegt wurden, da man den Schiffsrumpf aus Langhölzern zusammenfügte. Außerdem wurden die Schiffe kürzer und gedrungener, um mehr Ladung aufnehmen zu können. Durch die Erhöhung der Bordschanzen schlug Wasser nicht so leicht über Deck; überhaupt konnten die Schiffe jetzt schwere Dünung und Wellengang besser ableiten.[75] Diese Schiffe werden in der Bibel »Tarsisschiffe« genannt, nach dem Hafen Tartessos, der von den Phöniziern an der südwestspanischen Küste angelegt wurde.[76]

Salomo konnte also durch die Schiffahrtskooperation mit Hiram nur profitieren. Doch was gewann Hiram? Hier hilft jene Information weiter, daß Salomo, weitab vom israelitischen Stammland, den Hafen von Ezion-Geber im Golf von El-'akaba in der Nordbucht des Roten Meeres anlegen ließ. Dieses Land war ursprünglich edomitisch gewesen, aber schon von David für Israel gewonnen worden. Der Hafen von Ezion-Geber mußte auch das Gefallen von Hiram finden, denn er ermöglichte den Phöniziern den Zugang zum Roten Meer und von hier aus ins legendäre Ophir.

Wo genau hat Ezion-Geber gelegen? Die biblische Überlieferung bestimmt den Ort durch seine Nähe zu Elat, der eigentlichen Wohnstatt am Golf von El-'akaba. Der amerikanische Archäologe Nelson Glueck unternahm von 1938 bis 1940 im nahe gelegenen Tell El-Kheleifeh Grabungen und präsentierte der staunenden Öffentlichkeit diesen Ort als das salomonische Ezion-Geber.[77] Doch vom Schiffbau fand er keine einzige archäologische Spur. Man hat deshalb auf den Parallelbericht im zweiten Chronik-Buch verwiesen, in dem von einem Besuch Salomos in Ezion-Geber die Rede ist und der merkwürdige Satz auftaucht: »Hiram schickte ihm durch seine Knechte Schiffe und geübte Seefahrer ...« (2. Chronik 8,18)

Danach wären in Ezion-Geber gar keine Schiffe gebaut worden, sondern in Phönizien. Zerlegt in ihre Einzelteile, wurden die Schiffe dann auf dem Landweg nach Ezion-Geber transportiert und dort wieder zusammengesetzt. Gut zweihundert Jahre nach Salomo soll von der Königin Semiramis Ähnliches praktiziert worden sein, die von phönizischen Schiffsbauern Fahrzeuge herstellen ließ, die zerlegt und über Land transportiert werden konnten.[78] Eine Werft wird demnach in Ezion-Geber vielleicht nie bestanden haben.

Statt dessen fand Glueck ein großes Gebäude mit merkwürdigen

Lochreihen in den Mauern, die er als Windrohre identifizierte und die dazu dienten, Feuer anzufachen. Ein gigantischer Kupferschmelzofen wurde gefunden, und Glueck hatte keine Hemmungen, ihn der salomonischen Zeit zuzurechnen. Lange hat sich diese Theorie gehalten, und noch heute wird sie hier und da vertreten, obwohl in der biblischen Überlieferung kein Wort über salomonische Schmelzöfen auftaucht.

Im Jahre 1959 unterzog Beno Rothenberg diese Auffassung einer vernichtenden Kritik.[79] Er konnte zeigen, daß die Löcher Einlaßspuren von Decken- und Bodenbalken waren. Rothenberg wies Spuren jener Lehmmasse nach, durch welche die Balken in den Löchern gehalten worden waren. Das war das Aus für die salomonische Kupferschmelze in Ezion-Geber. Nelson Glueck aber hatte von Salomos Weisheit gelernt und besaß immerhin die Größe, seine Meinung zu korrigieren.[80]

Glueck war aber noch weitergegangen. Bei Grabungen im Tal von Timna – etwa dreißig Kilometer nördlich von Elat – war er auf eine monumentale Anlage von Kupferminen gestoßen, die größte, die jemals in der Alten Welt gefunden wurde: zwölf Bergwerke mit mehr als fünftausend Tunnelanlagen, die sich über ein Gebiet von sechzig Quadratkilometern verteilen. Am Eingang zu dieser beeindruckenden Anlage stehen riesige Sandsteinsäulen, die von der Legende schnurstracks zu »Säulen Salomos« erklärt wurden (Abb. 35). Rider Haggard hatte sie schon 1886 in einem Roman weltbekannt gemacht.

Sind die Kupferminen tatsächlich auf König Salomo zurückzuführen? Glueck war davon überzeugt, und er hat viele Anhänger gefunden, zumal die biblische Überlieferung den immensen Verbrauch von Kupfer zur Zeit Salomos bezeugt.[81] So wurden viele Gegenstände des Tempels von phönizischen Kunsthandwerkern aus Kupfer hergestellt, wie zum Beispiel die Tempelsäulen Jachin und Boas, die uns später noch beschäftigen werden. Rothenberg überprüfte auch diese Theorie und kam zu dem Ergebnis, daß dieselben nach dem zwölften Jahrhundert v. Chr. nicht mehr in Betrieb waren.[82] Den unumstößlichen Beweis lieferte die Ausgrabung eines ägyptischen Hathor-

Tempels, der 1969 hinter dem Überhang der legendären »Säulen Salomos« zum Vorschein kam. Etwa elftausend der kuhohrigen Hathor geweihte Votivgegenstände wurden gefunden sowie unzählige Inschriften ägyptischer Pharaonen, die aber nach 1150 v. Chr. abbrechen. Als Salomo regierte, lagen die Kupferminen also schon gut einhundertfünfzig Jahre verwaist da. Erst unter den Römern – tausend Jahre später – wurden die Kupferminen wieder ausgebeutet.[83]

Also keine salomonische Kupferschmelze in Ezion-Geber, keine salomonischen Kupferminen im Tal von Timna! Es bleibt wohl dabei, daß das »salomonische« Kupfer mit den phönizischen Handwerkern ins Land kam, vielleicht im Gepäck des Hiram genannten Kunsthandwerkers – des Sohnes einer Witwe aus dem Stamme Nafthali und eines phönizischen Vaters aus Tyrus –, der bei den Phöniziern sein Handwerk erlernt hatte.

Und wie steht es mit Ezion-Geber? War wenigstens die Identifizierung von Tell El-Kheleifeh mit Ezion-Geber stichhaltig? Auch in dieser Frage gelangte Rothenberg zu einer anderen Einschätzung. Der Ort besitzt keinen natürlichen Hafen, Schiffe wären wilden Stürmen ausgesetzt gewesen, Anker zerbrochen. Elf Kilometer weiter südlich hingegen befindet sich in unmittelbarer Küstennähe die kleine »Pharaoneninsel«, heute unter dem Namen »Koralleninsel« bekannt (Abb. 17). Zum Festland hin erstreckt sich eine Lagune, die hervorragend als Anlegeplatz für Schiffe geeignet gewesen wäre. Rothenberg ist überzeugt, hier das salomonische Ezion-Geber gefunden zu haben. Doch leider sind bis heute – trotz archäologischer Unterwasserkampagnen – keine Fundstücke von Schiffen, Werftanlagen oder überhaupt Relikte aus salomonischer Zeit entdeckt worden.

Auch wenn man nicht weiß, was Archäologen noch zutage fördern, so sind jene Fahrten, die unter dem rätselhaften Namen »Ophirfahrten« seit jeher die Phantasie angeregt haben, unzweifelhaft aus der Umgebung von Ezion-Geber ausgegangen. Die Lage von Ophir ist allerdings bis heute unbekannt. Es war das Goldland schlechthin, und bezeugt ist der Name auch außerhalb der Bibel: Er findet sich auf einem Ostrakon vom Tell Qasile, einer philistäischen Siedlung nahe Tel Aviv. Doch diese Inschrift stammt erst aus dem achten Jahrhundert v. Chr. (Abb. 18).

Wo könnte Ophir also gelegen haben? Man hat an eine dreijährige Schiffsreise gedacht und ist dabei auf Indien verfallen. Das war schon die Meinung Martin Luthers, der die kostbaren Almuggim-Hölzer, die neben dem Gold herbeigeschifft wurden, mit dem indischen Sandelholz gleichsetzte; andere denken an Teakholz oder Mahagoni. Doch der Name »Almuggim« ist bis heute genauso rätselhaft geblieben wie die Lage von Ophir. Auf Indien verweisen allerdings die exotischen Pfauen, während für die Affen sowohl Indien als auch Afrika in Frage kämen. Doch beweist das Fahrten nach Indien oder Afrika? Denkbar ist auch, daß diese exotischen Waren im Zwischenhandel irgendwo an Bord genommen wurden.

Eine Zeitlang erfreute sich Zimbabwe der Schätzung als Ophirland. Der Afrika-Forscher Karl Mauch, der 1871 in Zimbabwe ankam, meinte, hier das biblische Goldland gefunden zu haben. Die in der Tat beeindruckenden Ruinenanlagen führte er auf phönizische Baumeister zurück.[84] Alle Annahmen Mauchs erwiesen sich leider als phantasievolle Spekulation, denn mit Hilfe der Radiokarbon-Methode stellte sich heraus, daß die Ruinenstadt frühestens aus dem sechsten nachchristlichen Jahrhundert stammen kann. Doch wie steht es mit anderen Gebieten in der Nähe von Zimbabwe, etwa mit dem Okawango-Becken? Dort ist Goldland. Hier fand man Schächte und Schmelzöfen sowie Siedlungsreste, die mit Hilfe der Kohlenstoff-C-14-Methode teilweise bis in salomonische Zeiten datiert werden konnten. Oder muß man weiter nach Süden gehen, nach Südafrika, vielleicht nach Botswana, wo man im Nordwesten des Landes mehr als zweitausend Felsmalereien fand, die teilweise vier- bis sechstausend Jahre alt sind?[85]

Fragen über Fragen, die in das schillernde Reich zwischen Wissenschaft und Phantasie führen. Geben vielleicht die alten Ägypter einen Hinweis? Auch sie steuerten ein Goldland an, das sie »Punt« nannten. Eine Expedition fand schon um 3000 v. Chr. unter Pharao Sahure statt, eine andere um 2300 v. Chr. unter dem Steuermann

Knemhotep, dann folgten die berühmten Punt-Fahrten unter der Königin Hatschepsut um 1500 v. Chr. Hatschepsut war jene Königin, die nach ihrer Inthronisation ihren Gatten an die Wand gespielt haben muß. Der rächte sich nach dem Tode seiner Gemahlin, indem er all ihre Abbildungen »ausradieren« ließ. Im Tempel von Deir el Behari, unweit von Theben am Westufer des Nils, blieben hingegen die Bildnisse der Punt-Fahrten unangetastet. Abgebildet sind zehn Schiffe, fünf von ihnen nehmen in Punt Ladung auf: Gold, Weihrauch, Elfenbein, merkwürdige Kübelpflanzen und Affen, die auf der Spanntrosse herumturnen ... Man erinnert sich an die exotischen Kostbarkeiten, die auf Salomos Ophirfahrten herangeschafft wurden (Fig. 17).[86]

Ist das ägyptische Punt mit Ophir gleichzusetzen? Nichts spricht dagegen. Aber eine Hilfe ist das nicht, denn über die geographische Lage Punts sind wir ebensowenig informiert wie über die Ophirs. Beschränken wir uns auf die biblische Geographie, dann brauchen wir nicht nach Indien oder Afrika auszuschwärmen. Die »Völkertafel« in 1. Mose 10,29 nennt uns im Semiten-Stammbaum die Söhne Joktans, unter denen Ophir zwischen Saba und Hawila auftaucht. Das führt uns nach Südwestarabien – dem antiken »Arabia Felix« –, wo zumindest die biblischen Verfasser das Goldland lokalisieren. Und auch der Salomo-Überlieferung muß Ähnliches vorgeschwebt haben, denn alle Notizen zum »Gold aus Ophir« treten auf in Verbindung mit der Geschichte vom Besuch der legendären Königin von

Fig. 17 Ägyptische Punt-Expedition

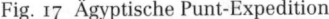
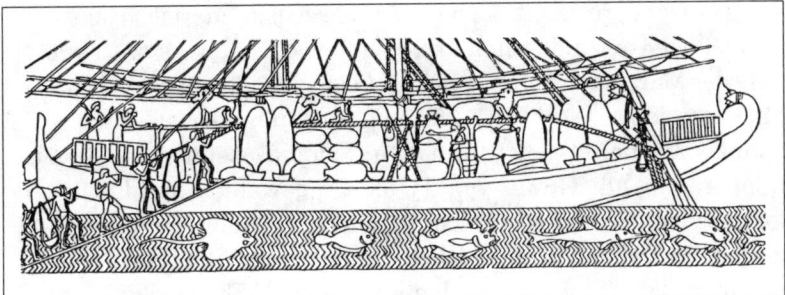

Saba bei König Salomo. Saba aber ist das jemenitische Land in Südwestarabien.

Merkwürdigerweise sind es Geologen, die wieder mehr der biblischen Gleichsetzung des Goldlandes mit Südwestarabien folgen. Schon der amerikanische Bergbauingenieur Karl Twitchell unternahm 1932 auf Einladung von König Ibn Saud Goldschürfungen im Mahd As-Sahab (Wiege des Goldes), einem Gebiet, das zwischen Mekka und Medina liegt. Er entdeckte antike Erz- und Goldminen und konnte zeigen, daß hier Gold buchstäblich im Sand gelegen hat. Seine Vermutung: Mahd As-Sahab ist das salomonische Ophirland.[87] Mit modernen Schürfmethoden wurde noch in den Jahren 1934 bis 1954 Gold im Wert von zweiunddreißig Millionen Dollar gefördert. Dabei wurden um Mahd As-Sahab weitere fünfundfünfzig antike Goldminen gefunden. In den siebziger Jahren bestätigten Forscher des U.S. Geological Survey Twitchells Untersuchungen.[88] Danach scheint festzustehen, daß nur das Schürfgebiet in und um Mahd As-Sahab in der Lage war, jene erstaunlichen Quantitäten an Gold zu liefern, deren sich Salomo rühmen konnte:

»Das Gewicht des Goldes, das für Salomo in einem einzigen Jahr hereinkam, betrug sechshundertsechsundsechzig Talente. Abgesehen noch von den den Händlern auferlegten Abgaben und dem Handelsgewinn der Kaufleute und der Araberkönige und der Statthalter des Landes.« (1. Könige 10,14)[89]

Diese Zahlen sind wohl übertrieben und dienen auf naive Weise der Verherrlichung Salomos. Ein Talent entspricht etwa fünfunddreißig bis vierzig Kilogramm. Das wären dann rund dreihundert Zentner Gold pro Jahr.[90] Und die Zahl »sechshundertsechsundsechzig« ist ebenso rund, schön und »symbolisch« zu verstehen wie die Zahl der Märchen aus *Tausendundeiner Nacht*. Damit ist noch längst nicht das letzte Wort über Salomos Reichtum gesagt. Doch soviel können wir bereits jetzt festhalten: Salomo profitierte von seiner Kooperation mit Hiram von Tyrus. Er gewann Anschluß an die fortgeschrittene Schiffbautechnik seiner Zeit und eröffnete Israel großartige Perspektiven in Handel und Wandel. Er selbst wurde – bei aller Skepsis gegenüber den biblischen Zahlen – reich.

Verständlich auch, daß es nicht an ironischen Kommentaren fehlt. Salomo war keine Taube und kein Falke, sondern eine Krake, die zusammenraffte, was zusammenzuraffen war – so ein Bonmot nach Abraham Malahmat, einem israelischen Forscher, der sich eingehend mit Salomo beschäftigt hat.[91] Ist diese ironische Einschätzung Salomos zutreffend? Wir bezweifeln das und werden uns noch einmal mit Salomos Reichtum beschäftigen, wenn wir mit jenem Phänomen zu tun haben werden, das man als »Salomos Weisheit« bezeichnet hat.

## 4. Kapitel
## »Er dichtete von den Bäumen« –
## Salomos Weisheit

Salomo ist uns bisher als König erschienen, dessen grausamer Charakter sich wandelte. Er wurde zum Friedenskönig, alle archaischen Charakterzüge überwindend und hinter sich lassend. Sein Friedenswerk fand Ausdruck in konkreten Königstaten: in seiner Heiratspolitik, seiner Verwaltungsreform, durch welche die inneren Spannungen des israelitischen Staates ausgeglichen wurden, in einem Militärkonzept, das auf »Abrüstung« setzte und einer defensiven Bautätigkeit Vorrang gab, in einer Entwicklungspolitik, die ökonomisch und technologisch Anschluß suchte an den Standard der höherentwickelten Nachbarvölker.

Die biblische Überlieferung sieht in allem einen Niederschlag von Salomos Weisheit, die uns bisher in zweifacher Weise entgegentrat: in seiner »säkularisierten« Richterweisheit, die sich ihrem Wesen nach als Weisheit des Friedens enthüllte, und in einer Lebensweisheit, in der die innersten Beziehungen des Menschen – das Mysterium der Liebe, der Schönheit, der Leiblichkeit – befreit wurden von religiösen Bestimmungen. So wurde eine Lebensstimmung von Freiheit und Lebensfreude, von Sinnenlust und Lebensbejahung geschaffen, die in späteren Zeiten kaum wiederholbar war. Die biblische Überlieferung hat dieser Tatsache Rechnung getragen, indem sie Salomo nicht nur zum »weisen« Richter, sondern auch zum Dichter von Sprüchen und Liedern erhoben hat.

### SALOMOS NATURWEISHEIT

Leider ist die Überlieferung von Salomos Dichterweisheit nur sehr knapp ausgefallen und ohne Ausführung geblieben. Hier die wenigen Notizen:

»Und Gott gab Salomo sehr große Weisheit und Verstand und einen Geist, so weit, wie Sand am Ufer des Meeres liegt, daß die Weisheit Salomos größer war als die Weisheit von allen, die im Osten wohnen, und als die Weisheit der Ägypter. Und er war weiser ... als Etan, der Erachiter, Heman, Kalkol und Darda, die Söhne Mahols, und war berühmt unter allen Völkern ringsum. Und er dichtete dreitausend Sprüche und tausendundfünf Lieder. Er dichtete von den Bäumen, von der Zeder auf dem Libanon bis zum Ysop, der aus der Wand wächst. Auch dichtete er von den Tieren des Landes, von Vögeln, von Gewürm und von Fischen. Und aus allen Völkern kam man, zu hören die Weisheit Salomos, und von allen Königen auf Erden, die von seiner Weisheit gehört hatten.« (1. Könige 5,9 ff.)

Diese Beschreibung von Salomos Dichterweisheit trägt preisenden Charakter, sie will nicht informieren, sondern rühmen. Man nimmt gleichsam nur den Glanz wahr, nicht jedoch die Quelle des Lichtes, dem sich Salomos Weisheit verdankt. Kein einziger Weisheitsspruch Salomos wird zitiert, keines seiner Lieder vorgetragen. Die beeindruckenden Zahlen an Liedern und Sprüchen sind als runde Zahlen zu verstehen.

Dennoch werden einige Züge der salomonischen Weisheit sichtbar: Erstens wird Salomos Weisheit zu der anderer Völker in Beziehung gesetzt, so zur östlichen Weisheit, wie sie in Mesopotamien aufgeblüht war, und zur ägyptischen Weisheit, wie sie uns in zahlreichen Werken überliefert ist. Salomos Weisheit gehört damit in den weiten Zusammenhang altorientalischer Weisheit überhaupt – ein schlagender Hinweis auf die Weltoffenheit am salomonischen Königshof. Diese Weltoffenheit war späteren Zeiten außerordentlich suspekt, etwa den Verfassern der chronistischen Salomo-Überlieferung, die Salomos Dichterweisheit einfach gestrichen haben (2. Chronik 9,22 ff.).

Salomos Weisheit soll die Weisheit anderer Völker überboten haben. Es werden sogar Namen von einzelnen Weisheitslehrern genannt, von denen wir außerhalb der Bibel allerdings nichts wissen. Das mag damit zusammenhängen, daß die Art von Weisheit, die von diesen Weisheitslehrern vertreten wurde, wahrscheinlich eine mündlich tradierte Sippenweisheit war, siehe die »Söhne der Ma-hols«, die keinen Niederschlag in literarischen Werken gefunden hat.

Die Namen dieser Weisheitslehrer sind sehr merkwürdig, da sie von ihrer Form her weder der israelitischen noch altorientalischen Namensgebung entsprechen. Vielleicht handelt es sich um arabische Namen, so etwa bei Etan und Heman.[1] In späterer Zeit hat man die Namen israelitisiert und zu Ahnennamen des Stammes Juda erhoben (1. Chronik 2,6); ein Heman findet sich wieder als levitischer Tempelsänger (1. Chronik 6,18); Heman und Etan tauchen auch einmal als Psalmensänger auf (Psalm 88,1; 89,1). Doch all das sind spätere Konstruktionen, die den ausländischen Charakter der Weisheitslehrer auszulöschen, sie einheimisch zu machen versuchen.

Eine interessante Beobachtung läßt sich mit dem Namen »Kalkol« verbinden. Dieser Name taucht auf mehreren spätbronzezeitlichen Elfenbeinen in Megiddo auf. In hieroglyphischer Form wird er »Kurkur« geschrieben. Da die ägyptische Schrift jedoch kein l hat, kann der Name »Kulkul« gelesen werden. Und aus dem 13. Jahrhundert stammt eine Inschrift, in der eine »Kulkul« als Sängerin des Gottes »Ptah, Fürst zu Askalon«, eingeführt wird.[2] Da im Kanaanäischen und Hebräischen Frauen- und Männernamen austauschbar sind, hat die Einführung einer Sängerin uns nicht zu irritieren.

Auch der Name »Mahol« ist wohl noch aufklärbar. In ihm steckt der Wortstamm »hll« (vgl. Halleluja), was schon im Akkadischen soviel wie »Tanz, Gesang« bedeutet.[3] Was zeigen uns also die merkwürdigen Namen, an denen Salomos Weisheit gemessen wird? Offensichtlich handelt es sich um vorisraelitische Stammesnamen von kultischen Sängern und Sängerinnen. Das aber heißt, daß ihre spätere Erhebung zu »Stammvätern« der Jerusalemer Sängergilden eine alte Erinnerung aufbewahrt.[4]

Salomos Weisheit ist aber auf keinen Fall als kultischer Gesang mißzuverstehen. Und damit wären wir zweitens bei dem Charakter der salomonischen »Spruchweisheit« angelangt, die als »Naturweisheit« eingeführt wird. Das ist nun eine erregende Information, denn sie verwehrt uns, das »Sprüche-Buch« der Bibel einfach mit der salomonischen »Spruchweisheit« kurzzuschließen. Das »Sprüche-

Buch« der Bibel befaßt sich nämlich mit einer ganz anderen Form der Weisheit, die wir als »Lebensweisheit« bezeichnen könnten. In ihr wurden die Phänomene der Natur nie in den Mittelpunkt der Betrachtung gestellt. So bleibt die Einführung Salomos als »Naturwissenschaftler« eine einmalige Information, die für ihre Geschichtlichkeit bürgt.

Wir gäben viel darum, hätten wir genauere Informationen zu Salomos »Naturweisheit«. Eine Rekonstruktion wäre ohne jenen einen Satz nicht möglich, der überliefert, daß Salomo von »Bäumen« dichtete, von der »Zeder auf dem Libanon bis zum Ysop, der aus der Wand wächst«. Salomo ging es also darum, sämtliche Phänomene der »pflanzlichen« Natur zu erfassen. Dabei stehen Libanon-Zeder und Ysop für das größte und kleinste pflanzliche Gewächs, wobei der unscheinbare Ysop (ezob) wohl nicht mit dem aus der Botanik bekannten »Hyssopus officinalis« identisch ist – der in Palästina nicht wächst –, sondern mit dem Majoran. Dessen getrocknete Blätter wurden zur Zubereitung einer Gewürztunke aus Weizen und Öl verwendet und spielte auch bei der Zubereitung des Passah sowie bei Reinigungsriten eine Rolle.[5] Salomo hat nicht nur die pflanzliche Natur durchgesprochen, sondern auch die Tierwelt, wobei die Reihenfolge von »Tieren des Landes, Vögel, Gewürm und Fische« die Gesamtheit der Spezies Tier umfassen soll.

Salomos Weisheit zielte also offensichtlich auf die geordnete Erfassung der Gesamtheit von Pflanzen- und Tierwelt ab. Damit wird deutlich, daß er Anschluß suchte an die ägyptische »Naturweisheit«. Denn aus Ägypten ist uns eine ordnende »Listenwissenschaft« bestens bekannt. So kennen wir jenes *Onomastikon des Amenemope* aus der Zeit um 1100 v. Chr., das folgendermaßen eingeführt wird[6]:

»Anfang der Lehre, für die Unterweisung der Unwissenden, für das Lernen aller Dinge, die es gibt, die Ptah geschaffen hat, die Thot aufgeschrieben hat: den Himmel mit seinen Gestirnen, die Erde mit dem, was in ihr ist, was die Berge ausbrechen, was vom Wasser befeuchtet wird, alles, worauf die Sonne scheint, alles, was auf Erden wächst – das sich ausgedacht hat der Schreiber des Gottesbuches im Lehrhause des Amenemope.«

Nach dieser einleitenden Überschrift werden, soweit erhalten, sechshundertzehn Eintragungen vorgenommen, eine Aufzählung von Naturphänomenen, von Berufs-, Standes- und Stammesklassen, von Städten und Gebäuden, von Getreidearten, von Speisen und Getränken, von Fleischsorten usw. Kurzum: In Form einer Stichwort-Enzyklopädie werden natürliche, gesellschaftliche, geographische und alltägliche Phänomene geordnet aufgezählt.

Schon fünfhundert Jahre vor dem *Onomastikon des Amenemope* gibt es in Ägypten ein kürzeres, aber verwandtes Listenwerk, das *Ramesseum Onomastikon,* das ebenfalls eine trockene Aufzählung verschiedener Sachbereiche bietet.[7] Auch aus dem babylonischen Kulturraum sind Zeugnisse einer »Listenwissenschaft« bekannt. So schufen schon die Sumerer im zweiten Jahrtausend jene vierundzwanzig Tafeln, die als »Hubulla« bezeichnet werden, mit Tausenden von Eintragungen.[8] Bei diesem Werk ging es zunächst wohl nur um eine Sammlung und Ordnung aller verfügbaren Schriftzeichen, woraus sich eine Bedeutungslehre mit der Entfernung aller Seinsbereiche entwickelte.

Die altorientalische »Listenwissenschaft« stand sicher Pate für Salomos »Naturweisheit«. Nur scheint sich dessen »Naturweisheit« auf eine ordnende Aufzählung von Pflanzen und Tieren beschränkt zu haben. Jedenfalls gibt die biblische Übersicht keine Hinweise auf kosmische, geographische und soziale Sachbereiche. Ein weiterer Unterschied scheint darin zu bestehen, daß Salomos »Naturweisheit« keine religiöse Umrahmung mehr erhält – im Unterschied zum *Onomastikon des Amenemope,* in dem auf den Schöpfergott Ptah und den Schreibergott Thot abgehoben wird.

So scheint sich Salomos Weisheit den natürlichen Dingen auf natürlich rationale Weise und ohne religiöse Fesseln genähert zu haben – eine Vermutung, die an Wahrscheinlichkeit gewinnt, wenn wir sie im Zusammenhang sehen mit Salomos Säkularisierung des Rechts und der Entsakralisierung der Gefühle.

Worin aber bestand die Unvergleichlichkeit der salomonischen Weisheit? Damit kommen wir zum dritten Charakteristikum: Salomo hat sich in poetischen Sprüchen und Liedern geäußert; die ägyptische und babylonische Weisheit hingegen tritt uns unpoetisch, als trocken aufzählende »Listenwissenschaft« entgegen.[9] Wie schön wäre es, hätten wir Überlieferungen der salomonischen »Naturweisheit« zur Verfügung. Das ist leider nicht der Fall. Doch so enttäuschend diese Feststellung auch ist, Spuren der salomonischen »Naturweisheit« lassen sich durchaus finden. Man muß sich nur bereit finden, bestimmte Texte mit »salomonischen« Augen zu lesen, etwa die Schöpfungsgeschichte. Dort wird das siebentägige Schöpfungswerk Gottes beschrieben. Schon eine oberflächliche Lektüre verrät uns etwas sehr Merkwürdiges. Listenartig werden die Schöpfungswerke aufgezählt: Licht (1. Tag), Himmelsfeste (2. Tag), Land und Meer, Pflanzen (3. Tag), Sonne, Mond und Sterne (4. Tag), Fische und Vögel (5. Tag), Vieh, Gewürm, Landtiere und Mensch (6. Tag). Der siebte Tag bringt kein Schöpfungswerk, sondern gilt als Ruhetag Gottes – eine Ableitung des Sabbat. Die Verteilung der Schöpfungswerke auf sechs Tage ist asymmetrisch, ein Zeichen dafür, daß von den biblischen Verfassern eine ursprünglich aufzählende »Naturliste« in das religiöse Sabbath-Schema eingepaßt wurde.[10]

Die Liste selbst trägt »salomonische« Züge. So werden als Gegenstände der salomonischen »Naturweisheit« Pflanzen (Libanon-Baum und Ysop), Landtiere, Vögel, Gewürm und Fische genannt; der biblische Schöpfungsbericht bringt in nur leicht abgewandelter Reihenfolge Pflanzen, Fische, Vögel, Landtiere, Gewürm. Wer möchte daran zweifeln, daß die salomonische »Naturweisheit« Grundlage gewesen ist für den biblischen Schöpfungsbericht? Dieser zählt allerdings nicht mehr nur listenartig auf, sondern ist nach dem Modell der Sabbat-Theologie gestaltet.[11]

Salomos »Naturweisheit« umfaßte die Pflanzen- und Tierwelt, vom Menschen allerdings scheint sie nicht gehandelt zu haben. Darin unterscheidet sie sich vom biblischen Schöpfungsbericht. Ist das plausibel? Wir haben große Zweifel. Schauen wir uns deshalb genauer an, wie der Mensch im biblischen Schöpfungsbericht eingeführt wird. »Und Gott schuf den Menschen zu seinem Bilde, zum Bilde Gottes schuf er ihn; und schuf sie als Mann und Frau.« (1. Mose 1,27)

Welchen Aufwand hat man betrieben, diesen Satz zu verstehen!

Legionen von Experten sind ausgezogen, um vor allem die rätselhafte Rede von der »Gottebenbildlichkeit« des Menschen zu entschlüsseln, die manchmal mit der Gestalt, der aufrechten Körperhaltung, der menschlichen Herrschaftsmacht und der Personalität in eins gesetzt wurden.[12] Doch ein Psalm gibt uns präzisere Auskunft:

»Wenn ich sehe die Himmel, deiner [Gottes] Finger Werk, den Mond und die Sterne, die du bereitet hast: Was ist der Mensch, daß du seiner gedenkst, und des Menschen Kind, daß du dich seiner annimmst? Du hast ihn wenig niedriger gemacht als Gott, mit Ehre und Herrlichkeit hast du ihn gekrönt. Du hast ihn zum Herrn gemacht über deiner Hände Werk, alles hast du unter seine Füße getan: Schafe und Rinder allzumal, dazu auch die wilden Tiere, die Vögel unter dem Himmel und die Fische im Meer und alles, was die Meere durchzieht.« (Psalm 8,4 ff.)

Deutlich zeigt sich, daß die Gottebenbildlichkeit in der königlichen Verfaßtheit des Menschen besteht. Das entspricht ähnlichen Vorstellungen in der ägyptischen Weisheit, in der dem König Gottebenbildlichkeit zugesprochen wird: So gilt der König als »Abbild des Re, Amon, Aton«, als »heiliges Abbild«; König Amenophis III. (1417–1377 v. Chr.) wird vom Gott als »mein Abbild, Schöpfung meiner Glieder« bezeichnet.[13] Von Ägypten aus ist diese Vorstellung nach Israel gewandert. Wo anders aber als am salomonischen Königshof sollte das »Einfallstor« gewesen sein?

Jedenfalls werden in Psalm 8 die Kennwörter der salomonischen »Naturweisheit« – Landtiere, Vögel, Fische – genannt, um die Herrschaftsstellung des Menschen zu bestimmen. Psalm 8 und die biblische Schöpfungsgeschichte handeln also bei »salomonischer« Lektüre vom »Königsmenschen«: Jeder Mensch ist gleichsam ein Salomo! Dabei waren »Gottebenbildlichkeit«, »Ehre«, »Herrlichkeit«, »Herrschaft« ursprünglich Eigenschaften, die allein dem König zukamen. Im biblischen Zusammenhang werden sie eindeutig auf alle Menschen bezogen, das heißt, die Königsideologie wird demokratisiert.

Die Salomo-Überlieferung schweigt bei der kurzen Erwähnung von Salomos »Naturweisheit« nicht nur über die Stellung des Menschen, sondern entbehrt auch – im Unterschied zu ägyptischen Weisheitslehren – jeglicher Hinweise auf kosmische Phänomene. Himmel und Erde kommen ebensowenig in den Blick wie Sonne, Mond und Sterne. Müssen wir uns mit dem Schweigen der biblischen Überlieferung abfinden, oder gibt es an anderer Stelle nicht doch Hinweise auf die »kosmische Weisheit« Salomos?

Glücklicherweise ist uns ein Satz überliefert, der uns weiterhilft. Er findet sich in der großen Tempelrede Salomos, gehalten anläßlich der Tempeleinweihung, die uns noch eingehend beschäftigen wird. Hier sei nur jener eine Satz zitiert, der sich mit der göttlichen Gegenwart im salomonischen Tempel beschäftigt: »Da sprach Salomo: Die Sonne hat Jahwe an den Himmel gestellt; er hat aber gesagt, er wolle im Dunkeln wohnen ...« (1. Könige 8,12)

In diesem Tempelweihspruch wird auf die Sonne angespielt. Es ist die einzige Stelle in den geschichtlichen Büchern des Alten Testaments, in welcher der Schöpfung der Sonne gedacht wird. Diese Einmaligkeit spricht für die salomonische Urheberschaft des Weihspruchs.[14] Für die salomonische Herkunft spricht auch die rhythmische Formung in zwei Versen mit jeweils drei und vier Hebungen, mithin vielleicht der einzige Weisheitsspruch, der auf Salomo selbst zurückzuführen ist. Für uns am wichtigsten aber ist die Erkenntnis, daß auch die Sonne Gegenstand der salomonischen Weisheit gewesen ist, und das in einem denkwürdigen Sinne: Salomo grenzt sich ab von der ägyptischen Sonnenreligion, wie sie in dem Gesang des Sonnenkönigs Echnaton Ausdruck gefunden hat, der zu den großartigsten Hymnen des vierzehnten Jahrhunderts v. Chr gehört:

»Du erscheinst schön im Lichtberge des Himmels,
Du lebende Sonne, die zuerst lebte;
Du gehst auf im östlichen Lichtberge,
Du erfüllst jedes Land mit deiner Schönheit.
Du bist schön, du bist groß,
Du funkelst hoch über jedem Lande,
Deine Strahlen umarmen die Lande
Bis zum äußersten Ende alles dessen, was du gemacht hast.
Du bist Re, du dringst bis an ihr äußerstes Ende ...«[15]

Im Gesang des Echnaton wird die Sonne als Inkarnation des Gottes Re angerufen, als Lebensprinzip schlechthin: Sie gewährt allen Lebewesen Lebenskraft, sie hilft den Seefahrern, sie spendet Fruchtbarkeit, stiftet die Jahreszeiten.

Anders bei Salomo: Die Sonne wird nicht vergöttlicht, sondern ist ein Werk des Schöpfers. So knüpft Salomo an die ägyptische Weisheit an und widerspricht ihr zugleich. Wohl wird der Sonne als überragendem *Schöpfungs*werk gedacht, doch gleichzeitig wird sie zum Schöpfungs*werk* degradiert.

Salomos Weisheit ist sprichwörtlich geworden. Sie ist vornehmlich als Natur-, Richter- und Liebesweisheit anzusprechen. Doch was ist über die »Weisheit« (chokmah) selbst, über ihr Wesen zu sagen? Darüber geben die biblischen Geschichtsbücher keine Auskunft, wohl aber das Sprüche-Buch, das von Salomo stammen soll.[16]

In drei großen Reden wird »Frau Weisheit« vorgestellt (Sprüche 1; 8; 9); sie tritt auf dem Marktplatz auf und lädt Unbelehrte zur Weisheit ein:

»Hört! ich sage Treffliches,

was meine Lippen reden, ist richtig,

was mein Mund sagt, ist zuverlässig ...

Ich kann planen und Pläne erfolgreich ausführen.

Ich bin Einsicht. Ich habe Macht.

Durch mich regieren Könige

und herrschen Herrscher gerecht;

durch mich versehen Beamte

und Angesehene ihr Amt – alle, die für Recht sorgen.

Ich liebe, die mich lieben,

und die mich suchen, finden mich ...

Jahwe zeugte mich am Anfang seines (Schöpfer)tuns,

in der Frühzeit seines (Schöpfer)waltens, in der Vorzeit,

in der Urzeit bildete er mich,

zu Anbeginn, in der Frühzeit der Erde.

Als es noch keine Quelle gab,

wurde ich geboren,

bevor die Fundamente der Berge gelegt waren,

Abb. 13: »Davids Quelle« in Engedi, wo David
einst Saul verschont haben soll.

Abb. 14 *rechts:*
Anthropoide Sarg-
deckel der Philister.
12.–10. Jahrhundert
v. Chr.

Abb. 15 *unten links:*
Mazzeben-Reihe vom
Höhenheiligtum in
Geser. 1500–1200
v. Chr.

Abb. 16 *unten rechts:*
Schiffstransport mit
Zedernhölzern aus
dem Libanon. Aus dem
Palast Sargons II.
(721–705 v. Chr.).

Abb. 17 *oben:*
Korallen-Insel. Wahr-
scheinlich Salomos
Hafen von Ezion-
Geber.

Abb. 18 *unten:*
Ostrakon mit dem
Schriftzug »Gold aus
Ophir«. Vermutlich
8. Jahrhundert v. Chr.

Abb. 19 *oben:* Muslimischer Felsendom, der sich etwa dort befindet, wo ursprünglich der salomonische Tempel stand.

Abb. 20 *unten:* Jebusitisch-davidische Mauer von Jerusalem, die im Jahre 1962 ausgegraben wurde.

Abb. 21 *oben:* Der
»Heilige Felsen« unter
der Kuppel des Felsen-
doms.

Abb. 22 *unten:* Ahiram,
König von Byblos, auf
dem Sphingenthron.
Vermutlich 13. Jahrhun-
dert v. Chr.

Abb. 23 *oben links:* Gudea, Fürst von Lagasch. Um 2150 v. Chr.

Abb. 24 *oben rechts:* Astarte-Tempel als Taubenhaus. Ton-modell von Idalion, Zypern. 6. Jahrhundert v. Chr.

Abb. 25 *unten:* Brust-schild des Tutench-amun (1354–1345 v. Chr.). Isis und Nephtys schützen die Sonnenkugel.

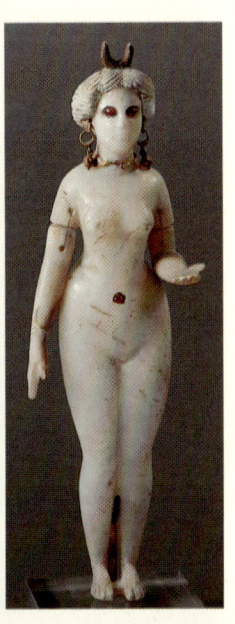

Abb. 26 *ganz links:* Ischtar/Astarte. Babylonisch, um 250 v. Chr.

Abb. 27 *links:* Ischtar/Astarte, auf Tieren stehend. Babylonisch, um 1700 v. Chr.

Abb. 28: Baal. Aus Minet el-Beida, dem Hafen von Ugarit (Ras Schamra). 1350–1250 v. Chr.

Abb. 29: Baal als Gott von Donner und Blitz. Ugarit (Ras Schamra), 1350–1250 v. Chr.

Abb. 30: Kuntilat Adschrud im judäischen
Südland. Hier wurden Inschriften mit »Jahwe
und seiner Aschera« gefunden.

noch vor den Hügeln wurde ich geboren,
als er die Erde noch nicht gemacht hatte,
noch nicht den Anfang des Festlands.
Als er den Himmel machte – da war ich da;
als er den Kreis auf dem Urmeer zeichnete,
als er eine feste Wolkendecke machte,
als er das Urmeer besiegte,
als er dem Meer seinen Befehl gab,
damit das Wasser sein Wort nicht übertrete,
als er die Grundmauern der Erde zeichnete –
da war ich als Kind an seiner Seite
und spielte Tag für Tag
und spielte vor ihm immerzu.
Ich spielte fröhlich auf seiner Erde
und spielte bei den Menschen.
So hört also, (meine) Söhne, auf mich!« (Sprüche 8,6 ff.)[17]

Die »Weisheit« präsentiert sich hier auf einmalige Weise: Sie wird
als Frau vorgestellt, die auf öffentlichen Plätzen lockt – ein denk-
würdiger Vorgang, da den Frauen die Rede auf öffentlichen Plätzen
versagt war. Wir erinnern uns an die Verliebte des »Hohenliedes«,
die von den Wächtern der Stadt geschlagen wurde, als sie sich auf
öffentlichen Plätzen zeigte. »Frau Weisheit« kommt ein unver-
gleichlicher Rang zu: Sie ist »präexistent« vor allen Schöpfungswer-
ken, erhabener als jegliches Geschöpf. Sie wird von Jahwe geboren,
in seinem Mutterleib »gebildet«, eine ungewöhnliche Vorstellung,
wird doch der männliche Jahwe ganz weiblich imaginiert. »Frau
Weisheit« ist zwar erhabener als jegliches Geschöpf, doch sie
gleicht einem »immer spielenden Kind«, das »fröhlich« vor Gott
und den Menschen spielt; vielleicht tanzt sie.[18] »Weisheit« ist etwas
unvergleichlich Großartiges. Sie hat nichts Verquältes, kein vergrü-
beltes Bohren, keinen spekulativen Tiefsinn an sich, sondern Heiterkeit und Fröhlichkeit sind ihr Leben, das Spiel ihr schöpferisches
Medium.[19]

Die »Weisheit« als Gotteskind taucht bereits in ägyptischen Traditionen auf, so auf einem der Sargtexte, in dem die uns schon

bekannte Maat als Tochter des Schöpfergottes Atum eingeführt wird:

»Da sagte Atum: Tefnut-Maat ist meine lebendige Tochter.
Sie wird zusammen sein mit ihrem Bruder Schu, ihm,
dessen Name ›Leben‹ ist, sie, deren Name ›Wahrheit‹ ist.
Ich lebe zusammen mit meinem Kinderpaar und mit meinen
beiden Nestlingen, während ich in ihrer Mitte bin,
der eine von ihnen hinter mir, der andere vor mir ...«[20]

Diese Szene handelt von »Gotteskindern«, wobei uns besonders Tefnut-Maat interessieren muß, denn diese verbürgt ansonsten Weltordnung, repräsentiert Weisheit und Wahrheit (Abb. 7). Doch spielt Maat, tanzt sie, vollzieht sie ein heiteres Werk? Das geht leider aus den ägyptischen Weisheitstexten nicht hervor.[21]

Die »Frau Weisheit« des biblischen Sprüche-Buchs bleibt als »spielendes« Wesen ein Ausnahmefall, und jammerschade ist, daß der Charakter der »spielenden Weisheit« kaum eine nennenswerte Nachgeschichte gehabt hat.[22] Welch spekulative Riesengebirge wurden auf der »Weisheit« errichtet – sei es in der christlichen Logos-Spekulation, in der jüdischen Mystik oder in den philosophischen Geist-Systemen der Neuzeit –, es wäre an der Zeit, den Spielcharakter von Weisheit wiederzubeleben und zum Beispiel Abschied zu nehmen von jenem unausrottbaren Vorurteil, die »Weisheit« bedürfe eines Doktordiploms.

Die biblische Überlieferung hat Salomo die Rede der »Frau Weisheit« zugesprochen. Ist das glaubwürdig? Sicher, die Salomo-Überlieferung im Könige-Buch geht offensichtlich von kurzen Sprüchen aus, doch sie weiß auch von Liedern zu berichten, die wohl in längerer Form dargeboten wurden. Wir können deshalb getrost davon ausgehen, daß Salomo auch längere Lieder gedichtet hat. Denn er stand ganz im Banne der ägyptischen Weisheit, die schon längst zu großen Weisheitsgedichten vorgedrungen war.[23]

Gewiß, das biblische Sprüche-Buch kennt nicht nur »salomonische« Sprüche, sondern ist ein Sammelwerk. Doch das alles spricht nicht gegen Salomonisches, das *auch* im Sprüche-Buch enthalten ist. Das große Lied von »Frau Weisheit« jedenfalls ist die Weisheit, die

Königen, Fürsten und Beamten als Richtschnur dienen möchte; der Königshof in Jerusalem ist ihr »Sitz im Leben«. Und dann der heitere, spielerische Charakter von »Frau Weisheit«! Wann sollte es sie in nachsalomonischer Zeit gegeben haben?

Die Entwicklung der israelitischen Weisheit nach Salomo jedenfalls ging einen ernsten Weg. Immer stärker setzten sich Tendenzen durch, die Weisheit mit dem Gesetz zu identifizieren. Dieser Vorgang läßt sich an den Sprüchen von Jesus Sirach (um 200 v. Chr.) ablesen: Die Weisheit wurde zur »Thora-Weisheit«[24]. Und ein letztes Argument spricht für Salomo: Der große Weisheitsgesang fällt aus dem sonstigen Sprüchegut heraus. Dieses vermittelt »Lebensweisheit«, gibt Lebensregeln, moralische Weisungen; doch »Frau Weisheit« bietet »Naturerkenntnis«, also das, was sonst allein Salomo zugesprochen wurde.

Damit sind wir in der Lage, Genaueres über die salomonische »Naturweisheit« zu sagen. Wie dachte man sich die Schöpfung? Welches Bild von Kosmos und Welt wird vertreten? »Frau Weisheit« bietet eine Schöpfungslehre an, die weitaus altertümlicher anmutet als jene, die etwa in der biblischen Schöpfungsgeschichte (1. Mose 1) zum Ausdruck kommt. Das Bild der Welt ähnelt dabei weitgehend ägyptischen Vorstellungen.[25] Dreigeteilt ist die Welt aufgebaut: die chaotische Urflut der Tiefe (tehom), von Gott besiegt und gebändigt, die Erde mit Bergen und Hügeln, als kreisrunde Scheibe aufgesetzt auf feststehende Fundamente, der Himmel, ausgebreitet als feste Substanz oder als zeltartiges Dach (vgl. auch Psalm 104,2 ff.).

Doch die Weltteile werden nicht personifiziert wie in der ägyptischen Vorstellung, wo die Göttin Nuth die untere Todeswelt, die Göttin Geb die irdische Welt und die Göttin Duat den Himmel darstellen (Fig. 18). »Frau Weisheit« beschreibt die Erde ganz weltlich und präsentiert ein Weltbild, das von sakralen Vorstellungen befreit ist. Auffällig auch, daß im salomonischen Lied der Weisheit keine Todeswelt vorkommt. Wie hätte sie auch zum Charakter des »spielenden Gotteskindes« passen sollen?

Entscheidend bleibt der heitere Charakter, der dem salomonischen Weisheitslied innewohnt. Mag Gott auch »im Ernst« sein

Fig. 18 Ägyptischer Kosmos

architektonisches Schöpfungswerk verrichten, umspielt wird er von »Frau Weisheit« mit heiteren Gedanken, mit tänzerischer Grazie. Für die salomonische »Naturweisheit« will das viel besagen: Sie schließt sich zwar an altorientalische Vorbilder an und greift die enzyklopädische Listenwissenschaft auf, klassifiziert und ordnet, doch sie drückt sich aus im freieren Medium poetischer Sprüche und Lieder. Und das, wie wir jetzt vermuten dürfen, einfach deshalb, weil sie den Gegenständen der Natur in einer Haltung weiser Heiterkeit, spielerischer Freiheit gegenübertreten konnte.

SALOMOS LEBENSWEISHEIT

Salomos Sprücheweisheit wird uns ausschließlich als poetische »Naturweisheit« vorgestellt. So geschieht es jedenfalls in der biblischen Salomo-Überlieferung des Könige-Buches. Sie gibt uns aber keinen Hinweis auf Sprüche und Lieder, die der »Lebensweisheit« zuzuordnen wären. Das ist eine bemerkenswerte Beobachtung, da

wir uns jetzt etwas genauer dem biblischen Sprüche-Buch zuwenden wollen, das in weiten Teilen von Salomo stammen soll. Das
besagen zumindest die Überschriften, die dreimal auf Salomo als
Verfasser hinweisen (Sprüche 1,1; 10,1; 25,1); nur im Anhang
werden Sprüche eines gewissen Agur (Sprüche 30) und Lemuel
(Sprüche 31) aufgeführt. Die dreimalige Nennung Salomos hat zu
Zweifeln Anlaß gegeben. In Wahrheit sei das Sprüche-Buch – so
heute die meisten Forscher – aus mehreren Sammlungen kompo-
niert, deren unterschiedlicher Charakter nicht auf einen Verfasser – Salomo – zurückgeführt werden könne. Sind diese Bedenken
stichhaltig?

Im ersten Teil der Sammlung (Sprüche 1–9) dominieren in der
Tat längere Weisheitsreden, die sich von den späteren Kurz-
spruchreihen unterscheiden. Muß man deshalb aber gleich davon
ausgehen, die längeren Weisheitsreden entstammten einer späteren Zeit? Das ist überhaupt nicht plausibel, denn auch die ägyptische Weisheit kennt neben kurzen Spruchreihen längere »In-
struktionen«. Außerdem konnten wir zeigen, daß die »naturwis-
senschaftliche« Thematik (Sprüche 8) nur zu Salomo passen kann.

Die zweite Sammlung bringt buntgemischte Sprüche in Kurzform
(Sprüche 10,1–22,16). Einige handeln vom König:

»Ein kluger Knecht gefällt dem König, aber einen schändlichen
trifft der Zorn.« (Sprüche 14,35) – »Den Königen ist Unrecht tun ein
Greuel; denn durch Gerechtigkeit wird der Thron befestigt. Rechte
Worte gefallen den Königen; und wer aufrichtig redet, wird geliebt.
Des Königs Grimm ist ein Bote des Todes; aber ein weiser Mann wird
ihn versöhnen. Wenn des Königs Angesicht freundlich ist, das ist
Leben, und seine Gnade ist wie ein Spätregen.« (Sprüche 16,12ff.) –
»Wer ein reines Herz und liebliche Rede hat, dessen Freund ist der
König.« (Sprüche 22,11)

Sollten diese »Königssprüche« etwa nachsalomonisch sein? Wir
bezweifeln das, denn es gibt nicht den leisesten Hinweis auf die
Spaltung in ein nordisraelitisches und ein judäisches Königtum in
nachsalomonischer Zeit. Ganz im Gegenteil, zwei weitere »Königssprüche« belehren uns eines Besseren. Der erste bezieht sich unmit-

telbar auf den Richterkönig Salomo: »Ein König, der auf dem Thron sitzt, um zu richten, sondert aus mit seinem Blick alles Böse.« (Sprüche 20,8)

Der zweite Spruch kann sich nur auf Salomo beziehen: »Mein Sohn, fürchte Jahwe und den König und menge dich nicht unter die Aufrührer; denn plötzlich wird sie das Verderben treffen und unversehens von beiden her das Unheil kommen.« (Sprüche 24,21 ff.)

Dieser Spruch kann nur Salomo meinen, denn er wird zusammengesehen mit dem einen Jahwe. Außerdem ist eine biographische Anspielung eindeutig auszumachen: die Rebellion des Jerobeam gegen König Salomo, die uns später noch beschäftigen wird.

In einer dritten Sammlung folgen Sprüche, für welche die ägyptische »Weisheit des Amenemope« (um 1100 v. Chr.) Pate gestanden hat (Sprüche 22,17–24,22). Das entdeckte als erster der Ägyptologe Adolf Erman, der in einer berühmten Untersuchung[26] mehrere Sprüche als Amenemope-Sprüche identifizieren konnte. Hier nur eine Auswahl: die Mahnung zum genauen Hinhören (Sprüche 22,17); das Verbot, Arme und Elende zu berauben (Sprüche 22,22); die Mahnung, einen Grenzstein nicht zu verrücken (Sprüche 22,28; 23,10); die Mahnung, nicht mit Gewalt reich werden zu wollen (Sprüche 23,4). Nichts spricht dagegen, daß die Amenemope-Weisheit am Hofe Salomos rezipiert wurde.

Die vierte Sammlung wird wieder auf Salomo zurückgeführt, doch als Sammler dieser Sprüche werden Weise am Hofe König Hiskias (725–697 v. Chr.) genannt. In ihnen wird Königsweisheit verbreitet: die Warnung vor schlechten Ratgebern (Sprüche 25,2 ff.), vor Verleumdern und Schmeichlern (Sprüche 26,22 ff.), der Rat, mit geduldiger Unnachgiebigkeit bei den staatlichen Autoritäten sein Glück zu versuchen. »Durch Geduld wird ein Fürst überredet, und eine linde Zunge zerbricht Knochen.« (Sprüche 25,15) Was spricht dagegen, daß solche Regeln schon am Hofe Salomos umgingen?

Fassen wir unsere Beobachtungen zusammen, dann hindert uns nichts daran, einen Großteil des Sprüche-Buchs mit der salomonischen »Weisheit« zu verbinden. Allerdings war der Mantel salomonischer »Weisheit« weit genug, um ergänzt zu werden. Einfügungen, Überarbeitungen, Neuanordnung der »Sprüche« – dafür mögen die oft genannten »Weisheitslehrer« verantwortlich sein, doch mit Salomo hat die »Weisheit« ihren Einzug in Jerusalem gehalten.

Dafür spricht auch die optimistische Lebenssicht, die das ganze Sprüche-Buch durchzieht. Aber was heißt hier optimistisch? Einige »starke« Sprüche als Beispiele:

»Die Hand darauf: Der Böse bleibt nicht ungestraft; aber der Gerechten Geschlecht wird errettet werden.« (Sprüche 11,21) – »Die Gottlosen werden gestürzt und nicht mehr sein; aber das Haus der Gerechten bleibt bestehen.« (Sprüche 12,7) – »Die nach Bösem trachten, werden in die Irre gehen; die aber auf Gutes bedacht sind, werden Güte und Treue erfahren.« (Sprüche 14,22) – »In des Gerechten Haus ist großes Gut; aber in des Gottlosen Gewinn steckt Verderben.« (Sprüche 15,6) – »Wer eine Grube macht, fällt hinein; und wer einen Stein wälzt, auf den wird er zurückkommen.« (Sprüche 26,27)

Solche Sprichwörter, denen leicht weitere hinzuzufügen wären, gehen auf fast naiv zu nennende Weise von einer »innerweltlichen Gerechtigkeit« aus: Gutes wird belohnt, Böses bestraft, und das nicht in einem imaginären Jenseits, sondern hier und heute oder zumindest morgen: »Ein Gerechter fällt siebenmal und steht wieder auf, aber die Gottlosen versinken im Unglück.« (Sprüche 24,16)

Auch der Gerechte ist Anfechtungen ausgesetzt, aber er läßt sich nicht unterkriegen. Tat und Tatfolge gehören unmittelbar zusammen, Tun und Ergehen stehen in einem abgestimmten, gerechten Zusammenhang. So ist jeder seines Glückes oder Unglücks Schmied. Man hat diese Art von Lebensweisheit als »synthetische« Lebensauffassung charakterisiert, da gutes Handeln und Glückseligkeit ebenso aufeinander bezogen sind wie schlechtes Handeln und Unglück. Eine »schicksalswirkende Tatsphäre« tut sich auf, in welcher vernünftig und glücklich gelebt werden kann.[27]

Für einen leidenden Gerechten ist kein Platz in dieser Lebensweisheit, und einen unschuldig Leidenden gibt es nicht – wie etwa später Hiob, der an seinem unglücklichen Lebensschicksal verzweifelt, obwohl er doch »gerecht« war. In dieser optimistischen Weisheit findet sich auch kein schuldlos Schuldiger – wie etwa Ödipus, der unwissentlich seinen Vater tötete, seine Mutter heiratete und sich dann die Augen ausstach. Nein, in der Welt der Sprücheweisheit geht es erstaunlich hell und transparent zu, die dunklen Lebenserfahrungen scheinen merkwürdig ausgeblendet. Und wenn das Schicksal zuschlägt, dann trifft es den Richtigen, der sein Unglück selbst verschuldet hat. Dabei fällt auf, daß die salomonische Weisheit nicht so sehr vom Unglück selbst beunruhigt wird, sondern vom jähen, überfallartigen Charakter desselben: »Ein heilloser Mensch, ein nichtswürdiger Mann, wer einhergeht mit trügerischem Munde … Darum wird plötzlich sein Verderben über ihn kommen, und er wird schnell zerschmettert werden.« (Sprüche 6,12 ff.)

Man hat diese optimistische Lebensweisheit der Oberflächlichkeit geziehen, man hat ihren Rationalismus kritisiert, ihre Selbstgerechtigkeit gegeißelt; tiefere Geister haben sich seit jeher eher dem Leidensschicksal Hiobs zugewandt. Doch dabei hat man nicht der Bedingungen gedacht, denen sich die optimistische Lebensweisheit verdankt. Denn sicher ist, daß sie nur blühen konnte, als die Lebensverhältnisse einigermaßen geordnet waren, Frieden und Toleranz vorherrschten, die Unrechtstatbestände in der Gesellschaft weitgehend gemindert waren. Welch andere Phase der israelitischen Geschichte käme hierfür in Frage als jene glückliche Zeit Salomos, als Israel von der Geißel des Krieges unberührt blieb, als eine erstaunlich gleichmäßige Verteilung der Lebenschancen existierte? Von den biblischen Verfassern wird sie folgendermaßen beschrieben:

»[Salomo] hatte Frieden mit allen seinen Nachbarn ringsum, so daß Juda und Israel sicher wohnten, jeder unter seinem Weinstock und Feigenbaum, von Dan bis Beer-Scheba, solange Salomo lebte.« (1. Könige 5,4 f.)

Nur in einer Gesellschaft, in der soziale Lebenschancen und rechtliche Verfassung wenigstens annähernd verwirklicht wurden, konnte eine optimistische Lebensweisheit blühen. In nachsalomonischer Zeit änderte sich das: Ungerechtigkeit der Richter, soziale Ungleichheit, ein ausuferndes Königsrecht sowie die Benachteiligung von Armen, Witwen und Waisen bestimmten mehr und mehr die Verfassung Israels. Propheten traten auf, die sich zum Anwalt der Armen machten und nicht davor zurückschreckten, Könige und Autoritäten in die Schranken zu weisen. Auch die »Weisheit« blieb davon nicht verschont. Sie verlor ihren optimistischen Charakter, wandte sich den dunklen Seiten des Lebens zu und versuchte, die rätselhaften Schicksalsschläge – wie unverschuldete Armut, Krankheit und Tod – zu ergründen. Zu Zeiten Salomos waren Weisheitslehrer noch von einem positiven Denken beseelt. Die Lebenswirklichkeit war ihnen durchschaubar, das Leben steuerbar in Richtung Glück oder Unglück. Mochte der Gerechte auch siebenmal fallen, er fand im Gegensatz zum Ungerechten immer wieder die Kraft zum Neuanfang. Leiderfahrungen waren, trafen sie den Gerechten, nicht Schicksal, sondern Prüfung. So kommt es zu jener Sentenz, die den pädagogischen Charakter des Leidens hervorhebt:

»Mein Sohn, verwirf die Zucht Jahwes nicht, und sei nicht ungeduldig, wenn er dich zurechtweist; denn wen Jahwe liebt, den weist er zurecht, und hat doch Wohlgefallen an ihm wie ein Vater am Sohn.« (Sprüche 3,11 f.)

Ein solcher Satz wird manchem – angesichts der grauenhaften Realität von unschuldigem Leiden – merkwürdig flach erscheinen. Doch dann gibt es jenen anderen Satz, der genauer anzeigt, woher sich der Optimismus der Weisheit ableitet: »Sag nicht, ich will Böses vergelten! Hoffe auf Jahwe, so wird er dir helfen.« (Sprüche 20,22)

Jetzt zeigt sich, daß Leiderfahrungen nicht einfach rationalisierbar sind als gerechte Strafe der Ungerechten oder als pädagogische Erziehungsmaßnahme, sondern allein aus Hoffnung heraus bewältigbar sind. Um dieses Urvertrauen ging es der salomonischen Lebensweisheit, es zu festigen war Aufgabe der Weisheitslehrer. Und wie anders auch sollte Pädagogik funktionieren? Nur wer sich einen gewissen Optimismus bewahrt, trotz aller Lebensfährnisse einem Urvertrauen verpflichtet bleibt, vermag einen Sinn in pädagogischer Arbeit zu sehen, wird nicht resignieren oder gar verzweifeln, wenn Halsstarrigkeit, Unbelehrbarkeit und hämischer Spott das pädagogische Werk in Frage stellen. Auch der salomonische Weisheitslehrer weiß das, denn er kennt die harten Seiten der pädagogischen Arbeit. Deshalb lockt er nicht nur, beschränkt sich nicht nur auf Ermahnungen, sondern findet auch drohende Worte bei Lernverweigerung: »Auf den Lippen des Verständigen findet man Weisheit; aber auf den Rücken des Unverständigen gehört die Rute.« (Sprüche 10,13) – »Wer seine Rute schont, der haßt seinen Sohn; wer ihn aber liebhat, der züchtigt ihn beizeiten.« (Sprüche 13,24)

Die salomonische Pädagogik war jedoch keine Prügelpädagogik, denn es dominieren die einladenden und lockenden Worte. Wo wurden sie gesprochen? Leider wissen wir darüber sehr wenig. Voltaire ging in seinem *Philosophischen Wörterbuch* sogar soweit, die Existenz eines Schulsystems in Israel generell zu bestreiten: Die Israeliten »hatten so wenig öffentliche Schulen zur Unterweisung der Jugend, daß in ihrer Sprache sogar das Wort fehlte, das diese Anstalt bezeichnet«[28]. Diese Einschätzung ist maßlos überzogen, denn das Sprüche-Buch wimmelt nur so von Lebens- und Verhaltensregeln, die von Weisheitslehrern an königlichen Beamtenschulen gelehrt wurden. Wo sonst sollten jene Sprüche verankert sein, die vom König und seinen Beamten handeln, die das rechte Reden und das kluge Schweigen lehren und sogar zu anständigen Tischmanieren an der königlichen Tafel ermahnen (Sprüche 23,1 ff.).

Andererseits beschränkt sich die salomonische Weisheit nicht auf königliche Weisheit. Viele Sprüche rühmen die häusliche Weisheit, den Rat des Vaters und die Weisung der Mutter. Dabei fällt auf, daß die mütterliche Weisung mit dem Begriff »Thora« bezeichnet wird, vielleicht ein Hinweis darauf, daß dem mütterlichen Erziehungswerk mehr Gewicht zukam als jenem des Vaters (Sprüche 1,8; 4,1 ff.; 6,20 ff.). Viele Sprüche wenden sich an den Durchschnittsmenschen, formulieren Wahrheiten, die auf Erfahrung beruhen: »Die fleißige Hand wird herrschen; die aber faul ist, muß Frondienst leisten.« (Sprüche 12,24) – »Einem Lässigen gerät sein Handel nicht; aber ein fleißiger Mensch wird reich.« (Sprüche 12,27) – »Der Faule begehrt und kriegt's doch nicht; aber ein fleißiger Mensch wird reich.« (Sprüche 13,4) – »Geh hin zur Ameise, du Fauler, sieh an ihr Tun und lerne von ihr!« (Sprüche 6,6)

Immer wieder der Aufruf zum Fleiß und der Tadel der Faulheit, Zeichen dafür, daß sich Arbeit noch lohnte, daß Reichtum noch nicht durch »arbeitsfreies« Einkommen zusammengerafft wurde. Lebensregeln für die einfachen Menschen werden ausgegeben. Darin besteht der wesentliche Unterschied zwischen salomonischer Lebensweisheit und ägyptischer Weisheit, die vornehmlich Standesweisheit gewesen ist, allein den höheren Ständen zukam und sich als Instruktion für Königssöhne ausgab. Salomonische Weisheit hingegen wurde nicht nur am königlichen Hof für eine bestimmte Elite unterrichtet. Leider sind bisher alle Versuche fehlgeschlagen, den Lehrbetrieb zu rekonstruieren. Wir wissen auch nicht, ob die in den Sprüchen genannten Weisen beamtete Lehrer oder ehrenamtlich tätig waren. Merkwürdig auch, daß sich »Frau Weisheit« auf Plätzen und Gassen der Stadt hat sehen lassen, so als ob man nicht zu den Weisen ging, sondern die »Weisheit« zu den Leuten kam. Auf jeden Fall aber war salomonische Weisheit eine öffentliche Angelegenheit. Sie lud jeden ein, der sie hören wollte.

## Weisheit und Reichtum

Bleibt eine letzte Beobachtung, die mit der optimistischen Lebenssicht salomonischer »Weisheit« zusammenhängt: die Hochschätzung des Reichtums. Immer wieder werden die Vorzüge des Reichtums und das Ansehen der Reichen hervorgehoben. Der Arme hingegen muß sich seiner Armut schämen, denn er wird für sie verantwortlich gemacht; Faulheit ist ihre Ursache:
»Faule Hand macht arm; aber der Fleißigen Hand macht reich.« (Sprüche 10,4) – »Die Habe des Reichen ist seine feste Stadt; aber das Verderben der Geringen ist ihre Armut.« (Sprüche 10,15) – »Der Arme ist verhaßt auch seinem Nächsten; aber die Reichen haben viele Freunde.« (Sprüche 14,20) – »Liebe den Schlaf nicht, daß du nicht arm werdest; laß deine Augen offen sein, so wirst du Brot genug haben.« (Sprüche 20,13)

Diese Sprüche sind erstaunlich, sie gehören einer ganz anderen Lebenswelt an als jene Droh- und Unheilsworte der nachsalomonischen Propheten, denen die Armut der Armen zum sozialen Appell und der Reichtum der Reichen zum Anlaß schärfster Gesellschaftskritik wurden. Anders die salomonische Weisheit: Der Reichtum wird nicht verteufelt, die Armut nicht glorifiziert. Was läßt sich daraus ableiten für jene Zeit? Offensichtlich hatte jeder die Chance, es zu Reichtum zu bringen. Vom Charakter dieses Reichtums dürfen wir uns allerdings keine übertriebenen Vorstellungen machen: Er war durch ehrliche Arbeit verdient, nicht durch Spekulation, Betrug – siehe die wiederholte Warnung vor falschen Gewichten – oder Raub zusammengerafft. Er war eher bescheiden, ermöglichte aber ein saturiertes Leben: jedem seinen Weinstock, jedem seinen Feigenbaum – so hat es die Salomo-Überlieferung in einem treffenden Bild festgehalten.

Es kommt daher nicht von ungefähr, daß Salomo nicht nur als weiser Richter und Dichter erscheint, sondern als reicher Weiser. Folgen wir der biblischen Überlieferung, hatte sein Reichtum überbordenden Charakter. Aber nicht nur Gold und Silber machten seinen Reichtum aus, sondern dazu gehörten auch die tausend Frauen, die Streitwagenarmee, die Anlage seiner Festungsstädte, die Anfertigung von fünfhundert goldenen Schilden und die Hofhaltung.

»Der Lebensmittelbedarf Salomos pro Tag betrug dreißig Kor Grieß, sechzig Kor Mehl, zehn gemästete Rinder, zwanzig Rinder von der Weide, hundert Stück Kleinvieh, abgesehen von Damhirschen, Gazellen, Rehen und gemästeten Kuckucken nebst Wildbret und sonstigem Federvieh.« (1. Könige 5,2 f.)[29]

Diese Angaben sind wohl zu hoch gegriffen.[30] Wir kennen zwar nicht genau das Trockenhohlmaß »Kor«, aber die Schätzungen für ein Kor liegen zwischen 350 und 400 Liter. Umgerechnet wären das etwa hundert Hektoliter Grieß und etwa zweihundert Hektoliter Mehl. Geht man von einem durchschnittlichen Brotkonsum aus, wären am Hof Salomos zwischen vierzehn- und zweiunddreißigtausend Menschen verköstigt worden – eine vollkommen unrealistische

Zahl. Dasselbe gilt für den täglichen Fleischverzehr. Legen wir jene Zahl zugrunde, die über den Hof des von den Persern eingesetzten Statthalters Nehemia überliefert wird, dann kämen ein Rind, sechs Stück Kleinvieh und Vögel auf etwa hundertfünfzig Personen (Nehemia 5,17 f.). Das würde für Salomos tägliche Tafel eine Anzahl von drei- bis viertausend Essern ergeben. Diese Zahl paßt allerdings nicht zu der weit höheren Zahl der Brotkonsumenten, so daß wir davon ausgehen müssen, daß wohl von der Speisung aller Beamten und Angestellten einschließlich ihrer Familien die Rede ist. Dann verlören die horrenden Zahlen etwas von ihrer Unglaubwürdigkeit.

Vielleicht standen aber auch andere Zahlen Modell. So kann man sich fragen, ob die biblischen Verfasser nicht einfach die Zahlen des persischen Königshofes auf Salomo hochrechneten. Am Hofe der persischen Achämeniden etwa kam es zur täglichen Speisung von fünfzehntausend Menschen; Assurnasirpal (um 850 v. Chr.) soll sogar siebzigtausend Menschen zu einem zehntägigen Fest in der Stadt Assur versammelt haben. Im Lichte dieser Zahlen hat man vielleicht später Salomos Hofhaltung beschrieben, die, selbst wenn man eine beträchtliche Hoftafel voraussetzt, viel bescheidener gewesen sein wird.

Ein weiteres Beispiel salomonischen Reichtums waren die Palastbauten, deren Errichtung Salomo immerhin dreizehn Jahre gewidmet hat, während der Bau des Tempels nur sieben Jahre beanspruchte. Leider enthält die biblische Überlieferung nur sehr wenige Nachrichten (1. Könige 7,1 ff.); für sie steht der Tempel im Mittelpunkt aller Beschreibungen.

Die chronistische Salomo-Überlieferung hat die Palastbauten sogar ganz übergangen. Da auch die Archäologie nichts zutage gefördert hat, ist man sich nicht einmal über die Lage und die Zuordnung der Palastbauten im klaren. Der Bericht über die Palastbauten ist äußerst unanschaulich, gibt nur Maß- und Materialangaben und war vermutlich für die Architekten gedacht, denen bei Auftragserteilung so etwas wie eine »Planskizze« vorgelegt wurde.

Der Palastkomplex bestand aus fünf Teilen: dem Libanon-Waldhaus mit wahrscheinlich vorgelagerter Säulen- und Thronhalle,

Salomos Palast und dem Haus der Tochter Pharaos. Schwer verständlich sind die Aussagen über die Palasthöfe; über Tore schweigt die Überlieferung.

Das Libanon-Waldhaus – etwa fünfzig Meter lang, fünfundzwanzig Meter breit und fünfzehn Meter hoch – erhielt seinen Namen wegen der Zedernstämme, die säulenartig im Innern aufgestellt waren (Fig. 19). Ob die Säulen in drei[31] oder vier[32] Reihen standen, dazu gibt es unterschiedliche Textzeugen; ob sie parallel angeordnet oder um einen Innenhof aufgestellt waren – darüber streiten die Gelehrten.[33] Die Säulenhalle war mit einer kunstvollen Dachkonstruktion versehen. Umstritten ist auch hier die Frage, ob der Säulenhalle weitere Stockwerke aufgesetzt waren: Der Begriff »zela'oth« wird manchmal mit »Gemächer«, »Stockwerk« oder einfach mit »Rippen« übersetzt, was zu ganz unterschiedlichen Rekonstruktionen führt.

Umstritten ist außerdem, ob es sich beim Libanon-Waldhaus um eine offene Säulenhalle gehandelt hat oder um ein ummauertes Bauwerk. Da von drei gegenüberliegenden, rechteckigen »Fenstern« die Rede ist, muß man wohl von Mauern ausgehen. Die beschränkte Zahl der Fenster darf nicht dazu verführen, von einem dunklen oder halbdunklen Raumeindruck auszugehen. Bekanntlich ist für die Durchlichtung eines Großraums nicht die Zahl, sondern die Größe der Fenster ausschlaggebend. Es gibt aber auch Forscher, welche die »Fenster« als »Lichtöffnungen« in der Dachkonstruktion verstehen.[34] Wie auch immer, festzustehen scheint, daß ein durchlichteter »Naturraum« nachgestellt wurde, der einem »lebendigen Wald« glich und vielleicht architektonischer Ausdruck jener naturfreundlichen Stimmung war, der sich Salomos »Naturweisheit« verdankte. Diese hat sich ja mit Zedern besonders eindringlich befaßt.

Im Libanon-Waldhaus wurden die erwähnten fünfhundert goldenen Schilde aufgestellt. Das deutet darauf hin, daß hier die Palastwache untergebracht war. Auch wurden in diesem Haus alle goldenen Trinkgefäße gelagert, was die Nutzung als Schatzkammer oder Zeughaus nahelegt. Wahrscheinlich fungierte das Libanon-Waldhaus auch als Versammlungsplatz, denn nur so lassen sich die erheblichen Ausmaße der Anlage erklären. Schilde und Trinkgefäße werden in erster Linie als Beispiele für Salomos Reichtum erwähnt; ebenso Salomos Thron, der erstaunlich ausführlich beschrieben wird.

Salomos Thron – welche Legenden ranken sich um ihn! Jüdische, islamische und christliche Erzähler ließen ihn von Mal zu Mal großartiger erscheinen. Möglich war das, weil die Salomo-Überlieferung im Könige-Buch und in der Chronik in Einzelheiten voneinander abweicht (1. Könige 10,18ff.; 2. Chronik 9,17ff.). Übereinstimmend allerdings wird überliefert, der Thron habe aus Elfenbein bestanden und sei vergoldet gewesen. Er hatte sechs Stufen, die beidseitig von Löwenbildnissen flankiert waren. Der Thron war mit Armlehnen versehen, die sich auf Löwen stützten.

Fig. 19 Libanon-Waldhaus

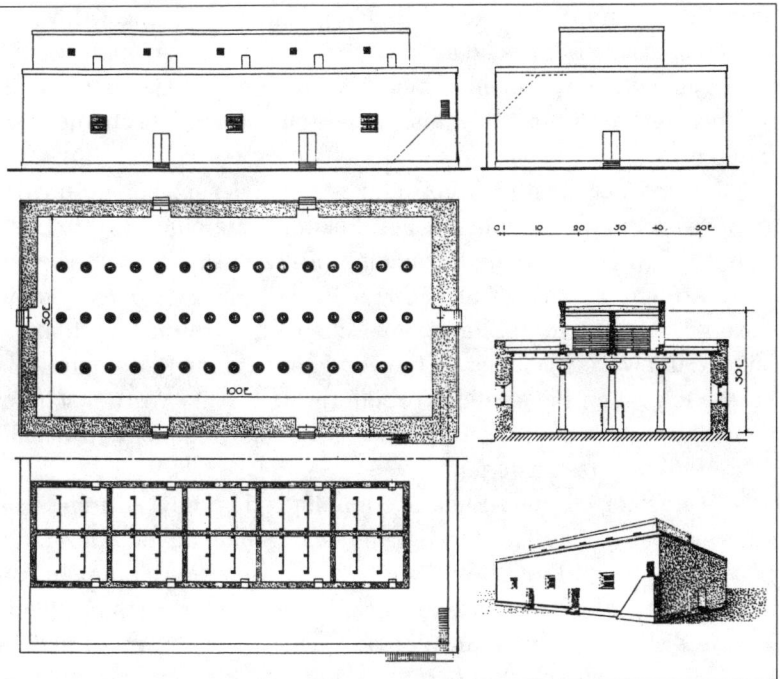

Schwierig ist das Verständnis der Rückenlehne, die am Kopfende in Stierköpfe auslief – eine Lesart, die heute allgemein abgelehnt wird, da es kein einziges altorientalisches Vergleichsbeispiel gibt. Die wohl korrekte Lesart lautet: »Das Oberteil des Thrones war hinten rund«, das heißt, die Rückenlehne war nach oben hin eingerollt. Der Chronist weiß darüber hinaus noch von einem Fußschemel aus Gold zu berichten, der mit dem Thron zusammengeschmiedet war.[35] Die biblischen Verfasser preisen den Thron in höchsten Tönen: »Dergleichen ist nicht gemacht worden in irgendeinem Königreich.« (1. Könige 10,20)

Sollte für diesen Thron wirklich das gelten, was die biblischen Verfasser behaupten? Vergleichen wir die altorientalischen Throne, so müssen wir ernste Zweifel an der Einmaligkeit des salomonischen Throns anmelden. Hinzuweisen ist vor allem auf die Throndarstellung auf dem Ahiram-Sarkophag von Byblos, der in die Zeit zwischen dreizehnten und zehnten Jahrhundert v. Chr. datiert wird (Abb. 22): Der phönizische König sitzt auf einem Thron, dessen Armlehnen aus zwei geflügelten Sphingen gebildet werden; die Rückenlehne läuft in einer leichten Einrollung aus. Außerdem ist ein Fußschemel vorhanden.

Ahirams Thron ist nicht das einzige Vergleichsbeispiel: Aus Megiddo ist uns eine Elfenbeinarbeit bekannt, die einen thronenden König auf einem Sphingenthron zeigt (Fig. 20). Die Beispiele ließen sich vermehren und machen deutlich, daß Salomos Thron jenen Thronen entsprach, die im phönizischen Kulturraum schon längst beheimatet waren. Daß der Thron von phönizischen Kunsthandwerkern nach ihnen bekannten Vorbildern angefertigt wurde, scheint demnach – obwohl in der biblischen Überlieferung nicht ausdrücklich erwähnt – festzustehen.

Ein einziger Zug allerdings ist einmalig und bis heute durch keine altorientalische Parallele bezeugt: die sechs Stufen mit flankierenden Löwenbildnissen. Kein Wunder, daß sie zu vielerlei Deutungen Anlaß gegeben haben. Die jüdische, arabische und christliche Legende konnte sich nicht genugtun, der merkwürdigen Löwen zu gedenken.[36] Manchmal konnten den Löwen auch andere Tiere beigesellt werden. Dann verteilten sich auf den Thronstufen – so nur eine der vielen Varianten – Stier und Löwe, Wolf und Lamm, Panther und Kamel, Adler und Pfau, Katze und Huhn, Sperber und Taube. Wir erkennen sofort, was die Legendenphantasie leitete: die Gegenüberstellung von wilden und friedlichen Tieren, Sinnbild eines messianischen Zeitalters, in welchem »der Wolf neben dem Lamme wohnt, der Panther bei den Böcklein lagert, ... Löwe und Rind zusammen weiden und keines dem anderen Schaden tut« (Jesaja 11,6f.). Manchmal werden die Tiere als lebend vorgestellt, etwa wenn sie ihre Stimme erheben und den Richterkönig ermahnen:

»Löwe: Ihr sollt kein Ansehen der Person achten im Gericht!

Stier: Den Armen bevorzuge nicht im Streit!

Widder: Denn das Recht ist Gottes Sache!

Panther: Recht, nur Recht verfolge!

Schaf: Richtet das Volk im rechten Gericht ...«[37]

Die Throntiere waren besonders ungehalten, bemächtigte sich ein Unbefugter und Unwürdiger des Throns. Pharao Necho, der den verehrten König Josia tötete (609 v. Chr.), und König Nebukadnezar, der Zerstörer Jerusalems (587 v. Chr.), werden an dem Versuch gehindert, den salomonischen Thron zu besteigen: Einer der Löwen schlägt Nechos Hüfte lahm, und Nebukadnezar wird gebissen, so

Fig. 20 Cheruben-Thron aus Megiddo. 13./12. Jahrhundert v. Chr.

daß er schmählich zu Boden fällt. Dem persischen König Ahasveros (486–465 v. Chr.) gelang es nicht einmal, den Thron zu besteigen.[38] In der islamischen und christlichen Legende wird der Thron Salomos zu einem wundersamen Automaten: Der Thron kann durch einen verborgenen Mechanismus hochgezogen werden, vergoldete Löwen können sich bewegen und brüllen, künstliche Vögel beginnen zu zwitschern, Regengüsse fallen unter Donnergetöse hernieder.

Das alles ist Legende und zeugt von einer Automatenliebhaberei, die schon in der Spätantike einsetzte. Den biblischen Verfassern war es nur darum gegangen, Reichtum und Pracht des salomonischen Throns zu verdeutlichen. Oder ging es noch um etwas anderes? Vielleicht geben die sechs Thronstufen einen verschlüsselten Hinweis auf eine symbolische Bedeutung? Denn in sechs Tagen vollzog sich die göttliche Weltschöpfung. Bildete Salomos sechsstufiger Thron vielleicht das sechstägige Schöpfungswerk ab? Erstaunen sollte uns diese Deutung, die schon in der jüdischen Legende formuliert wurde[39], nicht, denn gerade Salomo hatte sich in besonderer Weise um die »Naturweisheit« bemüht.

Wie dem auch sei, der biblischen Salomo-Überlieferung ist es bei ihren vielfältigen Notizen zu Salomo – seinen Hundertschaften von Frauen, seiner Streitwagenarmee, der enormen Bautätigkeit, der üppigen Hoftafel, den Gold- und Silberschätzen, dem legendenumwobenen Thron – um den immensen Reichtum gegangen, der auf fast naive Weise zur Schau gestellt wird. Kein Wort der Kritik wird laut, wenn es um Salomos Reichtum geht. Doch war Salomos Reichtum »ehrlich« erworben oder nicht vielmehr zusammengerafftes Gut, das durch eine kluge Handelspolitik zusammenspekuliert und zum großen Teil seinen Untertanen durch Fronarbeit abgepreßt worden war? Wir werden auf diese Frage noch ausführlich eingehen müssen. Fest steht, daß die Salomo-Überlieferung jegliche Kritik am Reichtum Salomos tunlichst unterläßt. Wie ist das zu verstehen? Waren die Bibelverfasser nur unkritische Königsideologen und Jubelredner Salomos? Wie war es möglich, daß Salomos Weisheit auf so unkomplizierte Weise mit seinem Reichtum vereinigt werden konnte?

Diese Fragen sind bis heute nicht beantwortet worden. Deshalb wollen wir einen Versuch unternehmen, wobei wir uns den Zusammenhang deutlich machen müssen, in dem vom Reichtum Salomos die Rede ist. Vorangestellt ist entsprechenden Notizen in der Salomo-Überlieferung (1. Könige 10,14ff.) die Geschichte vom Besuch der Königin von Saba. Diese kommt, um die Weisheit des Königs mit »Rätseln zu prüfen« (1. Könige 10,1 ff.). Es geht also um einen Rätselwettstreit, von dem allerdings kein einziges Rätsel überliefert wird, weder die Fragen der Königin noch die Antworten des Königs. Worin also bestand Salomos Weisheit? Vielleicht im Umgang mit seinem Reichtum? Jedenfalls spielt neben der Weisheit der Reichtum die entscheidende Rolle während des Besuchs der Königin von Saba:

»Und sie gab dem König hundertzwanzig Zentner Gold und sehr viel Weihrauch und Edelsteine. Es kam nie mehr soviel Weihrauch ins Land, wie die Königin von Saba dem König Salomo gab ... Und der König Salomo gab der Königin von Saba alles, was ihr gefiel und was sie erbat, außer dem, was er ihr von sich aus gab.« (1. Könige 10,10ff.)

In dieser Notiz geht es nicht um den Ursprung des Reichtums. Kein Wort darüber, wie König und Königin ihren Reichtum erworben haben, ob durch Handel, durch Beutezüge oder durch Fronarbeit. Am »Königsreichtum« interessiert nicht die Herkunft, sondern die Verwendung. Und die spricht allen ökonomischen Nützlichkeitserwägungen Hohn. Die Königin schenkt ungeheuere Schätze, der König schenkt zurück, und zwar mehr, als er empfangen hat. Beide verwenden ihren Reichtum, indem sie ihn verschwenden. Königlicher Reichtum ist nicht dazu da, um gehortet zu werden, um in den »Sparstrumpf« der Nation zu wandern, sondern um vergeudet zu werden.

Diese Form des Umgangs mit Reichtum ist uns heute schlechthin unverständlich, weil sie allen Regeln vernünftigen Wirtschaftens und Haushaltens widerspricht. Denn die Bilanz von Leistung und Gegenleistung ist nicht gewahrt, die Gleichwertigkeit der ausgetauschten Produkte nicht gewährleistet. Der Reichtum wird nicht als Zahlungsmittel eingesetzt, um etwas Nützliches zu erwerben; Gold, Weihrauch und Edelsteine sind auch keine Konsumartikel, die man essen und trinken könnte; sie sind »unproduktive« Luxusgüter.

Diese merkwürdige Reichtumsverschwendung gibt uns einen Hinweis, daß die uns heute so selbstverständlichen Formen des rationalen Wirtschaftens für den Königsreichtum keine Geltung hatten. Königsreichtum gehorcht nicht der Kaufmannslogik, der sich Salomo bei ihrem Erwerb doch so überaus erfolgreich bedient hatte. Die Verwendung – nicht der Erwerb – von Königsreichtum entspricht archaischen Formen des Wirtschaftens, etwa jenen merkwürdigen Praktiken des »Potlatsch«, die der französische Ethnologe Marcel Mauss am Beispiel von nordamerikanischen Naturvölkern unvergeßlich beschrieben hat.[40]

Danach vollziehen sich Begegnungen zwischen Häuptlingen verschiedener Clans unter ungewöhnlichen Formen des Gebens und Wiedergebens, wobei die Geschenke sich jeweils überbieten müssen, wenn das Gesicht gewahrt werden soll. Dieses archaische Schenken ist ein immerwährendes Vergeuden, das bis zum vollständigen Ruin führen und neben materiellen Gaben auch Menschen umfassen kann. Es wird nicht gefeilscht, sondern verschwendet, und nicht gegeben, um einen Gegenwert zu erhalten, sondern Reichtum wird gleichsam unproduktiv verschleudert. Der »Potlatsch« hat somit Wettkampfcharakter.

Was Marcel Mauss bei nordamerikanischen Indianern beobachtete, hat seine »archaische« Parallele in der maßlosen Reichtumsverschwendung, die sich beim Besuch der Königin von Saba ereignete. Wir meinen sogar, daß sich der Wettstreit mit der Königin von Saba nicht auf Rätselfragen beschränkte, sondern tiefer angelegt war: Salomos Weisheit bestand in der Verschwendung seines Reichtums an die schenkende Königin. Im Sprüche-Buch wird an einer Stelle dieser merkwürdigen Form der verschwendenden Verausgabung des Reichtums gedacht: »Einer teilt reichlich aus und hat immer mehr; ein anderer ist sparsam, wo er nicht soll, und wird doch ärmer.« (Sprüche 11,24)

Man kann diesen Spruch verstehen als Plädoyer für die reichmachende, ja schöpferische Kraft großzügiger Verausgabung; der Sparsamkeit hingegen haftet das Merkmal einer armseligen, lebensfeindlichen Begrenztheit an. Wir halten noch einmal fest, daß es hierbei nicht um den Ursprung des Reichtums geht, der steht gar nicht zur Debatte, sondern um die Verschwendung desselben. Haben wir damit aber nicht auch den Schlüssel zum schöpferischen Lebenswerk Salomos gefunden? War es nicht auf schöpferische Verschwendung abgestellt?

Salomos Bauwerke, seine repräsentative Streitwagenarmee, seine Hofhaltung, nicht zuletzt seine kulturstiftende Weisheit – sind sie nicht alle Ausdruck einer verschwenderischen Lebenshaltung, die ausgibt und preisgibt, die nicht auf Lebenssicherung setzt, sondern auf Lebensüberschuß, die nicht den Mangel verwaltet, sondern sich im schöpferischen Lebenswerk – in Kunst und Kultur, in Poesie und Wissenschaft – verausgabt? Die Königin von Saba hat diesen schöpferischen Zug in Salomos Leben auf kongeniale Weise erfaßt: Sie preist Salomos Weisheit und seine Bauten, sie staunt über seine Gastfreundschaft, sie bewundert sein Glück.

Wir meinen, in Salomos verschwenderischer Lebenshaltung verbirgt sich das Geheimnis seines schöpferischen Lebenswerkes, das nicht nur die biblischen Verfasser fasziniert hat. Und vergessen wir nicht: Auf geheimnisvolle Weise verbindet sich Salomos Lebenswerk mit seinem Friedenswerk, dem wir schon nachgespürt haben. König Salomo begibt sich in einen Wettstreit mit der Königin von Saba. Doch es ist kein lebensvernichtender Krieg, der zwischen beiden stattfindet, sondern ein friedlicher, gleichsam sportlicher Wettkampf, ein »Agon«, wie später die Griechen jegliche Form des entmilitarisierten Kampfes nannten. Salomo verschwendet keine Menschenleben, wie in Kriegen, sondern seinen Reichtum; er tötet kein Leben, sondern er feiert es, wenn er Rätsel löst, seine Weisheit preisgibt, sich den Freuden der Tafel hingibt, Gastfreundschaft übt ...

## ENGEL ODER DÄMON – DIE KÖNIGIN VON SABA

Der Besuch der Königin von Saba hat uns etwas ahnen lassen von der Weisheit Salomos, die sich als eine »Tugend des Schenkens« enthüllte. Das muß nachdrücklich hervorgehoben werden, denn ein Blick in die Wirkungsgeschichte zeigt schnell, daß die Königin die Phantasie weitaus kräftiger beschäftigt hat als König Salomo. Dabei passiert Erstaunliches: Von Legenden umspielt, mutiert die Königin zur dämonischen Persona non grata oder zur verklärten Ikone.

In der jüdischen Legende hat man der Königin von Saba sehr übel mitgespielt. Nachdem sie Salomos Palast betreten hatte, wurde sie über einen Glasboden zu Salomo geleitet. Sie aber glaubt, über Wasser zu gehen, hebt ihren Rock und offenbart Abstoßendes: behaarte Beine, Zeichen dämonischer Verwandtschaft.[41] König Salomo läßt eine Salbe herstellen, durch welche die Königin von ihrer häßlichen Beinbehaarung befreit wird. Dann kommt es zum Beischlaf, und geboren wird der Zerstörer Jerusalems: Nebukadnezar![42] Manchmal wird aus der Beinbehaarung ein Klumpfuß – so um 1160 n. Chr. dargestellt in der Kathedrale zu Otranto im apulischen Sizilien (Fig. 21).[43]

Manchmal ist es ein Gänsefuß, der sie verunziert. Das zeigen einige mittelalterliche Portalfiguren im burgundischen Kulturraum, etwa an den leider zerstörten Portalen zu Saint-Bénigne in Dijon und drei anderen Kirchen (Fig. 22).[44] Die christliche Legende ging mit der dämonischen Fußanomalie allerdings etwas freundlicher um als die jüdische. Als die Königin einen Holzsteg über den Kidron bei Jerusalem überqueren will, hat sie eine prophetische Vision: Sie erkennt, daß am Brückenholz dereinst Jesus gekreuzigt werden wird. Sie meidet die Brücke, geht durchs Wasser und siehe da, der dämonische Gänsefuß wird in einen hübschen Menschenfuß verwandelt.[45] So wurde aus der dämonischen Königin eine ansehnliche Prophetin des Kreuzes Jesu.

Die Königin von Saba wurde auf diese Weise durch Legendenphantasie gerettet. Dafür behandelte man sie in der jüdischen Tradition um so schlimmer: Die Königin wird zur legendären ersten Frau Adams, zu Lilith, die um Gleichberechtigung kämpfte, darüber sich in einen dämonisch behaarten Weiberdämon verwandelte, das Paradies verlassen mußte und seitdem Männern nachstellt. Gleich einem Vampir saugt sie aus Männern die letzte Lebenskraft heraus. Sie ist eine Angstgestalt, die um jenes verschwiegene Geheimnis weiß, daß

Fig. 21 Die Königin von Saba mit Klumpfuß. Fußbodenmosaik aus dem Dom von Otranto. Um 1160 n. Chr.

Frauen eine stärkere Sexualität zukommt als Männern. Bedrohlicher noch jener Tiefpunkt ihrer dämonischen Karriere, wenn sie neugeborenen Kindern nachstellt, die sie im Kindbett zu würgen trachtet. Nur ihr Konterfei auf Amuletten, angebracht über den Kinderbetten, vermag sie von ihrem mordenden Werk abzuhalten; das jedenfalls entnehmen wir Berichten des polnischen Judentums aus dem achtzehnten Jahrhundert.[46]

Das alles sind erschreckende Wucherungen von Phantasmen, in denen das Weibliche als unheimlich erfahren wurde. Verflogen ist der exotische Charme, der die biblische Königin von Saba umspielt, kein Zug von Generosität ist ihr geblieben. Schon früh muß es zur Abwertung der Königin gekommen sein, denn Jesus bietet in einem rätselhaften Spruch die Königin von Saba auf, die ein unglückliches Werk verrichtet: »Die Königin vom Süden wird auftreten beim Jüngsten Gericht mit diesem Geschlecht und wird es verdammen ...« (Matthäus 12,42)

Jesus präsentiert keine freundliche Königin: Sie schenkt nicht, sondern verdammt. Der Talmud, das riesige Kommentarwerk des nachbiblischen Judentums, versuchte sich sogar an der Tilgung der Königin von Saba. So wußte Rabbi Jochanan folgendes zu sagen: »Wer sagt, die Königin sei eine Frau gewesen, befindet sich im Irrtum. Das Wort Königin, malkath, muß Königreich, malkuth – das Königreich von Saba –, gelesen werden.«[47]

Die Königin auszulöschen, ist den Talmudisten nicht gelungen. Geholfen hat es ihr aber auch nicht: Im sogenannten »Testament Salomos« – einer Schrift, die man in die Zeit zwischen erstem und viertem Jahrhundert n. Chr. datiert – wird sie als »Zauberin« (goes) bezeichnet.[48] Die Frage stellt sich, wie es zu dieser erstaunlichen Abwertung kommen konnte. Zwar rühmt die Königin die Weisheit Salomos, bewundert seinen Reichtum und beschenkt ihn, doch zu Jahwe, dem Gott Salomos, ist sie nicht konvertiert. Das mag ihr Bild später verdunkelt haben.

Ein übriges tat die Karriere der Königin im Islam. Dort wurde sie zur vorzeitigen Verehrerin Allahs emporgehoben, so etwa in der berühmten »Ameisensure« im Koran. Auch hier wird vom Besuch der Königin bei Salomo berichtet, auch in ihr nähert sie sich dem König, indem sie über den Glasboden des Palastes zu ihm schreitet. Sie entblößt ihre Beine, die – anders als in der jüdischen Legende – aber wohlgeformt und ohne dämonischen Makel sind.

Im Islam wurde der Königin, die dort Bilqis heißt, viel Verehrung zuteil, besonders in ihrem Heimatland, dem sabäischen Nordjemen. Eines Tages überbrachte ihr Hudhud, der Botenvogel, einen Brief

von Salomo, jenes Einladungsschreiben, von dem die Bibel nichts
berichtet.[49] Paläste sollen ihr gebaut worden sein, selbstverständlich
von Salomo, der sie auch mehrmals im Jemen besucht hat. Ihre
Residenz befand sich in Marib, wo ein Tempel nach ihr benannt
wurde. Dessen riesige Pfeiler können bis heute bewundert werden.
Auch der Staudamm von Marib – eines der architektonischen Welt-
wunder der altorientalischen Geschichte – wurde ihr zugeschrieben.
Schon im Koran wurde ihr monumentaler Thron gerühmt, der
häufig auf persischen Miniaturen der höfischen Safawidenzeit im
sechzehnten und siebzehnten Jahrhundert dargestellt wurde. Dann
und wann ziert sie Handschriften, in denen sie als Geliebte Salomos
besungen wird.

Den großartigsten Ausdruck fand die Saba-Legende in Äthiopien,
wo es in antiker Zeit zu einer einmaligen Kultursymbiose gekommen
ist: Schon im sechsten Jahrhundert v. Chr. setzten sabäische Siedler
über das Rote Meer und kolonisierten einen Teil Äthiopiens. Jüdische Siedler ließen sich nieder, die Falaschen, denen der Talmud
immer fremd geblieben ist. Der Islam gewann großen Einfluß, doch

Fig. 22 Die Köni-
gin von Saba mit
Gänsefuß. Abtei-
kirche Nesle-la-
Reposte (Marne).
Um 1160 n. Chr.

das amharische Kaiserhaus bekannte sich zum Christentum. Und die Königin von Saba? Sie wurde als Stammutter des Kaiserhauses verehrt und diente dazu, die verschiedenen Religionen und Rassen in Äthiopien zu integrieren. Das konnte geschehen, weil sie im Judentum, Christentum und Islam bestens bekannt war. Unter Haile Selassie, dem letzten äthiopischen Kaiser, erhielt die Königin von Saba in der revidierten äthiopischen Verfassung von 1955 sogar Verfassungsrang:

»Die imperiale Würde wird fortwährend angeheftet bleiben der Linie von Haile Selassie I., Nachfolger von König Sahle Selassie, dessen Linie abstammt ohne Unterbrechung von der Dynastie Meneliks I., Sohn der Königin von Äthiopien, der Königin von Saba, und des Königs Salomo von Jerusalem.«[50]

Selbstbewußt hatte Kaiser Haile Selassie die Konsequenz gezogen und ließ sich als 225. Nachkomme der Königin von Saba feiern. Das sind erstaunliche Dinge, die sich besser verstehen lassen, wenn man ins *Kebra Nagast* schaut, das äthiopische Nationalepos, das im vierzehnten Jahrhundert verfaßt wurde, aber auf ältere Überlieferungen zurückgreift. In ihnen wird die Königin von Saba – nicht König Salomo – als Liebhaberin der Weisheit vorgestellt:

»Ich begehre Weisheit, und mein Herz sucht Erkenntnis; denn ich bin getroffen von der Liebe der Weisheit und wurde gezogen von den Seilen der Erkenntnis. Denn Weisheit ist besser als alle Schätze von Gold und Silber; die Weisheit ist besser als alles, was auf Erden geschaffen ist. Mit was unter dem Himmel soll man die Weisheit vergleichen? Sie ist süßer als Honig und erfreulicher als Wein, sie ist leuchtender als die Sonne und begehrenswerter als kostbare Edelsteine; sie macht fetter als Öl, satter als süße Leckerbissen und ruhmreicher als Mengen von Gold und Silber, eine Freudenspenderin fürs Herz, eine Lichtquelle für die Augen, Beflüglerin für die Füße, Panzer für die Brust, Helm für das Haupt, Kette für den Hals, Gürtel für die Lenden, Verkünderin für die Ohren, Unterweiserin für das Herz, Lehre für die Kenntnisreichen, Trösterin für die Klugen, Ruhmesspenderin für die Suchenden. Ein Reich kann nicht bestehen ohne die Weisheit, und Reichtum kann nicht erhalten werden ohne die Weisheit; wohin der Fuß tritt, steht er nicht fest ohne die Weisheit ...«[51]

Selten ist die Weisheit so gepriesen worden wie von der äthiopischen Königin. Worin Weisheit besteht, erfahren wir allerdings nicht; allein ihre lebensfördernden Wirkungen kommen in den Blick: Sie erquickt und stärkt, schafft Freude und gibt Kraft, sie macht das Leben leicht. Man meint Salomo sprechen zu hören. Doch in Äthiopien ist es die Königin, die als weise charakterisiert wird.

Ganz anders Salomo in der äthiopischen Legende: Er ist kein weiser, sondern ein lüsterner König, welcher der Königin nachstellt, die nicht nur weise, sondern auch schön ist. Salomo greift in die Trickkiste der Verführung, als das große Bankett im Jerusalemer Palast stattfindet. Wie er die Königin dazu überredete, mit ihm zu schlafen, schildert das *Kebra Nagast* folgendermaßen:

»Als sie das Gemach betraten, war dessen Geruch sehr gut, und schon bevor sie die Leckerbissen aßen, sättigte die Lieblichkeit seines Duftes. Er [Salomo] schickte ihr dursterregende Speisen, mit List und Weisheit [!], und saure Getränke, Fische und Pfeffer als Beilagen; dies richtete er zu und gab es der Königin, davon zu essen. Als nun die Tafel des Königs dreimal und siebenmal erledigt war und die Aufseher und Räte, die Knaben und Diener gegangen waren, da stand der König auf und ging zur Königin und sprach zu ihr, als sie allein waren: ›Kose hier in Liebe bis zum Morgen!‹ Da sprach sie zu ihm: ›Schwöre mir bei deinem Gott, dem Gott Israels, daß du mir keine Gewalt antust; wenn es sein sollte, daß ich mich nach Menschenart verleiten lasse, so werde ich als junges Mädchen auf der Reise in Not und Leid und Elend kommen.‹ Da antwortete er ihr und sprach zu ihr: ›Ich will dir schwören, daß ich dir keine Gewalt antue, aber schwöre auch du, daß du keinem Gegenstand in meinem Haus Gewalt antun willst!‹ Da lachte die Königin und sprach zu ihm: ›Wo du doch weise bist, warum sprichst du wie ein Tor? Werde ich etwa stehlen oder aus dem königlichen Palast etwas rauben, was mir der König nicht gegeben hat? Glaube nicht, o Herr, daß ich aus Liebe zu deinem Besitztum hierher gekommen bin! Auch mein Reich ist reich an Schätzen wie die deinigen, und mir fehlt nichts von dem, was ich begehre. In der Tat bin ich vielmehr gekommen, um deine Weisheit zu suchen.‹ Da sprach er: ›Wenn du mich schwören heißt, so schwöre auch mir; beiden Teilen geziemt der Schwur, auf daß sie einander kein Unrecht zufügen; wenn du mich aber nicht schwören läßt, will auch ich dich nicht zum Schwören veranlassen.‹ Da sprach sie zu ihm: ›Schwöre mir, daß du mir keine Gewalt antust, und auch ich will dir schwören, daß ich deinem Besitztum keine Gewalt antue.‹ Da schwor er ihr und ließ sie schwören. Nun bestieg der König sein Lager auf der einen Seite, und ihr richtete man ein Lager auf der anderen Seite. Da sprach er zu dem jungen Diener: ›Wasche die Becken und setze einen Krug Wasser hin, während es die Königin sieht; dann schließe die Türen und geh schlafen!‹ Dies aber sagte er in einer anderen Sprache, die die Königin nicht verstand, und jener tat so und ging schlafen. Der König aber schlief noch nicht, sondern stellte sich nur schlafend und spähte … Die Königin schlief ein wenig. Als sie wieder erwachte, war ihr Mund trocken vor Durst; denn er hatte ihr in seiner Weisheit [!] Dursterregendes gegeben; sie dürstete sehr, und ihr Mund war trocken. Sie versuchte mit ihrem Mund Speichel zu ziehen, fand aber keine Feuchtigkeit. Da gedachte sie das Wasser zu trinken, das sie sah, spähte und blickte nach dem König Salomo, und der schien fest zu schlafen. Er schlief aber nicht, sondern lauerte, daß sie aufstehe, um das Wasser gegen den Durst zu stehlen. Nun stand sie auf, indem sie mit ihren Füßen gar kein Geräusch machte, ging zu jenem Wasser in dem Becken und nahm es auf, um das Wasser zu trinken. Bevor sie aber noch das Wasser trank, ergriff er sie bei der Hand und sprach zu ihr: ›Warum brichst du den Eid, den du geschworen hast, du wolltest keinem Gegenstand in meinem Haus Gewalt antun?‹ Da antwortete sie in Furcht und sprach: ›Ist es ein Eidbruch, Wasser zu trinken?‹ Da sprach der König zu ihr: ›Hast du etwas unter dem Himmel gesehen, das besser als Wasser ist?‹ Da sprach sie: ›Ich habe gegen mich selbst gesündigt, und du bist des Eides ledig; aber laß mich Wasser gegen meinen Durst trinken!‹ Da sprach er zu ihr: ›Bin ich vielleicht deines Eides ledig, den du mich hast schwören lassen?‹ Da sprach die Königin zu ihm: ›Sei des Eides ledig, aber laß mich nur Wasser trinken!‹ Da ließ er sie trinken, und nachdem sie getrunken hatte, führte er sein Begehren aus, und sie schliefen zusammen.«[52]

Eine ungewöhnliche Geschichte, die in Äthiopien erzählt wurde. Salomos Weisheit ist heruntergekommen zu listiger Klugheit. Statt großzügig zu schenken, beharrt er auf einem kleinlichen Eigentumsbegriff, unter den sogar ein Becher Wasser fällt. Die Königin hingegen fügt sich, und so kommt es, daß sie neun Monate später von einem Sohn entbunden wird. Es ist Menelik, der fernab von Jerusalem in der äthiopischen Hauptstadt Aksum erzogen wird. Einmal kehrt er nach Jerusalem zurück, aber lange bleibt er nicht. Heimlich flieht er aus Jerusalem mit einer wichtigen Sache im Gepäck: der gestohlenen Bundeslade. Das altisraelitische Heiligtum wird aus Jerusalem entfernt, um in der Kathedrale von Aksum aufgestellt zu werden. So ist das Heil vom salomonischen Jerusalem auf das äthiopische Aksum übergegangen. Salomo aber darf sich gestraft sehen, denn seine Verführungskünste haben sich als das enthüllt, was sie sind: nicht Werke der Weisheit, sondern Werke listiger Klügelei. Das Bild der Königin von Saba jedoch erstrahlt in makellosem Glanz.

Die Legenden um die Königin von Saba ließen sich endlos fortsetzen. Sie zeigen, daß alles möglich war: Dämonisierung in der jüdischen und Ikonisierung in der islamischen Legende; hier eine frühzeitige Allah-Anbeterin, dort ein haariger, fußverstümmelter Weiberdämon. In der christlichen Legende von der gänsefüßigen Königin vollzieht sich ein vorsichtiger Ausgleich: die Königin als Prophetin des Kreuzes Jesu; in der äthiopischen Staatslegende dann die Erhebung zum Sinnbild der Weisheit, zur umworbenen Geliebten, zur Stammutter eines Kaiserhauses.

Uns aber stellt sich noch drängender die Frage, wer die Königin von Saba tatsächlich gewesen ist. Die biblische Überlieferung ist leider alles andere als klar: Die Königin trägt keinen Namen, der Reiseweg bleibt unbeschrieben, und man weiß nicht, in welcher Sprache sich König und Königin unterhalten. Schwerer noch wiegen die Bedenken von Historikern und Archäologen. Aus Saba – dem legendären Weihrauch- und Goldland – ist uns inschriftlich keine Königin bekannt, dafür aber eine lückenlose Reihe von »Mukkariben«, Priesterkönigen. Doch deren inschriftliche Bezeugung fließt erst ab dem achten Jahrhundert v. Chr. So fehlen jene hundertfünfzig Jahre, die den Bogen zu Salomo schlagen würden. Kein Wunder, daß die strenge Geschichtswissenschaft ihr Urteil gefällt hat: Die Königin von Saba ist eine Ausgeburt der Legendenphantasie, erfunden, um den Ruhm Salomos zu mehren!

Doch ist diese Skepsis berechtigt? Einige Beobachtungen müssen uns nachdenklich stimmen. So wissen wir, daß in der arabischen Frühgeschichte mehr Königinnen als Könige regierten. Das entnehmen wir assyrischen Annalen, in denen oftmals vom Tribut arabischer Königinnen die Rede ist: Tiglatpileser III. (745–727 v. Chr.) »erhob Steuern von Zabibi, der Königin der Araber; im neunten Jahr empfing er Tribut von Shamsyya, der Königin der Araber, die er zuvor unterworfen hatte«. Um 688 v. Chr. wird in den Annalen des assyrischen Königs Sanherib die arabische Festung Adumu erwähnt, der die Königin Telkhun vorstand.[53]

Königinnen beherrschen also die arabische Frühgeschichte. Doch wie steht es mit der arabischen Königin von Saba, die in keinem Annalenwerk verzeichnet, nur in der Salomo-Überlieferung genannt wird? Vielleicht findet sich der Schlüssel im biblischen Buch Hiob, denn dort wird berichtet, daß es nomadisierende Sabäer waren, die Hiob um Hab und Gut brachten: »Die Rinder pflügten, und die Eselinnen gingen neben ihnen auf der Weide. Da fielen die aus Saba ein und nahmen sie weg und erschlugen die Knechte mit der Schärfe des Schwertes ...« (Hiob 1,14 f.)

War die Königin von Saba also vielleicht eine Nomadenkönigin? Das würde erklären, warum es keine schriftlichen Nachrichten außerhalb der Bibel über sie gibt. Allein in der mündlichen Überlieferung lebte sie weiter. Jüdischen Bibelkommentatoren muß diese Erklärung vorgeschwebt haben, denn für sie war es die Königin von Saba, welche die marodierenden Sabäer anführte. Daß man sie durch den Beinamen »Lilith, die Königin von Smaragd«, charakterisierte, paßt zur Geschichte der Dämonisierung, der sie in der jüdischen Legende anheimfiel.[54]

Daß die Königin von Saba so harmlos nicht war, läßt sich einer oft übersehenen Bemerkung in der biblischen Überlieferung entnehmen. Danach kam sie »mit schwerem Aufgebot« nach Jerusalem, ein deutlicher Hinweis, daß die Königin auch in militärischer Hinsicht wohlgerüstet auftrat. Ging es also um mehr als einen Höflichkeitsbesuch? Steckten eventuell handfeste Interessen hinter der glanzvollen Visite, die in eine beeindruckende Schenkungsorgie ausartete? Wir erinnern uns, daß Salomo den Handel förderte und für Israel eine Monopolstellung im Transithandel von Pferden und Streitwagen aufbaute. Sah die Königin von Saba dadurch eigene Handelsinteressen bedroht? Auszuschließen ist das nicht, aber die Bibel schweigt bei diesem Thema.

Sie verschweigt auch die Rätsel, mit denen die Königin Salomos Weisheit auf die Probe stellte. Wie schön wäre es, könnten wir einige derselben kennenlernen. Oder hat die Salomo-Überlieferung den Wettstreit zwischen König und Königin falsch verstanden? War es vielleicht gar kein Rätselwettstreit, sondern ein Wettkampf der Geschenke, in welchem die »Weisheit der Verschwendung« zum Glänzen kam? Wir haben uns für den Geschenkewettstreit entschieden. In der Legendenphantasie waren es jedoch immer wieder kunstvolle Rätsel, die Salomo beantwortet haben soll. Es würde zu weit führen, hier alle aufzuführen. Doch festhalten müssen wir, daß Salomos Weisheit mit den Rätsellösungen eine neue Facette erhielt.

Salomo erwies sich als kenntnisreich in Sachen »Weiblichkeit«, denn es sind durchweg »Frauenrätsel«, die er löst. So errät er Fragen, bei denen es um Schwangerschaft und Menstruation geht; die Königin läßt ihn machtvolle Frauengestalten erraten, deren Existenz immer wieder verschwiegen wurde – etwa die »Töchter Lots«, die sich von ihrem Vater schwängern ließen, um zu Kindern zu kommen (1. Mose 19)[55]; so den Namen jener erstaunlichen Thamar, die sich als Prostituierte verkleidete, um ihrem Schwiegervater beizuliegen – auch sie getrieben von der Sehnsucht nach Nachkommenschaft (1. Mose 38).[56] Salomo errät Rätsel, die sich mit ausgesprochen weiblichen Themen beschäftigen: mit Kosmetik, Handarbeit und Hausarbeit.

Die schönsten Rätsel sind das Blumen- und Kinderrätsel, die im

Mittelalter gern erzählt und auf Hochzeitsteppichen sowie Truhen abgebildet wurden. Die Königin präsentiert dem König künstliche und natürliche Blumen. Salomo möge beide unterscheiden. Er läßt Bienen herbeischaffen, die sich auf die natürlichen Blüten setzen. Dann präsentiert die Königin gleichgekleidete Mädchen und Jungen. Salomo soll ihr Geschlecht erraten. Er wirft ihnen Äpfel zu und erkennt Mädchen und Jungen an der Art, wie sie die Äpfel aufheben: Die Jungen raffen sie an sich und verstecken sie in den Hosentaschen, die Mädchen reichen sie an die Königin weiter.[57]

Der Weisheit Salomos wurde also einiges zugetraut. Und wenn an den Legenden ein Funken historische Wahrheit wäre, dann hätte sich Salomos Weisheit auf wundersame Weise erweitert: Er wäre nicht nur jener weise König, der die Geheimnisse der Natur poetisch umkreist, der Wichtiges zur Lebensweisheit beigetragen, der um die großmütige »Tugend des Schenkens« gewußt hat, sondern ihm wären auch die Geheimnisse der Frauen nicht verborgen geblieben, mit denen die Königin von Saba so siegesgewiß im »Weisheitswettkampf« angetreten war.

# 5. Kapitel

## »So habe ich ein Haus gebaut« –
## Der Tempel Salomos

Der Bau des Jerusalemer Tempels gilt sowohl als folgenreichste Tat Salomos wie auch als seine bedeutendste Leistung. Diesen Eindruck vermittelt die biblische Überlieferung, die den größten Teil ihrer Ausführungen dem Tempelbau Salomos widmet. Leider ist vom salomonischen Tempel nichts mehr vorhanden. Knapp vierhundert Jahre hat er gestanden, bis er im Jahre 587 v. Chr. durch den babylonischen König Nebukadnezar zerstört wurde.

Später kam es zum Bau eines neuen Tempels unter Serubbabel (520 v. Chr.) und ab dem Jahre 19 v. Chr. zum grandiosen Neubau unter König Herodes – jenem Tempel, in dem Jesus ein- und ausging. Der Herodes-Tempel wurde im Jahre 70 n. Chr. von den Römern unter Kaiser Titus Vespasianus zerstört. Übrig blieben allein Teile des Tempelplatzes mit der Klagemauer. Etwa dort, wo einst der salomonische Tempel gestanden hat, erhebt sich heute der muslimische Felsendom. Er wurde im siebten Jahrhundert n. Chr. vom Kalifen 'Abdalmalik als eines der Hauptheiligtümer des Islam errichtet (Abb. 19).[1]

Das bedeutet in aller Klarheit: Der salomonische Tempel ist auf Grund der Zerstörungen und häufigen Überbauungen für alle Zeiten verschwunden. Um so erstaunlicher ist es, daß Forscherleidenschaft es immer und immer wieder geschafft hat, Rekonstruktionen des Tempels hervorzubringen. Das letzte umfassende Werk über Salomos Tempel von Th. A. Busink[2] bringt es auf stolze siebenhundert (!) Seiten, Zeichen der anhaltenden Faszination, die der salomonische Tempel bis heute auszuüben vermag.

## ÜBERRESTE DES SALOMONISCHEN TEMPELS?

Immer wieder hat man auch versucht, dem salomonischen Tempelbau den einen oder anderen Fund auf dem Tempelberg zuzuweisen.
So wurden die Stützmauern des Tempelareals nach salomonischen
Spuren abgesucht. Obwohl alle Forscher darin übereinstimmen, daß
die riesige Tempelplattform erst unter Herodes geschaffen wurde,
gehen einige davon aus, daß es schon unter Salomo zu umfangrei-
chen Terrassierungsarbeiten gekommen sein muß.[3]

Nun beobachtete bereits Sir Charles Warren, der von 1867 bis
1870 Pioniergrabungen an der herodianischen Umfassungsmauer
unternahm, etwas außerordentlich Auffälliges: Am Südostende
der Mauer entdeckte er die Verwendung verschiedener Steine
(Abb. 36).[4] Die vertikale Schnittstelle ist auch heute noch deutlich zu
erkennen, da die Steinreihen plötzlich auf einer anderen Anschluß-
höhe liegen. Rechts von der Schnittstelle sieht man unpolierte Stein-
quader, deren Bossen rauh und unregelmäßig hervortreten. Die
Ränder sind nicht klar markiert. E.-M. Laperrousaz hält dieses
Mauerwerk für salomonisch. Den sich anschließenden Mauerteil aus
geglätteten Steinen mit exakten Randzonen schreibt er der herodianischen Erweiterung des Tempelareals zu.[5]

Tatsächlich ist davon auszugehen, daß Herodes die Tempel-
terrasse in nördlicher, südlicher und westlicher Richtung hin erwei-
terte, nach Osten hin – auf Grund des steilen Abfalls ins Kidron-Tal –
jedoch der »salomonischen« Mauerlinie folgte, die nach Norden und
Süden verlängert wurde (Fig. 23). Andererseits sind uns salomonische Mauern bisher nur als Kasemattenmauern bekannt – etwa in
Hazor, Geser und Megiddo. Die »salomonische« Umfassungsmauer
wäre dann das einzige Beispiel einer Blockmauer.

Doch E.-M. Laperrousaz hat darauf hingewiesen, daß die Salomo
zugeschriebene Mauerpartie phönizischer Bauweise entspricht, die
aus der Zeit vor der Zerstörung des Tempels stammt – zum Beispiel
in einem Höhenheiligtum in der israelitischen Stadt Dan – und
erstaunliche Ähnlichkeit mit dem Mauerwerk aus Ras Schamra aus
dem vierzehnten/dreizehnten Jahrhundert v. Chr. aufweist. Die

phönizischen Parallelen haben einiges Gewicht, da Phönizier die Bauleute des salomonischen Tempels waren.

Ein anderes Relikt hat ebenfalls Aufmerksamkeit gefunden. Bei Grabungen am Fuß des Gipfelhangs an der östlichen Hügelseite stieß man auf einen Geröllhaufen, der aus fein behauenen Bruchquadern bestand. Darunter wurde ein Pfeilerkapitell freigelegt, das im protoionischen Stil gehalten ist (Abb. 37). Kein Zweifel, daß dieses Kapitell von einem bedeutenden Bauwerk stammt, das oberhalb des Gipfelhangs gestanden haben muß. Könnte dieses Bauwerk der salomonische Tempel gewesen sein? Kapitelle ähnlicher Art wurden nicht

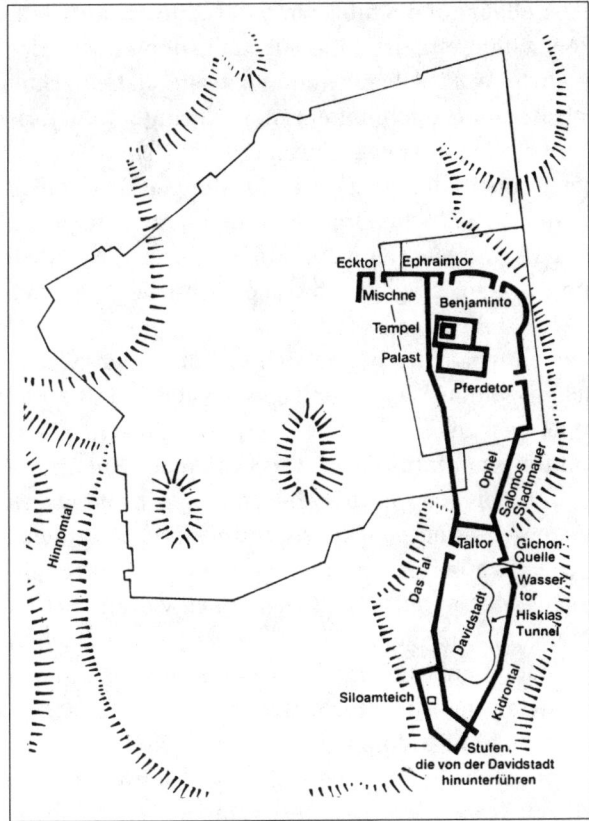

Fig. 23 Jerusalem
zur Zeit Salomos

nur in Samaria gefunden, der Residenz der nordisraelitischen Omri-
dendynastie des neunten Jahrhunderts v. Chr., sondern auch im
Megiddo des zwölften Jahrhunderts v. Chr. So spricht einiges dafür,
daß das Volutenkapitell aus Jerusalem in älteste Zeiten zurückweist
und vielleicht das einzige Relikt ist, das aus salomonischer Zeit auf
uns gekommen ist.[6]

## SALOMO NICHT GRÜNDER DES TEMPELS!

Wie dem auch sei, wer es unternimmt, den salomonischen Tempel
zu rekonstruieren, ist allein auf die biblischen Berichte angewiesen.
Diese jedoch zu entschlüsseln, ist eine »Tantalusqual«, wie der
amerikanische Gelehrte W. F. Albright einmal treffend bemerkte.
Denn die biblischen Berichte zeichnen ein merkwürdig »unhistori-
sches« Bild des Tempelbaus. So suggerieren die biblischen Verfasser, daß hinter dem Tempelbau alle anderen Leistungen des Königs
zurücktreten. Doch diese Hervorhebung des Tempelbaus entspricht
nicht den wirklichen Vorgängen, denn Salomo hat nur sieben Jahre
am Tempel arbeiten lassen. Dagegen beanspruchte der Bau der
Palastanlagen dreizehn Jahre.

Und dann die zweite überraschende Beobachtung: Verglichen
mit den erstaunlichen Dimensionen der Palastanlagen mußte der
salomonische Tempel bescheiden wirken – vergleichbar einer kleinen Dorfkirche inmitten einer imposanten Gesamtanlage. Ein drittes
kommt hinzu: Der Tempel war Teil der Palastanlage. Handelte es
sich bei ihm um einen »Volkstempel« oder nur um einen »Familien-
oder Hoftempel«, wie etwa bei den mittelalterlichen Palastkirchen,
die der Bevölkerung normalerweise nicht zugänglich waren? Schon
diese wenigen Bemerkungen zeigen, daß wir uns von der biblischen
Perspektive verabschieden müssen, durch die der Tempelbau in das
Zentrum der Salomo-Überlieferung gerückt wurde.

Noch ein weiterer Zug der Salomo-Überlieferung muß in Frage
gestellt werden, nämlich, Salomo habe nur *einen* Jahwe-Tempel
errichtet. In den Jahren 1962 bis 1967 unternahm ein Archäologen-

team unter der Leitung von Yohanan Aharoni Ausgrabungen im östlichen Negeb. Dort – etwa dreißig Kilometer östlich von Beer-Scheba – stießen die Ausgräber auf die israelitische Festungsanlage von Arad, unmittelbar gegenüber der alten Kanaanäer-Stadt gleichen Namens gelegen. Einwandfrei nachgewiesen wurde eine salomonische Ausgrabungsschicht, die an den typischen, der Anlage vorgelagerten Kasemattenmauern zu erkennen war.[7]

Damit war klar, daß Salomo auch im judäischen Südland Stützpunkte hatte ausbauen lassen, um die Grenzregion gegen die Edomiter zu schützen und um Handelswege zu sichern. Den Festungsanlagen im Norden Israels hat sich, wenn nicht alles trügt, ein südliches Festungssystem angeschlossen.

Die sensationellste Entdeckung aber war die Freilegung eines Tempels in der Nordwestecke der Festungsanlage. Dabei handelt es sich um den bis heute einzigen ausgegrabenen Jahwe-Tempel aus biblischen Zeiten! (Abb. 39) Die Identifikation als Jahwe-Tempel ergibt sich aus aufgefundenen Inschriften: Es werden zwei Priester, Pashur und Meremoth, genannt, die aus biblischen Texten bekannt sind (Esra 2,38; Nehemia 12,3; Jeremia 20,1 ff.).[8] Außerdem wurde eine Inschrift gefunden, die einen »Tempel Jahwes« erwähnt. Wahrscheinlich ist dies ein Hinweis auf den Tempel in Jerusalem, da er in einer Ausgrabungsschicht gefunden wurde, nachdem der Tempel von Arad schon zerstört worden war.

Der Tempel in Arad entspricht einem ganz anderen Bautypus als der Tempel in Jerusalem (Fig. 24/25). In einem großen ummauerten Vorhof steht der Brandopferaltar aus unbehauenen Steinen, der nach den Maßen des altisraelitischen Altargesetzes gestaltet ist (2. Mose 20,24 ff.). Dem Vorhof schließt sich der Tempel an, der – und das ist erstaunlich – breiträumig angelegt ist. Hervorgegangen ist dieser Tempel in Arad aus der damals favorisierten Bauweise der vierräumigen Wohnhäuser, die ebenfalls archäologisch nachgewiesen wurden. Der Besucher stieß also schnell auf das Allerheiligste, das in einer schmalen Nische angebaut war.

Im Gegensatz dazu war das Allerheiligste im etwa zur gleichen Zeit errichteten Jerusalemer Tempel nicht ohne weiteres zugänglich, da dieser einem langgestreckten Tempelbautypus entsprach. Das Allerheiligste in Arad enthielt zwei Räucheraltäre (Abb. 39) am Eingang und im Hintergrund zwei Mazzeben. Das ist um so erstaunlicher, als Mazzeben Überreste der kanaanäischen Religion sind und in einem Jahwe-Tempel nichts zu suchen haben.

Das bedeutet, daß Salomos »Tempelbaupolitik« keineswegs auf

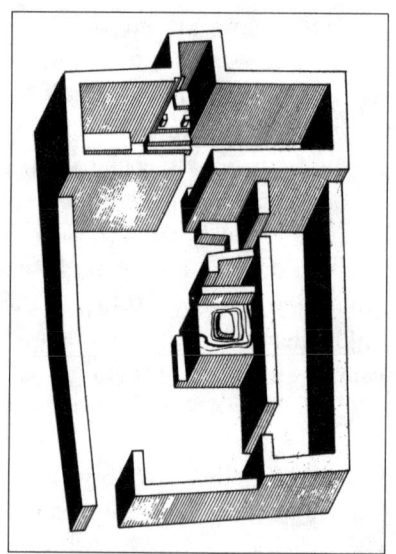

Fig. 24 Tempel von Arad aus salomonischer Zeit

Jerusalem beschränkt war. Und weiter: Salomo hatte keine Hemmungen, kanaanäische Kultgegenstände wie Mazzeben in einem Jahwe-Tempel zu dulden. Noch ein weiteres Zeichen seiner Toleranz: Das Gebiet um Arad war von Kenitern besiedelt. Die Keniter gehörten ursprünglich nicht zum Stamm der Judäer, waren aber mit Mose verschwägert (Richter 1,16). Ihre Landnahme hatte sich friedlich gestaltet.[9] Daß der salomonische Tempel in Arad ursprünglich ein kenitischer Tempel gewesen ist, bestätigt unseren Eindruck, den wir schon in Gibeon gewonnen haben: Salomo scheint alles daran gesetzt zu haben, jene Stammestraditionen zu wahren, denen der Friede über alles ging.

Die biblischen Verfasser haben den Tempel in Arad natürlich verschwiegen. Sie waren ganz einseitig auf den Tempel in Jerusalem fixiert, der ihnen als einzig zugelassener Jahwe-Tempel galt. Salomo aber war weiser als die Bibelverfasser.

Noch ein weiteres Vorurteil der Bibel gilt es zurechtzurücken: Salomo habe den ersten Tempel in Jerusalem gebaut. Das Bild der biblischen Überlieferung ist in diesem Punkt so überzeugend gewesen, daß man nicht auf die Idee kam, schon vor Salomo könnte in Jerusalem ein Jahwe-Tempel existiert haben. Eine oft übersehene Notiz führt uns aber zu der irritierenden Erkenntnis, daß es schon vor Salomo einen Tempel, ein »Haus Jahwes« (bayit jahwe), in Jerusalem gab. Dieser taucht im Zusammenhang mit König David auf, nachdem jenes erstgeborene Kind zu Tode gekommen war, das der Verbindung mit Bathseba entstammte.

Diese Überlieferung haben wir schon kennengelernt, aber jenen Zug ausgelassen, der sich mit dem Jahwe-Tempel befaßt. Danach hatte sich David nach dem Tod seines erstgeborenen Sohnes gewaschen, gesalbt, mit neuen Kleidern versehen und war zu Bathseba gegangen. Um sie zu trösten, hatte er Salomo gezeugt. Doch zuvor hatte er ein »Haus Jahwes« aufgesucht. »Da stand David von der Erde auf und wusch sich und salbte sich und zog andere Kleider an und ging in das Haus Jahwes [bayit jahwe] und betete an.« (2. Samuel 12,20)

Damit scheint klar bezeugt, daß es schon vor Salomos Tempel einen Jahwe-Tempel in Jerusalem gegeben haben muß. Doch wie paßt das zur biblischen Aussage, derzufolge es David ausdrücklich verboten war, einen Tempel zu bauen? Die naheliegende Antwort wird lauten, daß es sich ursprünglich nicht um einen Jahwe-Tempel gehandelt hat, sondern um einen der Jerusalemer Stadttempel, in dem nicht Jahwe, sondern eine kanaanäisch-jebusitische Gottheit verehrt wurde. Vielleicht jener geheimnisvolle El Eljon, der »Schöpfer des Himmels und der Erden«, dem schon Abraham Ehre erwiesen hatte, als er es zuließ, daß ihn der Jerusalemer Priester Melchisedek segnete (1. Mose 14,18 ff.).[10]

Eine weitaus beunruhigendere Frage stellt sich, ob Salomo tatsächlich einen Tempel von Grund auf neu errichtet hat. Die biblische Überlieferung bestätigt dies eindeutig. Doch über das Tempelgelände liegen zwei unterschiedliche Überlieferungen vor: Die Salomo-Überlieferung des Könige-Buches geht von einem »jungfräulichen« Gelände aus, auf dem der Tempel errichtet wurde. Der chronistische Geschichtsschreiber hingegen weiß anderes zu berichten. Danach hätte schon David das spätere Tempelgelände von einem jebusitischen Altbürger Jerusalems, einem gewissen Ornan/Arauna, käuflich erworben (2. Chronik 3,1; 2. Samuel 24).

Das war geschehen, nachdem David die bereits erwähnte Volkszählung zwecks Rekrutierung und Musterung der Bürger Israels durchgeführt hatte. Diese tief in die traditionelle Heeresverfassung eingreifende Maßnahme wurde von Jahwe mit einer Pestepidemie bestraft. Auch Jerusalem wäre nicht verschont worden, hätte David nicht alle Schuld auf sich genommen. Als Sühne wird David daraufhin der Bau eines Jahwe-Altars aufgetragen. Deshalb erwirbt er die »Tenne Araunas«, wo Salomo später den Tempel errichten wird.[11]

Der chronistische Berichterstatter geht noch weiter. Für ihn hat das Tempelgelände schon seit altersher eine ehrwürdige, heilige Qualität. Ihm zufolge hat sich genau dort, wo Salomo den Tempel errichten ließ, jenes Ereignis zugetragen, das in die Frühzeit Israels zurückweist: die von Abraham beabsichtigte Opferung Isaaks auf dem Berge Moria, die durch göttliche Intervention in das Ersatzopfer eines Widders verwandelt wurde – Hinweis auf das Ende von Menschenopfern in der israelitischen Geschichte (2. Chronik 3,1).

Der chronistische Geschichtsschreiber hat also alles daran gesetzt, das Tempelgelände zu »israelitisieren«. Dieses bewußte Bemühen, von dem im Könige-Buch noch nichts zu spüren ist, legt die Vermutung nahe, daß das Tempelgelände nicht so jungfräulich war, wie die Bibel es suggeriert. Gute Gründe sprechen dafür, daß der von David errichtete Altar in Wahrheit ein jebusitisch-kanaanäisches Heiligtum war, das erst nachträglich von David »jahwesiert« wurde. Demnach wäre von einer Kontinuität der Kultorte auszugehen.[12]

Kann der jebusitische Kultort, auf dem sich der Tempel Salomos erheben sollte, noch genauer charakterisiert werden? Es ist zu vermuten, daß die »Tenne Araunas« in der Nähe jenes monumentalen Felsens lag, der heute unter der Kuppel des islamischen Felsendoms verborgen liegt (Abb. 21).[13] Es ist bezeichnend, daß die biblischen Verfasser mit keinem Wort auf diesen »Heiligen Felsen« eingehen, da die jebusitisch-kanaanäischen Erinnerungen unterdrückt werden sollten. Anders die spätere muslimische Legende, die wissen will, daß der Prophet Mohammed auf Befehl des Erzengels Gabriel zum Heiligen Felsen entrückt wurde, um von dort aus seine Himmelfahrt anzutreten.[14]

Während der Heilige Felsen im Islam neben der Kaaba in Mekka und dem Prophetengrab in Mekka als wichtiges Heiligtum verehrt wird, sind die biblischen Tempelbauberichte mit Schweigen über den Felsen hinweggegangen, um jegliche Erinnerung an ein vorisraelitisches Heiligtum auszulöschen. Die altchristliche Tradition hingegen verfuhr großzügiger: Sie identifizierte den Heiligen Felsen mit dem von Salomo außerhalb des Tempels errichteten Brandopferaltar. Spätere christliche und islamische Traditionen wollten dagegen wissen, der Felsen habe im Allerheiligsten des salomonischen Tempels gelegen.[15]

Aus den biblischen Tempelbauberichten läßt sich all dies nicht erschließen, denn sie verschweigen den Felsen. Allerdings finden sich in der Bibel andere Hinweise auf den Heiligen Felsen. Gemeint sind einige Psalmen-Stellen, die von Jahwe als »mein[em] Felsen« sprechen (Psalm 28,1; 62,3/7; 5. Mose 32,3). Aber diese Formel ist zu unspezifisch, um sie auf den Jerusalemer Felsen beziehen zu können. Deutlicher wird Psalm 61,3 ff., wo ein Bedrängter betet: »Vom Ende der Erde rufe ich zu dir; denn mein Herz ist in Angst; du wollest mich führen auf einen hohen Felsen.«[16]

Doch auch hier könnte ein nur allgemeiner Hinweis auf den Tempelberg gemeint sein. Eindeutiger spielt wohl der Prophet Jesaja auf den Heiligen Felsen an. »Darum spricht Gott Jahwe: Siehe, ich lege in Zion einen Grundstein, einen bewährten Stein, einen kostbaren Eckstein, der fest gegründet ist ...« (Jesaja 28,16)

Wir kommen damit zu dem Ergebnis, daß der Heilige Felsen zwar in biblischen Traditionen erwähnt wird, aber nur sehr sporadisch, weil er offensichtlich mit kanaanäisch-jebusitischen Kulttraditionen belastet war.[17]

Doch jetzt zum Tempelbaubericht selbst, der alles andere als vollständig ist. So erfahren wir nichts über den genauen Ort auf dem Tempelgelände, nichts über seine Orientierung, kein Wort fällt über die Fundamentierungsarbeiten.[18] Nur das Tempelgebäude wird etwas genauer beschrieben, doch auch hier öffnen sich empfindliche Lücken: die Dicke der Mauern, die Anordnung der Fassade, das Dachsystem bleiben unbeschrieben.[19] Erwähnt werden im engeren Sinne allein Grundriß- und Höhenmaß sowie die einzelnen Raumteile des Tempels – also das, was man den »Rohbau« nennen könnte. Viel ausführlicher wird auf die Seitengemächer eingegangen, die als dreigeschossige Anbauten die Längswände und die Rückwand des Tempels umgeben.

Diese Seitengeschosse wurden erst nach Fertigstellung des Rohbaus angefügt. Denn es wird ausdrücklich hervorgehoben, daß die Tempelmauern nicht durch das Einlassen von Deckenbalken der einzelnen Seitengeschosse verletzt wurden. Noch detaillierter wird die wohl später gefertigte Innenausstattung der einzelnen Tempelräume beschrieben: das Schreinerwerk aus Zedern- und Zypressenholz, die fein geschnitzten Holzarbeiten aus Ölbaumholz, insbesondere die Cherubim-Plastiken im Allerheiligsten des Tempels. Der gesamte Bericht, der einem »Planungsbericht« gleicht, läßt viele Details weg, die uns interessieren würden. Er präsentiert die Bauabschnitte, gegliedert nach den »verschiedenen Facharbeitergruppen«: Steinmetzen, Schreinern und Schnitzern.[20]

Handelt es sich beim Tempelbaubericht tatsächlich um den Planungsbericht eines Neubaus? Wurde der Tempel von Grund auf neu, das heißt von Salomo gebaut? Hat Salomo den Tempel in baugeschichtlichem Sinn gegründet? Zu dieser Frage hat Konrad Rupprecht im Jahre 1977 eine aufsehenerregende Studie vorgelegt, in welcher er den Nachweis zu erbringen sucht, daß Salomo nicht als Gründer des Tempels anzusehen ist, sondern nur den Umbau eines schon vorher bestehenden Bauwerkes – einer kanaanäisch-jebusitischen Anlage – durchgeführt hat. »Salomo hat einen schon bestehenden Tempel übernommen, renoviert und baulich erweitert. Dabei könnte es sich sogar um einen älteren, jebusitischen Tempel handeln, den schon David auf der ›Tenne des Arauna‹ vorgefunden und für den Jahwe-Kult in Dienst genommen hatte.«[21] Diese überraschende Hypothese begründet Rupprecht mit rein philologischen Überlegungen, die er dem biblischen Baubericht entnimmt. In minutiöser Analyse weist er nach, daß sich über eine erste Bauphase im Text kaum Spuren finden. Alle anderen ausführlichen Informationen – die Beschreibung der Seitengeschosse, die Bemerkungen zur Innenausstattung des Tempels – setzen den Grundbau des Tempels schon voraus. Danach war der salomonische Tempelbau in Wahrheit der Bau an einem schon existierenden Tempel.

Somit würde sich auch der merkwürdigste Vers im gesamten Bericht erklären, der für Generationen von Auslegern ein Stein des Anstoßes war. Er findet sich bei der Beschreibung der Seitengeschosse: »Und als das Haus gebaut wurde, waren die Steine bereits ganz zugerichtet, so daß man weder Hammer noch Beil noch irgendein eisernes Werkzeug beim Bauen hörte.« (1. Könige 6,7)

Diesen Vers hat man stets für eine Unmöglichkeit gehalten. Wie auch hätten Steine ohne Baulärm zugerichtet werden können. In der Legende hat man deshalb gerne von einem Wunder gesprochen. Salomo habe – so die jüdische und muslimische Legende – die Hilfe von Engelwesen oder Dämonen mobilisiert, die den Bau ohne Werkzeuge ausgeführt hätten. Berühmt wurde die Legende vom wundersamen »Schamirstein«, durch den die Bausteine ohne Arbeitsgeräusche hergestellt wurden.[22]

Doch Wunderwerke haben in einem nüchternen Baubericht nichts zu suchen. Das richtige Verständnis des merkwürdigen Verses ergibt sich nach Konrad Rupprecht dann, wenn man davon ausgeht, daß die Bausubstanz des Tempels schon existierte, bevor Salomo den Umbau eines schon vorhandenen Tempelbaus in Angriff nahm.[23] Folgerichtig übersetzt Konrad Rupprecht jenes bis heute immer mit »bauen« wiedergegebene Wort (bnh) konsequent mit »instand setzen«, »umbauen«, »erweitern«. Dann darf es nicht mehr heißen »Während Salomo das Haus baute«, sondern »Während

Salomo an ihm baute ...«[24] Der salomonische Tempel ist baugeschichtlich also keine Neugründung.


## DER »STAMMBAUM« DES TEMPELS

Doch vielleicht läßt sich die von der Bibel suggerierte Einmaligkeit des salomonischen Tempels retten, wenn man den Grund- und Aufriß des von Salomo umgebauten Tempels ins Auge faßt. Der »Tempelbaubericht«, der in Wahrheit ein »Tempelumbaubericht« ist, geht von einer langgestreckten, dreigliedrigen Anlage aus Vorhalle ('ulam), Hauptraum (hekal) und Allerheiligstem (debir) aus. Wenn man das »königliche« Ellenmaß von zirka einem halben Meter voraussetzt, war der Tempel etwa dreißig Meter (sechzig Ellen) lang, zehn Meter (zwanzig Ellen) breit und fünfzehn Meter (dreißig Ellen) hoch (Fig. 25). Alles in allem keine monumentalen Maße. Der Tempel Salomos war ein eher bescheidenes Bauwerk! Und auch die Dreigliedrigkeit darf sich keiner Besonderheit rühmen. Architektonisch entsprach der salomonische Tempel einem weitverbreiteten Tempeltyp, der im Alten Orient schon längst bekannt war.[25]

Das ergibt sich allein aus der Tatsache, daß es nicht Israeliten waren, die das Bauwerk ausführten, sondern »Gastarbeiter« aus Phönizien, die auf Grund des Kooperationsvertrags mit Hiram von Tyrus nach Jerusalem geschickt worden waren. Wahrscheinlich bauten die phönizischen Arbeiter nach Vorbildern, die ihnen bekannt waren.

Die archäologischen Ergebnisse der letzten dreißig Jahre haben den architektonischen »Stammbaum« des salomonischen Tempels verständlicher gemacht.[26] Schon im dritten vorchristlichen Jahrtausend finden sich langgestreckte Tempelhallen im südöstlichen Griechenland (Pevkakia, Lerna), in Thessalien (Karanovo) und im anatolischen Kulturraum (Troja, Karatas). Die verlängerten Seitenarme bilden bei diesen »Megaron-Tempeln« eine Vorhalle. Ausgehend von Anatolien verbreitete sich dieser Tempeltyp im zweiten Jahrtausend v. Chr. in Syrien und gelangte von da aus auch nach Kanaan.

Inzwischen hatte sich der langgestreckte Baukörper differenziert. So läßt der Tempel D von Ebla eine vorsichtige Dreiteilung
erkennen: ein offener Portikus mit Vorhalle, dann der Hauptraum
und eine Kultnische an der Stirnseite, heiliges Zentrum mit einem
aufgestellten Götterbild. Einem ähnlichen Bautypus wie in Ebla sind
zwei Tempel in Tell Munbaqa auf der Ostseite des Mittleren Euphrat
zuzurechnen. Die Tempel von Emar auf der Westseite des Euphrat
zeigen ebenfalls eine Vor- und eine Haupthalle, an deren Stirnseite
sich eine erhöhte Plattform für ein heiliges Kultbildnis befindet.
Damit ist hinlänglich bewiesen, daß es bereits im zweiten Jahrtausend v. Chr. langgestreckte Tempelbauten im nördlichen Syrien gab.

Beispiele für den langgestreckten, in sich differenzierten Tempel-

Fig. 25  Der Tempel Salomos

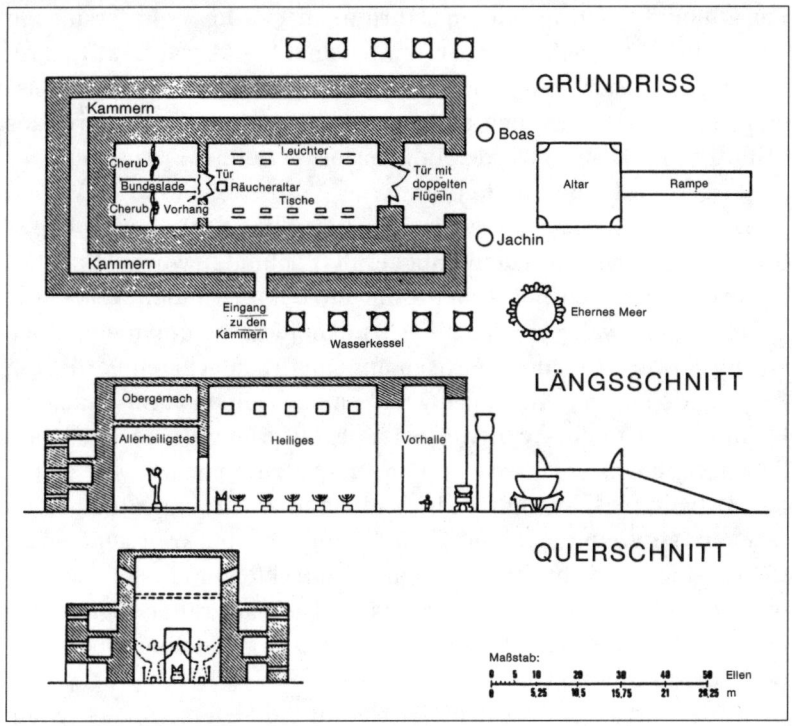

typus finden sich in Kanaan in Sichem und Megiddo. Diese Tempel werden ins sechzehnte/fünfzehnte Jahrhundert v. Chr. datiert (Fig. 26). Eines ihrer besonderen Merkmale sind die beiden Turmbauten, die eine Vorhalle flankieren. Im Unterschied zum salomonischen Tempel weisen diese Tempel jedoch nur eine schwach ausgeprägte Tendenz zur Langräumigkeit auf. Während im salomonischen Tempel Schmal- und Breitseiten im Verhältnis eins zu drei stehen, kommt der Tempel in Sichem nur auf ein Verhältnis von drei zu vier, jener in Megiddo sogar nur auf ein Verhältnis von sechs zu sieben.

Die dem Tempel Salomos zeitlich und stilistisch am nächsten kommende Parallele findet sich in Hazor. Dort grub Yigael Yadin in den fünfziger Jahren einen kanaanäischen Tempel aus, der exakt in Vorhalle, Hauptraum und Allerheiligstes unterteilt war (Abb. 34, Fig. 26) und im dreizehnten Jahrhundert v. Chr. der Zerstörung anheimfiel.[27] Geweiht war der Tempel dem Wettergott Baal Hadad. Das ist einem basaltenen Räucheraltar zu entnehmen, der ein Kreisemblem mit vier Strahlen aufweist, dem Symbol des Wettergottes (Abb. 43). Außerdem wurde ein Bronzestier gefunden, auf dem der Wettergott gestanden hatte (Abb. 41).

Der aufgefundene Torso des Gottes trägt ebenfalls das Kreisemblem, das schon auf dem Räucheraltar gefunden wurde. Darüber hinaus wurde eine Basaltplatte mit einer kreisrunden Vertiefung gefunden, die wahrscheinlich bei Trankopferzeremonien eine Rolle spielte, sowie ein Trankopfertisch mit einer rechteckigen Vertiefung freigelegt; ferner ein Basaltgefäß mit schönen Spiralmustern (Abb. 46). Besonders wertvoll war die Ausgrabung von neunzehn Siegelzylindern, von denen einer Opfertiere zeigt, die an einem Lebensbaum festgebunden sind. Ein anderer Zylinder zeigt den thronenden Wettergott Baal Hadad, flankiert von zwei geflügelten Cherub-Figuren (Abb. 42). Und dann entdeckte man in der Vorhalle des Tempels noch zwei Pfeilerbasen. Die Ausgräber waren wie elektrisiert. Hatte man etwa einen Prototyp des salomonischen Tempels ausgegraben?

In der Tat beeindruckt die Dreiteilung des Tempelbaus, wenn

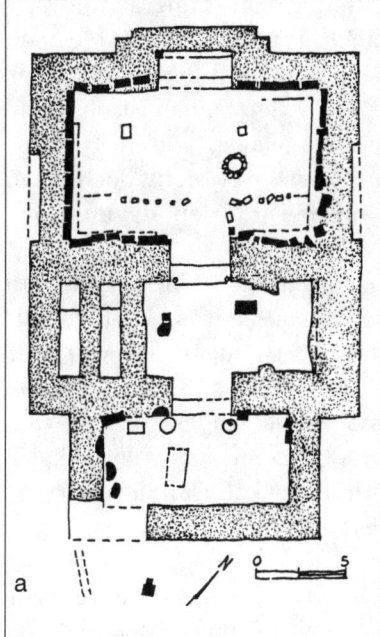

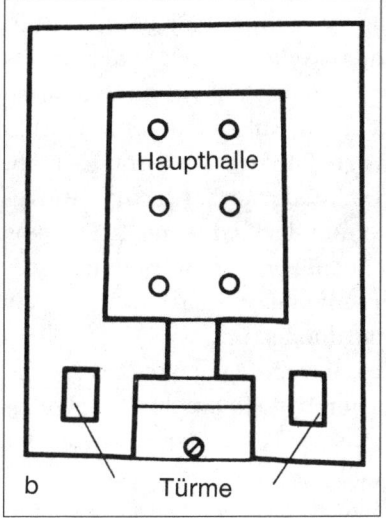

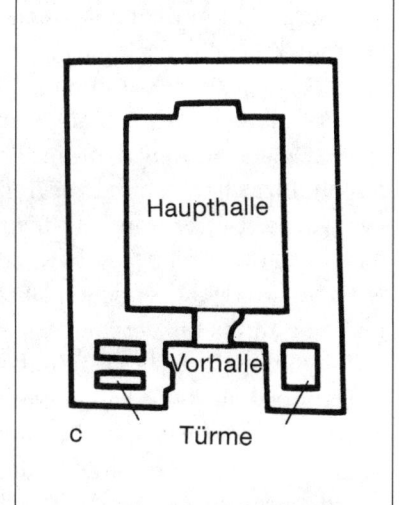

Fig. 26 Grundrisse der Tempel
von Hazor (a), Sichem (b), Megiddo (c).
15.–13. Jahrhundert v. Chr.

auch einschränkend gesagt werden muß, daß die Langräumigkeit –
wie in Sichem und Megiddo – noch nicht so ausgeprägt war wie beim
salomonischen Tempelbau. Die beiden Säulen in der Vorhalle des
Tempels hingegen erinnern an die rätselhaften Säulen »Jachin und
Boas«, die dem Tempel in Jerusalem vorgelagert waren. Die Existenz eines Räucheraltars im Tempel sowie das Motiv der beiden
Cherub-Figuren sind weitere erstaunliche Parallelen, die uns noch
beschäftigen werden.

Doch wie steht es mit der Dreigliedrigkeit des Tempels? Zwar gab
es in Hazor ein Allerheiligstes, aber nur als etwas erhöhte Kultnische, die unmittelbar vom Hauptraum aus zugänglich war. Der
Tempel in Hazor war also letztlich zweigeteilt.[28] Für Salomos Tempel
könnte das bedeuten, daß man von einem langgestreckten und
zweigeteilten Tempel ausgehen müßte, in den das Allerheiligste
eingesetzt wurde – und zwar in Form einer kubusähnlichen Holz-
konstruktion, welche die Bundeslade und zwei flankierende Cherub-
Figuren verwahrte (Abb. 38).

Obwohl bis heute keine Überreste des salomonischen Tempels
freigelegt worden sind, kann davon ausgegangen werden, daß die
phönizischen Bauleute einen Tempel errichteten, der in den dar-
gestellten »Stammbaum« einzuordnen ist. Diese Behauptung gilt
trotz der Tatsache, daß spezifisch phönizische Tempelbauten, die als
Vorläufer des salomonischen Tempels anzusehen wären, bis heute
nicht gefunden worden sind. Statt dessen gibt es einen berühmten
»Nachzügler« unweit des nördlichsten Punktes am Orontes-Fluß,
den phönizischen Tempel von Tell Tainat, der im Jahre 1930 freigelegt wurde. Dieser Tempel, der zweihundert Jahre nach Salomos
Tempel zu datieren ist, steht in der Nachfolge des altorientalischen,
genauer gesagt altsyrischen »Stammbaums«, dem sowohl er als
auch der Tempel in Jerusalem zuzuordnen sind.

Der Tempel von Tell Tainat ist eine eindeutig langgestreckte,
dreiräumig angelegte Anlage, wobei der dritte Raum das Allerheiligste birgt. In der Vorhalle befanden sich zwei Säulen. Obwohl der
Tempel erst in nachsalomonischer Zeit erbaut wurde, gibt es keinen
Grund, daran zu zweifeln, daß sich jener allgemeine, syrisch-kanaa-

näische Tempeltypus durchgehalten hat, dem auch die phönizischen Bauleute am salomonischen Tempel gefolgt waren.

Fassen wir die Ergebnisse zusammen, so läßt sich sagen: Der salomonische Tempel war nicht nur keine Neugründung eines Tempels auf jungfräulichem Boden, er kann auch keine architektonische Sonderstellung beanspruchen. Rechnet man die bescheidenen Maße wie auch die relativ kurze Bauzeit im Verhältnis zu den Palastbauten hinzu, fällt die von der Bibel suggerierte »Einmaligkeit« des salomonischen Tempels in sich zusammen.

## SALOMOS TEMPEL – EIN »MENSCHLICHES PROJEKT«

Um so drängender erhebt sich dann die Frage, worin die besondere Auszeichnung des Tempelbaus bestanden hat. Wenn das Besondere nicht in Architektur, Bauform und Bausubstanz gelegen hat, dann doch nur in der ihm zugemessenen Bedeutung. Doch welche Bedeutung hatte der Tempel Salomos? Einer Antwort nähern wir uns, wenn wir zunächst bestimmen, was der Tempel Salomos nicht gewesen ist: kein Totentempel wie die meisten ägyptischen Tempel, in denen das Weiterleben der Pharaonen imaginiert wurde. Der salomonische Tempel war auch kein Siegestempel wie die meisten mesopotamischen und auch zahlreiche ägyptische Tempel, in denen sich siegreiche Könige verewigten. Darüber hinaus fehlt dem salomonischen Tempelprojekt ein wesentliches Element: Seine Gründung geht nicht auf eine göttliche Weisung zurück.

Dadurch unterscheidet sich Salomos Tempelprojekt etwa von jenem Tempelbau des sumerischen Fürsten Gudea von Lagasch (um 2150 v. Chr.; Abb. 23). Diesen erreicht in einem Traum die göttliche Weisung, dem Gott Ningirsu einen Tempel zu bauen. Ningirsu teilt dem träumenden König einen genauen Bauplan mit, nach dem der Tempel errichtet werden soll. Daraufhin kündigt Gudea den Großen seines Hofes seine Absicht an, einen Tempel nach göttlichem Bauplan zu errichten. Baumeister werden engagiert, Zedern aus dem Libanon herangeschafft, dazu Gold und Silber zur Ausschmückung.

Ganz anders Salomo: Auch er hatte einen Traum – jenen auf der Höhe von Gibeon –, doch ein Tempelbau wurde ihm von Jahwe nicht aufgetragen.[29] Das aber bedeutet, die Initiative zum Tempelbau wurde nicht durch »göttliche« Inspiration veranlaßt, sondern ist auf menschliches Wollen und Planen zurückzuführen. Salomos Tempelbau erscheint so als »menschliches Projekt«.

Dieser Eindruck verstärkt sich, wenn wir die merkwürdige Vorgeschichte des Tempelbaus ins Auge fassen. Danach trug sich bekanntlich schon David mit dem Gedanken, einen Tempel für Jahwe zu errichten. Ihm wurde der Tempelbau jedoch vom Hofpropheten Nathan ausdrücklich untersagt. Die Begründung, die Nathan im Stil einer Gottesrede vorträgt, lautete: »Solltest du mir ein Haus bauen, daß ich darin wohne? ... Habe ich die ganze Zeit, als ich mit den Israeliten umherzog, je geredet ...: Warum baut ihr mir nicht ein Zedernhaus?« (2. Samuel 7,5 ff.)

Das ist es: Dem Nomadengott Jahwe entspricht kein fester, prunkvoller Tempelbau, in dem man seine Gegenwart festzubannen gedachte. David muß über das Tempelbauverbot mehr als irritiert gewesen sein, denn ihm lag viel daran, die Königsstadt Jerusalem auch in religiöser Hinsicht besonders hervorzuheben und auszuzeichnen. Anders als in den altorientalischen Nachbarkulturen wurde in altisraelitischen Kreisen ein Tempelbau aber nicht unbedingt für notwendig erachtet: Der Nomadengott war, so suggeriert das Tempelbauverbot, kein Tempelgott.

Sicher, die biblische Überlieferung versucht in derselben prophetischen Verbotsverfügung den Bogen zum salomonischen Tempelbau herzustellen: Was David verwehrt wurde, wurde dem Sohn Salomo erlaubt. Und nach Fertigstellung des Tempels läßt Salomo in einer großen Einweihungsrede diesen Zusammenhang aufleuchten: »Mein Vater David hatte es zwar im Sinn, dem Namen Jahwes, des Gottes Israels, ein Haus zu bauen, aber Jahwe sprach zu meinem Vater: Daß du im Sinn hast, meinem Namen ein Haus zu bauen, daran hast du wohlgetan, daß du dir das vornahmst. Doch nicht du sollst das Haus bauen, sondern dein Sohn, der dir geboren wird, der soll meinem Namen ein Haus bauen.« (1. Könige 8,17 ff.)

Diese Aussage Salomos geht sicher auf das Konto der biblischen Verfasser. Denn in der Verbotsverfügung, die ursprünglich an David ergangen war, steht kein Wort darüber, daß Jahwe den Plan Davids prinzipiell gutgeheißen hätte. Die Nathan-Rede (2. Samuel 7) enthielt nur ein striktes Nein zum Tempelbau Davids und geht sogar noch weiter: »Und Jahwe verkündigt dir, daß Jahwe dir ein Haus bauen will. Wenn nun deine Zeit um ist und du dich zu deinen Vätern schlafen legst, will ich dir einen Nachkommen erwecken, der von deinem Leibe kommen wird; dem will ich sein Königtum bestätigen.« (2. Samuel 7,11 f.)

Nicht David wird Jahwe, sondern Jahwe David ein »Haus« bauen. Damit ist aber nicht ein Tempel, sondern die davidische »Dynastie« gemeint. Erst von den biblischen Redaktoren wurde diese »tempelfeindliche« Nathan-Rede um den Hinweis auf den salomonischen Tempelbau ergänzt (V. 13).[30] Entgegen der biblischen Darstellung, die einen Zusammenhang zwischen Davids und Salomos Tempelprojekten herstellen möchte, muß festgehalten werden, daß Salomo den Tempel aus eigener Initiative heraus errichten ließ. Das geht auch daraus hervor, daß der Tempelbaubericht ganz unvermittelt einsetzt: Es ist weder von einer göttlichen Beauftragung – wie bei Gudea von Lagasch – noch von einer angeblich prophetischen Erlaubnis die Rede. Nein, Salomos Tempelbau war ein ausschließlich »menschliches Projekt«.

## DIE UMWANDLUNG DER BUNDESLADE

So sind wir wieder zurückgeworfen auf die Frage, worin das Besondere des salomonischen Tempelbaus gelegen hat. Was unterschied den Tempel in Jerusalem von allen altorientalischen Tempeln? Es fehlte ein Gottesbild! Im Allerheiligsten wurden keine Götterstatue, keine Mazzebe, kein Goldenes Kalb – Inkarnationen des göttlichen Wesens – aufgestellt. Der Tempel in Jerusalem war ein bilderloser Tempel, getreu dem altisraelitischen Gebot, daß von Gott kein Bild angefertigt werden durfte.[31] Man könnte sich mit dieser Auskunft zufriedengeben und hätte es mit einem Tempel zu tun, dem genau das fehlte, was im altorientalischen Sinne einen Tempel erst zum Tempel machte.

Doch so einfach liegen die Dinge nicht. Wie wir wissen, wurde im Allerheiligsten zwar kein Gottesbild aufgestellt, doch immerhin etwas, was die Gegenwart Gottes anzeigte: die Bundeslade, jener rätselhafte Kasten ('aron), über dessen Bedeutung immer wieder und mit unterschiedlichen Ergebnissen nachgedacht worden ist.[32] Gibt uns die Bundeslade im Allerheiligsten des Tempels vielleicht einen Hinweis auf das »Besondere« des salomonischen Tempels? Wir bejahen diese Frage, gehen aber davon aus, daß man bis heute nicht entdeckt hat, worin die wahre Bedeutung der Bundeslade im salomonischen Tempel bestanden hat. Auch die biblischen Verfasser haben den wahren Sinn der Bundeslade im Allerheiligsten nicht mehr angemessen verstanden. Um dem wahren Sinn der Bundeslade im salomonischen Tempel nahe zu kommen, müssen wir uns etwas eingehender mit der Vorgeschichte dieses altisraelitischen Heiligtums beschäftigen.

Der Bundeslade werden wir zum erstenmal ansichtig, als die Mose-Schar vom Sinai aufbrach. Mitgeführt wurde die Bundeslade, ein kastenartiger Thronsitz[33], auf dem Jahwe, der Gott Israels, unsichtbar, aber wirkmächtig thronte.[34] »So zogen sie von dem Berge Jahwes drei Tagesreisen weit, und die Lade des Bundes Jahwes zog vor ihnen her die drei Tagesreisen, um ihnen zu zeigen, wo sie ruhen sollten ... Und wenn die Lade aufbrach, so sprach Mose: Herr steh auf! Laß deine Feinde zerstreut werden und alle, die dich hassen, flüchtig werden vor dir! Und wenn sie sich niederließ, so sprach er: Komm wieder, Jahwe, zu der Menge der Tausende in Israel!« (4. Mose 10,33 ff.)

In dieser altertümlichen Erzählung[35] kommt zum Ausdruck, was die Bundeslade ursprünglich gewesen war: ein Kriegspalladium, das von der nomadisierenden Mose-Schar mitgeführt wurde[36], Sitz des kriegerischen Jahwe, dessen machtvolles Eingreifen erbeten und erfleht wurde. Die Bundeslade war ein Kriegssymbol, das seine Mächtigkeit immer wieder unter Beweis stellte: beim Durchzug durch den Jordan (Josua 3) und bei der »Eroberung« Jerichos (Josua 6). Sie bewahrte ihren kriegerisch-aggressiven Charakter, etwa als sie bei einer Strafexpedition der israelitischen Stämme gegen die benjaminitische Stadt Gibea mitgeführt wurde, die eines Unzuchtsverbrechens überführt worden war (Richter 20,26 ff.).

Nach der Seßhaftwerdung der israelitischen Stämme taucht die Bundeslade dann hier und dort auf, bis sie einen festen Standort in der ephraimitischen Stadt Silo erhält. Ein Tempeldienst wurde für sie eingerichtet, Wallfahrten fanden statt, Gebete und Gelübde wurden vor ihr dargebracht (1. Samuel 1 f.).

Die Bundeslade behielt auch in Silo ihre kriegerische Funktion. Das läßt sich am Namen Jahwes ablesen. Denn in Silo wurde der Gott Israels als »Jahwe Zebaoth« verehrt, als der »Herr der Heerscharen«, wobei es von zweitrangiger Bedeutung ist, ob himmlische[37] oder menschliche Heerscharen[38] gemeint sind. Eine interessante Theorie geht davon aus, mit »Jahwes Heerscharen« seien die aus Nord- und Südisrael zusammengeführten Truppen Israels gemeint.[39] Entscheidend bleibt, daß im Namen »Jahwe Zebaoth« der kriegerische Charakter des Gottes auch namentlich anklingt.[40]

Das wird bestätigt, als sich die Philister gegen Israel erheben und in der Schlacht von Aphek siegreich bleiben. Die besiegten Israeliten besinnen sich auf die »Kriegsmächtigkeit« der Bundeslade, die daraufhin eilig aus Silo herbeigeholt wird. Doch dieses Mal hilft die Bundeslade nicht. Die Israeliten fliehen, die Bundeslade gerät in die Hand der Philister und wird im Dagon-Tempel der Philister-Stadt Asdod aufgestellt.

Doch der kriegerische Charakter der Bundeslade bleibt auch weiterhin auf magisch-zerstörerische Weise wirksam: Im Dagon-Tempel stürzt das Gottesbild um, Haupt und Hände des feindlichen Gottes liegen abgetrennt vor der Bundeslade. Die Einwohner von Asdod werden von rätselhaften Krankheiten geschlagen, der Tod geht in der Stadt um. Man bringt die unselige Lade nach Ekron, wo sich die Stadtbewohner jedoch gegen deren Einquartierung wehren. Sie geraten in Angst und Schrecken über die unheimlich-zerstörerischen Wirkungen der Bundeslade. Man setzt die Bundeslade auf einen Wagen, der, von zwei Rindern gezogen, führerlos seinen Weg nimmt, bis er endlich in Beth-Schemesch zum Stehen kommt. Die Einwohner stellen die Bundeslade auf einen heiligen Stein, bringen Opfer dar, doch die Beulenpest und der Tod verbreiten sich auch weiterhin. Endlich findet die Bundeslade Unterkunft in Kirjat-Jearim, wo sie im Haus des Abinadab geweiht und umsorgt wird (1. Samuel 4–7).

Die Bundeslade scheint in der Folgezeit fast vergessen worden zu sein, bis sich König David an das einstige Kriegsheiligtum erinnert. Er läßt die Bundeslade nach Jerusalem überführen, um der Königsstadt ein altisraelitisches Heiligtum zu verschaffen, eine im nachhinein genial zu nennende Idee, durch welche Jerusalem zum Kultzentrum aller israelitischen Stämme aufsteigen konnte.

Die Überführung der Lade nach Jerusalem wird sehr spektakulär geschildert. Ein Heeresaufgebot von vierunddreißigtausend Mann soll sich aufgemacht haben, um die Bundeslade einzuholen. Unterwegs kommt es zu einem magisch-unheimlichen Zwischenfall, als ein gewisser Usa die Bundeslade festhält und die den Wagen ziehenden Rinder ausgleiten. Usa stirbt, geschlagen vom »Zorn Gottes« (2. Samuel 6,7). Beim Einzug in Jerusalem ist diese Stimmung verflogen: König David vollführt seinen rätselhaften Tanz vor der Bundeslade: »Und David tanzte mit aller Macht vor Jahwe her und war umgürtet mit einem leinenen Priesterschurz.« (2. Samuel 6,14)

Halbnackt und offensichtlich enthemmt tanzt David vor der Bundeslade. Das führt dazu, daß Davids Frau Michal, die dem Treiben vom Palast aus fassungslos zuschaut, ihren Mann zur Rede stellt und ihm seine Entblößung vor den Frauen seiner Männer als demütigende Selbsterniedrigung vorhält. David verteidigt seinen Tanz jedoch als »heiligen« Tanz, dargebracht zu Ehren seines Gottes.

Den Charakter dieses Tanzes zu verstehen, fällt bis heute schwer, da über heilige Tänze in Israel ansonsten kaum etwas bekannt ist. Doch im Zusammenhang der gesamten Lade-Überlieferung dürfen wir annehmen, daß es sich um einen heiligen Kriegstanz gehandelt hat, vergleichbar jenen Kriegstänzen, die aus archaischen Kulturen bis heute bekannt sind. Dafür spricht auch die Tatsache, daß die israelitischen Krieger als »chalusim« zum Kampf antraten, das heißt als kaum Bekleidete.[41]

Die Lade-Prozession schließt sich uns damit zu einem »kriegerischen« Gesamtbild: Das kriegerische Lade-Heiligtum, eingeholt von Davids Heerbann, wird im heiligen Kriegstanz vom priesterlichen Kriegskönig umtanzt und in einem Zeltheiligtum abgestellt, wo David seine Soldaten im Namen des Kriegsgottes »Jahwe Zebaoth« segnet. David hat die Bundeslade noch einmal als Kriegsheiligtum im Krieg Israels gegen die Ammoniter eingesetzt (2. Samuel 11,11).

Mit der Bundeslade hatte David ein altisraelitisches Heiligtum nach Jerusalem gebracht und damit die Erinnerung an die nomadische Kriegstradition aufrechterhalten: dem Kriegsgott ein Kriegsheiligtum vom kriegerischen König. Wie wird sich Salomo verhalten? Wird er dem altisraelitischen Kriegsheiligtum seine Reverenz erweisen?

Als der Tempel nach sieben Jahren Bauzeit fertiggestellt ist, kommt es zur feierlichen Einweihung. König Salomo und die Ältesten der Stämme versammeln sich, um die Bundeslade aus dem davidischen Zeltheiligtum in den Tempel zu überführen. Priester werden aufgeboten[42], um die Lade zu tragen.

»Und der König Salomo und die ganze Gemeinde Israel, die sich bei ihm versammelt hatte, ging mit ihm vor der Lade her und opferte Schafe und Rinder, so viel, daß man sie nicht zählen noch berechnen konnte. So brachten die Priester die Lade des Bundes Jahwes an ihren Platz in den Chorraum des Hauses, in das Allerheiligste, unter die Flügel der Cherubim. Denn die Cherubim breiteten die Flügel aus an dem Ort, wo die Lade stand, und bedeckten die Lade und ihre Stangen von oben her. Und die Stangen waren so lang, daß ihre Enden gesehen wurden in dem Heiligsten, das ist die Tempelhalle [hekal], vor dem Chorraum; aber von außen sah man sie nicht. Und dort sind sie bis auf diesen Tag. Und es war nichts in der Lade als nur die zwei steinernen Tafeln des Mose, die er hineingelegt hatte am Horeb, die Tafeln des Bundes, den Jahwe mit Israel schloß, als sie aus Ägyptenland gezogen waren.« (1. Könige 8,5 ff.)

Diese Darstellung der Lade-Überführung in das Allerheiligste des

Tempels muß uns nach allem überraschen, denn sie entbehrt kriegerischer Züge. Nicht die geringste Andeutung läßt uns vermuten, daß
es sich bei der Bundeslade um ein Kriegsheiligtum handelt. Kein
Kriegstanz wird um die Bundeslade aufgeführt; keine magisch-
zerstörerischen Wirkungen gehen von ihr aus, und der unsichtbar
auf der Bundeslade thronende Gott wird nicht mit seinem kriegerischen Beinamen (Zebaoth) angesprochen. Die gesamte Prozession
wird knapp und nüchtern berichtet. Wichtig scheint den biblischen
Verfassern allein, den genauen Standort der Bundeslade anzugeben.

Damit gewinnen wir ein erstes wichtiges Ergebnis: Ein ursprünglich kriegerisches Heiligtum wird zur letzten Ruhe geleitet, wird
gleichsam »beigesetzt«. Vorbei ist es mit den zerstörerisch-unheim-
lichen Wirkungen der Bundeslade. Gemessen an der einst enthusia-
stisch gefeierten Bundeslade, der ungeheuerliche Zerstörungskräfte
innewohnten, kann nun von einem Funktionsverlust der Tempellade
gesprochen werden.

Ist dieser Bedeutungsverlust der Bundeslade ein Werk Salomos?
In der Forschung ist man eher skeptisch eingestellt. Denn der Bericht
über die Tempeleinweihung trägt viele Züge, die typisch sind für die
Sprache und Vorstellungswelt der biblischen Verfasser, die aber –
wie wir immer wieder hervorheben müssen – erst vierhundert Jahre
nach Salomo geschrieben haben.[43] Wir wollen uns an dieser Stelle
nicht auf eine Detailanalyse einlassen, möchten aber hervorheben,
daß mit der Aufstellung im Tempel Salomos die kriegerische Geschichte der Bundeslade *endgültig* erloschen ist.

Nie wieder wird sie zu kriegerischen Zwecken aus dem Tempel
geholt, nie wieder als Kriegspalladium vorangetragen. Nach der
Aufstellung im Tempel tritt die Bundeslade nie wieder als selbständi-
ges Objekt oder Subjekt unheimlicher Macht in Erscheinung.[44] Diese
Bändigung der »gewaltförmigen« Bundeslade scheint uns das
Hauptwerk Salomos zu sein, erklärt unserer Meinung nach aber
auch den wahren Sinn von Salomos Tempelbau: In Salomos Tempel
haben Krieg und Gewalt kein Platzrecht. So bergen die Worte Salomos, vorgetragen nach seiner Tempelrede, eine tiefe, friedenswir-
kende Bedeutung. »Gelobt sei Jahwe, der seinem Volk Israel Ruhe

gegeben hat, wie er es zugesagt hat. Es ist nicht eins dahingefallen von allen seinen guten Worten, die er geredet hat durch seinen Knecht Mose.« (1. Könige 8,56)

Wir können nicht ganz sicher sein, ob Salomo tatsächlich so gesprochen hat, wie die biblischen Verfasser ihn sprechen lassen. Für uns steht jedoch außer Zweifel, daß sie den salomonischen »Geist des Friedens« kongenial treffen: Salomos Tempelwerk bedeutet Frieden – dem Volk Israel wird Ruhe gegeben; an die guten Worte Mose wird erinnert, nicht an dessen Kriegsworte, die einst mit der Bundeslade verbunden waren. Und hinzufügen dürfen wir, daß auch der kriegerische Jahwe der Nomadenzeit in Salomos Tempel zur Ruhe kommt. Aus Salomos Gotteserfahrung sind einmal mehr alle zerstörerischen Eigenschaften getilgt. Was in der Gotteserfahrung in Gibeon aufleuchtete, gewinnt in Salomos Tempelbau seinen wohl schönsten Ausdruck: Der Friedenskönig baut dem Friedensgott einen Friedenstempel.

Die biblischen Verfasser haben den Friedenscharakter des salomonischen Tempels nicht in den Vordergrund gerückt; für sie standen theologische Aspekte im Zentrum ihrer Darstellung. Sie unterschlagen jedoch nicht, daß der Friede die Bedingung für den Tempelbau war. So gibt der chronistische Geschichtsschreiber siebenhundert Jahre nach Salomo eine interessante Begründung dafür, warum Salomo und nicht David den Tempel erbauen durfte:

»Und er [David] rief seinen Sohn Salomo und gebot ihm, Jahwe, dem Gott Israels, ein Haus zu bauen, und sprach zu ihm: Mein Sohn, ich hatte im Sinn, dem Namen Jahwes, meines Gottes, ein Haus zu bauen, aber das Wort Jahwes kam zu mir: Du hast viel Blut vergossen und große Kriege geführt; darum sollst du meinem Namen nicht ein Haus bauen, weil du vor mir so viel Blut auf der Erde vergossen hast.« (1. Chronik 22,6ff.)

Obwohl diese Überlieferung sehr jung ist, gibt sie etwas vom Friedenscharakter des salomonischen Tempels wieder. Die blutbefleckten Hände Davids standen einem Tempelbau entgegen; erst dem Friedenskönig Salomo war der Bau eines Friedenstempels erlaubt. Die biblische Überlieferung vermag leider nur zu zeigen, daß der Friede unter Salomo die Bedingung des Tempelbaus gewesen ist. Sie vermochte jedoch nicht zu zeigen, daß der Tempelbau selbst – seine Sinngestalt – ein Abbild der salomonischen Friedensidee gewesen ist.

Diese Sinngestalt kommt erst zum Vorschein, wenn man die rein technisch-nüchternen Notizen der Lade-Prozession hinterfragt und feststellt, daß die Bundeslade von einem Kriegs- in ein Friedensheiligtum umgewidmet worden war.

Damit ist das Besondere des salomonischen Tempelbaus festgelegt: Statt eines Gottesbildes wie in altorientalischen Tempeln erscheint im Zentrum der religiösen Verehrung ein Symbol, das jeglichen Gewaltcharakters entkleidet ist. So dürfen wir sagen, daß der Tempelbau für die Bundeslade dem allgemeinen Friedenswerk Salomos gleichsam die Krone aufsetzte.

## DIE MACHT DER CHERUBIM

Doch nicht nur die Lade-Prozession in den Tempel zeigt den Friedenscharakter, dem die Bundeslade zugeführt wurde, sondern sie wurde durch Salomo auch in einen ganz neuen Zusammenhang gestellt. Dem Kasten wurden zwei fünf Meter hohe Cherubim zur Seite gestellt, die ihre Flügel über die Lade ausbreiteten. Cherubim, geflügelte Fabelgestalten – manchmal mit menschlichem Antlitz, manchmal in Löwengestalt –, stammen aus dem mesopotamischen Kulturraum. Ihr akkadischer Name lautet »karibu« oder »kuribu«, was ursprünglich »Genius«, »Beisitzer« der großen Götter und »Fürsprecher« der Gläubigen bedeutete.[45]

Von Cherubim hörten wir schon etwas, als die Bundeslade aus Silo herbeigeholt wurde, um göttlichen Beistand im Feldzug gegen die Philister zu sichern. »Da sandte das Volk nach Silo und ließ von dort holen die Lade des Bundes des Herrn Zebaoth, der über den Cheruben thront.« (1. Samuel 4,4)

Auch als David die Lade nach Jerusalem überführt, ist von Jahwe, dem »Cheruben-Throner«, die Rede: »... diese [die Lade] ist genannt nach dem Namen des Herrn Zebaoth, der über den Cherubim thront.« (2. Samuel 6,2)

Cherubim waren mit der Lade offensichtlich seit ihrer Verbringung nach Silo verbunden. Es ist jedoch nicht ganz klar, ob die Bundeslade in Silo von den Cherubim getragen wurde[46], oder ob sich die Cherubim auf der Bundeslade befanden.[47] Die Frage ist nicht eindeutig zu entscheiden. Eindeutig läßt sich hingegen feststellen, daß die mit der Bundeslade in Silo verbundenen Cherubim *nicht* identisch sein können mit jenen Cherubim, die von Salomo im Allerheiligsten des Tempels aufgestellt wurden. Denn die Cherubim wurden getrennt von der Bundeslade angefertigt. Das aber bedeutet, daß Lade und Cherubim erst im Tempel zusammengeführt wurden.[48]

Was aber bedeutete die Hinzufügung der Cherubim, die ihre Flügel über die Lade breiteten? Die Antwort ergibt sich aus jener Passage in der Überlieferung, in der Mose die Bundeslade als Kriegspalladium anrief und die Gegenwart des kriegerischen Jahwe auf die Bundeslade herabflehte (4. Mose 10,35). Danach kam Jahwe auf die Lade herab, verließ sie aber wieder, wenn sie abgesetzt wurde. Daraus ergibt sich, daß die Bundeslade als Thronsitz des kriegerischen Jahwe angesehen wurde.

Im Tempel Salomos wurde diese Vorstellung entscheidend verändert. Nicht mehr die Bundeslade wurde als Thronsitz aufgefaßt, sondern die Cherubim, welche die Flügel über sie breiteten. Das aber heißt, daß der Bundeslade nicht nur alle kriegerischen Eigenschaften genommen wurden, sondern auch der Charakter eines Thronsitzes des kriegerischen Jahwe. Jahwe thronte nicht mehr auf einem kriegerischen Thron, sondern auf den Cherubim. Ein »Thronwechsel« findet statt: Jahwe steigt von seinem ursprünglichen Kriegsthron auf einen »unkriegerischen« Königsthron um.

Cherubim sind uns aus der altorientalischen Umwelt Israels als Thronträger wohlbekannt.[49] So zeigt die Elfenbeinschnitzerei von Megiddo (1350–1150 v. Chr.) den König auf einem Cheruben-Thron, während Gefangene an seinen Thron herangeführt werden (Fig. 20). Auch die Throndarstellung auf dem Sarkophag des Königs Ahiram von Byblos, die wohl aus dem dreizehnten Jahrhundert v. Chr. stammt, haben wir bereits kennengelernt. Der König von Byblos sitzt auf einem Cheruben-Thron, und eine Prozession nähert sich mit Gaben und Geschenken (Abb. 22). Das Beispiel aus Byblos war für uns sehr wichtig, denn Byblos war eine phönizische Stadt. Aus Phönizien stammten auch die Kunsthandwerker, die das Schnitzwerk im Tempel und die Cherubim über der Bundeslade anfertigten.

Cherubim treten aber nicht nur als Thronträger auf. Im kanaanäischen Tempel zu Hazor fand sich ein Siegelzylinder. Dargestellt ist der thronende Baal Hadad, über ihm zwei schützende Cherubim (Abb. 42). In Ägypten gab es darüber hinaus monumentale Sphingen-Galerien, die den Zugang zum vergöttlichten Pharao bewachten. Auf wunderbar gearbeiteten Brustschilden begegnen uns cherubenartige Sphingen des ägyptischen Königs Tutenchamun. Einmal flankieren zwei Cherubim die heilige Sonnenscheibe (Abb. 25), ein andermal verkörpern sich in den Cherubim zwei Göttinnen, die Osiris umhegen.

Die ägyptischen Parallelen müssen uns aufmerken lassen. Denn als sich die Lade in Silo befindet, werden zwei Priester mit ägyptischen Namen – Hophni und Pinheas – genannt.[50] Es liegt also nahe, daß sich mit den Cherubim nicht nur phönizisch-kanaanäische, sondern auch ägyptische Vorstellungen verbanden. Doch ein wesentlicher Unterschied bleibt: Die Cherubim im salomonischen Tempel flankieren kein sichtbares Heiliges – keine heilige Sonnenscheibe, keine Gottheit wie auf den Brustschilden Tutenchamuns –, sondern getreu dem altisraelitischen Bilderverbot den unsichtbar anwesenden Gott.

Jahwe, der »Cheruben-Throner«, ist ein unsichtbar, aber dennoch machtvoll anwesender Gott. Als solcher wird er oftmals in der Bibel genannt: So erflehte König Hiskia Hilfe von Jahwe, »der du über den Cherubim thronst«, als Jerusalem vom Assyrer-König Sanherib belagert wurde (2. Könige 19,15). Jahwe wird auch in Psalmen angerufen (Psalm 80,2; 99,1). Seine Gegenwärtigkeit kann in großartigen Bildern des »dynamisch Erhabenen« besungen werden, etwa dann, wenn ein Cherub den göttlichen Thronwagen führt und dabei die Naturgewalt von Wind und Wolken in seinen Dienst stellt. Dem Menschen aber, der des Cheruben-Throners in höchster Not ansichtig wird, wird Rettung zuteil:

»Als mir angst war, rief ich Jahwe an und schrie zu meinem Gott. Da erhörte er meine Stimme von seinem Tempel, und mein Schreien kam vor ihn zu seinen Ohren. Die Erde bebte und wankte, die Grundfesten des Himmels bewegten sich und bebten, da er zornig war. Rauch stieg auf von seiner Nase und verzehrend Feuer aus seinem Munde, Flammen sprühten von ihm aus. Er neigte den Himmel und fuhr herab, und Dunkel war unter seinen Füßen. Und er fuhr auf dem Cherub und flog daher, und er schwebte auf den Fittichen des Windes. Er machte Finsternis ringsum zu seinem Zelt, und schwarze, dicke Wolken ... Er streckte seine Hand aus von der Höhe und faßte mich und zog mich aus großen Wassern ... Er führte mich hinaus ins Weite, er riß mich heraus, denn er hatte Lust zu mir.« (2. Samuel 22,7 ff.; Psalm 18)[51]

Kein Zweifel, mit der Vorstellung von Jahwe als dem »Cheruben-Throner« verbindet sich eine Mächtigkeit von kosmischen Ausmaßen, die sogar die Naturgewalten in Aufruhr versetzt. Es ist eine »heilige« Mächtigkeit, die den Menschen erschrecken läßt und ihn gleichzeitig leidenschaftlich ergreift, jenes Urphänomen des Religiösen auslösend, das als »Mysterium tremendum et fascinandum« beschrieben werden kann. Diese Mächtigkeit des Cheruben-Throners ist keine zerstörende, sondern eine errettende, sie vernichtet nicht Leben, sondern ruft ins Leben. Die Macht des Cheruben-Throners unterscheidet sich dadurch wesentlich von jener kriegerischen Macht, die ursprünglich von der Bundeslade ausging.

Salomos Tempelfrömmigkeit war nicht nur darauf aus, die »gewaltförmige« Mächtigkeit der Bundeslade zu »entmächtigen«, sondern mit Hilfe der »Cherubim-Theologie« auch eine Mächtigkeit Jahwes zur Anschauung zu bringen, die als schützend, bewahrend und schöpferisch erfahren wurde.

Die Cherubim repräsentierten etwas von der »guten« Macht, die von Jahwe ausgeht. Das wird auch dadurch deutlich, daß sie nicht nur überlebensgroß über der Bundeslade aufgestellt, sondern auch auf dem Schnitzwerk im Innern des Tempels immer und immer wieder variiert dargestellt wurden. »An allen Wänden des Allerheiligsten ließ er [Salomo] ringsum Schnitzwerk machen von Cherubim, Palmen und Blumenwerk, innen und außen.« (1. Könige 6,29)

Cherubim inmitten von Palmen und Blumenwerk wurden auch an den wichtigsten Eingängen zum Tempel angebracht, an jenen Toren, die ins Heilige (hekal) und Allerheiligste (debir) führten. Damit ist ein weiterer Bedeutungszusammenhang der Cherubim angedeutet: die Cherubim als Beschützer der natürlichen Welt, insonderheit des sich in den Palmen symbolisierenden Lebensbaums.

Als Beschützer des Lebensbaums sind Cherubim vor allem im mesopotamischen Kulturraum schon lange vor Salomo bekannt gewesen, so auf einem Siegel aus Geser (zirka fünfzehntes Jahrhundert v. Chr.) und auf einem Kesselwagen aus Larnaka auf Zypern, der in die Zeit um 1400 bis 1200 v. Chr. zu datieren ist (Abb. 47). Schaut man nun im salomonischen Tempel von den überlebensgroßen Cherubim über der Bundeslade auf die das Tempelinnere schmückkenden Cherubim inmitten von Palmen und Blumenwerk, dann wird etwas vom merkwürdigen Doppelsinn des Heiligen erlebbar: Lassen die Cherubim über der Bundeslade den Aspekt göttlicher Allmacht hervortreten, betonen die Cherubim im Schnitzwerk des Tempels eine freudige, dem natürlichen Leben zugewandte Mächtigkeit. Der Tempel wird in seinem Innern zu einem gleichsam paradiesischen Garten.

Diese Wahrnehmung ist keine Sinnestäuschung, denn wir wissen, daß im biblischen Paradies Cherubim den Zugang zum Baum des Lebens bewachten (1. Mose 3,24). So lehrt uns auch der Tempel Salomos, die biblische Paradiesgeschichte noch einmal mit salomonischen Augen zu lesen. Wie bereits früher erkannt, spiegelte sich im paradiesischen Erkenntnisbaum die Weisheitserfahrung Salomos wider. Jetzt erleben wir, daß der Tempel Salomos nicht nur die Wohnstätte göttlicher Gegenwart darstellt, sondern sich auch zum paradiesischen Lebensgarten öffnet. Doch der Tempel überbietet die paradiesische Erfahrung: Versperren die Cherubim dort den

Zugang zum paradiesischen Lebensbaum mit gezogenem Schwert, öffnet sich der Tempel dem eintretenden Menschen. Kein Cherub hindert ihn an der Ahnung jener glücklichen Lebenswirklichkeit des Paradieses, die ihm doch für immer verschlossen schien. So erweist sich der salomonische Tempel als Ort des Friedens und Lebens. Die Cherubim haben uns mit der Friedens- und Lebensmächtigkeit salomonischer Erfahrung vertraut gemacht. Wandert unser Blick jetzt noch einmal zurück zur kleinen Bundeslade, die unter den Flügeln der Cherubim-Gestalten verborgen war, dann drängt sich der Eindruck auf, als sei die Bundeslade, das ursprünglich kriegerische Heiligtum der Israeliten, degradiert worden. Einige weitere Beobachtungen weisen ebenfalls in diese Richtung. So klärt sich die merkwürdige und bis heute unverstandene Notiz auf, welche uns wissen läßt, daß die Tragestangen der Bundeslade vom Hauptraum (hekal) des Tempels aus nicht vollständig sichtbar waren, wenn man durch den schmalen Spalt im Vorhang vor dem Allerheiligsten schaute. Das aber bedeutet, die Tragestangen waren in Längsrichtung abgelegt. Die Spitzen der Tragestangen zielten also nicht auf den Betrachter, sondern lagen quer zu ihm.[52]

Das ist eine wichtige Information, derzufolge sich die Bundeslade dem Betrachter nicht in frontaler, sondern in Seitenstellung darbot. Dadurch konnte schon rein optisch niemand mehr auf die Idee kommen, bei der Bundeslade handele es sich um einen Thron.

Auch eine andere Vorstellung weist in Richtung Degradierung der Bundeslade. So existieren einige im Tempel gesungene Psalmen, die von Jahwes »Fußschemel« sprechen. »Erhebet Jahwe, unseren Gott, betet an vor dem Schemel seiner Füße, denn er ist heilig.« (Psalm 99,5) »Wir wollen in seine Wohnung gehen und anbeten vor dem Schemel seiner Füße.« (Psalm 132,7)

Es liegt nahe, den Fußschemel Jahwes mit der Bundeslade zu identifizieren.[53] Dann säße Jahwe auf den Cherubim, und die Bundeslade käme nur noch als Fußschemel in Betracht. Vieles spricht für diese Auffassung, zumal wir schon bei den Königen von Megiddo und Byblos einen Fußschemel vor dem Cheruben-Thron entdecken konnten (Fig. 20, Abb. 22).

## DIE GESETZESTAFELN

Doch darf man wirklich von einer Degradierung der Bundeslade sprechen? Zweifel sind angebracht. Denn Salomo nahm der Bundeslade zwar jegliche »gewaltförmige« Funktion, stattete sie aber mit einer neuen Bedeutung aus. Damit tritt jene Nachricht des Tempelberichts in den Vordergrund, die besagt, daß in der Bundeslade die beiden mosaischen Gesetzestafeln eingelegt waren (1. Könige 8,9).[54] Diese Nachricht muß uns zu denken geben, da in allen Geschichten, in denen die militärische Bundeslade eine Rolle spielte, von eingestellten Gesetzestafeln keine Rede gewesen war. So liegt die Vermutung nahe, daß es erst im salomonischen Tempel zur Einlegung der Gesetzestafeln gekommen ist.

Diese Vermutung könnte von all denen bestritten werden, die davon ausgehen, daß Bundeslade und Gesetzestafeln schon in nomadischer Zeit zusammengehörten.[55] Diese Auffassung orientiert sich an der Beschreibung der Bundeslade im zweiten Buch Mose (25,10ff.), wo die mosaischen Gesetzestafeln als Inhalt der Bundeslade angegeben werden. Doch wir wissen heute, daß diese »mosaische« Beschreibung erst sehr spät in den biblischen Zusammenhang eingefügt wurde, und zwar von Verfassern, die das Bild des salomonischen Tempels in die Wüstenzeit der Mose-Schar zurückprojizierten.[56] Der Beweis ist einfach zu führen, da die ursprünglichen Erwähnungen der Lade nichts über die Einstellung von Gesetzestafeln wissen, insbesondere jene Überlieferungen nicht, die von der Bundeslade als Kriegsheiligtum sprechen.

Ein stärkeres Gegengewicht kommt interessanten Beobachtungen des Forschers Julian Morgenstern zu.[57] Er beschäftigte sich mit jenen kleinen, tragbaren Zeltheiligtümern (mahmal, òtfe, kubbe), die bei Beduinen und Nomaden seit islamischer Zeit bis heute bekannt sind. Die »kubbe« ist ein transportables Spitzzelt aus rotem Leder und diente als Führer durch die Wüste. Sie wurde als Kriegspalladium eingesetzt und enthielt heilige Steine (Bethyle) oder Bilder des nomadisierenden Stammes. Nach Einführung des Islam wurden die heiligen Steine durch eine oder zwei Koran-Kopien ersetzt.

Abb. 31 *oben:* Salomonisches Festungstor in Geser mit Abflußgraben aus späterer Zeit.

Abb. 32 *unten:* Salomonisches Festungstor in Megiddo.

Abb. 33 *rechts:*
Wassertunnel in
Megiddo aus der Zeit
König Ahabs (871–852
v. Chr.).

Abb. 34 *unten:* Aller-
heiligstes im Tempel
von Hazor mit
Mazzeben. 13. Jahr-
hundert v. Chr.

Abb. 35: Zentralmassiv von Timna. Im Bildvorder-
grund »König Salomos Pfeiler«.

Abb. 36 *rechts:* Teil der südöstlichen Tempelplatzmauer. Rechts vielleicht salomonische Mauer in rauhen Bossen, links herodianische Mauer.

Abb. 37 *unten:* Proto-ionisches Pfeilerkapitell. Vielleicht einziges Relikt von Salomos Bauten in Jerusalem.

Abb. 38 *oben:* Das
Innere des salomo-
nischen Tempels.
Howland-Garber-
Modell.

Abb. 39 *links:* Tempel
von Tell Arad aus salo-
monischer Zeit.

Abb. 40 *Linke Seite oben links:* Reitende Astarte. Syrien, 1350–1200 v. Chr.

Abb. 41 *Linke Seite oben rechts:* Stier des Baal Hadad im Hazor-Tempel. 13. Jahrhundert v. Chr.

Abb. 42 *Linke Seite Mitte:* Baal Hadad auf dem Thron. Rechts oben zwei Cherubim. Hazor, 13. Jahrhundert v. Chr.

Abb. 43 *Linke Seite unten:* Räucheraltar des Baal Hadad im Hazor-Tempel. 13. Jahrhundert v. Chr.

Abb. 44 *oben links:* Göttin auf Löwen. Ägypten, 1350–1200 v. Chr.

Abb. 45 *oben rechts:* Astarte als »Herrin der Tiere«. Elfenbein. Ugarit (Ras Schamra), 1200–1150 v. Chr.

Abb. 46 *unten:* Schale mit Spiralmustern aus dem Hazor-Tempel. 13. Jahrhundert v. Chr.

Abb. 47 *rechts:*
Fahrbarer Kessel aus
Larnaka, Zypern.
1400–1200 v. Chr.

Abb. 48 *unten:*
Assurbanipal (668–626
v. Chr.) vor einem Dar-
bringungstisch und
einem Räucherständer.
Aus dem Palast in
Ninive.

Kein Zweifel, die Ähnlichkeiten zwischen »kubbe« und Bundeslade sind bestechend: Beide sind Kriegspalladium und Steinebehält-
nis, beide wandern mit den Nomaden und werden von Priestern
versorgt. Sie miteinander zu identifizieren, ist jedoch verfehlt, denn
die Bundeslade war ein Kasten ('aron) und kein Zelt. Sie wurde auf
einem Wagen oder von Menschen getragen, wohingegen die
»kubbe« auf einem Kamelrücken transportiert wurde. Entscheidend
aber ist, daß in den biblischen Berichten, die von der kriegerischen
Bundeslade handeln, niemals von Gesetzestafeln gesprochen wird.
So scheint sich unser Eindruck zu verfestigen, daß die Bundeslade
erst im salomonischen Tempel zum Gesetzesbehälter wurde.

Warum hat Salomo die Lade in ein Bundes- und Gesetzessymbol
umgewandelt? Die Antwort liegt auf der Hand: Er beraubte die
Bundeslade nicht nur ihrer ursprünglichen Bedeutung als Kriegsheiligtum, sondern ersetzte ihre kriegerische Bedeutung durch eine
unkriegerische. Die Kriegslade wurde gleichsam in ein Symbol »um-
getauft«, in dem sich der Gottesbund am Sinai und die mosaischen
Zehn Gebote sinnbildlich darstellten. Durch die Einstellung in den
salomonischen Tempel wurde aus der Kriegslade ein Lebens- und
Ordnungssymbol, das an jene fundamentalen Erfahrungen erin-
nerte, welche die altisraelitische Lebensform tief geprägt hatten. Der
Gottesbund hatte Israel zu einem Volk von Jahwe-Gläubigen gemacht, die Zehn Gebote hatten ein Gottesrecht festgehalten, in dem
die befreiende Herausführung aus Ägypten ebenso erinnert wurde
wie die Leben spendenden Weisungen, die sich in religiösen und
sozialen Geboten gefestigt hatten.

Sollte diese Umfunktionierung der Lade zum Rechts- und Bun-
deszeichen tatsächlich auf Salomo – und nicht auf die vier Jahrhunderte nach Salomo schreibenden Bibelverfasser – zurückzuführen
sein, wäre das nach unseren bisherigen Erkenntnissen eine Sensation. Denn das Rechtsdenken Salomos hatte sich in Abgrenzung von
und im Gegensatz zu levitisch-mosaischen Rechtstraditionen entwickelt. Die Rechtsbitte auf der Höhe von Gibeon ließ keine Beziehung zur mosaisch-levitischen Rechtsoffenbarung am Sinai erkennen, und das salomonische Urteil hatte sich gegen die levitische

Rechtsfindung durch Gottesurteile gerichtet. Sollte Salomo tatsächlich die Bundeslade zum Erinnerungssymbol an die Stiftung der Zehn Gebote auf dem Sinai umgewidmet haben, müssen wir eine Erklärung für dieses erstaunliche Phänomen suchen.

Eine Lösung ist nicht schwer zu finden: Auf der Höhe von Gibeon fand Salomos Durchbruch zu einer aufgeklärten Königsweisheit statt. Mit der Einstellung der mosaischen Gesetzestafeln in die Bundeslade versuchte er hingegen, den altisraelitischen Bundes- und Rechtsvorstellungen gerecht zu werden. Ein Ausgleich sollte hergestellt werden zwischen der »modernen« Rechtsauffassung, die sich am Jerusalemer Königshof durchgesetzt hatte, und den »altisraelitischen« Stämmetraditionen, die in Nordisrael gepflegt wurden. Altes und Neues sollten friedlich verbunden, nicht gegeneinander ausgespielt werden.

Bisher hat man diese grandiose Ausgleichsleistung Salomos noch nie entsprechend gewürdigt. Noch nie wurde der Durchbruch zur »modern-aufgeklärten« Lebensauffassung auf der Höhe von Gibeon in Verbindung gesetzt mit der Pflege der in der Bundeslade niedergelegten Zehn Gebote. Uns aber erscheint die Einstellung der Zehn Gebote in die Bundeslade als großartiges Beispiel der salomonischen Bemühungen, moderne und traditionelle Lebenskonzepte in Einklang zu bringen. Oder in heutigen Begriffen ausgedrückt: Salomos Bemühungen sind weder als »konservativ« noch als »modernistisch« zu charakterisieren, sondern als friedensstiftend. Damit liegen sie jenseits der heute so beliebten Gegensätze von Konservativismus und Modernismus.

So schließen sich unsere Beobachtungen zu einem in sich schlüssigen Gesamtbild: Der salomonische Tempel erhielt seine besondere Bedeutung dadurch, daß er die Bundeslade in das Zentrum der religiösen Verehrung stellte, ein Heiligtum, dessen ursprünglich gewalttätige Bedeutung – Thronsitz des kriegerischen Jahwe – konsequent abgestreift wurde. Der machthaltige Charakter der Bundeslade wurde abgetreten an die von Salomo aufgestellten Cherubim, die als Schutzgeister die Lebenssphäre Israels – Gott Jahwe und Bundeslade – bewachten und bewahrten. Die Bundeslade rückte zum Erinnerungssymbol an die Leben setzende Kraft des Sinai-Bundes und der Zehn Gebote auf. Dadurch gelang es Salomo nicht nur, die Bundeslade zu pazifisieren, sondern auch eine Vermittlung zwischen »modernem« Königsrecht (Rechtsoffenbarung in Gibeon) und altisraelitischem Gottesrecht (Zehn Gebote) herzustellen.

Salomos Tempelbau kann weder baugeschichtlich noch architektonisch als einmalig angesprochen werden. Im Hinblick auf die Friedensbedeutung aber, die den Tempel zu einem Sinnbild vollkommenen und vollendeten Lebens erhebt, wird er zu einem »glücklichen Raum«. Wer sich altorientalischen Tempeln nähert, wird dieser »glücklichen« Erfahrung kaum innewerden. Die ägyptischen Tempel zeugen vom Ernst des Todesgeschicks, dem zu entfliehen sie errichtet wurden. Ebenso wie mesopotamische Tempel dienten sie oftmals der Verherrlichung eines gottgleichen Königs, dessen Sieg und Triumph über die Feinde sie feierten. Die späteren griechischen Tempel künden vom Schicksal der Götter, doch der glücklichen Idee des Friedens sind sie nicht geweiht. Allein der salomonische Tempel bringt jene große Idee des Friedens zur erlebten Anschauung, die unaustilgbar der Friedensgeschichte der Menschheit angehören wird.

## SALOMO ALS HOHERPRIESTER

Leider ist der Friedenscharakter des salomonischen Tempels in seinen vielschichtigen Verzweigungen bis heute unentdeckt geblieben. Verantwortlich sind dafür die biblischen Verfasser, die zwar von der Bundeslade, von den Cherubim und den Gesetzestafeln sprechen, aber die Friedens- und Lebensbedeutung dieser Tempelheiligtümer nicht entfaltet haben. Die biblischen Verfasser waren an anderen, religiösen Zusammenhängen interessiert.

Salomo nähert sich dem Tempel nicht nur als König, sondern auch als Hoherpriester. Er führt die Lade-Prozession in den Tempel an, hält eine große wegweisende Rede, die den religiösen Sinn des Tempels enthüllt, er betet und fleht im längsten Gebet des Alten

Testaments, er segnet die Tempelgemeinde und feiert ein Opferfest zur Tempelweihe. Was ist daran historisch nachweisbar? Was geht auf das Konto der biblischen Verfasser, die Salomo vielleicht in glänzendem Licht erscheinen lassen wollten?

An Salomos Rolle als Hoherpriester ist kein Zweifel erlaubt, denn der Tempel war ein Königstempel, was priesterliche Rechte des Königs begründete. Schon David hatte priesterliche Aufgaben übernommen, und Salomo knüpfte an die Tradition seines Vaters an.

Für die historische Stellung Salomos als Hoherpriester spricht aber noch ein anderes wichtiges Indiz: In nachsalomonischer Zeit wurden dem König mehr und mehr hohepriesterliche Funktionen entzogen. Das läßt sich daran ablesen, daß nur David und Salomo, aber keiner ihrer Nachfolger als segnende Hohepriester auftreten. Die Segnung ging ganz und gar auf die Priester über, wobei sich der priesterliche Segen in jenen Worten vollzog, die einst Aaron aufgetragen worden waren: »Jahwe segne dich und behüte dich; Jahwe lasse sein Angesicht leuchten über dir und sei dir gnädig; der Herr hebe sein Angesicht über dich und gebe dir Frieden.« (4. Mose 6,24 ff.)

Salomo übte priesterliches Recht aus, als er die Tempelgemeinde segnete. Er lobt Jahwe, »der seinem Volk Israel Ruhe gegeben hat« (1. Könige 8,56). Geht es im priesterlichen Aaron-Segen um den Frieden des einzelnen, hebt der salomonische Segen auf den politischen Frieden ab – eine Abwandlung des Aaron-Segens, die dem Hohenpriester Salomo zustand, der als König für den Frieden des Volkes verantwortlich war.

Die biblischen Verfasser kritisieren Salomos Aneignung des priesterlichen Segens nicht. Doch er war der letzte König, dem das Recht des Segens zugestanden wurde. Später kam es gelegentlich zu Auseinandersetzungen, wenn sich Könige Priesterrecht anmaßten, etwa als König Usija, auch Asarja genannt, keine Hemmungen hatte, Räucheropfer im Jerusalemer Tempel darzubringen. Achtzig Priester – darunter der Hohepriester Asarja – erhoben sich gegen den König, der von Aussatz befallen wurde (2. Chronik 26,16 ff.). Die chronistische Salomo-Überlieferung geht sogar so weit, den im

Könige-Buch enthaltenen hohepriesterlichen Segen schlicht und einfach zu streichen. Daraus können wir schließen, daß man den segnenden Hohenpriester Salomo kaum erfunden hätte, als dem König die hohepriesterlichen Rechte schon längst bestritten wurden.

Salomo tritt nicht nur als segnender Hoherpriester auf, sondern er fungiert auch, so wollen es die biblischen Verfasser, als Opferpriester. In dieser Funktion hatten wir ihn schon auf der Höhe von Gibeon erlebt. Doch bei der Tempelweihe soll alles noch viel großartiger zugegangen sein, denn die Zahl der geopferten Tiere stieg ins Unermeßliche. Zweiundzwanzigtausend Rinder und hundertzwanzigtausend Schafe sollen dargebracht worden sein. So weihte Salomo den Vorhof des Tempels, in dem die Tiere geschlachtet wurden, da der reguläre Brandopferaltar nicht ausreichte, um diese größte Opferhandlung, die in Israel je stattgefunden hat, durchzuführen.

Nicht nur die Zahl der Opfertiere überstieg jene auf der Höhe von Gibeon, sondern auch der Charakter des Opfers hatte sich verändert. Waren in Gibeon ausschließlich Brandopfer dargebracht worden, bei denen das ganze Opfertier verbrannt wurde, kam es im Vorhof des Tempels vornehmlich zur Darbringung von Dankopfern, bei denen im Rahmen einer Mahlgemeinschaft von den Opfertieren gegessen wurde. Worin besteht der Unterschied? Brandopfer waren auch Sühneopfer. Dankopfer hingegen waren Freudenopfer, bei denen auf fröhliche Weise die Gottesgemeinschaft gefeiert wurde. Wir sehen also, daß sich mit dem Tempel Salomos eher freudige denn schmerzhafte Erfahrungen verbanden.

Ist Salomo tatsächlich als Opferpriester aufgetreten? Wir haben unsere Zweifel, die auf drei Beobachtungen gründen: auf dem Brandopferaltar, einer merkwürdigen Wolkenerscheinung und auf Salomos Tempelgebet. Gehen wir noch einmal den Tempelbaubericht durch, stellen wir fest, daß über die Errichtung des Brandopferaltars kein einziges Wort fällt. Wäre allein der Tempelbericht – ohne Tempeleinweihung – überliefert, müßten wir davon ausgehen, daß Salomo einen Tempel ohne Schlachtopferstätte errichtet hat.[58]

Man hat für das merkwürdige Verschweigen des Brandopferaltars im Tempelbericht nach Gründen gesucht. Viele Forscher gehen davon aus, daß der Brandopferaltar deshalb nicht erwähnt wurde, weil er nicht den strengen Vorschriften des altisraelitischen Altargesetzes entsprach, die folgendermaßen lauteten: »Einen Altar von Erde mache mir, auf dem du dein Brandopfer und Dankopfer, deine Schafe und Rinder, opferst … Und wenn du mir einen steinernen Altar machen willst, sollst du ihn nicht von behauenen Steinen bauen; denn wenn du mit deinem Eisen darüber kommst, so wirst du ihn entweihen.« (2. Mose 20,24 f.).

Der Brandopferaltar vor dem salomonischen Tempel entsprach nicht diesen Vorschriften. Er war aus Eisen hergestellt, nicht aus unbehauenen Steinen. Die biblischen Verfasser muß der »eherne« Brandopferaltar gestört haben; deshalb verschwiegen sie ihn auch im Tempelbaubericht. Daß sie Salomo trotzdem am Brandopferaltar opfern lassen, bedeutet aus dieser Sicht eine gehörige Inkonsequenz, die entweder auf die alten Quellen zurückzuführen ist, in denen der Altar verankert war, oder auf die Opfertheologie der biblischen Verfasser, die sich eine Tempeleinweihung ohne Opfer nicht vorstellen konnten.

Es ist schwierig, sich für eine der beiden Möglichkeiten zu entscheiden. Mit Sicherheit können wir jedoch sagen, daß das Opfer Salomos nicht, wie von den biblischen Verfassern beschrieben, stattgefunden haben kann. Dagegen spricht schon die völlig unglaubwürdige Zahl der Opfertiere. Wer die bescheidenen Maße des Tempelvorhofs zu den hundertzweiundvierzigtausend Dankopfertieren – hinzu kommen noch Brand- und Speiseopfer – in Beziehung setzt, kann nur ein »Unmöglich« konstatieren.

Daß Salomo mit Opfern nicht viel im Sinn gehabt haben kann, geht aus einem anderen Ereignis deutlich hervor, das sich nach Absetzung der Bundeslade im Allerheiligsten zuträgt. »Als aber die Priester aus dem Heiligen [debir] gingen, erfüllte eine Wolke das Haus Jahwes, so daß die Priester nicht zum Dienst hinzutreten konnten wegen der Wolke; denn die Herrlichkeit [kabod] Jahwes erfüllte das Haus Jahwes.« (1. Könige 8,10 f.)

Die Vorstellung von der Gegenwart des Göttlichen in einer Wolke taucht noch in zwei Zusammenhängen auf: einmal während des

Auszugs der Mose-Schar aus Ägypten (2. Mose 40,34 ff. u. a.), als eine Wolkensäule das Volk begleitete und beschützte. Zum anderen gehören Wolken zur Vorstellung von Jahwe, dem »Cheruben-Throner«. So heißt es im Psalm 104,3: »Du fährst auf den Wolken wie auf einem Wagen und kommst daher auf den Fittichen des Windes ...«

Wir halten die Wolkenepiphanie im Tempel für eine theologische Hinzufügung der biblischen Verfasser, die den heiligen Charakter der Tempelweihe verstärkt zum Ausdruck bringen sollte.[59] Doch uns kommt es mehr auf die andere Information an, daß die Priester auf Grund der Wolkenerscheinung »nicht zum Dienst hinzutreten konnten«. Das heißt, sie konnten den Opferdienst nicht an jenem Räucheraltar vollziehen, der vor dem Allerheiligsten in der Tempelhalle aufgestellt worden war.[60]

Die Priester kamen auch nicht zum Einsatz am vergoldeten Schaubrottisch, auf dem zwölf Brote, Sinnbild der zwölf Stämme Israels, ausgelegt waren. Ursprünglich wird es sich um einen Opfertisch gehandelt haben, wie er uns von einem Relief aus der Zeit König Assurbanipals (668–626 v. Chr.) bekannt ist (Abb. 48).[61] Den Priestern war es also verwehrt, als Opferpriester zu amtieren – für uns ein verdeckter Hinweis darauf, daß der salomonische Tempel nicht primär als Opfertempel verstanden wurde.

Dieser Eindruck festigt sich, wenn wir die Tempelrede Salomos genauer ins Auge fassen. Sicher, diese Rede ist in der Sprache der biblischen Verfasser gehalten. Doch daß sie von »salomonischem Geist« durchseelt ist, steht für uns außer Frage. Wie beschreibt Salomo die Werke der Tempelpilger? Die Antwort ist eindeutig und klar: Der Tempel gilt ausschließlich als Stätte des Gebets. Zum Gebet werden Sünder eingeladen, die einen Fluch auf sich geladen haben; zum Gebet wird aufgefordert, wenn kein Regen fällt, wenn Hungersnot und Pest das Volk überfallen; zum Gebet werden sogar die Fremden ermuntert, die in Jerusalem weilen (1. Könige 8,29 ff.).

Befremdlich ist für uns jene Gebetsbitte, die stattzufinden hat, wenn das »Volk auszieht in den Krieg gegen seine Feinde«, ein Satz, der so gar nicht zu dem passen will, was wir bisher über Salomo erfahren haben. Wir gehen deshalb davon aus, daß diese Bitte nicht von Salomo, sondern von den biblischen Verfassern stammt, welche die Gebetsfrömmigkeit Salomos in einen »Gebetskatechismus« gefaßt haben. Diesem fügten die biblischen Verfasser auch noch jene Bitte hinzu, in welcher die Rückkehr der »bekehrten« Israeliten nach Jerusalem erfleht wird, die im Jahre 587 v. Chr. nach Babylon verschleppt worden waren. Trotz dieser Hinzufügungen durch die biblischen Verfasser, die – der heiligen Siebenzahl gemäß – Salomos Tempelgebet ergänzten, kommt eines klar zum Ausdruck: Salomos Tempel war ursprünglich ein Ort des Gebets und nicht der kultischen sowie rituellen Zeremonien. Von darzubringenden Opfern ist in Salomos Tempelrede kein einziges Wort zu hören.

Salomo war nicht mehr an kultischen Zeremonien, an Opferritualen interessiert, sondern ihm ging es im Tempel um ein »innerliches« Geschehen, das durch individuelle oder gemeinschaftliche Not ausgelöst wurde. Salomo kommt das Verdienst zu, die Tempelfrömmigkeit als eine nichtrituelle, innerliche verstanden zu haben. Auffällig dabei ist, daß neben Naturkatastrophen wie Dürre, Hunger, Pest vor allem ethische Tatbestände – Versündigungen des einzelnen und des Volkes – zu Gebetsanliegen werden – ein Hinweis darauf, daß Salomo eine moralisch-sittliche Religiosität vertrat.

Salomo hat nicht – wie später die Propheten – den Opferkult direkt angegriffen, sondern ihn in seiner großen Tempelrede einfach nicht erwähnt. Diese Strategie der Nichterwähnung von allem, was in den Zusammenhang von Kult und Ritual gehört, ist aus unserer Sicht ein sprechendes Zeugnis für das Wesen der salomonischen Tempelfrömmigkeit. Sie achtete nicht auf äußerliche Verrichtungen, sondern rückte ein »innerliches Geschehen« in den Mittelpunkt. Wer Zugang zum Tempel verlangte, wer in den Bannkreis jenes Allerheiligsten gelangen wollte, in dem die mosaischen Gesetzestafeln aufbewahrt wurden, wurde auf sittliche, nicht kultische Reinheit befragt. Das kommt in jenen »Tempeleinlaßliturgien«[62] sehr schön zum Ausdruck, die uns in einigen Psalmen überliefert sind.

»Wer darf auf Jahwes Berg gehen, und wer darf stehen an seiner heiligen Stätte? Wer unschuldige Hände hat und reinen Herzens ist, wer nicht bedacht ist auf Lug und Trug und nicht falsche Eide schwört, der wird den Segen von Jahwe empfangen und Gerechtigkeit von dem Gott seines Heils.« (Psalm 24,3 ff.)

In diesem Zusammenhang gewinnt auch die Einstellung der Zehn Gebote in die Bundeslade eine bisher nicht erfaßte Bedeutung. Der salomonische Tempelkult führte den Menschen hin auf eine rechtliche, sittliche Wahrnehmung der altisraelitischen Religion; alle nichtsittlichen Tempelpraktiken – wie die Opferzeremonien, religiösen Reinigungsriten, die kultischen Waschungen – waren dem sittlichen Gehalt der salomonischen Tempelfrömmigkeit untergeordnet.

Das soll nicht heißen, daß es im salomonischen Tempel nicht zu kultischen Verrichtungen gekommen wäre. Dagegen sprechen schon allein die Opfergeräte wie der Räucheraltar im Tempel, der Brandopferaltar außerhalb des Tempels, das »Eherne Meer« und die Kesselwagen, die Reinigungswasser führten. Doch die kultischen Verrichtungen trafen nicht den Geist des salomonischen Tempels.

In nachsalomonischer Zeit wurde der unkultische, ethisch-sittliche Gehalt der salomonischen Tempelfrömmigkeit mehr und mehr verdunkelt. Man verließ sich auf die Darbringung von Opfern und vertraute der heiligen Macht des Tempels, ohne sich um die innere, am sittlichen Wesen orientierte Frömmigkeit zu kümmern. Nur so sind die harten Worte der Propheten verständlich, wenn sie den Tempelkult kritisieren, wie etwa der Prophet Jeremia:

»So spricht Jahwe Zebaoth, der Gott Israels: Bessert euer Leben und euer Tun, so will ich bei euch wohnen an diesem Ort! Verlaßt euch nicht auf Lügenworte, wenn sie sagen: Hier ist Jahwes Tempel! Sondern bessert euer Leben und euer Tun, daß ihr recht handelt einer gegen den andern ...« (Jeremia 7,3 ff.)

Diese prophetische Kritik am Tempelkult könnte auch Salomo geäußert haben. So dürfen wir uns durch die biblischen Verfasser nicht beirren lassen, denenzufolge die Tempelweihe in einem unüberbietbaren Opferfest ausklang. Die unaufhebbare Spannung zwischen innerlicher Gebetsfrömmigkeit und der grandiosen Äußerlichkeit eines Opferfestes zwingt uns dazu, das Wesentliche des salomonischen Tempelkultes festzuhalten: den Durchbruch zu einer unkultischen, innerlichen und sittlichen Frömmigkeit.

## Salomo als Theologe

Salomo war auch ein bedeutender Theologe. Denn wie kaum einem anderen gelang es ihm, die tiefste und schwierigste Frage aller Religion zu umkreisen: die nach der Gegenwart des Göttlichen. In seiner Tempelrede gelang es ihm, die Gegenwart des Göttlichen in ein spannungsvolles, ja paradoxes Bild zu fassen: »Die Sonne hat Jahwe an den Himmel gestellt; er hat aber gesagt, er wolle im Dunkeln wohnen. So habe ich nun ein Haus gebaut dir zur Wohnung, eine Stätte, daß du ewiglich da wohnest ...« (1. Könige 8,12 f.)

Dieser uns schon bekannte »Tempelweihspruch« wird in der weiteren Rede problematisiert: »Aber sollte Gott wirklich auf Erden wohnen? Siehe, der Himmel und aller Himmel Himmel können dich nicht fassen – wie sollte es dann dies Haus tun, das ich dir gebaut habe? ... Laß deine Augen offen stehen über diesem Hause Nacht und Tag, über der Stätte, von der du gesagt hast: Da soll mein Name sein ...« (1. Könige 8,27 ff.)

Was davon ist von Salomo gesagt worden, und was geht eventuell auf die biblischen Verfasser zurück, die Salomo ihre Worte in den Mund gelegt haben? Die Antwort ist nicht sehr schwierig: Wo von einer starken Gottesgegenwart im Tempel die Rede ist – also im »Tempelweihspruch« –, liegt die ältere, ursprüngliche Fassung vor; wo die Gottesgegenwart problematisiert wird, haben wir es mit einer späteren Reflexion zu tun, die eine zu unmittelbare Auffassung der Gottesgegenwart vermeiden möchte. Der »Tempelweihspruch« geht davon aus, daß der Tempel die Wohnstätte Gottes ist. Die angehängten Reflexionen hingegen sehen Gottes wahren Wohnsitz im Himmel und lassen im Tempel allein den »Namen Gottes« wohnen.

Damit bestätigt sich unser schon früher begründetes Urteil, daß es sich beim »Tempelweihspruch« um salomonisches »Urgestein« handelt.[63] Er faßt das Problem göttlicher Gegenwart in eine paradoxe Formel: Gott hat im Tempel seine »Wohnstätte« gefunden, ist aber im Dunkel »verborgen« gegenwärtig. Faßbarkeit und Unergründbarkeit, Immanenz und Transzendenz göttlicher Gegenwart werden damit auf unüberbietbare Weise in eins gefaßt.[64] Der Gott des salomonischen Tempels wird als sich zuwendender Gott erfahren, der sich aber nicht verfügbar machen läßt. So paßt zum salomonischen Tempel jenes »mystische« Halbdunkel, in welches das Innere getaucht war. Zwar waren Fenster in die Tempelmauer eingelassen, doch sie müssen auf Grund der hohen Seitengeschosse weit oben gelegen haben und spendeten deshalb nur wenig Licht. Licht fiel wohl nur durch die Eingangstore in den Raum. Das Allerheiligste ließ sich hinter einem Vorhang nur erahnen und war allein dem Hohenpriester zugänglich. Nähe und Unverfügbarkeit Gottes kamen auf diese Weise sinnfällig zum Ausdruck.

Die biblischen Verfasser haben die Weisheit des salomonischen »Tempelweihspruchs« kongenial erfaßt, wenn sie Gott nicht selbst, sondern nur den »Namen Gottes« im Tempel wohnen lassen. So wehrten sie alle magisch-materialistischen Auffassungen göttlicher Tempelgegenwart ab, ein Vorgang von erheblicher Bedeutung für die Jahwe-Frömmigkeit, nachdem der Tempel zerstört worden war. Denn der »Name Jahwes« blieb unzerstörbar und führte etwa in der jüdischen Mystik des Mittelalters zu tiefsinnigen Spekulationen.

Der »Name Gottes« war von rätselhaft-geheimnisvoller Mächtigkeit, durfte nicht ausgesprochen, sondern mußte vielmehr umschrieben werden. In der Zahlensymbolik der Kabbalisten wurde er immer wieder umkreist, offenbarte die Geheimnisse von Schöpfung und vom Fall des Menschen.[65] So wirkt Salomos Tempelfrömmigkeit weiter über die Jahrtausende. Verständlich wird aber auch, daß die Menschen – eingedenk des zerstörten Tempels – weinend sangen: »An den Wassern zu Babel saßen wir und weinten, wenn wir an Zion gedachten. Unsere Harfen hängten wir an die Weiden dort im Lande. Denn die uns gefangenhielten, hießen uns dort zu singen und in unserm Heulen fröhlich sein: ›Singet uns ein Lied von Zion!‹« (Psalm 137,1 ff.)

So blieb auch in Zeiten der Verfolgung und Heimatlosigkeit die Erinnerung an jenes Unaufgebbare gegenwärtig, das Salomo einst ins Werk gesetzt hatte.

## 6. Kapitel

## »Er diente der Astarte auch« –
## Salomos Religion

Salomos Persönlichkeit hat sich aus Abgründen herausgearbeitet, die uns staunen lassen. Das schicksalhafte Erbe eines verbrecherischen Vaters und einer ehebrecherischen Mutter scheint er verarbeitet zu haben. Den Bann von Blutrache und Brudermord hat er durch ein Friedenswerk gesprengt, das in Richterweisheit, in der Innen- wie Außenpolitik, in Staatsverständnis und im Regierungshandeln seinen konkreten Ausdruck fand. Er verzichtet auf triumphalistisches Gehabe, kommt ohne Feindbild aus, setzt – anstelle von Macht- und Kriegspolitik – auf umsichtige Diplomatie und Handelspolitik.

Seine Weltoffenheit ist staunenswert: Ausländer nimmt er in seinen Regierungsapparat auf, Ausländerinnen zieren seinen Harem und gewährleisten gute nachbarschaftliche Beziehungen, »Gastarbeiter« erbauen den Tempel, der ein Abbild seiner Friedensidee darstellt. Salomo ist weltoffen und traditionsbewußt zugleich: Der Tempelbau orientierte sich an fremden Vorbildern, doch ins Allerheiligste ließ er ein altisraelitisches Heiligtum – die Bundeslade – einstellen. Alle seine Bemühungen zielten auf einen Ausgleich zwischen aufgeklärtem Königsrecht und altisraelitischem Stammesrecht ab. Israel wurde von Salomo zu einem hochkomplexen Ganzen zusammengefügt, ohne die gewachsenen Unterschiede der Stämme und Völker zu ignorieren. Fremd waren ihm Fanatismus und Dogmatismus. So erscheint uns Salomos Leben als ein »geglücktes Leben«.

Doch merkwürdig, die biblische Überlieferung zeichnet keinen geglückten Lebensentwurf. Zwar werden Salomos Friedenswerk, seine Weisheit und Rechtlichkeit, sein Tempelbau als »geglückte« Konzepte vorgestellt. Doch die Deuteronomistischen Redaktoren sahen Salomo viel kritischer. Für sie zerfiel das Leben Salomos in eine geglückte und in eine mißglückte Phase.

»Und als er nun alt war, neigten seine Frauen sein Herz fremden Göttern zu, so daß sein Herz nicht ungeteilt bei Jahwe, seinem Gott, war, wie das Herz seines Vaters David. So diente Salomo der Astarte, der Göttin derer von Sidon, und dem Milkom, dem greulichen Götzen der Ammoniter. Und Salomo tat, was Jahwe mißfiel, und folgte nicht völlig Jahwe wie sein Vater David. Damals baute Salomo eine Höhe dem Kemosch, dem greulichen Götzen der Moabiter, auf dem Berge, der vor Jerusalem liegt, und dem Milkom, dem greulichen Götzen der Ammoniter. Ebenso tat Salomo für alle seine ausländischen Frauen, die ihren Göttern räucherten und opferten. Jahwe aber war zornig über Salomo, daß er sein Herz von Jahwe, dem Gott Israels, abgewandt hatte, der ihm zweimal erschienen war und ihm geboten hatte, daß er nicht anderen Göttern nachwandelte. Er aber hatte nicht gehalten, was ihm Jahwe geboten hatte.« (1. Könige 11,4–10)

Die Beurteilung von Salomos Religiosität ist merkwürdig zwiespältig. Sein Abfall vom Jahwe-Glauben wird eindeutig verurteilt und gleichzeitig als Alterstorheit entschuldigt. Ebenfalls entschuldigend wird der Abfall Salomos vom traditionellen Jahwe-Glauben als eine nur teilweise Apostasie beschrieben. Die raffinierteste Entlastung aber bieten die biblischen Redaktoren, indem sie den ausländischen Frauen die Schuld an Salomos Abfall vom reinen Jahwe-Glauben zuzuschieben versuchen. Das alte und beliebte Eva-Motiv wird einmal mehr aufgegriffen. Alle Entschuldigungsversuche beweisen jedoch nur eines: Den biblischen Verfassern war Salomos Religion ein Stein des Anstoßes.

Uns drängt sich jedoch die Frage auf, ob die biblischen Verfasser Salomos Religion verstanden haben. Zweifel sind angebracht. Denn der strenge und fanatische Monotheismus, den die biblischen Verfasser als Maßstab anlegten, ist erst das Produkt ihrer eigenen Zeit. Salomo ließ sich dem späten Jahwe-Fanatismus aber nicht so ohne weiteres anpassen. Seine Religion war offener und breiter angelegt als die Religion derer, die seine Geschichte geschrieben haben.

Daß sich Salomo nur schlecht in die biblische, das heißt strenge

Jahwe-Frömmigkeit einpassen ließ, macht folgender kleine Zug der Salomo-Überlieferung deutlich: Diese ging davon aus, daß Salomo lange regiert hat und in Frieden verstorben ist. Nach der strengen Jahwe-Theologie der biblischen Verfasser hätte Salomo wegen seines Abfalls jedoch schon zu Lebzeiten bestraft werden müssen, was aber – wie die Verfasser eingestehen müssen – nicht geschehen ist. Also konstruieren sie eine besondere Gnade Jahwes, die Salomo verschont habe (1. Könige 11,11 ff.). Erst nach seinem Tode kam es zur Bestrafung Salomos, als sein Königreich geteilt wurde. Dies alles zeigt uns, daß wir in die Motive genauer eindringen müssen, die Salomos Religion bestimmten.

## VÄTERGOTT, EL-GOTTHEITEN UND JAHWE

Deshalb ist es zunächst notwendig, auf die komplizierte Entwicklung des altisraelitischen Gottesglaubens einzugehen, dann die spannende Auseinandersetzung desselben mit der kanaanäisch-altorientalischen Religion zu charakterisieren und zu fragen, wie sich Salomos Religion in diese Zusammenhänge einordnet.

Der Gott Altisraels hat viele Namen, in denen sich sehr verschiedenartige Gotteserfahrungen verkörpern. Die Patriarchen des Alten Testaments erfahren ihren Gott als »Gott der Väter« (2. Mose 3,15).[1] Manchmal ist die Rede vom »Gott meines Vaters« (1. Mose 31,5/29/42; 43,23; 2. Mose 3,6), manchmal tritt der »Vätergott« mit einem Patriarchennamen zusammen – »Gott meines Vaters Abraham« (1. Mose 26,24); einmal werden verschiedene Patriarchennamen genannt – »Ich bin der Gott deines Vaters, der Gott Abrahams, Isaaks, Jakobs« (2. Mose 3,6). Der »Vätergott« trägt manchmal auch auffällig altertümliche Namen wie »Schild Abrahams« (1. Mose 15,1), »Schrecken Isaaks« (1. Mose 31,42/54), »Starker/Stier Jakobs« (1. Mose 49,24). Selten, aber immerhin auffällig, tritt der »Vätergott« auch mit dem Eigennamen »Israel« zusammen, wie »Hirte« oder »Fels Israels« (1. Mose 49,24).

Der »Vätergott« ist seinem Wesen nach eine ursprünglich namenlose Gottheit, die von nomadisierenden Sippen verehrt wurde. Als Sippengottheit wurde sie mit dem Ahnherrn der Sippe – mit Abraham, Isaak oder Jakob – zusammengeschlossen.[2] Doch die Dreizahl ist nicht so eng zu nehmen. Denn anläßlich eines Bündnisses der Abraham-Sippe mit der ostjordanischen Nahor-Sippe heißt es: »Der Gott Abrahams und der Gott Nahors sei Richter zwischen uns – der Gott ihres Vaters!« (1. Mose 31,53) Die ungelenke Formulierung versucht, die Mehrzahl der »Vätergottheiten« mit der Einheit eines »Vätergottes« zusammenzubringen – getreu dem später verbindlich gewordenen Monotheismus Altisraels.

Der »Vätergott« war eine Sippengottheit, die sich ausschließlich Personen, nicht aber an heiligen Orten offenbarte. Als Nomadengottheit bleibt er ortsungebunden, begleitet die noch nicht seßhaften Sippen auf ihrer Wanderung. Er offenbart sich auf ganz unspektakuläre Weise, ohne sich wie die machtvollen Naturgottheiten des Blitzes und Donners, der Erdbeben und Vulkanausbrüche zu bedienen. Der »Vätergott« nomadisierender Sippen und Stämme trägt keine naturhaften Züge, hat nichts zu schaffen mit der Fruchtbarkeit des Landes und bildet nicht die Geheimnisse von Leben und Sterben in der Natur ab. Dagegen erweist er sich als Gott der Geschichte, indem er den Nomaden und Halbnomaden Fürsorge und Schutz angedeihen läßt, ihnen reiche Nachkommenschaft zuspricht. Der »Vätergott« ist ein Gott der Verheißungen, der den Nomaden eine glückliche Zukunft eröffnet.

Die wandernden Vätergott-Sippen blieben nicht immer Nomaden oder Halbnomaden, sondern kamen, als sie sich im Lande Kanaan niederließen, mit anderen seßhaften Göttern in Berührung – den kanaanäischen El-Gottheiten, die mit bestimmten Orten, heiligen Felsen, Brunnen und Bäumen verbunden waren.[3] Und es blieb nicht bei einer nur äußerlichen Berührung: Der »Vätergott« der Nomaden und die El-Gottheiten der Kanaanäer verschmolzen miteinander. Die El-Gottheiten wurden gleichsam beerbt und dem israelitischen Glauben eingefügt.

So der »El der Ewigkeit« (El Olam) in Beer-Scheba, zu dessen Ehren Abraham einen Tamariskenbaum pflanzt, Unterpfand eines

Bundes, den der einwandernde Abraham mit dem einheimischen Abimelech schließt (1. Mose 21). In Beer-Scheba wird auch der »El, der mich sieht« (El Roi), verehrt, welcher Hagar, einer Nebenfrau Abrahams, an einem Brunnen erscheint und ihr den Sohn Ismael verheißt (1. Mose 16). Für einen »El Bethel« errichtet der Patriarch Jakob einen Gedenkstein, nachdem ihm die genannte Gottheit in der berühmten Himmelsleiter-Vision erschienen war und reiche Nachkommenschaft sowie Landgewinn vorausgesagt hatte (1. Mose 28).

Jakob steht auch in Verbindung mit dem El Pnuel, dem »El vom Angesicht«, mit dem er einen Zweikampf ausficht, aus dem er erst entlassen wird, nachdem er den Segen dieses Gottes und einen neuen Namen empfangen hat: Aus Jakob wird Israel (1. Mose 32). Und so verwundert es nicht, daß Jakob in der altkanaanäischen Stadt Sichem einen Altar errichtet, der den Namen »El Israel« erhält. Damit wird ein Stück Land bestätigt, das der wandernde Jakob käuflich erworben hatte (1. Mose 33,20). Es ist schon ein denkwürdiges Phänomen, daß der Name »Israel«, der später zum Volksnamen wurde, den kanaanäischen El-Namen als Bestandteil enthält.

Der »Gott der Väter« und der El der Ortsheiligtümer scheinen sich nicht befehdet, sondern ergänzt zu haben.[4] Während der »Vätergott« den Nomaden Schutz, Fürsorge und die Verheißung auf Nachkommenschaft zukommen ließ, vollzog sich mit der Aufnahme der El-Gottheiten in den altisraelitischen Glauben die Heiligung des Landes, das von den einwandernden Nomaden besiedelt wurde.

Der nomadische Vätergott-Glaube entwickelte sich also keineswegs in fanatischer Abgeschlossenheit, sondern öffnete sich den Gotteserfahrungen der seßhaften kanaanäischen Bevölkerung. Doch damit nicht genug, dem altisraelitischen Gottesglauben fehlte noch der dritte und wichtigste Name – der Jahwes, jenes Gottes, der mit dem Auszug der Mose-Schar aus Ägypten unlösbar verbunden ist.[5] Die biblische Überlieferung hatte die Einführung Jahwes als ein besonderes Geschehen vor Augen, das einen Einschnitt in der altisraelitischen Religion bedeutete.

Die Umstände sind bekannt: Die Israeliten lebten in Ägypten – wohl zur Zeit Ramses II. (1292–1225 v. Chr.) – als fronpflichtige

Arbeiter, bis Mose erschien. Dieser erschlug einen ägyptischen Aufseher und mußte aus Angst vor Verfolgung ins Land der Midianiter fliehen. Dort ereignete sich jene berühmte Offenbarung, die am brennenden Dornbusch geschah. Jahwe, den Israeliten bisher unbekannt, offenbart sich mit seinem Namen:»Jahwe, der Gott eurer Väter, der Gott Abrahams, der Gott Isaaks, der Gott Jakobs, hat mich zu euch gesandt. Das ist mein Name auf ewig, mit dem man mich anrufen soll von Geschlecht zu Geschlecht.« (2. Mose 3,15)

Mose wurde zum Stifter der Jahwe-Religion. Ihm gelang es – so die biblische Überlieferung –, die nomadische Vätergott-Religion mit der Jahwe-Verehrung zusammenzuführen. Das dürfte nicht allzu schwierig gewesen sein, denn beide – »Vätergott« und Jahwe – offenbaren ihr göttliches Handeln in der Geschichte. Jahwe erwies sich als rettender Gott, welcher der Mose-Schar den Auszug aus Ägypten ermöglichte, die Wüstenwanderung schützend begleitete und die Einwanderung in Palästina garantierte. Darüber hinaus gab Jahwe der Mose-Schar Recht und Gesetz – die Zehn Gebote – und offenbarte sich dadurch nicht nur als Gott der Geschichte, sondern auch als Gott der »Gemeinschaftsordnungen«. Obwohl Jahwe im Unterschied zum »Vätergott« der Nomaden machtvoll in die Natur eingreift – der Dornbusch brennt während der Mose-Offenbarung, das Schilfmeer teilt sich beim Durchzug der Israeliten, der Sinai erbebt[6] –, bleibt er ein transzendenter Gott, der sich vom Menschen nicht bannen und verfügbar machen läßt. So kommt es, daß sich seine Verehrung bilderlos gestaltet.[7]

Im Unterschied zum »Vätergott« und auch zu den El-Gottheiten eignet Jahwe ein exklusiver Zug: Er beansprucht alleinige Verehrung und ist »eifersüchtig«, wenn seine Exklusivität nicht respektiert wird. Jahwe ist ein aggressiver Gott, ein Gott des Heiligen Krieges, der – thronend auf der Bundeslade – für sein Volk gegen alle Feinde kämpft.

Daß die Integration der unterschiedlichen Gotteserfahrungen zur Konstituierung jener Gemeinschaft, die sich »Israel« nannte, wesentlich beitrug, ist unbestritten. Wie dieser spannungsvolle Prozeß allerdings vor sich ging, entzieht sich weitgehend unserer Kenntnis.

Vielleicht geschah der entscheidende Schritt auf jenem Landtag zu Sichem, als Josua zunächst die Stämme Benjamin, Ephraim und Manasse auf die Verehrung Jahwes verpflichtete; später folgte die Übernahme Jahwes durch andere Stämme (Josua 24).[8] Ermöglicht wurde diese Durchsetzung dadurch, daß Jahwe in Sichem mit dem dort verehrten El Israel verschmolz. So mag auch die Entstehung und Ausbreitung des Namens »Israel« mit dem Landtag zu Sichem zusammenhängen.

## Absetzung des Priesters Abjathar

Wie ordnet sich Salomos Gotteserfahrung in diese Zusammenhänge ein? Ein wichtiger Hinweis führt uns noch einmal in jene dramatischen Tage zurück, als Salomo sein Königtum zu sichern hatte. Ein Ereignis, das seinerzeit eine wichtige Rolle spielte, haben wir bisher jedoch nicht genauer untersucht: die Vertreibung des Priesters Abjathar, der mit Joab gegen Salomo Partei ergriffen hatte. Salomo ließ Abjathar nicht töten – zu stark mag die Scheu vor einem Priestermord gewesen sein. Abjathar wurde »nur« seines Amtes enthoben und nach Anathoth verbannt, einer kleinen Siedlung, etwa vier Kilometer nördlich von Jerusalem in benjaminitischem Stammesgebiet gelegen.

Was auf den ersten Blick wie die Ausschaltung eines Repräsentanten der Gegenpartei anmutet, erweist sich bei genauerem Hinsehen als viel mehr: Mit Abjathar wurde eine Gestalt fortgeschickt, die für eine strenge Bewahrung der altisraelitischen Religiosität stand. Abjathar war der Hüter der Bundeslade, des damals immer noch verehrten Kriegssymbols, und verkörperte den altisraelitischen Glauben schlechthin. Das kommt auch darin zum Ausdruck, daß seine Ahnenreihe auf das Priestergeschlecht der Eliden zurückgeführt wird, die einst die Bundeslade in Silo verwalteten (1. Samuel 14,3; 22,11/20).

Wichtig ist nun, daß Abjathar nicht durch einen Priester aus einer traditionellen Priesterfamilie ersetzt wird, sondern durch den Priester Zadok, der nicht auf eine »altisraelitische« Ahnengalerie zurückblicken konnte.[9] Sein Priestertum muß folglich aus anderen Zusammenhängen abgeleitet werden. Zadok taucht nicht erst unter Salomo auf; schon zur Zeit Davids spielt er in der Priesterschaft eine hervorgehobene Rolle. Zusammen mit Abjathar wird er als Hüter des Heiligtums in Jerusalem genannt, und sein Name wird sogar vor dem Abjathars erwähnt – Zeichen seiner hervorgehobenen Stellung. Warum die Nennung von zwei Priestern? Es liegt nahe, Abjathar als Hüter der altisraelitischen Priestertradition und Zadok als Repräsentanten der Jerusalemer Kulttraditionen anzusehen.[10]

Den entscheidenden Hinweis liefert der Name: Zadok ist vermutlich eine Kurzform von Melchisedek, der mehr bezeichnet als nur eine Person und ursprünglich wahrscheinlich der Titel des kanaanäisch-jebusitischen Priesterkönigs von Jerusalem war.[11] Als solcher begegnet uns ein Melchisedek schon in der Abraham-Geschichte. Er bewirtet Abraham mit Brot und Wein und segnet ihn im Namen des Gottes El Eljon, des »Höchsten Gottes«, als dessen Priester Melchisedek, der König von Salem, ausdrücklich bezeichnet wird (1. Mose 14). Diese Stelle ist außerordentlich aufschlußreich, da sie uns in die vorisraelitische Religionsgeschichte Jerusalems einführt und die Existenz eines vorisraelitischen Priesterkönigs sowie die Verehrung eines vorisraelitischen Gottes bezeugt.

Es gibt keinen Zweifel, daß bei der Inbesitznahme Jerusalems durch König David El Eljon mit Jahwe verschmolzen und die jebusitische Priesterschaft in den Jahwe-Kult übernommen wurde. Der Priester Zadok scheint aus jebusitischen Priesterkreisen hervorgegangen zu sein, doch konnte er bei der israelitischen Übernahme nicht weiter als Priesterkönig in Jerusalem amtieren. Sein Amt wurde auf ausschließlich priesterliche Aufgaben beschränkt: Aus dem Priesterkönig Melchisedek wurde der Jahwe-Priester Zadok.

Wir sind in der Lage, den Übernahmeprozeß noch etwas genauer zu beschreiben. Psalm 110 schildert ebenjenes Ritual, mit dem Melchisedek in Jerusalem von El Eljon einst inthronisiert worden war. Doch was dem Jebusiter-König ursprünglich von El Eljon an Macht zugesprochen wurde, wird nach der israelitischen Übernahme König David von Jahwe zugesagt. »Jahwe hat geschworen, und es wird ihn nicht gereuen: ›Du bist ein Priester ewiglich nach der Weise Melchisedeks.‹« (Psalm 110,4)

David und die Davididen nehmen den Platz Melchisedeks ein, der König Israels wird zum Hohenpriester. Das geht so weit, daß unter den fünf Königsnamen Davids einer auf den Gott El Eljon hinweist: »David ..., der Mann, den Eljon eingesetzt hat.« (2. Samuel 23,1) Der jebusitische Priesterkönig Zadok hingegen wurde offenbar zum einfachen Priester degradiert.

Die Übernahme des jebusitischen El-Eljon-Kults in die Jahwe-Verehrung einschließlich des jebusitischen Melchisedek-Amtes durch den König fand zur Zeit Davids statt, da Zadok seinerzeit schon an herausragender Stelle genannt wird. Doch es muß Reibungen zwischen der altjahwistischen und der jebusitischen Priesterschaft gegeben haben. An diesem Punkt kommt König Salomo ins Spiel: Die Verbannung Abjathars und die Erhebung Zadoks zum obersten Priester weisen darauf hin, daß Salomo die jebusitische Partei stärker favorisierte und den Einfluß der altjahwistischen Priestergruppe zurückdrängen wollte.

Welche Folgen hatte die Integration des jebusitischen Kultes in die Jahwe-Verehrung? Mit Fug und Recht können wir sagen, daß der Jahwe-Glaube mit El Eljon um eine entscheidende Dimension erweitert wurde.[12] Den entscheidenden Hinweis gibt schon die Geschichte der Begegnung zwischen Abraham und Melchisedek. »Aber Melchisedek, der König von Salem, trug Brot und Wein heraus. Und er war ein Priester des El Eljon und segnete ihn und sprach: Gesegnet seiest du, Abraham, von El Eljon, der Himmel und Erde geschaffen hat ...« (1. Mose 14,18)

Mit der Übernahme des Jerusalemer El Eljon gewann die israelitische Religiosität eine bis dahin unbekannte »universale« Erweiterung: Die Begrenzung der altisraelitischen Gotteserfahrung – Sippenbezug (»Vätergott«), Lokalbezug (El), Nationalbezug (Jahwe) – wurde gesprengt und dem Gott Israels die Schöpfung von Himmel und Erde zugesprochen.

Die Weitergabe der universalen Schöpfereigenschaft an den Gott

Israels kann kaum überschätzt werden. Daß sie dem vorisraelitischen El-Eljon-Kult entstammt und von dort auf Jahwe übertragen
wurde, ist für den naiven Bibelleser allerdings eine überraschende
Erkenntnis. Zu selbstverständlich wird nämlich das auf den ersten
Seiten der Bibel berichtete Schöpfungsgeschehen dem Jahwe-Gott
zugeschrieben. In Wahrheit ereignete sich die Erhebung Jahwes
zum Schöpfergott aber erst in einer relativ späten Phase, nachdem
David und Salomo die vorisraelitische Schöpfungstheologie des Jerusalemer El Eljon für den Jahwe-Glauben übernommen hatten.
Oder wissenschaftlich ausgedrückt: Was literarisch an den Anfang
der Bibel gestellt wird, ist hinsichtlich der Tradition erst ein spätes
Produkt der israelitischen Religionsgeschichte!

Wer hat diese Erweiterung des altisraelitischen Glaubens be-
wirkt? War es schon David oder erst Salomo, der Ernst machte mit
der Aufnahme der jebusitischen Schöpfungstheologie? Wir geben
Salomo den Vorzug, denn David hatte sich offensichtlich auf die
Pflege der altisraelitischen Traditionen beschränkt. Er gab der altisraelitischen Bundeslade zwar Heimatrecht in Jerusalem, stellte sie
aber gemäß nomadischer Tradition in einem Zeltheiligtum auf. Zwar
kaufte er einem Jebusiter in Jerusalem ein Stück Land ab (die Tenne
Araunas), errichtete auch einen Altar, aber keinen Tempel nach
»ausländischem« Vorbild. David scheint sich nicht sehr weit auf
fremde Kulttraditionen eingelassen zu haben. Im Gegensatz dazu
setzt Salomo die entscheidenden Akzente: Er befördert Zadok, den
jebusitischen Priesterrepräsentanten, zur religiösen Autorität und
öffnet sich »ausländischen« Vorbildern in einer Weise, wie wir sie
von David nicht kennen.

Bleibt der erstaunliche Psalm 110, der dem König in Jerusalem
das ewige Priestertum »nach der Weise Melchisedeks« verleiht. Wie
alt ist dieser Psalm? Welcher König ist gemeint? Gern wird der Text
in die älteste Königszeit verlegt, da man sich nur schlecht vorstellen
kann, daß in späterer Zeit so unbefangen an die jebusitische Melchi-
sedek-Tradition angeknüpft werden konnte.[13] In der Überschrift
wird der Psalm David zugesprochen. Wäre diese Zuordnung historisch korrekt, dann hätte David also nicht nur als König, sondern

auch als Priesterkönig amtiert. David wäre dann als »sakraler König« aufgetreten.[14]

Oder ist mit dem Priesterkönig in Psalm 110 Salomo gemeint? Ist er der Priester »nach der Weise Melchisedeks«? Auf den ersten Blick wäre das möglich, denn an zwei entscheidenden Stellen wird davon berichtet, daß König Salomo hohepriesterliche Aufgaben wahrgenommen hat: anläßlich des Opferfestes in Gibeon und anläßlich der Tempeleinweihung. Ist Salomo dabei aber als Hoherpriester »nach der Weise Melchisedeks« aufgetreten? Um diese Frage beantworten zu können, müssen wir uns die hohepriesterliche Akte Salomos während der Tempelweihe genauer ansehen.

»Und Salomo trat vor den Altar Jahwes angesichts der ganzen Gemeinde Israel und breitete seine Hände aus gen Himmel ... Und als Salomo dies Gebet und Flehen vor Jahwe beendet hatte, stand er auf von dem Altar Jahwes und hörte auf zu knien und die Hände zum Himmel auszubreiten und trat hin und segnete die ganze Gemeinde Israel mit lauter Stimme ... Und der König und ganz Israel opferten vor dem Herrn Opfer ... An demselben Tage weihte der König die Mitte des Vorhofes ... Und er entließ das Volk am achten Tage ...« (1. Könige 8,22/54 f./62/64/66)

Agiert Salomo in diesem Zusammenhang wie ein Priester »nach der Weise Melchisedeks«? Ein wesentliches Argument spricht dagegen: Der Priesterkönig ist ein kriegerischer König. »Der Herr [der König] zu deiner [Jahwes] Rechten wird zerschmettern die Könige am Tage seines Zorns. Er wird richten unter den Heiden, wird viele erschlagen, wird Häupter zerschmettern auf weitem Gefilde.« (Psalm 110,5 f.)

Diese Charakterisierung des Priesterkönigs paßt auf gar keinen Fall auf Salomo, den Friedenskönig schlechthin, sondern zum kriegerischen David. Wir kommen damit zu einem spannenden Ergebnis: David übernahm die vorisraelitische Tradition eines Priesterkönigs in Jerusalem; er war der kriegerische Priesterkönig »nach der Weise Melchisedeks«. Auch Salomo übernahm die Tradition des Priesterkönigs, tilgte aber die kriegerischen Züge und verwandelte das kriegerische Priesterkönigtum in ein geistliches Priestertum des

Friedens.[15] Sein königliches Priestertum beschränkte sich auf friedliche Akte: auf Gebet und Fürbitte, auf Segnung und Opfer. Dies kommt in den uns schon bekannten Segnungsworten sehr schön zum Ausdruck: »Gelobt sei Jahwe, der seinem Volk Israel Ruhe gegeben hat.« (1. Könige 8,56)

Kein Wort hingegen über das »Zerschmettern der Feinde«. Fazit: Salomo grenzt sich von seinem Vater David ein weiteres Mal ab, indem er die kriegerischen Züge im priesterlichen Königsbild auslöscht.


## FREMDE GÖTTER IN JERUSALEM

Die israelitische Beerbung des kanaanäischen El-Eljon-Kults hat in der biblischen Tradition keine Kritik erfahren. Angesichts der exklusiven Verehrung Jahwes, der keine anderen Götter neben sich duldete, ist dies erstaunlich. Auf herbe Kritik stieß jedoch Salomos Versuch, andere Elemente der kanaanäischen Religion positiv aufzunehmen. Zur Weltoffenheit Salomos gehörte offensichtlich, daß er die fremdländischen Kulte seiner ausländischen Frauen zuließ; ein einmaliger Vorgang in der altorientalischen Geschichte. Salomo praktizierte damit ein Stück religiöser Toleranz; die strenggläubigen Jahwe-Verehrer – und dazu gehörten die biblischen Verfasser – sahen darin einen Abfall vom Glauben der Väter.

Sicher, man versuchte Salomo zu entschuldigen, indem man die Hinneigung zu den Göttern seiner Frauen als Alterstorheit hinstellte. Doch das ist eine unhistorische Konstruktion. Denn Salomo heiratete nicht im Alter, sondern als junger König. So wird er im Rahmen seiner Heiratspolitik schon früh die Kulte seiner Frauen zugelassen haben.

Einige Kultstätten der fremden Götter befanden sich außerhalb Jerusalems auf den »Höhen« (bamah), genauer gesagt auf dem Ölberg, der deshalb später »Berg des Verderbens« genannt wurde (Abb. 1). Auf dem Ölberg waren die Heiligtümer des Kemosch und Moloch, wahrscheinlich auch das des Milkom. Merkwürdig ist nur, daß in der Salomo-Überlieferung die Höhenheiligtümer für Kemosch und Moloch auf dem »Berge, der vor Jerusalem liegt«, präzise angegeben werden. Dagegen findet sich keine genaue Lokalisierung des Astarte-Kultheiligtums. Sollte dessen genaue Lage verschwiegen werden? Befand es sich vielleicht nicht auf dem Ölberg?

Es gibt jedenfalls zu denken, daß erst in einer späteren Notiz auch das »salomonische« Astarte-Heiligtum auf dem »Berg des Verderbens« angesiedelt wurde (2. Könige 23,13). Diese Notiz steht im Zusammenhang mit der rabiaten Kultpolitik des Königs Josia, der rund dreihundert Jahre nach Salomo die salomonischen Höhenheiligtümer zerstören ließ. Dreihundert Jahre lang bestand also die von Salomo zugelassene Verehrung fremder Gottheiten in Jerusalem. Damit wird deutlich, daß es sich bei den fremden Kulten nicht nur um Privatkulte der Frauen Salomos gehandelt haben kann. Die fremden Kulte sickerten in die Volksfrömmigkeit ein, fanden breitere Zustimmung und Verehrung in der Bevölkerung.

Über den Charakter der verehrten Gottheiten sind wir zum Teil nur sehr spärlich informiert. Der Gott Kemosch war der Staatsgott der Moabiter. Ihn zeigt die schon erwähnte Mescha-Stele, auf der zum erstenmal in einem außerbiblischen Zeugnis ein israelitischer König (Omri) genannt wird. Die Stele, die aus dem neunten Jahrhundert v. Chr. stammt, rühmt die Überlegenheit König Meschas und seines Gottes Kemosch.

»Ich bin Mescha, Sohn des Kemoschjt, König von Moab, der Daibonite. Mein Vater war König über Moab dreißig Jahre, und ich wurde König nach meinem Vater. Ich errichtete diese Kulthöhe für Kemosch in Karchoh …, denn er errettete mich von allen …, ja, er ließ mich meine Lust sehen an allen meinen Hassern … Und die Leute von Gad wohnten im Lande von Ataroth seit Urzeiten, und der König von Israel hatte sich Ataroth gebaut. Aber ich griff die Stadt an und nahm sie ein und tötete alles Volk [aus?] der Stadt [als Opfer?] für Kemosch und Moab. Ich brachte von dort den Arel-Altar … zurück und brachte ihn vor Kemosch in Kerioth … Und Kemosch sprach zu mir: ›Geh, nimm Nebo Israel ab!‹ Da ging ich bei Nacht und griff es an vom Morgengrauen bis zum Mittag. Ich nahm es ein und tötete sie alle: siebentausend Männer, Frauen und Sklavinnen; denn Aschtar-Kemosch hatte ich sie geweiht. Ich nahm von dort die [Geräte?] Jahwes und brachte sie vor Kemosch. Und der König von Israel hatte Jahaz gebaut und wohnte darin, als er gegen mich kämpfte. Da vertrieb ihn Kemosch vor mir ...«[16]

Die Mescha-Stele wurde gut ein halbes Jahrhundert nach König Salomo zur Zeit König Ahabs (871–852 v. Chr.) errichtet. Das Bild des Gottes Kemosch wird sich in der Zwischenzeit jedoch nicht verändert haben. Mit anderen Worten: König Salomo hatte nichts dagegen, in Jerusalem eine Kultgottheit zuzulassen, die außerordentlich kriegerische Züge trug. Wie Gott Jahwe befiehlt und führt auch Kemosch den Heiligen Krieg. Wie Gott Jahwe verfällt auch ihm die Gottesbeute im tödlichen Bann. War Salomo dieser Kriegscharakter der moabitischen Gottheit bewußt?

Die biblische Überlieferung gibt uns keinen Hinweis. Doch es ist nicht allzu schwer, die Antwort zu geben. Es paßt einfach nicht zur »salomonischen Toleranz«, die aggressiven Aspekte fremder Götter zu pflegen. Schließlich waren es die Gottheiten seiner Frauen, mit denen er in friedlicher Ehe verbunden war.

Schwierig ist auch eine Rekonstruktion des von Salomo zugelassenen Moloch-Kults zu Ehren des ammonitischen Hauptgottes.[17] Die Salomo-Überlieferung verlagert das Moloch-Heiligtum auf den Ölberg, und dem Propheten Jeremia ist später ein Heiligtum namens Tophet im Tal Ben-Hinnom bekannt, wo es zu Verbrennungsopfern von Jungen und Mädchen gekommen sein soll (Jeremia 7,31). Aus dieser archaischen Menschenopfertradition scheint sich auch der Name Moloch abzuleiten, der ursprünglich wohl nichts anderes als »Weihegabe« bezeichnet haben wird.

Der Moloch-Kult muß einige Faszination auf die Israeliten ausgeübt haben. So wird berichtet, daß der judäische König Ahas (741–725 v. Chr.) »seinen Sohn durchs Feuer gehen« ließ (2. Könige 16,3). Allerdings wird die Zulassung des Moloch-Kults durch Salomo nicht mit Menschenopfern in Verbindung gebracht. Damit verfestigt sich unser Eindruck, daß bei der Zulassung von Fremdkulten der gewalttätige Aspekt nicht zur Geltung kam.

## Die Verehrung der Astarte

Salomo besaß auch keine Scheu, den Kult seiner phönizischen Frau, den sie von zu Hause kannte, in Jerusalem zuzulassen: den Kult der Astarte. Damit bahnte sich eine ungewöhnliche Entwicklung an, die von altgläubigen Kreisen aufs schärfste mißbilligt werden mußte: die Akzeptanz einer weiblichen Gottheit. Denn dem altisraelitischen Jahwe waren in herausragender Weise »männliche« Züge zu eigen. Zwar hatte Jahwe einen »bilderlosen« Kult verfügt, doch als »männlicher« Kriegsgott hatte er die Mose-Schar aus Ägypten herausgeführt, als »männlicher« Bundesgott die Gebote und Gesetze am Sinai gegeben. Er konnte als »Vätergott«, aber nicht als »Muttergott« verehrt werden; als El Israel oder El Pnuel kämpfte er im Zweikampf mit Jakob (1. Mose 32). Nur einem männlich imaginierten Jahwe schließlich sind jene zahllosen Strafgerichte, jene zu Krieg und Vernichtung aufrufenden Befehlsworte zuzutrauen, die das Alte Testament hundertfach durchziehen. »Weibliche« Züge scheinen Jahwe wesensfremd gewesen zu sein. Selbst dort, wo er als Gott der Verheißungen erscheint, wo er Gnade gewährt und sich seinem Volk liebend zuwendet, spielen »weibliche« Bedeutungen keine Rolle. Auch in seinem Gnadenwerk bleibt Jahwe ein allmächtiger »Männergott«.

Obwohl die israelitische Frömmigkeit dem Gebot verpflichtet war, sich von Gott kein Bildnis zu machen, scheint man ganz naiv von der Männlichkeit Gottes überzeugt gewesen zu sein. Doch an einigen Stellen gibt es dennoch Spuren von weiblichen Gottheiten, die in Israel verehrt wurden. Eine dieser Spuren führt uns zurück zu Rahel, der Lieblingsfrau des Patriarchen Jakob. Sie soll, als sie von zu Hause fortging, den »Hausgott« (theraphim[18]) mitgenommen haben. Als ihr Vater Laban, bestürzt über den Verlust der schützenden Hausgottheit, dem Dieb die Todesstrafe androht, versteckt Rahel die Gottheit unter ihrem Kamelsattel und setzt sich drauf (1. Mose 31,34 ff.). Diese respektlose Behandlung der Hausgottheit muß den biblischen Verfassern gut gefallen haben. Uns zeigt diese Geschichte jedoch, daß zumindest im häuslichen Bereich Gottheiten zu Ehren kamen und von einem strengen Monotheismus keine Rede sein kann.[19]

Teraphim muß es lange gegeben haben, denn auch Michal, die Tochter Sauls und Frau Davids, besitzt noch eine Hausgottheit. Als David von Saul verfolgt wird, legt Michal eine Gottesstatue in Davids Bett, um die nachstellenden Häscher zu täuschen: »Da nahm Michal das Götzenbild und legte es aufs Bett und ein Geflecht von Ziegenhaaren zu seinen Häupten und deckte ein Kleid darauf.« (1. Samuel 19,13) Sicher, die biblischen Verfasser erzählen auch diese Geschichte eher im Sinne einer »Götterburleske«; doch die Verehrung von Teraphim wird dadurch nachdrücklich bestätigt.

Die Verehrung der Teraphim war wohl vornehmlich Sache der Frauen. Auch an ihrer Herstellung schienen Frauen wesentlich beteiligt gewesen zu sein. Aus der Richterzeit ist uns die Frau eines gewissen Micha bekannt, die einen Teraphim herstellte, wahrscheinlich ein Schnitz- oder Gußbild, das zunächst in einem »Privatheiligtum« verehrt wurde und später in der Frömmigkeit des israelitischen Stammes Dan eine Rolle gespielt haben muß (Richter 17f.).

Alle drei Teraphim-Geschichten beweisen, daß ein strenger Monotheismus, das heißt eine exklusive Jahwe-Frömmigkeit, weder in der Frühzeit noch in der Richterzeit, noch in der Königszeit verbindlich gewesen ist. Jahwe mochte zwar als offizielle »Staatsgottheit« fungieren, im häuslichen Bereich aber erfreuten sich andere Gottheiten höchster Beliebtheit. Es gibt deshalb gute Gründe, die zahlreich aufgefundenen Statuetten – zumeist weibliche Figurinen – als Teraphim aufzufassen. Sie wurden nackt dargestellt, mit ausgestreckten oder verschränkten Armen. Manchmal pressen sie ihre Hände auf den Unterleib. Sie können kriegerisch oder als Schutzgöttinnen dargestellt sein, sie begleiten das heilige Hochzeitsgeschehen; oft erscheinen sie als sich entschleiernde Göttinnen (Abb. 26/27).[20]

Salomo ging noch einen Schritt weiter. Er befaßte sich nicht mit den Teraphim, den Göttinnen der privaten Hausfrömmigkeit, sondern näherte sich einer der großen Frauengottheiten des Alten Orients, der Astarte, der er Platzrecht in Jerusalem verschaffte. Dabei ist auffällig, daß die biblischen Verfasser es vermieden,

Astarte – im Unterschied zu Milkom, Kemosch und Moloch – als »greulichen Götzen« zu bezeichnen.

Mit Astarte wurde in Jerusalem ein Kult eingeführt, den in herausragender Weise »weibliche« Züge des Gottesbildes kennzeichneten. Die Bibel gibt leider kein besonders einprägsames Bild dieser Göttin. Warum auch eine ausländische Göttin sachlich zeichnen, wenn man sie als bedrohlich für die Jahwe-Frömmigkeit erlebte? Doch die altorientalischen Quellen erlauben uns, das verwirrende Bild dieser Göttin zu rekonstruieren. Denn in dieser Göttin vereinigen sich vielfältige Züge der im Alten Orient verehrten »weiblichen Göttin« schlechthin. Astarte ist nur einer ihrer vielen Namen. Abzuleiten ist ihr Name von der babylonischen Ischtar. Im Aramäischen lautet ihr Name Attar, im Kanaanäischen Aschtar oder Aschtart, im Hebräischen Aschtoret.[21]

In der Salomo-Überlieferung wird Astarte als »Göttin derer von Sidon« bezeichnet. Das ist nur schwer nachzuvollziehen, da im sidonisch-phönizischen Götterpantheon vornehmlich Atiratu, die Gemahlin der Hauptgottheit El, als »Göttin der Sidonier« genannt wird. Das belegen zumindest die in Ugarit – dem antiken Ras Schamra – aufgefundenen altkanaanäischen Texte, die aus dem zwölften Jahrhundert v. Chr. stammen. So wird von König Keret berichtet, daß er zur Einholung seiner Braut zum Heiligtum der Atiratu wallfahrtet und dort ein Gelübde ablegt, um sich männliche Nachkommen zu sichern. »Nach Sonnenuntergang am dritten Tage erreichte er das Heiligtum der Atiratu von Tyrus, das der Göttin von Sidon.«[22]

Astarte hingegen spielt in der sidonischen Götterwelt eine eher beiläufige Rolle. König Keret etwa vergleicht die Schönheit seiner Braut mit der »Grazie der Astarte«[23].

Astarte bleibt im ugaritischen Götterpantheon erstaunlich blaß, im Unterschied nicht nur zu Atiratu, sondern auch zur hervorragend bezeugten Anat, die im ugaritischen Götterdrama eine wichtige Rolle spielt. Anat ist die Geliebte des Fruchtbarkeitsgottes Baal, dessen Schicksal sie kämpfend, mitleidend und siegend begleitet. Anat gilt als grausame Kriegsgöttin.

»Siehe, Anat kämpft in der Ebene,
sie schlachtet zwischen den beiden Städten,
sie schlägt das Volk der Meeresküste,
vernichtet die Menschen aus dem Osten.
Köpfe waren unter ihr wie Erdklumpen,
auf ihren Händen wie Heuschrecken,
wie Rindenstücke der Platane Hände der Krieger.
Sie befestigte die Köpfe an ihrer Brust,
band fest die Hände an ihrem Gürtel.
Sie tauchte ihre Knie in das Blut der Starken,
ihre Schenkel in das Gerinnsel der Krieger.«[24]

Anat ist sowohl die Göttin des wilden, grausamen Kampfes als auch die liebende Göttin. Sie ist Baal in großer Liebe zugetan und folgt ihm ins Totenreich.

»Die Jungfrau Anat suchte ihn,
wie das Herz der Kuh nach ihrem Kalb,
wie das Herz eines Mutterschafs nach ihrem Lamm,
so war das Herz Anats hinter Baal her!«[25]

Sie läßt sich vom Stier Baal besteigen, spielt die Leier und singt zu Ehren Baals, des »Fürsten der Erde«:

»Baal legte bloß und ergriff ihren Unterleib,
Anat legte bloß und ergriff seine Hoden.
Baal wurde zum Stier,
die Jungfrau Anat war die Kuh …
Es wusch ihre Hände die Jungfrau Anat,
ihre Finger die hemmungslose Witwe der Völker.
Sie ergreift die Leier,
setzt die ›Gehörnte‹ an ihre Brust.
Sie besingt die Liebe des allmächtigen Baal,
die Liebe ›des Fürsten der Erde‹.«[26]

Die grausam-liebende Anat widerlegt die oft vorgetragene, aber naive Vorstellung von »friedlichen« Frauengottheiten. Auch Göttinnen sind grausam, obgleich der Charakter ihrer Aggressivität ein anderer ist als der der männlichen Kriegsgötter. Weibliche Götter morden, aber sie morden enthemmt, entfesselt, aus Leidenschaft.

Ihre Aggressivität ist orgiastisch. Männliche Gottheiten hingegen töten kalt, gleichsam »bürokratisch« im Rahmen einer »Institution«, nämlich jener des Heiligen Krieges.

Über die grausame Anat in Ras Schamra/Ugarit sind wir gut informiert. Dagegen kommt Astarte nur sehr schemenhaft zur Geltung. Und dennoch lassen die spärlichen Zeugnisse über Astarte in Ras Schamra/Ugarit eine Schlußfolgerung zu: Astarte wird häufig zusammen mit Anat genannt. So vergleicht König Keret die Schönheit seiner Braut nicht nur mit der »Lieblichkeit der Anat«, sondern auch mit der »Grazie der Astarte«. Wie Anat sind auch der Astarte kriegerische Züge zu eigen: Sie bewährt sich als Jägerin, reitet auf einem Pferd (Abb. 40) und wird als Rächerin im Fluch beschworen.[27]

Atiratu und Anat spielen in der ugaritischen Götterwelt eine größere Rolle als Astarte. Doch die von uns herangezogenen Dokumente gehören in das dreizehnte und zwölfte Jahrhundert v. Chr. Einige Jahrhunderte später muß sich das Bild gewandelt haben. Im ersten Jahrtausend v. Chr. treten Atiratu und Anat zurück, und Astarte erobert das Terrain (Abb. 26/27/44/45).[28] Das wurde schon deutlich, als wir das Ende Sauls beschrieben. Seine Rüstung wurde von den Philistern im Astarte-Tempel zu Beth-Schean ausgestellt (1. Samuel 31,10). Und auch in Phönizien ging es mit der Astarte aufwärts. So ließ König Hiram von Tyrus, der Handelspartner Salomos, einen Astarte-Tempel von Grund auf erneuern.[29] Im Jahre 875 v. Chr. – fünfzig Jahre nach Salomos Tod – kam es sogar zur Erhebung eines Astarte-Priesters zum König der Phönizier. Es handelt sich dabei um Ithobaal, den Vater Isebels, die später den nordisraelitischen König Ahab heiratete.[30] So treffen wir auf historisches Urgestein, wenn es heißt, Salomo ließ seiner phönizischen Frau ein Astarte-Heiligtum errichten.

Astartes Züge werden deutlicher, wenn wir ihre Urgestalt erkunden, wie sie uns im babylonisch-akkadischen Mythos von der »Höllenfahrt der Ischtar« – einer Überlieferung aus dem siebzehnten Jahrhundert v. Chr. – vorliegt.[31] Ischtar, eine Tochter des Mondgottes Sin, verläßt ihr Haus und begibt sich in das »Land ohne Wiederkehr«. Sie gelangt an die sieben Pforten der Unterwelt, wo ihr vom Pförtner sämtlicher Schmuck abgenommen wird: die Krone, die Ohrringe, das Halsgeschmeide, der Mantel, der Gürtel, die Spange sowie das Leibgewand. Dadurch ist sie der Todesgöttin Allat verfallen. Die Folgen sind verheerend: Auf der Erde verdorren die Pflanzen, und Mensch wie Tier verlieren ihre Zeugungskraft. Zum Glück schreitet aber der Götterkönig Ea ein. Ischtar wird aus der Unterwelt befreit, kehrt zur Erde zurück und belebt Fruchtbarkeit und Zeugung wieder. Kein Zweifel, Ischtar wird als Naturgöttin verehrt.

Sie verkörpert das ewige »Stirb und Werde« der Natur. In ihrem Schicksal bildet sich der Naturkreislauf ab, der im kultischen Nachvollzug der Ischtar-Verehrer erinnert wird. Ischtar trägt aber auch andere, aggressive Züge.[32] Bei den Assyrern wird sie zur »Herrin des Kampfes und Streites«, die ihr Volk zum Sieg führt. In späterer Zeit wird sie auf zahlreichen syrischen und phönizischen Münzen der römischen Kaiserzeit mit einer Mauerkrone als Schützerin der Stadt abgebildet.

Und noch ein Zug ist an Ischtar-Astarte hervorzuheben: Sie fungiert in Sidon als Himmelsgöttin, in jener Stadt also, aus der die Frau Salomos vielleicht stammte. In einer Grabinschrift des sidonischen Königs Eschmunazar ist von der »Astarte des erhabenen Himmels« die Rede. Heilig war ihr der Venusstern, was schon in babylonischen Traditionen überliefert wird. So ist auch nicht verwunderlich, daß Astarte oftmals mit einer Sonnenscheibe oder der Mondsichel abgebildet wird. Auf einem Bildnis des dreizehnten Jahrhunderts v. Chr. aus Kadesch am Orontes in Nordsyrien erscheint Ischtar-Astarte – auf einem Löwen stehend – mit Sonnenscheibe und Mondsichel auf dem Haupte. Manchmal treten aus der Sonnenscheibe zwei Kuhhörner hervor; einmal, so wird berichtet, habe sich Astarte als Königsschmuck ein Kuhhaupt aufgesetzt. Das erinnert an die ägyptische Göttin Hathor, deren »Kuhgesichtigkeit« offensichtlich auf die sidonische Astarte übertragen wurde. Nach dieser Astarte wurde sogar ein kanaanäischer Ort benannt: Aschtarot Qarnaim, »Astarte mit den Hörnern«.

Später fanden auch die Griechen an Astarte, der »Königin des

Himmels«, beträchtliches Wohlgefallen. Sie bezeichneten sie als »Aphrodite Ourania«, und selbst die Christen konnten sich von der »himmlischen« Astarte nicht so ohne weiteres trennen. An die Stelle Astartes trat Maria als »regina coeli«, als »Königin des Himmels«. Der Astarte kam also im Alten Orient ein weites Wirkungsfeld zu. Welche Züge die »salomonische« Astarte angenommen hatte, können wir im einzelnen nicht genau sagen. Wurde die Astarte der Sidonier nur als Stadtgöttin der phönizischen Frau Salomos verehrt, oder galt sie auch als kriegerische Göttin? Letzteres darf bezweifelt werden, weil zur salomonischen Toleranz kriegerisch-gewalttätige Göttereigenschaften kaum passen. Doch wie steht es mit der Verehrung der Astarte als Naturgöttin, die Leben und Sterben der Natur symbolisierte? Wurde sie auch als Himmelsgöttin verehrt? Hinweise aus späterer Zeit deuten darauf hin, daß der Kult einer Himmelsgöttin in Jerusalem sehr populär gewesen sein muß.[33] Der Prophet Jeremia jedenfalls geißelt – rund zweihundert Jahre nach Salomo – in seiner Tempelrede den Kult einer Himmelskönigin: »Die Kinder lesen Holz, die Väter zünden das Feuer an, und die Frauen kneten den Teig, daß sie der Himmelskönigin Kuchen backen ...« (Jeremia 7,18)

Bei dem Kult der Himmelskönigin scheint es sich demnach um einen Privatkult gehandelt zu haben, da von einer Begehung im Tempel nichts verlautet. An anderer Stelle kommt es zu einer förmlichen Auseinandersetzung zwischen dem Propheten Jeremia und den Anhängern der Himmelskönigin. Dabei stellt sich heraus, daß dieser Kult vornehmlich von Frauen ausgeübt wurde, die der Himmelskönigin Rauch- und Trankopfer nebst Gelübden darbrachten. Sinn der kultischen Darbringungen war es, die Ernährung zu gewährleisten (Jeremia 44,15ff.). Die Himmelskönigin wurde also auch als Fruchtbarkeitsgöttin verehrt.

Es darf wohl davon ausgegangen werden, daß König Salomo nicht nur eine Religionspolitik im Zeichen wechselseitiger Toleranz betrieb, die dazu führte, daß alle gewaltförmigen Züge aus dem Bild der fremden Gottheiten ausgeschieden wurden, sondern ihm war auch daran gelegen, die einseitig »männlichen« Züge des altisraelitischen Jahwe durch die »weiblichen« Züge von Frauengöttinnen zu mildern. Jahwe, dem Gott der Geschichte, wurde Astarte, die Göttin fruchtbringender Natur, zugesellt.

Diese Leistung, von den biblischen Verfassern aufs schärfste abgelehnt, kann gar nicht hoch genug eingeschätzt werden. Sie ermöglichte einen Ausgleich zwischen der altisraelitischen Geschichtsfrömmigkeit und den vitalen, der Natur zugehörigen Phänomenen, dem Wachsen und Gedeihen der Pflanzen, dem Zeugen und Gebären von Tieren und Menschen. Dem jenseitig-transzendenten Herrengott Jahwe wurde mit Astarte eine Gestalt ergänzend zur Seite gestellt, die das diesseitige Naturgeschehen verkörperte.

## DIE RÄTSELHAFTEN TEMPELSÄULEN

Salomo errichtete der Astarte ein Heiligtum, doch auffällig ist, daß sich unter den fremden Gottheiten die ansonsten häufiger erwähnte Aschera nicht befindet, jene Göttin, die sich in Jerusalem besonderer Popularität erfreute. Hatte Salomo mit dieser Göttin wirklich nichts zu schaffen? Das ist kaum anzunehmen, denn in späteren Texten des Alten Testaments wird Astarte manchmal mit Aschera identifiziert. So fügen die Übersetzer der hebräischen Bibel, die die griechische Septuaginta geschaffen haben, manchmal dort, wo im Hebräischen der Name Aschera auftaucht, den Namen der Astarte ein (2. Chronik 15,16; 24,18).

Doch auch in früheren Traditionen, die der vorsalomonischen Richterzeit zuzuordnen sind, sind Astarte und Aschera austauschbar: So erscheint Baal manchmal mit Astarten (Richter 2,13; 1. Samuel 7,4; 12,10) und manchmal mit Ascheren (Richter 3,7) verbunden. Es festigt sich damit unser Eindruck, daß im Namen der Astarte verschiedene weibliche Gottheiten zusammengefaßt wurden: nicht nur die babylonische Ischtar und die ugaritischen Atiratu und Anat, sondern auch die kanaanäische Aschera.

Über den Charakter der Aschera ist viel gerätselt worden. Frauen waren ihr besonders zugetan. Man errichtete ihr Kultbilder und legte für sie heilige Haine an – so schon Rehabeam, Salomos Sohn. Buhlknaben (gillulim) praktizierten obszöne Bräuche, Formen kultischer Prostitution wurden zugelassen (1. Könige 14,23 f.). Unter König Manasse (696–642 v. Chr.) kam es sogar zur Aufstellung eines Aschera-Bildes im Jerusalemer Tempel (2. Könige 21,7). Erst König Josia konnte diese Praktiken beenden (2. Könige 23).

Manchmal wird mit dem Namen der Aschera nicht nur die Göttin, sondern auch ihr Kultobjekt bezeichnet: ein Holzsymbol, das neben Altären und Mazzeben »gepflanzt« (nata) wurde (5. Mose 16,21) und in seiner Höhe sogar den Altar überragen konnte (Richter 6,25 ff.). Alles spricht dafür, daß es sich bei den Ascheren um heilige Bäume, um Lebensbäume gehandelt hat, die – so die Gegner der Ascheren – »ausgerissen« werden mußten (Micha 5,13). Die Mischna, der spätere jüdische Kommentar zur Bibel, kann sich die Aschera nur mehr als »lebenden Baum« vorstellen.[34]

Die Verehrung der Lebensbaum-Aschera führt zurück zu Salomo. Als wir den salomonischen Tempel beschrieben, sind wir nicht genauer auf die beiden Säulen eingegangen, die dem Tempelbau vorgelagert waren. Sie gehören zu den rätselhaftesten Elementen des salomonischen Tempels. In der biblischen Überlieferung werden sie als »Jachin« und »Boas« bezeichnet; doch diese Namen sind ebenfalls von Rätseln umgeben. Kein Wunder, daß der Scharfsinn der Forscher seit jeher erstaunliche Kapriolen geschlagen hat, um die Bedeutung der beiden Tempelsäulen zu enträtseln.

Man hat hingewiesen auf die Obelisken vor ägyptischen Tempeln. Sowohl die Säulenform als auch insbesondere der Säulenschmuck von Jachin und Boas sprechen jedoch gegen diese Identifizierung. Andere haben an die Mazzeben der Höhenheiligtümer gedacht.[35] Wieder andere gingen von praktischen Erwägungen aus. Danach hätten die beiden Säulen als Kandelaber – vergleichbar phönizischen Altarleuchtern – oder zur Verbrennung von Weihrauch oder als Fackelsäulen gedient.[36] Gegen all diese Theorien spricht aber die Höhe der Säulen. Einige Forscher hielten die Säulen für Instrumente zur Berechnung der Tag- und Nachtgleichen, womit sie sich dem kosmischen Symbolismus annäherten, der schon die talmudische

Tradition beherrscht. Danach sollte Jachin den Mond, Boas die Sonne darstellen.[37] Eine weitere symbolische Deutungsrichtung sieht in den beiden Säulen eine Darstellung der Wolken- und Feuersäule, welche die Israeliten beim Auszug aus Ägypten schützend begleiteten (2. Mose 13,21 f.; 4. Mose 14,14).[38]

Klärung der verwirrenden Möglichkeiten liefert eine unbezweifelbare Tatsache: Beide Säulen hatten keine architektonische Funktion, sondern standen frei. Sie trugen also zur Stützung des Tempels nichts bei, und das, obwohl sie in der Höhe etwa zwölf Meter maßen und einen Durchmesser von 1,90 Meter hatten.[39] Frei stehende Doppelsäulen vor einem Tempel sind uns nicht nur aus Jerusalem bekannt. So berichtet Herodot, daß auch vor dem Melkart-Tempel in Tyrus zwei Säulen gestanden hätten. »Und ich sah ihn [den Tempel] auch, reich ausgeschmückt mit vielen Weihgeschenken, und in ihm standen zwei Säulen, die eine aus reinem Gold, die andere aus Smaragd, der in den Nächten gewaltig leuchtete ...«[40]

Ausgrabungen in der phönizischen Stadt Byblos haben ebenfalls frei stehende Tempelsäulen aus der Zeit des Mittleren Reiches zutage gebracht.[41] Und dann gibt es noch jenen uns schon bekannten Baal-Hadad-Tempel in Hazor, der im dreizehnten Jahrhundert zerstört wurde (Abb. 34). Ihm waren offensichtlich zwei frei stehende Säulen vorgelagert.[42] All diese Parallelen beweisen, daß die Doppelsäulen vor dem salomonischen Tempel phönizischen Bautraditionen entsprechen. Damit gewinnt jene Nachricht historische Glaubwürdigkeit, wonach der Kupferschmied Hiram von Tyrus die salomonischen Tempelsäulen aus Kupfer gießen ließ.

Wichtig ist, daß die Säulen vor dem salomonischen Tempel nicht mit einem Basissockel versehen waren, sondern wie Baumsäulen aus der Erde wuchsen. Darauf weisen auch die weiteren, im einzelnen allerdings nur schwer rekonstruierbaren Angaben hin. So waren dem Säulenschaft zwei lilienförmige Knäufe (gulloth) mit einem Flechtwerk (sebakah) aufgesetzt[43], auf dem vierhundert Granatäpfel angebracht wurden – in zwei Reihen um die beiden Knäufe verteilt.

Daß es sich bei den beiden Tempelsäulen um Baumsymbole

handelte, ist nicht zu weit hergeholt, sondern wird durch zahlreiche Parallelen bestätigt: So standen schon am Eingang des Ninhursag-Tempels in Ur zwei kupferbeschlagene Holzpfähle, die keine tragende Funktion hatten.[44] In der Larsa-Periode wurden in Ur am Eingang zu einer Bastion Palmsäulen aus Lehmziegeln errichtet.[45] Wie langlebig die Tradition von Baumsäulen war, zeigt der assyrische Sin-Tempel von Khorsabad aus dem achten vorchristlichen Jahrhundert, den – wie der salomonische Tempel – zwei frei stehende Säulen schmückten: Palmenholzstämme mit einem Bronzebeschlag, der die schuppenartige Palmenrinde nachahmte.[46]

Wir können noch weiter gehen. Heilige Bäume stehen seit jeher in einer engen Verbindung zur Göttin Ischtar-Astarte. Das zeigt eine eindrucksvolle Wandmalerei aus Mari, die in die Zeit Hammurapis (1728–1686 v. Chr.) zu datieren ist und sich heute – leider in stark beschädigtem Zustand – im Louvre befindet (Fig. 27).[47] Rechts erkennt man einen Dattelbaum mit einer Taube in der Krone, dem Sinnbild der Ischtar-Astarte. Zwei andere stilisierte Bäume flankieren einen Palast, in dem Ischtar-Astarte zu sehen ist, wie sie einen König inthronisiert.

Die eindrucksvollste Darstellung für unseren Zusammenhang stammt aber aus Idalion in Zypern. Dort wurde das Modell eines Astarte-Tempelchens gefunden, das einem Taubenhäuschen ähnelt (Abb. 24). Dem Tempelchen vorgelagert sind zwei Säulen, die von Lilien- bzw. Lotusblüten bekrönt werden. Damit wäre eine überzeugende Parallele zu den salomonischen Tempelsäulen gefunden, welche ihre Zuordnung zum Astarte-Kult eindeutig bezeugt. Aber, auch das muß gesagt werden, das Tempelmodell von Idalion stammt aus dem achten oder siebten Jahrhundert, ist also später als der salomonische Tempel anzusetzen. Andererseits sind religiöse Bildmotive in ihrer Substanz von erstaunlicher Überlebensfähigkeit, so daß die Schlußfolgerung erlaubt ist: Die salomonischen Tempelsäulen repräsentieren heilige Bäume der Astarte-Aschera entsprechend altmesopotamischer Tradition, die über den phönizischen Baumeister Hiram von Tyrus bis nach Jerusalem gewirkt hat.

Jetzt verstehen wir jenen merkwürdigen Zug der Salomo-Überlieferung, die uns zwar vom Astarte-Kult Salomos berichtet, das Kultheiligtum jedoch nicht lokalisiert (1. Könige 11,5). Kein Wunder, denn es befand sich, so vermuten wir jetzt, an prominenter Stelle vor dem Tempel Salomos in Gestalt der beiden monumentalen Baumsäulen.[48] Den jahwetreuen Bibelverfassern muß diese Tatsache so unangenehm gewesen sein, daß sie sie unterdrückt haben.

Auf Astarte verweisen auch die beiden Namen, die den Säulen beigelegt wurden: Jachin und Boas. »Und er [Hiram] richtete die Säulen auf vor der Vorhalle des Tempels; die er zur rechten Hand setzte, nannte er Jachin, und die er zur linken Hand setzte, nannte er Boas.« (1. Könige 7,21)

Was könnten diese Namen bedeuten? »Boas« bedeutet »Stärke«, »Jachin« wohl »beschützen, erhalten«. Also hat man etwa folgende sinngemäße Übersetzung vorgeschlagen: »Jahwe wird seinen Thron für immer aufrichten (jachin); in der Stärke (boas) Jahwes möge der König sich freuen!«[49] Doch bedenkenswerter scheint jene Deutung

Fig. 27  »Inthronisation« des Königs von Mari durch Astarte. Um 1700 v. Chr.

zu sein, die Ch. Bruston vorgeschlagen hat.[50] Er wies auf eine neupunische Inschrift hin, die uns in den Bannkreis der Astarte-Anat zurückführt. In dieser Inschrift wird die Göttin Anat als »Tochter des Boas« bezeichnet. Boas jedoch ist nur ein anderer Name für Baal, jenen kanaanäischen Gott, den die altjahwistischen Kreise als gefährlichste Bedrohung für ihren Glauben fürchteten.

Sollte unsere Identifizierung der beiden Tempelsäulen mit dem Astarte-Heiligtum überzeugen, dann hätte das weitreichende Folgen für die Rekonstruktion von Salomos Religion. Bisher waren uns weibliche Gottheiten aus vorsalomonischer Zeit nur als Hausgöttinnen begegnet. Unter Salomo hingegen erfährt eine weibliche Gottheit – Astarte – eine bedeutende Rangerhöhung: Sie fungiert nicht länger als Hausgöttin, die allein im privaten Raum der Familie verehrt werden durfte, sondern steigt zur »Reichsgöttin« auf, die am Hauptheiligtum Israels in Jersualem Platzrecht bekam. Salomo respektierte nicht nur den traditionell privaten Frauen- und Familienkult, sondern verlieh demselben öffentliche Bedeutung.

Wir müssen uns die tiefe Humanität der salomonischen Religion vor Augen führen. Den Frauen und ihrer Religiosität wurde eine bis dahin nicht bezeugte Hochschätzung entgegengebracht. War Salomo in dieser Hinsicht ein religiöser Revolutionär? Oder verstärkte er nur Tendenzen, die in Israel untergründig immer gewirkt hatten? Wahrscheinlich sind beide Fragen positiv zu beantworten. Salomo konnte an die Hochschätzung der Frauen und ihrer Religiosität in der altisraelitischen Gesellschaft anknüpfen, die auch von den biblischen Verfassern überliefert ist. Weithin leuchtende Beispiele sind die weiblichen Machtgestalten aus der Richterzeit, etwa Debora, die als »Richterin« ein öffentliches Amt bekleidete und als Heerführerin mehrere israelitische Stämme siegreich in die berühmte Schlacht an den »Wassern von Megiddo« führte. Debora wird auch als »Prophetin«, als religiös inspirierte Persönlichkeit bezeichnet, die das Lied vom Sieg der Israeliten über die Kanaanäer sang (Richter 5).

Mit Debora wird eine andere Gestalt erwähnt: die Keniterin Jael, der die Tötung des Hauptmanns Siseras zugesprochen wurde (Richter 5). Auch Zippora, die Frau von Mose, wird uns als religiös wirksame Frau vorgestellt: Sie führte die Beschneidungszeremonie am erwachsenen Mose durch. »Du bist mir ein Blutbräutigam« (2. Mose 4,25), rezitiert sie eine altertümliche Formel. Den biblischen Verfassern war das allerdings dermaßen peinlich, daß sie an die Stelle von Mose den erstgeborenen Sohn setzten (2. Mose 4,24 ff.).

Auch Mirjam betätigt sich in religiöser Hinsicht: Sie singt das berühmte Lied von der Rettung der Mose-Schar nach der gelungenen Herausführung aus Ägypten (2. Mose 15). Bleibt eine einfache Frau aus dem Volk namens Hanna, die im Tempel von Silo jenen Lobgesang anstimmt, in dem sie nicht nur für die Geburt ihres Sohnes Samuel dankt, sondern auch die machtvolle Gegenwärtigkeit Jahwes besingt (1. Samuel 2).

Wenn Salomo also dem Frauenkult im Jerusalemer Tempel Platzrecht einräumte, tat er nichts anderes, als eine untergründig wirksame Tradition der altisraelitischen Gesellschaft ins helle Licht des offiziellen Staatskultes zu erheben. Letzteres bedeutet allerdings mehr, als uns bisher über die Frauenfrömmigkeit in Israel bekannt geworden ist. Indem Salomo der Frauenfrömmigkeit im Jerusalemer Tempel ein Denkmal in Gestalt der beiden Säulen setzte, befreite er die Frauenfrömmigkeit von den Fesseln häuslich-intimer Privatheit. Das allerdings ist als revolutionäre Neuerung in Salomos Religion zu bewerten.

Es versteht sich, daß die biblischen Verfasser die von uns rekonstruierten Zusammenhänge verdrängt haben und mit keinem Sterbenswörtchen erwähnen. Sie bieten auch keine Erklärung an, um die rätselhaften Namen »Boas« und »Jachin« zu verstehen, hinter denen sich Bezüge zu Baal und Anat-Astarte verbergen. So versuchte man – durch die Strategie des Verschweigens –, an Salomo und erst recht am Tempelbau zu retten, was zu retten war. Das Astarte-Heiligtum ließ man zunächst unlokalisiert (1. Könige 11,5); später verschleierte man seine ursprüngliche Lage dadurch, daß man es – wie die anderen Fremdheiligtümer – auf den Ölberg verlegte (2. Könige 23,13). Aber diese Notiz taucht erst im Zusammenhang mit der rabiaten, jahweorientierten Religionspolitik des Königs Josia auf, der etwa dreihundert Jahre nach Salomo wirkte.

Fig. 28 Lebensbaum, flankiert von zwei Löwen. Ritzzeichnungen auf Krügen von Kuntilat Adschrud. 8. Jahrhundert v. Chr.

Eine weitere Möglichkeit, den salomonischen Astarte-Kult unschädlich zu machen, zeigt die Paradiesgeschichte. In ihr taucht neben dem Erkenntnis- jener Lebensbaum auf, der ewiges Leben gewährt. In ihm lebt der Aschera-Baum weiter, das Lebens- und Fruchtbarkeitssymbol schlechthin, doch ist dem unparadiesischen Menschen der Zugang zu diesem Baum der Unsterblichkeit leider verwehrt. Da kann ihm auch Aschera-Astarte nicht helfen. Im Gegenteil, sie wird entmächtigt, und die Cherubim verwehren den Zugang zum Baum der Unsterblichkeit. So wird in den paradiesischen Bäumen noch etwas von dem Kampf gegen Aschera-Astarte spürbar, den wohl die biblischen Verfasser, nicht aber Salomo, ausgefochten haben.

Den biblischen Verfassern lag viel daran, Salomo nicht zu eng mit Aschera-Astarte in Verbindung zu bringen. Dies wird verständlich, wenn man bedenkt, wie populär Aschera-Astarte zeitweise in Israel gewesen ist. So wurden 1967 bei Ausgrabungen in Chirbet El-Qom bei der judäischen Stadt Lachisch aufsehenerregende Funde gemacht.[51] Eine der entdeckten Grabinschriften, die aus epigraphischen Gründen ins achte Jahrhundert zu datieren ist, wurde folgendermaßen entziffert: »Gesegnet sei Uryahu von Jahwe und seiner Aschera ...«

Alles deutet darauf hin, daß Aschera als Gemahlin Jahwes angesehen wurde. Das hieße, dem exklusiven Männergott Jahwe wäre eine Naturgöttin aufs innigste beigesellt worden.[52] Daß es sich bei der Formulierung »Jahwe und seiner Aschera« keineswegs um einen Einzelfall handelte, zeigen weitere archäologische Funde aus den Jahren 1975/76 in Kuntilat Adschrud, etwa achtzig Kilometer südlich von Kadesch (Abb. 30). Hier, im judäischen Südland am Schnittpunkt von Handelswegen, die von Gaza nach Elat und in das Sinai-Gebiet führten, fand ein Ausgrabungsteam unter der Leitung von Ze'ev Meshel Bruchstücke zweier Vorratskrüge, die mit erstaunlichen Inschriften und Zeichnungen versehen waren. Die phönizischen Inschriften erwiesen sich als Segensformeln, in denen Jahwe, aber auch Aschera auftreten: »Amaryau sagte zu meinem Herrn ... Mögest du gesegnet sein von Jahwe und seiner Aschera ...«[53]

Es verwundert auch nicht, daß eine der beigefügten Zeichnungen einen Lebensbaum zeigt, der von zwei Löwen flankiert wird – seit jeher das Sinnbild der Aschera (Fig. 28). In einer weiteren Inschrift wird der Name »Obadyau, der Sohn des Adnah« genannt, ebenfalls Adressat eines Jahwe-Segens. Der Name Adnah taucht auch in 2. Chronik 17,14 auf, was uns erlaubt, die Inschrift ins neunte Jahrhundert zu datieren.

Ganz und gar rätselhaft ist eine weitere Zeichnung, die sich auf einem der Tonkrüge findet.[54] Dargestellt ist eine leierspielende Frauengestalt, der zwei phallische Gestalten beigesellt sind (Fig. 29). Handelt es sich bei der Frau vielleicht um Aschera und bei der links stehenden Gestalt um Jahwe, der von einem Waffenträger begleitet wird? Eine Antwort muß zwangsläufig hypothetisch bleiben. Doch als leierspielende Gestalt ist uns die ugaritische Anat, Zwillingsgestalt der Astarte, schon in jenem Siegesgesang begegnet, den sie zu Ehren Baals anstimmte. Sollten Anat und Aschera so weit verschmolzen worden sein, daß Anat zur leierspielenden Aschera erhoben wurde? Und wäre die Männergestalt tatsächlich mit Jahwe identisch, wäre er als phallischer Fruchtbarkeitsgott Baal zum Verwechseln ähnlich geworden.

Die Inschriften und Zeichnungen machen deutlich, daß »Jahwe und seine Aschera« einen bedeutenden Einfluß auf das israelitische Gottesbewußtsein ausgeübt haben. Die in der Bibel suggerierte Exklusivität Jahwes sowie die bilderlose Verehrung des Gottes Israels muß aber nicht nur vor dem Hintergrund der aufgefundenen Inschriften neu durchdacht werden, sondern vor allem auch die Rolle Salomos bei diesem Prozeß der Astartisierung Jahwes bedarf einer neuen Beurteilung.

Zusammenfassend können wir sagen: Die Schaffung eines Astarte-Heiligtums im heiligen Tempelbezirk zu Jerusalem zeigt überdeutlich, daß es Salomo darum gegangen ist, die strenge Jahwe-Religion durch weibliche Züge zu ergänzen und die exklusiv-intolerante Jahwe-Verehrung durch Elemente der kanaanäischen Naturfrömmigkeit zu mildern. Darüber hinaus erhob er den häuslichen

Fig. 29 Ritzzeichnungen auf Krug von Kuntilat Adschrud. 8. Jahrhundert v. Chr.

Kleinkult in den Rang einer »öffentliche« Angelegenheit, um der
Religion der Frauen eine höhere Wertschätzung zukommen zu lassen. Salomos tiefstes Anliegen sollte auf keinen Fall mißverstanden
werden: eine Religion zu vertreten, die nicht auf fanatische Abgrenzung, sondern auf Integration bzw. Ausgleich mit fremden Gotteserfahrungen ausgerichtet war. In diesem Sinne erweist sich Salomos
Religion als wesentlicher Bestandteil seines Friedenskonzeptes, das
den intoleranten Zügen der altisraelitischen Jahwe-Religion gegen-
steuerte.

## SALOMO UND DER GOTT BAAL

Um Salomos Religion zu verstehen, waren wir gezwungen, hinter die
Überlieferungen des Alten Testaments zu schauen. Uns ist dabei
deutlich geworden, daß Salomo ein ausgesprochen offenes Reli-
gionsverständnis hatte. Wie tief sich Salomo auf fremde Götter
einließ, offenbarte seine Hinwendung zum Astarte-Kult. Doch wie
steht es mit dem kanaanäischen Gott Baal, der im Alten Testament
als Gegengott zu Jahwe schlechthin erscheint? Sollte Salomo mit
dem kanaanäischen Hauptgott etwa nicht in Berührung gekommen
sein? In der Salomo-Überlieferung fällt kein Wort über Baal, so daß
der Eindruck entsteht, Salomo habe mit Baal nichts zu schaffen
gehabt.

Dieses Schweigen ist außerordentlich merkwürdig, denn sowohl
in vor- wie auch in nachsalomonischer Zeit beherrscht Baal alle
religiösen Auseinandersetzungen. Hier einige Beispiele: Nachdem
die Mose-Schar im Jordan-Tal angekommen ist, entsteht Streit mit
den Moabitern, die auf dem Berge Peor den Baal Peor verehren.
Bileam, der Seher Baal Peors, wird aufgeboten, die Israeliten zu
verfluchen. Doch er vermag es nicht, da Jahwe ihm gebietet, Israel zu
segnen (4. Mose 22 ff.). Die Israeliten hatten aber nichts Besseres zu
tun, als sich dem Baal Peor an den Hals zu werfen. Die Folgen sind
fürchterlich: Mose läßt die abgefallenen Obersten des Volkes »vor
Jahwe im Angesicht der Sonne« aufhängen. Und auf Befehl des

eifersüchtig-zornigen Jahwe kommt es sogar zum Mord in den Familien. Dabei spielt die Tatsache eine nicht geringe Rolle, daß sich Israeliten mit moabitischen und midianitischen Frauen ehelich verbanden (4. Mose 25,1 ff.).

In der Richterzeit – etwa hundert Jahre vor Salomo – fällt Gideon durch seinen Jahwe-Eifer auf, da er in Ofra einen Altar zu Ehren Baals nebst einem Aschera-Bild, die von seinem Vater (!) errichtet worden waren, zerstört. Man nannte Gideon deshalb »Jerubbaal«, »Baal streite mit ihm!« (Richter 6,25 ff.).

Zur wohl grausamsten Verfolgung der Baal-Verehrer kommt es unter dem nordisraelitischen König Ahab, etwa sechzig Jahre nach dem Tod Salomos. König Ahab hatte Isebel geheiratet, jene phönizische Prinzessin, die den Baal-Kult in Samaria – besonders auf dem Berge Karmel – erst so richtig heimisch gemacht hatte. Die Folgen für sie und die vierhundert Baal-Priester waren verheerend: Die Priester wurden vom Propheten Elia grausam hingeschlachtet (1. Könige 18), und Isebel kam durch den Jahwe-Eiferer Jehu schmählich zu Tode (2. Könige 9).

Trotz all dieser scheußlichen Maßnahmen bleibt Baal in Israel eine umworbene Gottheit. So kommt es, daß die Stellung der Könige zum Baal-Kult für die biblischen Verfasser zum Kriterium für Ablehnung oder Hochschätzung wird. Nur wenige Könige finden Gnade vor ihren Augen, etwa König Hiskia, der gegen den Baal-Kult brachial vorging, und erst recht König Josia, dem es scheinbar gelang, die Herrschaft des Baal-Kultes endgültig zu brechen.

Jahwe contra Baal – mit dieser Formel läßt sich die jahrhundertelange Auseinandersetzung in der altisraelitischen Religionsgeschichte beschreiben. Doch was war so greulich an Baal, was führte zu seiner haßerfüllten Ablehnung, die eine breite Blutspur in der Bibel hinterlassen hat? Eine plausible Antwort fällt außerordentlich schwer, zumal die Bibel fast keine oder nur polemische Informationen gibt.

Doch seit Auffindung der Texte von Ras Schamra hat sich das Bild gewandelt.[55] Danach gilt Baal als der »jugendliche« Gott. Als Herr des Gewitters und Spender des Regens kommt ihm für das syrischpalästinensische Regengebiet eine hervorragende Bedeutung zu (Abb. 28/29). Er herrscht über Menschen und Natur.

»Ich allein herrsche über die Götter als König,
mache fett Götter und Menschen,
sättige die Menge der Erde!«[56]

Baal ist ein potenter Gott und mit seiner Geliebten Anat amourös verbunden. Er besteigt sie in Gestalt eines Stieres. Außerdem ist er in ungeheuerliche Lebenskämpfe verstrickt. Siegreich endet sein Kampf gegen Jam, den Gott des Meeres, der in einem Jubelruf festgehalten ist:

»Jam ist wahrlich tot,
Baal ist König!«[57]

Der siegreiche Baal läßt sich feiern und beschließt, assistiert von seiner Gemahlin Anat, einen Palasttempel zu bauen. Zedern werden vom Libanon gebracht, dazu Gold und Silber. Seine Herrschaft kennt keine Grenzen.

»Ich allein [bin es], der König sein soll über die Götter,
der wahrlich herrschen soll über Götter und Menschen,
der beherrschen soll die Menge der Erde!«[58]

Doch ein gefährlicher Gegner entsteht Baal in Gestalt von Mot, dem Gott der Unterwelt. Baal dankt kampflos als Herrscher ab und steigt freiwillig hinab in die Unterwelt. Das Todeslos ereilt ihn, die Boten Baals klagen:

»Tot ist Alijan Baal,
gestorben ist der Fürst der Erde!«[59]

Anat, seine Gemahlin, sucht den Leichnam und begräbt ihn unter lautem Wehklagen auf dem heiligen Berge Zaphon. Währenddessen liegt die Erde verlassen da.

»Baal ist tot! ...
Leben fehlte den Menschen,
Leben der Menge [auf] der Erde.«[60]

Da macht Anat sich auf, Baal zu rächen. Mot wird ergriffen, zerteilt, gewürfelt, verbrannt, gemahlen und aufs Feld gesät. Und siehe da: Baal wird von den Toten erweckt und ergreift aufs neue die Herrschaft. Die Natur erwacht zu neuem Leben.

»Die Himmel werden Öl regnen,
die Bäche Honig führen ...«[61]
»Alijan Baal lebt,
der Fürst, der Herr der Erde, existiert! ...«[62]
»Baal sitzt auf seinem Königsthron,
der Sohn Dagans auf seinem Herrschersitz.«[63]
Alle Jahre wieder feiern die Menschen das Schicksal Baals, wahrscheinlich anläßlich dreier Feste, unter denen das Neujahrsfest im Herbst das wichtigste gewesen sein wird.[64] Die Tempelweihe, die Hochzeit mit Anat, die Trauer um den toten Baal, seine Rückkehr aus dem Totenreich, seine Inthronisation auf dem Berge Zaphon – alles wurde »wiederholend« gefeiert, ein Fest der Todes- und Lebensmächte, den ewigen Kreislauf der Natur abbildend.

Dem ugaritischen Baal-Mythos kommt eine Schlüsselrolle zu, doch es gab nicht nur einen Baal. Verkörpern konnte er sich in vielen Gestalten; jedem Ort sein eigener Baal! So kommt es, daß in der Bibel häufig von »Baalen« die Rede ist. Hier eine nicht vollständige Auflistung der biblischen Baale: Baal Berit, Baal Gad, Baal Hamon, Baal Sebub, Baal Chazir, Baal Charmon, Baal Maon, Baal Perazim, Baal Schalischa, Baal Tamar und Baal Zaphon. Daneben gibt es noch zahllose semitische Namen, die nicht in der Bibel verzeichnet sind. Kurzum, Baal ist jener Gott, der im gesamten altorientalischen Kulturkreis verehrt wurde, in Syrien ebenso wie in Palästina, in Ägypten wie in Marseille.[65]

Und Salomo sollte mit Baal nicht in Berührung gekommen sein? Zweifel sind angebracht! Während in der Bileam-Geschichte den jahwetreuen Israeliten die Ehe mit Moabiterinnen verboten oder mit dem Tod geahndet wird, bleibt Salomos Ehe mit einer moabitischen Frau unkritisiert. Während Ahabs phönizische Ehefrau Isebel dem Eifer der Jahwe-Gläubigen zum Opfer fällt, bleibt Salomos phönizische Ehefrau unbehelligt. Während es sporadisch immer wieder zur Zerstörung von Baal-Heiligtümern kommt, gilt Salomo als der König, der fremden Gottheiten als erster Zugang in Jerusalem verschaffte.

Doch hat sich Salomo auch auf Baal eingelassen? Vieles spricht dafür, doch schweigt sich die Bibel darüber aus. Doch Schweigen kann manchmal außerordentlich beredt sein. Denn der von Salomo zugelassene Astarte-Kult, in dem auch Aschera und Anat zur Verehrung kamen, kann ohne die Verehrung Baals gar nicht gedacht werden. Folglich tauchen außerhalb der Salomo-Überlieferung Astarte und Aschera durchweg zusammen mit Baal auf.

Wollte die Bibel sein Bild idealisieren? Oder gibt es eine andere Erklärung für diese Strategie des Schweigens? Die Antwort auf diese Fragen führt uns zu einer kühnen Vermutung: Es hat auch eine positive Baal-Beerbung gegeben, die in Opposition zu der haßerfüllten Ablehnung Baals durch die israelitischen Propheten und Bibelverfasser steht. Um diese Baal-Tradition wahrzunehmen, darf man allerdings nicht in die biblischen Geschichtsbücher schauen, sondern muß sich jenen Kulttraditionen zuwenden, die am Jerusalemer Tempel praktiziert wurden. Bezeugt werden sie in kultischen Liedern, vornehmlich in den Psalmen der Bibel. Sie zeigen, daß wichtige Züge des Gottes Baal auf Jahwe übertragen wurden.

Heben wir gleich den ersten und wichtigsten Zug hervor: das Königtum Jahwes! Es gehört zu den heute kaum noch bestrittenen Tatsachen der israelitischen Religionsgeschichte, daß das Königtum ursprünglich nicht zum Bilde des altisraelitischen Jahwe gehörte.[66] Erst unter dem Einfluß der kanaanäischen Götter El und Baal wurde auch Jahwe das Königsamt zugesprochen. »Jahwe ist König [melek]« – so heißt es immer wieder in den Jahwe-König-Psalmen, die eine eigene Gruppe unter den zahlreichen Psalmengattungen bilden (Psalm 47, 93, 95, 96–99).[67]

»Gott ist König über die ganze Erde; lobsinget ihm mit Psalmen! Gott ist König über die Völker, Gott sitzt auf seinem heiligen Thron«. (Psalm 47,8 f.) »Jahwe ist König und herrlich geschmückt; Jahwe ist geschmückt und umgürtet mit Kraft.« (Psalm 93,1) »Denn Jahwe ist ein großer Gott und ein großer König über alle Götter.« (Psalm 95,3) »Jahwe ist König. Er hat den Erdkreis gegründet, daß er nicht wankt.« (Psalm 96,10) »Jahwe ist König, des freue sich das Erdreich …« (Psalm 97,1) »Mit Trompeten und Posaunen jauchzet vor Jahwe, dem König!« (Psalm 98,6) »Der Herr ist König, darum zittern die Völker; er sitzt über den Cherubim, darum bebt die Welt.« (Psalm 99,1)

Schon diese wenigen Stellen zeigen, daß Jahwe im Rahmen einer festlichen Begehung, die unmittelbar mit dem salomonischen Tempel im Zusammenhang stand, als König verehrt wurde. Die Festgemeinde wird zum Gotteslob aufgerufen; feierlich erschallt der Ruf »Jahwe ist König!« Eine Reihe von Forschern postuliert deshalb ein »Thronbesteigungsfest Jahwes«, das jährlich zum Laubhüttenfest gefeiert worden sein soll.[68] Die These hat etwas Bestechendes, da auch die Inthronisation Baals an einem »Laubhüttenfest« gefeiert wurde. Bei dieser Zeremonie opferte der König von Ras Schamra auf dem Tempeldach und errichtete Laubhütten![69]

Diese These ist dennoch sehr fragwürdig, da nirgends im Alten Testament ein solches Fest explizit genannt wird. Und dann das vielleicht wichtigste Gegenargument: In keinem der Jahwe-König-Psalmen wird von einer Inthronisation Jahwes gesprochen, da seine Herrschaft von Anbeginn an feststeht. »Von Anbeginn steht dein Thron fest«, heißt es folglich in Psalm 93,2. Damit kommt auch der entscheidende Unterschied zwischen dem Königtum Baals und Jahwes zum Vorschein: Während Baal um sein Königtum kämpfen muß, ja sogar zeitweise dem Todesschicksal verfällt, steht Jahwe jenseits aller Kämpfe um Leben und Tod. Baal *wird* König, Jahwe *ist* König.

Baal wird durch einen Kampf gegen den Meeresgott Jam zum König. Sein Sieg steht nicht von Anfang an fest, obgleich er folgendermaßen zum Kampf ermuntert wird:

»Ha, deine Feinde, Baal,

ha, deine Feinde wirst du erschlagen,

ha, du wirst deine Gegnerschaft zum Schweigen bringen.«[70]

Baal kämpft nicht nur gegen Mot, auch andere Gegner erwachsen ihm; so ein rätselhaftes Wesen mit Namen Tannin, auch die siebenköpfige Schlange Leviathan, sie alle Sinnbilder der Chaosmächte, die jegliche Ordnung bedrohen und damit auch die Herrschaft Baals. Mag Baal gegen die Chaosmächte auch siegreich sein, dem Todesgeschick kann er nicht ausweichen. Das spricht Mot, der Gott der Totenwelt, deutlich aus: »Wenn du [auch] Leviathan erschlugst, die flüchtige Schlange, der gewundenen Schlange ein Ende machtest, dem Machthaber mit sieben Köpfen ..., mußt du nun hinabsteigen in den Schlund des Sohnes Els, Mot.«[71]

Und Jahwe? Sicher, er bleibt ein transzendenter Gott, läßt sich in einen Machtkampf nicht hinabziehen, dem er als Sieger oder Unterlegener ausgeliefert wäre. Jahwe garantiert die Stabilität der Welt.[72] Und dennoch: Spuren des Chaoskampfes, dem Baal zum Opfer fällt, prägen auch das Bild Jahwes.

»Jahwe, die Wasserströme erheben sich,
die Wasserströme erheben ihr Brausen,
die Wasserströme heben empor die Wellen;
die Wasserwogen im Meer sind groß und brausen mächtig;
Jahwe aber ist noch größer in der Höhe.« (Psalm 93,3 f.)

In den sich erhebenden Wasserfluten lebt ohne Zweifel der kanaanäische Meeresgott Jam nach. Doch es wird ebenso deutlich, daß Jahwe die Mächte des Chaos souverän beherrscht, ohne sich – wie Baal – in einen mörderischen Kampf begeben zu müssen. Sicher, das Königtum Jahwes, das Motiv des Chaoskampfes wurden der kanaanäischen Baal-Religion entnommen, in Jerusalem aber in der Weise umgeformt, daß Jahwe ein transzendenter Gott blieb, der Herr über Leben und Tod.

Noch eine andere Eigenschaft Jahwes ist auf Baal zurückzuführen: die Vorstellung von Jahwe, dem »Wolkenfahrer«. Wir erinnern uns, daß Jahwe im salomonischen Tempel über den Cheruben thront und als Cheruben-Throner auf den »Fittichen des Windes« herbeifährt, eingehüllt in dunkle Wolken (2. Samuel 22,11 f.; Psalm 18,11 f.). In einem anderen Psalm heißt es über Jahwe: »Du fährst auf den Wolken wie auf einem Wagen und kommst daher auf den Fittichen des Windes ...« (Psalm 104,3; auch 5. Mose 33,26)

Und wie wird Baal genannt? Er ist der »Wolkenfahrer« (rkb 'rpt), unter dessen Leben spendenden Regen sich Anat begibt: »Sie [Anat] schöpfte Wasser und wusch sich mit dem Tau des Himmels und dem Öl der Erde, dem Sprühregen des Wolkenfahrers, Tau, den die Himmel ausgegossen, Sprühregen, den die Sterne für sie ausgossen.«[73]

So wird Jahwe über das Wolkenfahrer-Motiv mit Baal verbunden. Doch nicht nur in den himmlischen Regionen spielt sich ein Austausch ab, sondern auch über den »Wohnsitz« auf Erden gibt es erstaunlich Gleichlautendes zu vermerken. So gilt als Wohnsitz Baals der Berg Zaphon, nach dem der häufig anzutreffende Name Baal Zaphon gebildet wurde.[74] Auf dem Zaphon wird Baal feierlich von Anat begraben, als er Mot verfällt; auf den Zaphon kehrt Baal nach seiner Auferstehung aus der Unterwelt zurück; und auf dem Zaphon wird Baals Tempelpalast errichtet, zu dessen Einweihung Baal mit den Worten einlädt:

>»Inmitten meines Berges, des Gottes Zaphon,
>an heiligem Ort, auf dem Berg meines Eigentums,
>an lieblichem Ort, auf dem Hügel des Sieges.«[75]

Der Name Zaphon ist lange rätselhaft geblieben; man sah in ihm den Berg des Nordens. Seit den Untersuchungen von Otto Eissfeldt ist aber klar, daß es sich beim Berg Zaphon um den 1770 Meter hohen Dschebel El-Aqra an der nordsyrischen Mittelmeerküste handelt, dreißig Kilometer nördlich von Ras Schamra.[76] Und nun geschieht das Merkwürdige, daß auch Jahwe auf dem Zaphon wohnt, wie in Psalm 48,3 nachzulesen.

>»Schön ragt empor der Berg Zion,
>daran sich freut die ganze Welt,
>der Berg Zion, der Gipfel des Zaphon,
>ist die Stadt des großen Königs.«[77]

Kein Zweifel, der Berg Zion, gekrönt vom salomonischen Tempel, wird mit dem Wohnsitz Baals identifiziert. Doch nicht mehr Baal wohnt dort, sondern Jahwe. Jahwe hat den Zaphon-Zion übernommen und Baal entmächtigt.

Noch andere Züge der kanaanäischen Baal-Religion sind in die Jerusalemer Tempeltheologie eingeflossen. So gilt Baals Königtum als »ewiges Königtum«: »Du [Baal] sollst erhalten dein ewiges Königtum, deine Herrschaft für Geschlecht um Geschlecht.«[78]

Über Jahwes Königtum heißt es beinahe gleichlautend: »Dein Königtum ist ein Königtum für alle Zeiten, und deine Herrschaft währet für Geschlecht um Geschlecht.« (Psalm 145,13)[79]

Wie tief der Baal-Mythos in die Jahwe-Frömmigkeit eingedrungen ist, zeigt Psalm 29, dem ein kanaanäischer Hymnus auf Baal zugrunde liegt:

»Die Stimme Jahwes über den Wassern!
Es donnert der Gott der Ehre [kabod].
Jahwe über den gewaltigen Wassern!
Die Stimme Jahwes erschallt mit Macht,
die Stimme Jahwes mit Majestät!
Die Stimme Jahwes zerschmettert Zedern,
es zerschmettert Jahwe die Zedern des Libanon.
Er läßt den Libanon hüpfen wie ein Kalb,
den Sirjon wie einen jungen Wildochsen.
Die Stimme Jahwes sprüht Feuerflammen.
Die Stimme Jahwes läßt die Wüste erbeben,
erbeben läßt Jahwe die Wüste in Kadesch.
Die Stimme Jahwes versetzt die Hinden in Wehen,
läßt die Zicklein kreißen.
Und in seinem Palast ruft alles: Ehre [kabod]!
Jahwe hat sich niedergelassen auf der Flut,
und es thront Jahwe als König in Ewigkeit.
Jahwe gebe seinem Volk Macht!
Jahwe segne sein Volk mit Heil!« (Psalm 29,3–11)[80]

Jahwe wird in diesem Psalm nach dem Bilde Baals geformt: Die donnernde Stimme Jahwes setzt die Elemente in Aufruhr. Über Baal heißt es: »Und erheben wird er [Baal] seine Stimme in den Wolken, die Blitze losschießen ... Baal erhebt seine heilige Donnerstimme.«[81]

Der Libanon und Sirjon finden sich auch im Baal-Mythos, denn von dort kommen die Zedern für Baals Tempelbau. Doch Jahwe zerschmettert die Zedern aus dem Libanon und Sirjon, so, als solle der Baal-Tempel zerschmettert werden. Es gibt keinen Zweifel, daß der »jahwesierte« Baal-Hymnus im Jerusalemer Tempel gesungen wurde. Dort erschallt der Ruf der Ehre (kabod), der aber nicht mehr Baal zukommt, sondern dem ewigen König Jahwe.

An dieser Stelle brechen wir unsere Untersuchung der Aneignung des Baal-Mythos durch die Jahwe-Religion ab. Sie hat ergeben, daß

Baal nicht nur gehaßt und bekämpft wurde, sondern in wesentlichen Zügen beerbt wurde. Daß diese Anverwandlung Baals im Zusammenhang mit dem Jerusalemer Tempelkult zu sehen ist, steht außer Zweifel.

Die uns abschließend interessierende Frage lautet: Wann hat diese Aneignung stattgefunden? Unsere Antwort: König Salomo hat diese verwandelnde Beerbung des Baal-Mythos angebahnt. Das ist eine kühne These, da in der Salomo-Überlieferung nichts darüber verlautet. Doch wir wissen inzwischen, daß die biblischen Verfasser ein zensiertes Bild Salomos vermitteln. Ständen uns nur die baalfeindlichen Geschichtsbücher zur Verfügung, kämen wir nicht auf die Idee, daß es so etwas wie eine positive Baal-Beerbung je gegeben hat.

Wer sonst außer Salomo sollte für die Beerbungsstrategie verantwortlich gewesen sein? In der nachsalomonischen Zeit standen die Chancen für eine positive Baal-Beerbung jedenfalls schlecht. Schon sechzig Jahre nach Salomo kommt es in Samaria zum blutigen Kampf gegen Baal und seine Anhänger – so im Kampf Elias gegen die Baal-Propheten (1. Könige 18), so im politischen Kampf Jehus (845–818 v. Chr.), der als radikaler Jahwist die Baal-Anhängerin Isebel und alle Nachkommen Ahabs ausrottet (2. Könige 9f.).

Standen in nachsalomonischer Zeit in Jerusalem die Chancen für eine positive Baal-Beerbung besser? Die Könige Asa (908–868 v. Chr.) und Josaphat (868–847 v. Chr.) werden als jahwetreu charakterisiert; Joram und Ahasja, die ihnen nachfolgenden Könige in Jerusalem, werden als baalhörig beschrieben, weshalb sie vom Jahwe-Eiferer Jehu ermordet werden. Schon diese wenigen Bemerkungen zeigen, daß der Kampf zwischen Jahwe- und Baal-Anhängern unmittelbar nach Salomos Tod schärfste Formen annahm und auch Könige nicht verschonte.

Auch am Jerusalemer Tempel waren die günstigen Zeiten für Baal bald vorbei. Sinnfällig macht das jener berühmte Bund (um 840 v. Chr.), den der Hohepriester Jojada zwischen Volk, König und Jahwe schloß (2. Könige 11). Der Hohepriester erwies sich dabei als strenger Jahwe-Priester, da – auf seine eifernde Anregung hin –

Baal-Tempel und -Altäre zerstört und der Baal-Priester Mattan ermordet wurden.

Die Feindschaft zwischen Jahwe und Baal existierte auch weiterhin. Davon zeugen der Kampf der Propheten gegen Baal ebenso wie die baalfeindlichen Reformen der Könige Hiskia und Josia. Es ist unwahrscheinlich, daß im haßerfüllten Klima nachsalomonischer Zeit Baal ohne weiteres positiv hätte beerbt werden können. Nur die salomonische Epoche selbst bleibt vom Kampf gegen Baal ausgespart. Dies ist ein Indiz dafür, daß die positive Baal-Aneignung in die Zeit Salomos fällt, in jene Zeit, die sich durch eine nie wieder erreichte Toleranz auch gegenüber fremden Göttern auszeichnet.

Obwohl die Bibel diese Zusammenhänge verschweigt, gibt es einige denkwürdige Hinweise, die unsere These untermauern. Wir haben schon die Säulen Jachin und Boas erwähnt, Spuren einer Aufnahme des Baal-Astarte-Kultes. Ein anderes Kultobjekt des salomonischen Tempels führt uns ebenfalls in die Nähe des Baal-Kultes: das »Eherne Meer«, ein riesiges Wasserbecken, das auf zwölf Rindern stand. Jeweils drei Rinder wiesen in die vier Himmelsrichtungen (1. Könige 7,23ff.). Die Rekonstruktion dieses Kultgeräts ist zwar

Fig. 30 Das »Eherne Meer« vor dem salomonischen Tempel

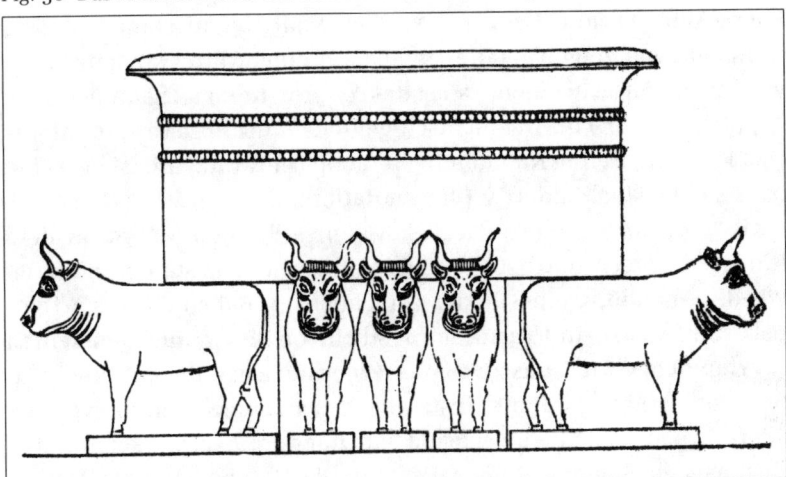

umstritten (Fig. 30), doch an seiner kultisch-symbolischen Bedeutung gibt es keinen Zweifel. So sind sakrale Wasserbecken, aber auch heilige Teiche und Seen im Alten Orient vielfach bezeugt.[82]

Der um 2700 v. Chr. im sumerischen Lagas residierende Ensi Ur-Nanse berichtet, er habe ein sakrales Wasserbecken gebaut, einen »Apsu«. Herr des Apsu war der Gott Enki/Ea, dessen Tempel in Eridu »Haus des Ozeans« heißt. Auch in babylonischer und assyrischer Zeit wurden Tempel mit einem Apsu versehen. Manchmal repräsentiert der Apsu das irdische Meer, manchmal den unterirdischen, manchmal den überirdischen Ozean, die als chaotische Urmächte die geordnete Welt bedrohen. Die altmesopotamischen Traditionen haben bis in den Baal-Kult weitergewirkt, in welchem sich die Chaosmacht Wasser im Kampf zwischen Baal und Jam, dem Meeresgott, noch einmal grandios darstellt.

Die Einfassungen der Tempelteiche des Baal-Tempels in Baalbek sind entsprechend mit Meeresmotiven geschmückt, unter denen Tritonen und Nereiden Wogen und Winde verkörpern. Und auch die Rinderstatuen verweisen auf Baal. Wie sein Vater El wird er als »Stier« bezeichnet. Zu erinnern ist in diesem Zusammenhang an jenes von Yigael Yadin ausgegrabene Fragment einer basaltenen Statuenbasis aus Hazor (dreizehntes Jahrhundert v. Chr.) mit einem Stier (Abb. 41), auf dem ursprünglich Baal Hadad stand. Spätere Darstellungen zeigen Baal ebenfalls auf einem Rind stehend. Eine von ihnen wurde in einem Palast des Assyrer-Königs Tiglatpileser III. (745–727 v. Chr.) in Arslan Tasch gefunden, die andere stammt aus Djekke, etwa dreißig Kilometer von Aleppo entfernt, und ist ins achte oder siebte Jahrhundert v. Chr. zu datieren.

Es gibt noch nähere Parallelen zum »Ehernen Meer«, in dem Rinder und Meer motivisch miteinander verbunden sind. So besitzen wir die Abbildung eines leider verschollenen Reliefbildes des Tempels von Muzazir in Urartu, nordöstlich von Assur, aus dem achten Jahrhundert v. Chr., das zwei Wasserbecken zeigt, die auf Rinderfüßen stehen (Fig. 31). Ein Kalksteinbecken aus Amathont in Zypern – allerdings erst aus dem sechsten Jahrhundert v. Chr. – zeigt in den Grifftaschen ebenfalls Rinder (Fig. 32). Das Becken hat einen Durch-

Fig. 31  Rinderfüßige Wasserbecken. Muzazir, aus der Zeit Sargons II. (721–705 v. Chr.)

messer von 2,2 Metern; das salomonische »Meer« hingegen kam auf den doppelten Durchmesser.

Unserer Meinung nach verdankt sich das »Eherne Meer« vor dem salomonischen Tempel jenem mächtigen Traditionsstrom, der im gesamten Orient und vor allem im Baal-Kult gegenwärtig war. Wenn es in einigen Jahwe-König-Psalmen heißt, Jahwe throne über den Wassern, dann fand diese mythische Aussage ihren symbolischen Ausdruck im Wasser des »Ehernen Meeres«. Wer den Tempel betrat, kam an den gebändigten Chaosgewässern vorbei und ging dann weiter in Richtung auf das Allerheiligste, wo Gott erhaben thronte. Die Bibel verschweigt diese Zusammenhänge, da sie in bedrohlicher Weise der mythischen Baal-Religion verhaftet sind. Aber welch andere als diese symbolische Bedeutung sollte das »Eherne Meer« gehabt haben? Für praktische Zwecke, etwa zur Reinigung der Priester, war es viel zu hoch.

Die mythischen Erinnerungen an die chaotische Macht der Urgewässer, denen schon Baal trotzen mußte, und an die Leben spendende Kraft der heiligen Astarte-Aschera-Bäume wurden von Salomo in den Jerusalemer Tempelkult aufgenommen und abgewandelt. Nicht mehr Baal ist Herr über das Chaos, sondern Jahwe, nicht

Astarte-Aschera spendet Leben, sondern Jahwe. Wasser und Baum treten als Ursymbole menschlicher Grunderfahrungen in einen inneren Zusammenhang, der im Alten Orient ebenso wie im Jerusalemer Tempel weiterentwickelt werden konnte.

Die Perspektiven sind faszinierend und zugleich weitreichend: Sie machen den Tempelberg zum Paradies. So wird meistens nicht bedacht, daß das biblische Paradies auf einem Berg gelegen haben muß. Denn nach paradiesischer Geographie steht dort nicht nur der Baum des Lebens, sondern es entspringen dort auch vier Flüsse – der

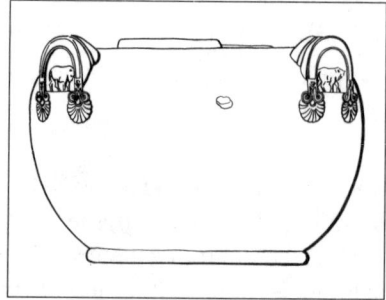

Fig. 32  Wasserbecken aus Amathont
(Zypern). 6. Jahrhundert v. Chr.

Euphrat, der Tigris, der Pichon und der Gihon (1. Mose 2,10ff.). Der Gihon aber ist die einzige Wasserquelle, die am Südosthang der Salomo-Stadt entspringt, und am Gihon wurde Salomo zum König erhoben. So zeigt sich ein erstaunlicher Zusammenhang: Der Tempelberg wurde nicht nur mit dem Gottesberg Zaphon identifiziert, sondern auch mit dem Paradies.

Die Bibel hat diese Zusammenhänge nur angedeutet. Ihre Ausführungen stehen aber deutlich in der altorientalischen Tradition. So gibt es schon im zweiten Jahrtausend v. Chr. ein Relief aus Gipsstein, das am Brunnen des Assur-Tempels angebracht war (Fig. 33). Im Mittelpunkt steht ein Berggott, erkennbar an dem geschuppten Felsmuster auf Rock und Kappe. Von seiner Hüfte gehen Fruchtstengel aus, und in seinen Händen hält er andere »Lebensbäume«, von denen Ziegen fressen. Ihm zur Seite stehen zwei Nymphen, die in ihren Händen Gefäße halten, aus denen vier Wasserstrahlen entspringen.

Alles in allem ist dies die Darstellung eines Bergparadieses, das von
der Leben spendenden Kraft des Wassers und der Bäume kündet.

Eine kleine assyrische Elfenbeinplastik aus dem fünfzehnten
Jahrhundert v. Chr. führt ganz nahe an das biblische Paradies: Ein
Berggott im Felskleid läßt aus einem Gefäß die vier Arme des
Paradiesstromes hervortreten. Auch im Wandbild aus Mari (Fig. 27)
vereinigen sich die Motive von heiligem Berg, Leben spendenden
Flüssen und fruchtbaren Lebensbäumen. Links und rechts von den
Lebensbäumen setzt jeweils ein Stier seinen Huf auf einen Steinhau-

Fig. 33 Berggott
mit Quellen-
nymphen. Assy-
risch, 2. Jahr-
tausend v. Chr.

fen, das Symbol des heiligen Berges. Im Untergeschoß des Palastes stehen zwei Quellgöttinnen, aus deren Gefäßen jeweils vierarmige Flüsse entspringen.

Diese Beispiele machen deutlich, daß sich wesentliche Elemente der Jerusalemer Tempeltheologie aus altorientalischen Quellen speisen: der Zion als paradiesischer Tempelberg, der Gihon als paradiesischer Lebensfluß, die Tempelsäulen als Sinnbilder Leben spendender Bäume. All diese Elemente zeugen von einer erstaunlichen Offenheit der salomonischen Religion gegenüber den Phänomenen des natürlichen Lebens.

Wäre es nicht notwendig, der Naturfrömmigkeit Salomos etwas mehr Aufmerksamkeit zu widmen, als es heute geschieht? Wir wissen mittlerweile, wohin ein blinder Geschichtsglaube Menschen und Gesellschaftssysteme führt; mehr denn je ist Besinnung lebensnotwendig, um die ausgebeutete, verschandelte und zerstörte Natur zu retten und zu bewahren. Sicher, Salomos Übernahme des Natürlichen in die jahwistische Geschichtsreligion trägt alle Züge eines zeitbedingten Projektes, das sich in Vorstellungsformen äußert, die uns heute fremd sind – in der Tendenz, das Natürliche zu vergöttlichen, das Göttliche zu naturalisieren.

Dem altisraelitischen Geschichtsgott wurden Erfahrungen beigesellt, die dem Geheimnis der Natur und des Weiblichen nachspürten, Erfahrungen, die ursprünglich weder mit dem Vätergott, noch den El-Gottheiten und schon gar nicht mit Jahwe zu machen waren. Salomo ging es im tiefsten um eine Vermittlung von Geschichtsreligion und Naturreligion. Dieses Vorhaben Salomos ist nicht mehr aktuell. Doch auch heute geht es um einen epochalen Vermittlungsauftrag, nämlich jenen, die von Menschen gemachte Geschichte und die vom Menschen verstümmelte Natur wieder in ein Gleichgewicht zu setzen. Salomos religiöse Weisheit käme heute zum Tragen, würde diese epochale Verantwortung wahrgenommen werden.

# 7. Kapitel

## »Alles ist eitel« –
## Die Tragik eines Königs

Salomos Leben hatte unter dunklen Vorzeichen begonnen: eine ehebrecherische Mutter, ein mörderischer Vater, ein dem Tode geweihter Bruder, der ihm voranging. Allein in seinem Namen brach Hoffnung auf. Doch sein Eintritt in die Geschichte war blutbefleckt und einer archaischen, grausamen Lebenswelt verbunden. Dennoch wandelte sich der mörderische Salomo.

Den Hintergründen dieser Wandlung sind wir nachgegangen, den Spuren seines Lebenswerks haben wir nachgespürt. Zum Vorschein kam ein staunenswertes Friedenswerk, dessen Vielschichtigkeit wir ansichtig wurden. Wir gingen von der Annahme aus, daß schon die biblischen Verfasser dem Friedenswerk Salomos nicht mehr gewachsen waren. Sie verkürzten sein Lebenswerk! Der Frieden unter Salomo erschien ihnen nur als »Abwesenheit von Krieg«, nicht jedoch als schöpferisches Lebensprinzip. An wesentlichen Stellen mußten wir deshalb mit der biblischen Salomo-Überlieferung brechen, um das Friedenskonzept Salomos herausarbeiten zu können.

Wir erkannten, wie und warum sich Salomo in Gibeon zu einem Friedenskönigtum durchrang, dem der »Triumph über die Feinde« nichts mehr galt. Wir erlebten, daß Salomo durch das Opferfest in Gibeon und durch den Tempelbau in Jerusalem Menschengewalt bannen wollte. Wir sahen, wie er die Rechtsbeziehungen von religiösen Bevormundungen befreite, indem er das Gottesrecht durch ein rationales Königsrecht ersetzte. Statt auf Krieg setzte Salomo auf Diplomatie und Handel, auf wirtschaftliche Entwicklung, überhaupt auf alles, was nur in Frieden gedeihen konnte. Nach innen betrieb er einen friedlichen Ausgleich, die konsequente »Abrüstung«, was von den biblischen Verfassern nicht mehr verstanden wurde.

Als Friedenswerk erwies sich die erstaunliche Weltoffenheit und Toleranz anderen, fremden Kulturen und Religionen gegenüber – ein Anliegen, das von den biblischen Verfassern sogar verfälscht wurde. Sein Friedenswerk erhielt eine großartige Ausformung in dem, was von den biblischen Verfassern als salomonische Weisheit gerühmt wurde, von uns aber nur mühsam rekonstruiert werden konnte. Wir entdeckten, daß sich Salomos Weisheit als »schenkende Tugend« beschreiben ließ und sich sein Lebenswerk der schöpferischen Verausgabung verpflichtet wußte. So wurde aus Salomo der Kulturstifter schlechthin. Salomo lebte und schuf aus dem Überfluß, er war keine Gestalt, die aus dem Mangel, aus einer defensiven Lebenseinstellung, aus Lebensangst oder Lebenshaß heraus wirkte. Er verschwendete sein Leben, indem er sich schöpferischen Lebensleistungen verschrieb: der Weiterentwicklung von Weisheit, der Poesie, in welcher er die Natur entdeckte, der Architektur, die ihn zum Bauherrn von Städten und Tempeln machte, der Religion, der er ein menschenfreundliches Antlitz verlieh.

Damit könnten wir schließen, das Nachwort zu Salomo wäre gesprochen. Wie es bei schöpferischen Menschen aber immer der Fall ist, war auch dem nachwirkenden Glanz von Salomos Leben Tragik beigesellt. So müssen wir jenes Salomo ansichtig werden, der sich als »Mensch in seinem Widerspruch« offenbart.

Schauen wir zunächst auf sein politisches Lebenswerk. Die biblische Überlieferung gibt sich in diesem Punkt sehr salomofreundlich: »So war Salomo Herr über alle Königreiche, vom Euphrat-Strom bis zum Philisterland und bis an die Grenze Ägyptens; die brachten ihm Geschenke und dienten ihm sein Leben lang.« (1. Könige 5,1)

Diese »großisraelitische« Perspektive können wir nicht teilen, denn an den Rändern des salomonischen Reiches bröckelte es schon bedrohlich. Dem Edomiter-König Hadad gelangen im Süden Israels erfolgreiche Unabhängigkeitsgewinne; ebenso dem König Reson im nördlichen Syrien. Hinzufügen müssen wir, daß Salomo zwanzig galiläische Städte an Hiram von Tyrus abtreten mußte, da er seine Schulden nicht bezahlen konnte. Der Trick, Hiram mit unfruchtbaren Ländereien abzuspeisen, wurde von diesem ärgerlich kommentiert (1. Könige 9,11 ff.). Kurzum, das Reich, das Salomo von David übernommen hatte, zeigte schon Risse.

Diese unbestreitbaren Tatsachen haben Salomo den Ruf der Schwäche eingetragen. Uns allerdings erscheint seine Friedenspolitik als weise Selbstbescheidung, die sich davor hütete, eine sinnlose und abenteuerliche Machtpolitik zu betreiben. Wir wissen nur zu gut, daß Kriege Israel später nie genutzt haben. Aus dieser Perspektive ähnelt Salomos Friedenswerk dem politischen Ansatz jener Propheten, die sich immer wieder gegen die machtpolitischen Konzepte der nachsalomonischen Könige gestellt haben. Salomo praktizierte jenen Grundsatz, den der Prophet Jesaja dem judäischen König Ahas gut zweihundert Jahre nach Salomo entgegenschleuderte:»Hüte dich und bleibe still! Fürchte dich nicht, und dein Herz sei unverzagt ...« (Jesaja 7,4)

Was wäre aus Israel geworden, wäre das salomonisch-prophetische Friedenskonzept durchgehalten worden? Wäre die Geschichte Israels anders verlaufen, wenn man auf schöpferische Friedenspolitik gesetzt hätte? Wäre ein Nebukadnezar anders mit dem dann wahrhaft salomonischen Erbe umgegangen? Es ist müßig, darüber zu spekulieren, doch die Fragen dürfen gestellt werden. Vielleicht liegt die Tragik Salomos darin, daß ihm keine Könige folgten, die sein Friedenswerk schöpferisch fortsetzten und weiterentwickelten.

Von Tragik überschattet ist auch sein innenpolitisches Friedenswerk, das auf Ausgleich angelegt war. Salomos kunstvolle Verwaltungsreform hatte keinen Bestand. Sofort nach seinem Tode kam es zur Abspaltung Nordisraels. Muß man diese Abspaltung aber Salomo zuschreiben? Die biblische Überlieferung tut das. Sie sieht in der Spaltung Israels eine Strafe für Salomos Abfall vom Gott der Väter. Diese Interpretation ist aber nicht überzeugend, denn bei dem Auseinanderbrechen des salomonischen Reichs spielten religiöse Gründe keine entscheidende Rolle. Vielmehr ging es um handfeste Interessen: Die nordisraelitischen Stämme rebellierten gegen das Abgabe- und Fronwesen, dem sich Salomos schöpferische Lebensleistung nicht unwesentlich verdankte. Als Rehabeam, Salomos Sohn, in Sichem die Zustimmung der nordisraelitischen Stämme zu seiner Inthronisation erwartet, halten ihm die Vertreter des Volkes entgegen: »Dein Vater hat unser Joch zu hart gemacht. Mache du nun den harten Dienst und das schwere Joch leichter, das er uns auferlegt hat, so wollen wir dir untertan sein.« (1. Könige 12,4)

Rehabeam war schlecht beraten, den Forderungen nicht nachzukommen. Die Abspaltung der nordisraelitischen Stämme war besiegelt.

Damit kommen wir zur wahren Tragik König Salomos, zu dem Punkt, an dem er wahrscheinlich schuldig geworden ist. Seine schöpferische Lebensleistung verdankte sich nicht nur Handelsgeschäften und einer klugen Wirtschaftspolitik, sondern auch der Ausbeutung fremder Arbeitskraft. Tempel-, Palast- und Festungsbauten sowie die materielle Versorgung des Hofes erforderten den Einsatz von Arbeitskräften; die Förderung einer blühenden Hofkultur kostete viel Geld und bedurfte eines effizienten Abgabewesens.

So ergab sich ein unaufhebbarer Widerspruch: Was einerseits als kulturelle Blütezeit wahrgenommen wird mit bis heute nachschwingender »Erinnerungsmacht«, wurde andererseits den Untertanen abgepreßt. Die schöpferische Verausgabung, die wir als Salomos Wesensmerkmal erkannten, baute auf der Verminderung von Lebensmöglichkeiten eines Großteils der Bevölkerung auf, der unter den Fronlasten und den Abgaben stöhnte.

Die biblische Salomo-Überlieferung hat sich mit diesem schmerzenden Widerspruch herumgeschlagen, ohne ihn lösen zu können. Das erklärt die verwirrenden Informationen über Salomos Fronsystem. So heißt es, daß Salomo in ganz Israel Fronarbeiter aushob. Dreißigtausend Mann sollen zu Holzfällerarbeiten herangezogen worden sein, dazu siebzigtausend Lastträger und achtzigtausend Arbeiter in den Steinbrüchen (1. Könige 5,27 ff.). Die Zahlen mögen übertrieben sein, an der Realität von Fronarbeit in Israel ist deshalb aber nicht zu zweifeln. So ist verständlich, wenn viele das »harte Joch« unter Salomo beklagten.

Die biblische Überlieferung hingegen versucht, die harte »Arbeitsgesellschaft« abzuschwächen: »Alles Volk, das noch übrig war von den Amoritern, Hethitern, Perisitern, Hiwitern und Jebusitern, die nicht zu den Israeliten gehörten, deren Nachkommen, die übriggeblieben waren im Lande, an denen Israel den Bann nicht hatte vollstrecken können, die machte Salomo zu Fronleuten bis auf diesen Tag. Aber aus Israel machte er niemanden zu Fronleuten, sondern ließ sie Kriegsleute sein und seine Räte und Oberste und Reiter und Hauptleute über seine Wagen und Gespanne sein.« (1. Könige 9,20 ff.)

Es ist mit Händen zu greifen, daß hier Schönredner am Werke waren. Zwar können sie die Fronarbeit unter Salomo nicht bestreiten, aber es sind nur die nichtisraelitischen Bewohner, die dieses harte Los traf. Die Israeliten hingegen hätten sich zu Aufsehern der Heloten-Völker aufgeschwungen, wobei es schon faszinierend ist, wie aus dem Friedensreich Salomos unterderhand ein Militärstaat wurde. Hieß es an anderer Stelle einmal, daß in Juda und Israel »jeder unter seinem Weinstock und unter seinem Feigenbaum« sitzen konnte (1. Könige 5,5), so scheint jetzt ein ganzes Volk in die militärische Pflicht genommen worden zu sein. Der biblische »Entlastungsversuch« in Sachen Fronarbeit ist zu durchsichtig, um bestehen zu können. Es bleibt dabei, auch Israeliten wurden zu Fronarbeit und drückenden Abgaben verpflichtet.

Kann man Salomos System der Fronarbeit irgendwie retten? Oder kommen hier Grenzen seines Friedenswerkes zum Vorschein, die man hinnehmen muß? Uns scheint der Widerspruch tiefer angelegt zu sein. Wann hat sich jemals schöpferische Lebensgestaltung im luftleeren Raum vollzogen?

Große Werke der Kultur beruhen ebenso wie die kleinen Werke des Lebens unauflöslich auf Fremd- und Selbstausbeutung. Keine Pyramide, kein Tempel, kein Schloß wäre ohne dieses bis heute tragische Prinzip schöpferischer Verausgabung errichtet worden. Kein Michelangelo, kein Goethe – und eben auch kein Salomo – wäre ohne jene verschwendende Kultur denkbar, deren dunkle Kehrseite das harte Arbeitslos vieler ist.

Es geht nicht darum, diesen tragischen Widerspruch jeglicher Kultur zu rechtfertigen – das ist nicht Aufgabe des Historikers. Uns bleiben allein die Feststellung und die Hoffnung, daß der Überschuß und der Überfluß, denen jegliche schöpferische Lebensleistung sich verdankt, zur »allgemeinen« Wirklichkeit werden, daß gleichsam jeder auf seine Weise salomonisch werden möchte.

Die tragische Widersprüchlichkeit, die Salomos Lebenswerk überschattet, hat sich schon zu seinen Lebzeiten zugespitzt. Es ist beileibe kein Zufall, daß es in der Spätzeit des Königs zur Rebellion des Jerobeam kam (1. Könige 11). Jerobeam war kein Vertreter der Jerusalemer Hofpartei, er entstammte auch nicht dem judäischen Heimatstamm, dem sich die Herkunft Davids und Salomos verdankte, sondern ging aus dem nordisraelitischen Stamm Ephraim hervor. Wahrscheinlich repräsentierte er nordisraelitische Oppositionskreise, denen die einseitige Ausrichtung auf die Jerusalemer Königskultur mißfiel. Dabei hatte alles so gut für Jerobeam begonnen: Salomo förderte den jungen Mann, der ihm bei Festungsarbeiten in Jerusalem aufgefallen war. Er setzte ihn als »Fronvogt« über die mächtigste Stämmegruppe Nordisraels, über das »Haus Jakobs« ein, das heißt über die Stämme Ephraim und Manasse.

Doch der Günstling Salomos wandelte sich zum Rebellen. Ausschlaggebend mag jene berühmt-berüchtigte Symbolhandlung gewesen sein, die vom Propheten Ahija durchgeführt wurde, als sich beide außerhalb Jerusalems zufällig begegneten: Ahija reißt seinen Mantel in Stücke und gibt Jerobeam zehn Teile, Sinnbild jener zehn Stämme, denen er als König vorstehen wird. Das salomonische Königtum aber wird nur noch einen Stamm – Judäa – umfassen.

Bei der antisalomonischen Opposition ging es also nicht nur um das Fron- und Abgabesystem, sondern auch um unterschiedliche Königsideologien, die gegeneinanderstanden. Hier Salomo, Repräsentant eines dynastischen Königtums, dort Jerobeam, Prätendent der nordisraelitischen Stämme, die sich mit einer judäischen Dynastie nicht anfreunden konnten. Hier Salomo, dessen Königslegitimation darin bestand, ein Sohn Davids zu sein, dort Jerobeam, der sich von prophetischen Kreisen legitimieren ließ. Hier Salomo, der sein Lebenswerk über Fronarbeit und Abgaben finanzieren ließ, dort Jerobeam, dem das salomonische Fronsystem wahrscheinlich suspekt geworden war – eingedenk jenes alten Stammesrechts, das den Israeliten von erniedrigenden Frondiensten und Abgaben zugunsten eines Königs freistellte.

Es gehört zur Tragik Salomos, daß es ihm nicht gelang, das oppositionelle Königskonzept der nordisraelitischen Stämme in seines zu integrieren. So wendet sich König Salomo dem Plan zu, den Aufrührer Jerobeam ermorden zu lassen (1. Könige 11,40). Dieser entgeht dem tödlichen Anschlag und flieht nach Ägypten.

Salomos Alter ist also von Düsternis überschattet. Sein Friedenswerk, seine Toleranz, die von ihm heraufgeführte Aufklärung, seine kulturstiftenden Schöpfungen, der Tempelbau – sie mochten ihren Glanz als Sinnbilder einer glücklichen Epoche entfalten. Salomo tritt im Alter jedoch hinter seinen Werken zurück, wird konfrontiert mit dem Schatten, den jegliches Licht wirft. Wie bei alternden Menschen manchmal zu beobachten, kommt es bei Salomo nicht zu abgeklärter Lebensweisheit, sondern zur Rückkehr, zur Regression: Der Entschluß, Jerobeam zu töten, scheint Salomo in die Zeit seiner grausam-blutigen Anfänge zurückzuwerfen, als er dem Rachedenken und dem Brudermord anheimgefallen war.

Die biblische Überlieferung hat diese tragische Wendung nicht wortlos hinnehmen können. Sie läßt König Salomo zum »Prediger« werden und macht ihn zum Verfasser jener nüchternen, illusionslosen Spruchweisheit, der in der Bibel ein ganzes Buch gewidmet wurde. Der »Prediger Salomo« kennt das Gesetz der »fallenden Zeit«:

»Dies sind die Reden des Predigers, des Sohnes Davids, des Königs zu Jerusalem. Es ist alles eitel, sprach der Prediger, es ist alles ganz eitel. Was hat der Mensch für Gewinn von all seiner Mühe, die er hat unter der Sonne? Ein Geschlecht vergeht, das andere kommt ..., und es geschieht nichts Neues unter der Sonne ...

Ich, der Prediger, war König über Israel zu Jerusalem und richtete mein Herz darauf, die Weisheit zu suchen und zu erforschen bei allem, was man unter dem Himmel tut. Solch unselige Mühe hat Gott den Menschenkindern gegeben, daß sie sich damit quälen sollen. Ich sah an alles Tun, das unter der Sonne geschieht, und siehe, es war alles eitel und Haschen nach Wind ... Denn wo viel Weisheit ist, da

ist viel Grämen, und wer viel lernt, der muß viel leiden.« (Prediger
1,1 ff.)

Wir wissen heute, daß man Salomo diese Worte in den Mund
gelegt hat. Das ändert jedoch nichts an ihrer Gültigkeit. Uns aber
stellt sich am Ende die beunruhigende Frage: Was ist stärker? Jene
Hingabe an ein einmaliges Friedenswerk, das den Menschen befreite, Toleranz übte, schöpferische Werke hervorbrachte – oder die
nüchterne Einschätzung von Vergänglichkeit, Endlichkeit und Eitel-
keit allen menschlichen Strebens? Dieses Rätsel zu lösen, bleibt die
immer noch bestehende Aufgabe, aus der uns auch ein Salomo nicht
entläßt.

# Anmerkungen

## Einleitung

**1** Die Dokumente werden sehr anschaulich dargestellt von A. Jepsen: Von Sinuhe bis Nebukadnezar (45).
**2** Siehe das monumentale Werk von M. Noth: Studien (61); A. Jepsen: Quellen (62); I. Plein: Erwägungen (63); B. Porten: Structure (64); T. C. G. Thornton: Apologetics (66); R. N. Whybray: Succession (67) u. a.
**3** Vgl. die grundlegende Studie von L. Rost: Thronnachfolge (60); ferner L. Delekat: Tendenz (65); E. Würthwein: Erzählung (70); F. Crüsemann: Widerstand (113), S. 180ff.
**4** Vgl. F. Crüsemann: Widerstand (113), S. 187ff.
**5** Die Qualifizierung als eigene Überlieferungsschicht ist umstritten, wird aber auf Grund des nordisraelitischen Perspektivenwechsels von uns als wahrscheinlich angenommen. Vgl. I. Plein: Erwägungen (63).
**6** Wir folgen der bahnbrechenden Studie von M. Noth: Studien (61), nehmen aber mehr als einen Redaktor an. Vgl. G. von Rad: Hexateuch (23).
**7** Ausnahmen sind G. Mandel/P. Eisele: Salomo (82); A. Salomon: Weises Herz (284); H. Gaubert: Salomo (81); F. Thieberger: King Solomon (78); G. R. Tabouis: Salomon (77); E. Fleg: Salomo (76); A. Sanda: Salomo (75).
**8** Vgl. G. v. Rad: Theologie des Alten Testaments I (26), S. 62ff.

## 1. Kapitel: »Es lebe König Salomo«

**1** Vgl. K. Galling: Goliath (51).
**2** Vgl. T. Dothan: Philistines (46).
**3** Außerdem ist der Einbau der Goliath-Geschichte sehr ungeschickt, da David bei Hof noch unbekannt ist, obwohl er schon als Waffenträger Sauls eingeführt wurde. Die Septuaginta streicht deshalb die störenden Verse.
**4** Literatur bei C. Westermann: Genesis (15), S. 381ff., und N. Lohfink (Hrsg.): Gewalt (156), S. 227f.
**5** Vgl. J. H. Groenbaek: Aufstieg Davids (53); J. Conrad: Davids Aufstieg (54); W. Dietrich: David (57).
**6** Vgl. C. Warren/C. R. Conder: Jerusalem (227); Y. Shiloh: Warren's Shaft (237).
**7** Vgl. J. Floß: David (58).
**8** Vgl. L. Rost: Thronnachfolge (60); R. N. Whybray: Succession (67); J. H. Flanagan: Court History (69); E. Würthwein: Erzählung (70); F. Langlamet: Salomon (72); J. Conrad: Thronfolge (73) u. a.
**9** Vgl. J. Weingreen: Rebellion (52).
**10** Vgl. M. Noth: David (98); E. Kutsch: Dynastie (102); T. Veijola: Ewige Dynastie (111).
**11** So der treffende Ausdruck von L. Delekat: Tendenz (65), S. 32.
**12** Vgl. zum folgenden H. M. Kümmel: Ersatzrituale (107); Ersatzkönig (108). Allerdings werden die gewonnenen Erkenntnisse nicht auf die vorliegende David-Geschichte angewandt.
**13** Vgl. H. Müller: Titulatur (86); S. Morenz: Königstitulatur (96).
**14** Vgl. H. Cazelles: La titulaire du roi David (97); O. Keel: Bildsymbolik (43), S. 238.
**15** Vgl. A. Honeyman: Regnal Names (89).

**16** Vgl. A. Alt: Befreiungsnacht (91);
H. Wildberger: Thronnamen (100).
**17** Vgl. H. Brunner: Die Geburt des
Gottkönigs (105).
**18** Vgl. zum gesamten Komplex M. Noth:
Gott, König, Volk (92); K. H. Bernhardt:
Königsideologie (103).
**19** Vgl. R. Kittel: Schlangenstein (228),
S. 159 ff.
**20** Vgl. E. Kutsch: Salbung (104); I. Seibert: Hirte (110), S. 31.
**21** Vgl. G. Fohrer: Vertrag (99).
**22** Vgl. G. v. Rad: Das judäische Königsritual (88), S. 205 ff.
**23** Vgl. H. Bonnet: Art. »Krönung«.
In: Reallexikon (94), S. 397.
**24** Vgl. O. Keel: Bildsymbolik (43),
S. 243.
**25** Vgl. W. Westendorf: Das Alte Ägypten (42), S. 100 ff.
**26** Vgl. A. Moret: Royauté pharaonique
(83), Tafel 2.
**27** Vgl. H.-J. Kraus: Psalmen II (14),
S. 936.
**28** Vgl. N. M. Nicholksky: Asylrecht
(114); L. Delekat: Asylie (121).
**29** Vgl. A. Hoyles: Punishment (123).
**30** Vgl. H. Schulz: Leviten (124); A. H. J.
Gunneweg: Leviten (120).
**31** Vgl. W. F. Albright: The List of Levitic
cities (116), S. 49 ff.; Y. Aharoni: Das
Land der Bibel (208), S. 308 ff. Dagegen
Alt: Bemerkungen (117), S. 289 ff.; Levitenorte (118), S. 306 ff.
**32** Vgl. S. Kapelrud: König David (49);
J. A. Soggin: 'Esba'al (55).
**33** Vgl. R. de Vaux: Lebensordnungen I
(27), S. 190 ff.; G. Molin: Gebira (182);
A. Kampmann: Hethietische Koningin
(179).
**34** Vgl. die bahnbrechenden Forschungen von R. Girard: La violance (31); Des
choses cachées (32); Le bouc émissaire
(33), in denen allerdings der Mord Salomos an Adonia nicht behandelt wird.
**35** Vgl. R. Girard: Le bouc émissaire
(33).

**2. KAPITEL: »DASS ICH ERKENNE,
WAS GUT UND BÖSE IST«**

**1** Vgl. W. F. Albright: High Place (355);
P. Welten: Kulthöhe (373).
**2** Vgl. J. B. Pritchard: Gibeon (210).
**3** Vgl. über den Sühneaspekt des Brand-
opfers R. Rendtorff: Opfer (367), S. 81.
**4** Vgl. auch zum folgenden S. Herrmann:
Die Königsnovelle in Ägypten und Israel
(95), S. 120 ff. Dagegen E. Würthwein:
Könige (4), S. 31 f.
**5** Vgl. A. Erman: Sphinxstele (84).
**6** Vgl. A. Erman: Literatur (37), S. 79 ff.
**7** Vgl. S. Herrmann: Königsnovelle (95),
S. 131.
**8** Vgl. S. Herrmann: Königsnovelle (95),
S. 131.
**9** Vgl. H. Brunner: Das hörende Herz
(164), S. 679 ff.; auch: Erziehung (249),
S. 110 ff.
**10** Vgl. G. Chr. Macholz: König (173),
S. 178 ff.; dagegen H. Nier: Grundzüge
(175), S. 224 f.
**11** Vgl. R. Anthes: Maat (162).
**12** Vgl. L. Dürr: Heilandserwartung (85),
S. 78.
**13** Vgl. J. Pritchard (Hrsg.): Ancient
Near Eastern Texts (41), S. 164.
**14** Vgl. W. Richter: Richter Israels (169).
**15** A. Erman, Literatur (37), S. 338.
**16** A. Erman, Literatur (37), S. 318 ff.
**17** Vgl. G. v. Rad: Das judäische Königsritual (88), S. 205 ff.
**18** Psalm 2 hat viele unterschiedliche
Deutungen erfahren: historisierende,
eschatologische, messianische, christo-
logische und kultische. Zur Auslegung
vgl. H.-J. Kraus: Psalmen I (14), S. 142 ff.
**19** Vgl. K. Sethe: Ächtung (127); H. Kees:
Götterglaube (39), S. 103.
**20** H.-J. Kraus, Psalmen I (14), S. 20;
L. Borchardt: Krüge (130); K. Sethe: Ächtung (127).
**21** R. Schwager: Sündenbock (122),
S. 58.
**22** Dieses Defizit aufzuarbeiten, bemühen sich E. Haag, N. Lohfink, L. Ruppert
und R. Schwager in N. Lohfink (Hrsg.):
Gewalt (156).
**23** Auch O. H. Steck: Friedensvorstellungen (372) berücksichtigt das salomonische Friedenskönigtum nicht.

24 A. Alt: Die Landnahme (126); Erwägungen (136).
25 L. Rost: Weidewechsel (138); dagegen N. K. Gottwald: Pastoral Nomads (153).
26 Eine Gesamtübersicht über die unterschiedlichen Landnahmetheorien gibt M. Weippert: Landnahme (148).
27 Vgl. M. Noth: Josua (16); dagegen W. F. Albright: Date (134); Conquest (135).
28 Vgl. M. Noth: Grundsätzliches (198); Hat die Bibel doch recht? (200); Beitrag (201), S. 34 ff.
29 Y. Yadin: Hazor (213).
30 Gegen die zu starke Gewichtung des Krieges bei der Landnahme bei M. Rose: Entmilitarisierung (154), und N. Lohfink: Gewalt (156), S. 56 ff.
31 Vgl. die amerikanischen Arbeiten aus der Schule von F. M. Cross: Canaanite Myth (151), S. 91 ff.; siehe schon H. Fredriksson: Jahwe als Krieger (139). Literatur bei N. Lohfink (Hrsg.): Gewalt (156), S. 236 ff.
32 Zahlen nach R. Schwager: Sündenbock (122), S. 65; 70.
33 Vgl. L. Perlitt: Israel und die Völker (149).
34 Vgl. G. von Rad: Heiliger Krieg (141), S. 26.
35 So eher L. Perlitt: Israel und die Völker (149), S. 20.
36 Vgl. N. Lohfink: Artikel »haram« (152).
37 Auf die altorientalische Verbreitung des »Heiligen Krieges« hat in Abgrenzung zu G. von Rad M. Weippert: »Heiliger Krieg« (150) hingewiesen.
38 Dem Nachweis dieser Komponente verdankt sich der Erfolg von G. von Rad: Heiliger Krieg (141).
39 Vgl. H. Gressmann: Das salomonische Urteil (158).
40 Vgl. M. Noth: Bewährung (247).
41 Vgl. M. Noth: Bewährung (247).
42 Vgl. R. Press: Ordal (159).
43 Vgl. M. Noth: Bewährung (247), S. 99 ff.
44 Vgl. E. Sellin: Ephod (161); M. Haran: Ephod (165); K. Elliger: Ephod (166).
45 Vgl. G. Chr. Macholz: König (173), S. 157 ff.

46 L. Köhler: Der hebräische Mensch (163), S. 143 ff.; F. Horst: Recht und Religion (168), S. 49 ff.; R. Knieriem: Exodus 18 (167).
47 Vgl. C. Westermann: Genesis (15), S. 245 ff.
48 Vgl. W. Trillhaas: Felix culpa (172).
49 Grundlegend A. Alt: Die Ursprünge des israelitischen Rechts (160), S. 278 ff.; kritische Auseinandersetzung bei G. Fohrer: Das sogenannte apodiktisch formulierte Recht und der Dekalog (171), S. 120 ff.
50 Vgl. E. Gerstenberger: Wesen und Herkunft des »apodiktischen Rechts« (170).
51 Vgl. M. Magall: Archäologie (209), S. 65 ff.

3. KAPITEL: »UND ER HATTE FRIEDEN MIT ALLEN NACHBARN«

1 Vgl. R. de Vaux: Lebensordnungen I (27), S. 52 ff.
2 A. Malamat: Aspects (80); Kingdom (79).
3 Vgl. A. Kampmann: Tawannanas (179).
4 Nach J. A. Knudtzon u. a.: El-Amarna-Tafeln (36), S. 73.
5 Vgl. A. Malamat: The First Peace (186), S. 58 ff.; Aspects (80), S. 8 ff.
6 Vgl. K. M. Kenyon: Review (218).
7 Übersetzung nach J. B. Pritchard: Ancient Near Eastern Texts (41), S. 258.
8 Gegen die kultmythologische Auffassung, die königliche Hochzeit bilde die Vereinigung des Königs mit einer Göttin ab. Vgl. S. N. Kramer: Sacred Marriage (109); H. Frankfort: Kingship (90), S. 297.
9 Nachweise bei W. Rudolph: Hohelied (11), S. 110 ff.
10 Vgl. die Diskussion der allegorischen, typologischen und kultdramatischen Deutungen bei E. Würthwein: Zum Verständnis (185).
11 Vgl. F. Ohly: Hohelied-Studien (183), S. 55 f.
12 Nach E. Würthwein: Das Hohe Lied (13), S. 31. H. Graf Reventlow: Das allegorische Verständnis (184).

**13** Vgl. F. Ohly: Hohelied-Studien (183).
**14** So G. Fohrer: Einleitung (30), S. 330.
**15** Wir folgen dabei der Interpretation
von G. Gerlemann: Hohelied (12), S. 71 ff.
**16** Vgl. S. Schott: Altägyptische Liebeslieder (180).
**17** Vgl. A. Erman: Literatur (37), S. 303.
**18** Vgl. S. Schott: Liebeslieder (180),
S. 44.
**19** Vgl. S. Schott: Liebeslieder (180),
S. 44.
**20** Vgl. S. Schott: Liebeslieder (180),
S. 46.
**21** Vgl. S. Schott: Liebeslieder (180),
S. 39; 48.
**22** Vgl. J. G. Wetzstein: Die syrische
Dreschtafel (177). Später K. Budde: Was
ist das Hohelied? (178).
**23** Nach O. Eissfeldt: Einleitung (29),
S. 659.
**24** Vgl. E. Würthwein: Zum Verständnis
(185), S. 210 ff.
**25** Gegen die kultdramatische Interpretation H. Schmökels: Hohelied (181), der
das »Hohelied« als Liturgie einer »Heiligen Hochzeit« rekonstruiert, dabei aber
den Text vollständig zerstückeln muß.
**26** Vgl. Y. Aharoni: Das Land der Bibel
(208), S. 328.
**27** Vgl. A. Alt: Israels Gaue (187),
S. 78 ff., womit die Identifikation mit
zwei anderen Städten Socho in Judäa
(Josua 15,48; 15,35; 1. Samuel 17,1)
ausfiel. Der dritte Distrikt ist also nicht
Judäa!
**28** Vgl. A. Alt: Israels Gaue (187), S. 79 ff.
**29** Anders R. de Vaux: Lebensordnungen I (27), S. 216 ff., der den sechsten
Distrikt mit dem ostjordanischen Manasse identifiziert.
**30** R. de Vaux: Lebensordnungen I (27),
S. 217, liest mit dem griechischen Text
Gad statt Gilead.
**31** Rekonstruktion nach A. Alt: Israels
Gaue (187); Y. Aharoni: Das Land der
Bibel (208), S. 318 ff.; E. Würthwein: Das
Erste Buch der Könige (4), S. 43 ff.
**32** Vgl. M. Noth: Das System der zwölf
Stämme Israels (345).
**33** Vgl. A. Alt: Menschen ohne Namen
(194).
**34** Die Nennung von Zadok und Abjathar muß als sekundär ausgeschieden

werden, weil sie mit Asarja konkurriert
und Abjathar von Salomo schon bei seiner Regierungsübernahme abgesetzt
wurde.
**35** Die Liste ist textkritisch schwierig zu
rekonstruieren. Auch die Schreibung der
Namen ist umstritten. Vgl. R. de Vaux:
Lebensordnungen I (27), S. 208 ff.
**36** Vgl. R. de Vaux: Titres (191), S. 394 ff.
**37** Vgl. H. Donner: Freund des Königs
(195), S. 269 ff.
**38** Vgl. J. Begrich: Sopher und Mazkir
(192).
**39** Das Amt wurde nicht von David geschaffen, obwohl Adoniram schon 2. Samuel 20,24 in Davids Liste auftaucht.
Anders T. N. D. Mettinger: Officials (196),
S. 132 f.
**40** Hofmeister Schebna wird zum
Schreiber degradiert (Jesaja 22,15; 36,3).
**41** Vgl. R. de Vaux: Lebensordnungen I
(27), S. 209.
**42** Gegen R. de Vaux: Lebensordnungen
I (27), S. 206, der die Anordnung in der
davidischen Liste für willkürlich hält.
**43** Vgl. R. de Vaux: Lebensordnungen II
(27), S. 20 ff.
**44** Vgl. J. van der Ploeg: gibbor hail
(137); K. Elliger: Helden (133).
**45** Beste Zusammenfassung der israelitischen Militärgeschichte R. de Vaux:
Lebensordnungen II (27), S. 13 ff.
**46** Vgl. die detaillierten Ausführungen
von R. de Vaux: Lebensordnungen II (27),
S. 13 ff.
**47** Vgl. W. F. Albright: maryannu (132);
R. T. O'Callaghan: New Light (140).
**48** Die wörtliche Übersetzung lautet:
4000 Pferche ('aroth) der Pferde (susim)
für seinen Wagen (märkabo), wobei
Wagen im Singular steht (1. Könige 5,6).
**49** Der Begriff »peraschim« bedeutet
manchmal »Gespannpferde« (1. Samuel
8,11 u. a.), manchmal »Reiter« (Jeremia
46,4 u. a.). R. de Vaux: Lebensordnungen
II (27), S. 25, denkt an Gespanne oder
Mannschaften.
**50** Vgl. M. Noth: Könige (2), S. 58; 77;
205; 233 f.
**51** Vgl. R. S. Lamon / G. M. Shipton: Seasons of 1925–34; 1935–39 (220).
**52** Gegen Y. Yadin: In Defense of The
Stables at Megiddo (224), S. 1 ff.

53 Die geographischen Angaben sind nicht ganz eindeutig, lassen sich aber durch inschriftliche Funde rekonstruieren. Vgl. M. Noth: Könige (2), S. 234 ff.

54 So W. Gesenius: Artikel »räkäb«. In: Handwörterbuch (28), S. 760.

55 Nachweise bei Y. Yadin: Hazor (213), S. 14 ff.

56 Vgl. K. M. Kenyon: Die Bibel (206), S. 61.

57 Nach Y. Yadin: Hazor (213), S. 19.

58 Vgl. Y. Yadin: Hazor (213), S. 22.

59 Wir folgen der Darstellung von Y. Yadin: Hazor I, II, III–IV (212); besonders: Hazor (213).

60 Vgl. Y. Yadin: Hazor (213), S. 19 f.

61 Y. Yadin: Hazor (213), S. 188.

62 Y. Yadin: Hazor (213), S. 193 f.

63 Vgl. Y. Aharoni: Building Activities (204).

64 Vgl. R. A. S. Macalister: The Excavations of Gezer I–III (214).

65 Vgl. Y. Yadin: Solomon's City Wall (215); Hazor (213), S. 200 ff.

66 Vgl. W. G. Dever u. a.: Gezer I und II (216); Further Excavations at Gezer (217); K. M. Kenyon: Review of Gezer (218).

67 Die folgenden Maße aus Y. Yadin: Hazor (213), S. 202.

68 Vgl. Y. Yadin: New Light on Solomon's Megiddo (222); Megiddo (223); Hazor (213), S. 207 ff.

69 Vgl. schon R. S. Lamon: The Megiddo Water System (219).

70 Die Zahlen nach M. Noth: Könige (2), S. 85 ff.

71 Vgl. Flavius Josephus: Jüdische Alterthümer VIII,6–7 (17), S. 252 f.

72 Vgl. M. Noth: Könige (2), S. 90 f.

73 Vgl. G. Herm: Die Phönizier (44), S. 9 ff.

74 Vgl. A. Salomon: Weises Herz (284), S. 105.

75 Vgl. A. Salomon: Weises Herz (284), S. 104; P. Bartoloni: Ships. In: (47), S. 72 ff.

76 Vgl. K. Galling: Tarsis (281).

77 Vgl. N. Glueck: Rivers in the Desert (275).

78 Vgl. Diodors von Sizilien Historische Bibliothek II,16 (266), S. 181.

79 Vgl. B. Rothenberg: Copper Industries (276).

80 Vgl. N. Glueck: Ezion-geber (278).

81 Vgl. N. Glueck: Explorations (273).

82 B. Rothenberg: Timna (282).

83 Vgl. H. D. Kind: Antike Kupfergewinnung (277).

84 Vgl. K. Mauch: Carl Mauch's Reisen im Innern von Süd-Afrika (267); C. Peters: Im Goldland des Altertums (268); Ophir (270).

85 Vgl. A. Salomon: Weises Herz (284), S. 107 ff.

86 Vgl. A. Salomon: Weises Herz (284), S. 97 ff.

87 Vgl. K. S. Twitchell: Saudi Arabia (274), S. 247 ff.

88 Vgl. L. Berkovitz: U.S. Geological Survey (283).

89 Übersetzung nach M. Noth: Könige (2), S. 201.

90 Vgl. M. Noth: Könige (2), S. 212.

91 Siehe M. Magnusson: Auf den Spuren der Bibel (205), S. 155; A. Malahmat: Aspects (80).


4. Kapitel: »Er dichtete von den Bäumen«

1 Vgl. J. A. Montgomery: Kings (1), S. 132.

2 Vgl. W. F. Albright: Religion Israels (199), S. 142 f.

3 Vgl. W. F. Albright: Religion Israels (199), S. 234 f.

4 Gegen die skeptische Beurteilung von M. Noth: Könige (2), S. 82 f.

5 Vgl. G. Dalman: Arbeit und Sitte I/2 (22), S. 543 f.

6 Vgl. auch zum folgenden A. Alt: Weisheit Salomos (246), S. 90 ff.

7 Vgl. A. Alt: Weisheit Salomos (246), S. 94.

8 Vgl. A. Alt: Weisheit Salomos (246), S. 95.

9 Vgl. A. Alt: Weisheit Salomos (246), S. 97 f.

10 Vgl. W. H. Schmidt: Schöpfungsgeschichte (254); O. H. Steck: Schöpfungsbericht (264).

11 Es ist heute wissenschaftliches Allgemeingut, daß 1. Mose 1 vom priester-

schriftlichen Verfasser in nachexilischer
Zeit verfaßt wurde. Vgl. W. H. Schmidt:
Schöpfungsgeschichte (254).
**12** Übersicht bei W. H. Schmidt: Schöpfungsgeschichte (254), S. 9 ff.; O. Loretz:
Gottebenbildlichkeit (255), S. 9 ff.
**13** Nachweise bei E. Hornung: Gottebenbildlichkeit (255), S. 123 ff.
**14** Gegen A. v. d. Born: Tempelweihspruch (313), der den biblischen Text
verändert.
**15** Übersetzung nach H. Gressmann:
Altorientalische Texte (38), S. 15.
**16** Vgl. B. Lang: Weisheitliche Lehrrede
(259), S. 46 ff.
**17** Übersetzung nach B. Lang: Frau
Weisheit (263), S. 57 f.
**18** Vgl. zur schwierigen Textgeschichte
B. Lang: Frau Weisheit (263), S. 93 ff.
Vgl. auch O. Plöger: Sprüche (10), S. 94 f.
**19** Gegen die kultische Deutung des
Spielens bei O. Keel: Weisheit spielt vor
Gott (261), da Spruch 8 nicht den gering-
sten Hinweis auf kultische Perspektiven
gibt.
**20** Vgl. Chr. Kayatz: Studien (253),
S. 95 ff.
**21** So auch B. Lang: Frau Weisheit
(263), S. 102 f.
**22** Einige Beispiele gibt B. Lang: Frau
Weisheit (263), S. 107 ff.
**23** Vgl. B. Lang: Weisheitliche Lehrrede
(259), S. 35.
**24** Vgl. G. von Rad: Weisheit in Israel
(258), S. 309 ff.
**25** Vgl. O. Keel: Altorientalische Bildsymbolik (43), S. 29 ff.
**26** Vgl. A. Erman: Ägyptische Quelle
(244).
**27** Vgl. K. Koch: Vergeltungsdogma
(248); G. von Rad: Weisheit (258),
S. 165 ff.
**28** Nach B. Lang: Frau Weisheit (263),
S. 11.
**29** Übersetzung nach M. Noth: Könige
(2), S. 56.
**30** Vgl. zum folgenden M. Noth: Könige
(2), S. 76 f.
**31** So die Septuaginta, die griechische
Bibelübersetzung.
**32** So der masoretische Bibeltext.
**33** Vgl. M. Noth: Könige (2), S. 134 ff.
**34** So M. Noth: Könige (2), S. 136.

**35** Vgl. zur Rekonstruktion des Textes
F. Canciani / G. Pettinato: Salomos Thron
(252), S. 88 ff.
**36** Vgl. G. Salzberger: Salomos Tempelbau und Thron (35), S. 80 ff.
**37** Vgl. G. Salzberger: Salomos Tempelbau und Thron (35), S. 87.
**38** Vgl. G. Salzberger: Salomos Tempelbau und Thron (35), S. 60 ff.
**39** Vgl. G. Salzberger: Salomos Tempelbau und Thron (35), S. 74.
**40** Vgl. M. Mauss: Le don (20).
**41** Vgl. »Targum Scheni« zum Esther-
Buch (3./7. oder 11. Jh. n. Chr.) in:
L. Ginzberg: Legends IV (19), S. 142 ff.
**42** Vgl. »Alphabetum Siracidis« (11. Jh.
n. Chr.?) in W. Hertz: Rätsel (285), S. 7.
**43** Vgl. R. Beyer: Königin von Saba
(290), S. 94 ff.
**44** Vgl. R. Beyer: Königin von Saba
(290), S. 41 ff.
**45** Vgl. R. Beyer: Königin von Saba
(290), S. 43 f.; 209 ff.
**46** Vgl. R. Beyer: Königin von Saba
(290), S. 27 ff.
**47** Vgl. »Bawa Bathra« (Letztes Tor,
fol. 15 b) in R. Beyer: Königin von Saba
(290), S. 28.
**48** Vgl. F. C. Conybeare: Testament of
Solomon (59), S. 39.
**49** Auch zum folgenden R. Beyer: Königin von Saba (290), S. 85 ff.
**50** Nach E. Ullendorf in: J. B. Pritchard:
Solomon and Sheba (288), S. 105 f.
**51** Vgl. C. Bezold: Kebra Nagast 24.
In: (290), S. 137 f.
**52** Vgl. C. Bezold: Kebra Nagast 29 f.
In: (290), S. 141 f.
**53** Vgl. G. Mandel / P. Eisele: Saba (82),
S. 31 f.
**54** Vgl. R. Beyer: Königin von Saba
(290), S. 18 ff.
**55** Vgl. »Midrasch Mischle« (10./11.
Jh. n. Chr.) in A. Wünsche: Rätselweisheit (286), S. 15 ff.
**56** Vgl. »Midrasch ha-Hefiz« (14. Jh.
n. Chr.) in L. Ginzberg: Legends IV (19),
S. 147.
**57** Vgl. R. Beyer: Königin von Saba
(290), S. 115 ff.

5. KAPITEL: »SO HABE ICH EIN
HAUS GEBAUT«

**1** Vgl. R. Hartmann: Felsendom (293).
**2** Vgl. Th. A. Busink: Tempel (314).
**3** Vgl. z. B. K. Kenyon: Archäologie im
Heiligen Land (203), S. 235.
**4** Vgl. C. Wilson/C. Warren: Jerusalem
(226).
**5** Vgl. E.-M. Laperrousaz: King Solomon's Wall (326).
**6** Vgl. K. Kenyon: Jerusalem (234),
S. 69 f.
**7** Vgl. Y. Aharoni/R. Amiran: Excavations (238); Arad (239); V. Fritz: Arad
(242); B. Mazar: Arad (240).
**8** Vgl. Y. Aharoni: Hebrew Ostraca
(241); The Arad Inscriptions (243).
**9** Vgl. B. Mazar: Arad (240).
**10** Vgl. F. Stolz: Strukturen (370).
**11** Vgl. W. Fuß: II Samuel 24 (308); G. W.
Ahlström: Nathan (306) will in Arauna
den letzten König von Jerusalem sehen.
**12** Vgl. H. Schmidt: Tempelbau (315).
**13** Vgl. H. Schmidt: Heiliger Fels (298).
**14** Vgl. R. Hartmann: Der Felsendom
(293), S. 7.
**15** Vgl. G. Williams: The holy city (225),
S. 340.
**16** Vgl. H.-J. Kraus: Archäologische
und topographische Probleme (231),
S. 125 ff.
**17** Anders B. Bagatti: Il »tempio di Gerusalemme« (309), S. 1 ff., der davon ausgeht, daß sich der »heilige Felsen«
außerhalb des Tempelareals befunden
habe.
**18** Vgl. M. Noth: Könige (2), S. 105.
**19** Vgl. R. de Vaux: Lebensordnungen II
(27), S. 137.
**20** Nach M. Noth: Könige (2), S. 104 ff.
**21** K. Rupprecht: Der Tempel von Jerusalem (318), S. 29.
**22** Vgl. G. Salzberger: Tempelbau (35),
S. 10 ff.; 36 ff.
**23** Vgl. K. Rupprecht: Nachrichten
(317).
**24** K. Rupprecht: Der Tempel von Jerusalem (318), S. 25 f.; 30 f.
**25** Vgl. A. Alt: Altsyrischer Tempeltypus
(302).
**26** Vgl. V. Fritz: Temple Architecture
(325), S. 38 ff. Siehe schon A. Alt: Ver-

breitung und Herkunft (302), S. 100 ff.
Ferner V. Müller: Types (300), S. 151 ff.;
G. R. H. Wright: Pro-Israelite Tempels
(316); S. 17 ff.
**27** Vgl. Y. Yadin: Hazor (213), S. 79 ff.
**28** Vgl. auch H. Schult: Debir (312).
**29** Gegen A. S. Kapelrud: Temple Building (311), S. 56 ff.
**30** Vgl. zur immensen Literatur etwa
M. Noth: Gott, König, Volk (92); David
und Israel (98); E. Kutsch: Dynastie
(102); J. A. Soggin: Königtum (106);
T. Veijola: Ewige Dynastie (111).
**31** Vgl. K.-H. Bernhardt: Gott und Bild
(353).
**32** Forschungsüberblick von R. Schmitt:
Zelt und Lade (341), S. 49 ff.
**33** H. Gunkel: Lade Jahwes (328); M. Dibelius: Lade Jahwes (329).
**34** Gegen »Thronsitztheorie« schon
K. Budde: Lade (327); auch J. Maier:
Ladeheiligtum (338) wegen des Namens
('aron = Kasten, nicht kisse = Thron) und
der rechteckigen Form. Dagegen beachte
aber besonders 4. Mose 10,35 ff.
**35** Gegen J. Maier: Ladeheiligtum (338),
der den Text sehr spät ansetzt.
**36** Gegen die Theorien, welche die Lade
aus dem Kulturland stammen lassen.
**37** Vgl. V. Maag: Jahwäs Heerscharen
(333).
**38** So die meisten Forscher!
**39** J. Maier: Ladeheiligtum (338) mit
Hinweis auf 1. Könige 2,5.
**40** Gegen O. Eissfeldt: Jahwe Zebaoth
(334), der »Zebaoth« als Abstraktum im
unkriegerischen Sinne als Jahwes
»Mächtigkeit« verstehen will.
**41** Vgl. R. de Vaux: Lebensordnungen II
(27), S. 17.
**42** Die Erwähnung von Leviten in 1. Könige 8,4 ist sekundär, da sie in V. 6 ff.
nicht mehr genannt werden.
**43** Vgl. E. Würthwein: Könige (4),
S. 86 ff., der davon ausgeht, daß Salomo
bei der Überführung der altisraelitischen
Lade nicht aktiv beteiligt war. Salomos
Interesse galt den kanaanäischen Cherubim.
**44** Vgl. J. Jeremias: Lade und Zion
(339).
**45** Vgl. R. de Vaux: Chérubins (336).
**46** M. Dibelius: Die Lade Jahwes (329).

**47** Vgl. R. Schmitt: Zelt und Lade (341),
S. 128 ff.
**48** Ohne Zusammenhang mit der Bundeslade erscheinen die Cherubim/Sera-
phim auch in der Tempelvision Jesajas
(Jesaja 1) und Hesekiels (Hesekiel 1).
**49** Vgl. R. de Vaux: Chérubins (336);
Lebensordnungen II (27), S. 145.
**50** Vgl. schon D. Völter: Ägypten und die
Bibel (34), S. 95 ff.
**51** Psalm 18 wird auch David in den
Mund gelegt (2. Samuel 22,7 ff.), aber die
Erwähnung des Tempels ist ein Ana-
chronismus, da der Tempel erst von Salomo gebaut wurde. Oder ist der »himmlische« Tempel gemeint?
**52** Vgl. J. Maier: Vom Kultus zur Gnosis
(337), S. 74 ff.
**53** Vgl. R. de Vaux: Chérubins (336).
**54** Sehr phantasievoll H. Gressmann:
Lade Jahwes (330), der als ursprünglichen Inhalt der Lade zwei Gottesbilder
(Goldenes Kalb und Astarte-Figur) an-
nimmt.
**55** Vgl. R. Schmitt: Zelt und Lade (341),
S. 110 ff.
**56** So der bahnbrechende Nachweis von
J. Wellhausen: Prolegomena (18), S. 38.
**57** Vgl. J. Morgenstern: The Ark (332).
**58** Die Notiz über den Bau des Brandopferaltars und den jährlichen Opferfe-
sten in 1. Könige 9,25 ist sekundär
nachgetragen. Vgl. E. Würthwein: Könige (4), S. 114 f.
**59** Das Wolkenmotiv geht wahrscheinlich auf priesterschriftliche, das heißt
nachexilische Überarbeitung zurück.
**60** Ob es sich tatsächlich um einen Räucheraltar gehandelt hat, ist umstritten.
Vgl. Th. A. Busink: Tempel (314),
S. 288 ff. Aber die Tatsache der Existenz
eines Altars im Hekal ist eindeutig bezeugt 1. Könige 7,48.
**61** Vgl. Th. A. Busink: Tempel (314),
S. 288 ff.
**62** Vgl. K. Koch: Tempeleinlaßliturgien
(307).
**63** Gegen E. Würthwein: Könige (4),
S. 88 f.
**64** Vgl. G. von Rad: Zelt und Lade (331).
**65** Vgl. G. Scholem: Jüdische Mystik
(25), S. 144.

**6. KAPITEL: »ER DIENTE DER
ASTARTE AUCH«**

**1** Grundlegend A. Alt: Gott der Väter
(344). Literaturbesprechung bei K. T.
Andersen: Der Gott meines Vaters (360).
Wichtig auch R. de Vaux: Patriarchen
(357).
**2** Gegen V. Maag: Malkut Jahwe (358),
der als vierten Vatergott den El Israels
ansetzt.
**3** Vgl. O. Eissfeldt: El im ugaritischen
Pantheon (351).
**4** Anders O. Eissfeldt: El und Jahwe
(354), der in Josua 24,2 und 1. Mose 35,2
die Absage an Vätergottheiten sieht.
Aber die »fremden Götter« sind wahrscheinlich die Teraphim (vgl. 1. Mose
31,19; 5. Mose 27,15).
**5** Vgl. Literaturbesprechung zum
Jahwe-Namen bei R. Mayer: Gottesname
(356); W. Zimmerli: Ich bin Jahwe (361);
A. H. J. Gunneweg: Mose in Midian (363).
**6** Vgl. J. Jeremias: Theophanie (364).
**7** Vgl. K.-H. Bernhardt: Gott und Bild
(353).
**8** Vgl. M. Noth: System der zwölf Stämme (345); G. Schmitt: Landtag (362).
**9** 2. Samuel 8,17 macht Zadok sekundär
zu einem Eliden, 1. Chronik 5,27 ff. zu
einem Leviten. Vgl. A. H. J. Gunneweg:
Leviten (120), S. 104 ff.
**10** Gegen E. Sellin: Geschichte (21),
S. 167 ff., der über eine Textkonjektur
Zadok als Bruder des Usa ansieht und
eng mit dem Ladekult in Verbindung
bringt. Siehe auch K. Budde: Herkunft
Sadoks (346), S. 42 f.
**11** A. Bentzen: Geschichte der Sadokiden (347), S. 173 ff.
**12** Vgl. F. Stolz: Strukturen (370);
R. Rendtorff: El (365).
**13** Vgl. H.-J. Kraus: Psalmen II (14),
S. 756.
**14** K. Homburg: Psalm 110 (371) legt
sich nicht genauer fest, ordnet den Psalm
aber in die älteste Königszeit ein.
**15** Auch Abraham erfährt El Eljon als
kriegerischen Gott 1. Mose 14,19.
**16** Übersetzung nach A. Jepsen: Von
Sinuhe bis Nebukadnezar (45), S. 148 f.
**17** Vgl. J. Ebach/U. Rüterswörden:
Moloch (378).

**18** Das Wort taucht immer nur im Plural auf.
**19** Vgl. E. S. Gerstenberger: Jahwe – ein patriarchaler Gott? (395), S. 66 ff.
**20** Vgl. U. Winter: Frau und Göttin (386).
**21** Vgl. E. Meyer: Art. »Astarte« (342); A. L. Perlman: Ashera and Astarte (377).
**22** Vgl. O. Loretz: Ugarit (396), S. 84.
**23** Vgl. O. Loretz: Ugarit (396), S. 86.
**24** Übersetzung nach O. Loretz: Ugarit (396), S. 79.
**25** Übersetzung nach O. Loretz: Ugarit (396), S. 80.
**26** Übersetzung nach O. Loretz: Ugarit (396), S. 80 f.
**27** Nachweise bei O. Loretz: Ugarit (396), S. 86.
**28** Vgl. H. Gese: Die Religionen Altsyriens (369), S. 188.
**29** Vgl. Flavius Josephus: Jüdische Alterthümer: 8,5,3 (17), S. 261.
**30** Vgl. O. Eissfeldt: Art. Phoiniker (40), Sp. 362.
**31** Vgl. W. Burkert: Istar (382), S. 63 ff.
**32** Belege zum folgenden bei E. Meyer: Art. »Astarte« (342).
**33** Vgl. K. Koch: Aschera als Himmelskönigin (393), S. 97 ff.
**34** Vgl. J. C. de Moor: Art. »'Aschera« (374).
**35** So zuerst J. de Groot: Palestijnsche Masseben (294), S. 42.
**36** Vgl. W. F. Albright: Two Cressets (301), S. 18 ff.
**37** Vgl. J. Morgenstern: The King-God (305), S. 138 ff.
**38** Vgl. W. F. Albright: Religion Israels (199), S. 165.
**39** Vgl. die ausführliche Diskussion bei Th. A. Busink: Tempel (314), S. 299 ff., dessen Rekonstruktionsversuche allerdings sehr hypothetisch bleiben müssen.
**40** Vgl. Herodot: Historien II,44 (265), S. 30.
**41** Vgl. Th. A. Busink: Tempel (314), S. 318.
**42** Vgl. Y. Yadin: Hazor (213), S. 98 ff.
**43** Vgl. W. Kornfeld: Der Symbolismus der Tempelsäulen (310), S. 50 ff.
**44** Vgl. E. Heinrich: Bauwerke (304), S. 35.

**45** Vgl. Th. A. Busink: Tempel (314), S. 320.
**46** Vgl. V. Place: Ninive et l'Assyrie I (292), S. 120 ff.
**47** Vgl. O. Keel: Altorientalische Bildsymbolik (43), S. 124 f.
**48** Schon K. Möhlenbrink: Der Tempel Salomos (296), S. 114, identifizierte die beiden Tempelsäulen als Ascheren, zog aber keine Verbindung zum ursprünglich nicht lokalisierten Astarte-Heiligtum.
**49** Vgl. R. B. Y. Scott: The Pillars Jachin and Boaz (299), S. 143 f.
**50** Vgl. Ch. Bruston: L'inscription des deux colonnes (295), S. 153 ff.
**51** Vgl. A. Lemaire: Les inscriptions (376); Jahwe's Ascherah (387); Z. Meshel: Consort (380); S. Schroer: Bilder (391).
**52** Vgl. W. G. Dever: Iron Age Epigraphic Material (368), S. 139 ff.; A. Lemaire: Les inscriptions de Khirbet el-Qom (376), S. 595 ff., versteht Aschera nicht als Göttin, sondern als Baumhain.
**53** Z. Meshel: Consort (380), S. 24 ff.; A. Angersdorfer: Aserah (384), S. 7 ff.; J. A. Emerton: New Light (385), S. 2 ff.; W. G. Dever: Asherah (388), S. 21 ff.
**54** Vgl. J. M. Hadley: Some drawings (390), S. 180 ff.
**55** Zum folgenden O. Loretz: Ugarit und die Bibel (396), S. 73 ff., und W. Schmidt: Königtum Gottes (359).
**56** Übersetzung nach W. Schmidt: Königtum Gottes (359), S. 62.
**57** Übersetzung nach W. Schmidt: Königtum Gottes (359), S. 61.
**58** Übersetzung nach W. Schmidt: Königtum Gottes (359), S. 13.
**59** Übersetzung nach W. Schmidt: Königtum Gottes (359), S. 61.
**60** Übersetzung nach W. Schmidt: Königtum Gottes (359), S. 51.
**61** Übersetzung nach O. Loretz: Ugarit (396), S. 74.
**62** Übersetzung nach W. Schmidt: Königtum Gottes (359), S. 61.
**63** Übersetzung nach W. Schmidt: Königtum Gottes (359), S. 16.
**64** Vgl. F. Stolz: Ba'almythos (383), S. 83 ff.; J. C. L. Gibson: The Theology

(389), 202 ff.; J. C. de Moor: The Seasonal
Pattern (394), S. 61 ff.
**65** Vgl. J. M. Mulder: Artikel »Ba'al«.
In: TWAT I (375), Sp. 706 ff.
**66** Eine Ausnahme bedeutet M. Buber:
Königtum Gottes (349), S. 161; 91 ff., der
von einem »Volkskönigtum« Gottes ausgeht und den Sinai-Bund als Königsbund
versteht.
**67** So die Kerngruppe nach H. Gunkel:
Einleitung in die Psalmen (350).
**68** So die bahnbrechende These von
S. Mowinckel: Psalmenstudien II (343).
**69** Vgl. O. Loretz: Ugarit und die Bibel
(396), S. 75.
**70** Übersetzung nach W. Schmidt:
Königtum Gottes (359), S. 35.
**71** Übersetzung nach W. Schmidt:
Königtum Gottes (359), S. 36 f.
**72** Vgl. J. Jeremias: Königtum Gottes
(392), S. 27.

**73** Übersetzung nach O. Loretz: Ugarit
(396), S. 74. Vgl. auch O. Loretz: Ba'almythos (383).
**74** Vgl. W. Schmidt: Königtum Gottes
(359), S. 23 ff.
**75** Übersetzung nach W. Schmidt:
Königtum Gottes (359), S. 25.
**76** O. Eissfeldt: Baal Zaphon (348).
**77** Übersetzung nach W. Schmidt:
Königtum Gottes (359), S. 25.
**78** Vgl. W. Schmidt: Königtum Gottes
(359), S. 43 ff.
**79** Weitere Belege sind: Psalm 29,10;
146,10; 10,16; 9,8; 102,13; 2. Mose
15,18; Jeremia 10,10.
**80** Übersetzung nach W. Schmidt:
Königtum Gottes (359), S. 46.
**81** Übersetzung nach W. Schmidt:
Königtum Gottes (359), S. 40.
**82** Vgl. Th. A. Busink: Tempel (314),
S. 326 ff.

# Abkürzungsverzeichnis
# zur Literaturliste

| | |
|---|---|
| AASOR | The Annual of the American Schools of Oriental Research |
| ÄF | Ägyptologische Forschungen |
| AfO | Archiv für Orientforschung |
| AO | Der Alte Orient |
| ATD | Das Alte Testament Deutsch |
| BA | The Biblical Archaeologist |
| BASOR | Bulletin of the American Schools of Oriental Research |
| BK | Biblischer Kommentar |
| BN | Biblische Nachrichten |
| BWA(N)T | Beiträge zur Wissenschaft vom Alten und Neuen Testament |
| BZ | Biblische Zeitschrift |
| BZAW | Beihefte zur Zeitschrift für die Alttestamentliche Wissenschaft |
| FRLANT | Forschungen zur Religion und Literatur des Alten und Neuen Testaments |
| HAT | Handbuch zum Alten Testament |
| HUCA | The Hebrew Union College Annual |
| IEJ | Israel Exploration Journal |
| ICC | The International Critical Commentary |
| JAOS | The Journal of the American Oriental Society |
| JBL | Journal of Biblical Literature |
| JPOS | The Journal of the Palestine Oriental Society |
| KAT | Kommentar zum Alten Testament |
| KMP | The Henry and Ida Krolik Memorial Publications |
| MUJ | Mélanges de l'Université Saint Joseph Beirut |
| NKZ | Neue Kirchliche Zeitschrift |
| OLZ | Orientalistische Literaturzeitung |
| Or | Orientalia, Commentarii periodici Pontificii Instituti Biblici |
| OrNS | Orientalia Nova Series |
| OTL | Old Testament Library |
| OTS | Oudtestamentische Studien |
| PEQ | Palestine Exploration Quarterley |
| PJB | Palästinajahrbuch des Deutschen evangelischen Instituts |
| RB | Revue Biblique |
| SEL | Studia epigrafici e linguistici |
| SThU | Schweizerische Theologische Umschau |
| StTh | Studia theologica |
| ThLZ | Theologische Literaturzeitung |
| ThR | Theologische Rundschau |
| ThST | Theologische Studien |
| ThStKr | Theologische Studien und Kritiken |
| ThZ | Theologische Zeitschrift |
| TWAT | Theologisches Wörterbuch zum Alten Testament |
| UF | Ugarit-Forschungen |

VT          Vetus Testamentum
WMANT       Wissenschaftliche Monographien zum Alten und Neuen Testament
ZÄS         Zeitschrift für Ägyptische Sprache und Altertumskunde
ZAW         Zeitschrift für die alttestamentliche Wissenschaft
ZDPV        Zeitschrift des Deutschen Palästina-Vereins
ZE          Zeitschrift für Ethnologie
ZMR         Zeitschrift für Missionskunde und Religionswissenschaft
ZThK        Zeitschrift für Theologie und Kirche


Die folgende Literaturliste ist thematisch und chronologisch geordnet. Es wird nur die Literatur genannt, auf die im Text Bezug genommen wird.

# Literaturliste

I. KOMMENTARE

1. J. A. Montgomery: A Critical and Exegetical Commentary on the Books of Kings. ICC 10. Edinburgh 1951.
2. M. Noth: Könige. BK IX/1. Neukirchen-Vluyn 1968.
3. J. Gray: I & II Kings. A Commentary. OTL. London 1970.
4. E. Würthwein: Das Erste Buch der Könige. ATD 11. Göttingen 1977.
5. K. Galling: Die Bücher der Chronik, Esra, Nehemia. ATD 12. Göttingen 1954.
6. W. Rudolph: Chronikbücher. HAT I/21. Tübingen 1955.
7. J. M. Myers: I and II Chronicles. The Anchor Bible. Garden City/New York 1965.
8. R. B. Y. Scott: Proverbs, Ecclesiastes. The Anchor Bible. Garden City 1965.
9. R. N. Whybray: The Book of Proverbs. The Cambridge Commentary on the New English Bible. Cambridge 1972.
10. O. Plöger: Sprüche Salomos. BK XVII. Neukirchen-Vluyn 1984.
11. W. Rudolph: Das Hohelied. KAT XVII/1–3. Gütersloh 1962, S. 77 ff.
12. G. Gerlemann: Das Hohelied. BK XVIII. Neukirchen-Vluyn 1965, S. 43 ff.
13. E. Würthwein: Die fünf Megilloth. HAT I/18. Tübingen 1969.
14. H.-J. Kraus: Psalmen I und II. BK XV, 1/2. Neukirchen-Vluyn 1961.
15. C. Westermann: Genesis. BK I. Neukirchen-Vluyn 1966 ff.
16. M. Noth: Das Buch Josua. HAT I/7. Tübingen 1953.

II. STANDARDWERKE

17. Flavius Josephus: Jüdische Alterthümer. Köln 1883.
18. J. Wellhausen: Prolegomena zur Geschichte Israels. Berlin 1883.
19. L. Ginzberg: The legends of Jews. III–VI. Philadelphia 1911 ff.
20. M. Mauss: Essai sur le don. In: L'Année Sociologique, N. S., Bd. 1 (1923), S. 30 ff.
21. E. Sellin: Geschichte des israelitisch-jüdischen Volkes I. Leipzig 1924.
22. G. Dalman: Arbeit und Sitte in Palästina I–VII. Gütersloh 1928.
23. G. von Rad: Das formgeschichtliche Problem des Hexateuch. BWANT NF 4/26 (1938).
24. M. Noth: Überlieferungsgeschichte des Pentateuch. Stuttgart 1948.
25. G. Scholem: Die jüdische Mystik (1957). Frankfurt am Main 1980.
26. G. von Rad: Theologie des Alten Testaments I. München 1957.
27. R. de Vaux: Das Alte Testament und seine Lebensordnungen I und II. Freiburg/Basel/Wien 1960.
28. W. Gesenius/F. Buhl: Hebräisches und aramäisches Handwörterbuch über das Alte Testament. Berlin/Göttingen/Heidelberg 1962.
29. O. Eissfeldt: Einleitung in das Alte Testament. Tübingen 1964.
30. E. Sellin/G. Fohrer: Einleitung in das Alte Testament. Heidelberg 1965.
31. R. Girard: La Violance et le Sacré. Paris 1972.
32. R. Girard: Des choses cachées depuis la fondation du monde. Paris 1978.
33. R. Girard: Le bouc émissaire. Paris 1982.

III. ALTORIENTALISCHE UMWELT

34. D. Völter: Ägypten und die Bibel.
    Leiden 1904.
35. G. Salzberger: Salomos Tempelbau
    und Thron in der semitischen
    Sagenliteratur. Berlin 1912.
36. J. A. Knudson u. a. (Hrsg.): Die
    El-Amarna-Tafeln. 1./2. Teil (1915).
    Aalen 1964.
37. A. Erman: Die Literatur der Ägypter.
    Leipzig 1923.
38. H. Gressmann: Altorientalische
    Texte zum Alten Testament.
    Berlin/Leipzig 1926.
39. H. Kees: Der Götterglaube im Alten
    Ägypten. Leipzig 1941.
40. O. Eissfeldt: Phoiniker. In: Paulys
    Real-Encyclopädie XX/1, Stuttgart
    1941, Sp. 350 ff.
41. J. P. Pritchard (Hrsg.): Ancient Near
    Eastern Texts relating to the Old
    Testament. Princeton 1955.
42. W. Westendorf: Das Alte Ägypten.
    Baden-Baden 1968.
43. O. Keel: Die Welt der altorienta-
    lischen Bildsymbolik und das Alte
    Testament am Beispiel der Psalmen.
    Neukirchen-Vluyn 1972.
44. G. Herm: Die Phönizier. Das Purpur-
    reich der Antike. Düsseldorf/Wien
    1973.
45. A. Jepsen (Hrsg.): Von Sinuhe bis
    Nebukadnezar. Stuttgart/München
    1975.
46. T. Dothan: The Philistines and their
    Material Culture. New Haven/Lon-
    don 1982.
47. S. Moscati: The Phoenicians. Milan
    1988.


IV. ZU DAVID

48. A. Alt: Das Großreich Davids (1950).
    In: Kleine Schriften II, München
    1959, S. 66 ff.
49. S. Kapelrud: König David und die
    Söhne des Saul. ZAW 67 (1955),
    S. 198 ff.
50. A. Weiser: Die Legitimation des
    Königs David. VT 16 (1966),
    S. 325 ff.

51. K. Galling: Goliath und seine Rü-
    stung. VTS 15 (1966), S. 150 ff.
52. J. Weingreen: The Rebellion of Ab-
    salom. VT 19 (1969), S. 263 ff.
53. J. H. Groenbaek: Die Geschichte vom
    Aufstieg Davids. Kopenhagen 1971.
54. J. Conrad: Zum geschichtlichen Hin-
    tergrund der Darstellung von Davids
    Aufstieg: ThLZ 97 (1972), Sp. 321 ff.
55. J. A. Soggin: The Reign of 'Esba'al,
    Son of Saul. In: Old Testament and
    Oriental Studies. Rom 1975, S. 31 ff.
56. D. M. Gunn: David and the Gift of the
    Kingdom. In: Semeia 3 (1975),
    S. 14 ff.
57. W. Dietrich: David, Saul und die
    Propheten. BWANT 122 (1987).
58. J. Floß: David und Jerusalem. Ziele
    und Folgen des Stadteroberungs-
    berichts 2. Sam. 5,6–9, literatur-
    wissenschaftlich betrachtet. Mün-
    chen 1987.


V. ZUR SALOMO-ÜBERLIEFERUNG

59. F. C. Conybeare: The Testament of
    Solomon. In: The Jewish Quarterley
    Review 11 (1898), S. 1 ff.
60. L. Rost: Die Überlieferung von der
    Thronnachfolge Davids (1926). In:
    Das kleine Credo und andere Stu-
    dien zum Alten Testament. Heidel-
    berg 1965, S. 119 ff.
61. M. Noth: Überlieferungsgeschicht-
    liche Studien (1941). Darmstadt
    1957.
62. A. Jepsen: Die Quellen des Königs-
    buches. Halle 1956.
63. I. Plein: Erwägungen zur Überliefe-
    rung von IReg 11,26–14,20. ZAW 78
    (1966), S. 8 ff.
64. B. Porten: The Structure and Theme
    of the Solomon Narrative (1 Kings
    3–11). HUCA 38 (1967), S. 93 ff.
65. L. Delekat: Tendenz und Theologie
    der David-Salomo-Erzählung. In:
    Festschrift L. Rost. BZAW 105
    (1967), S. 26 ff.
66. T. C. G. Thornton: Solomonic Apolo-
    getic in Samuel and Kings. CQR
    (1968), S. 159 ff.
67. R. N. Whybray: The Succession Nar-

rative. A Study of II Samuel 9–20;
I Kings 1 and 2. London 1968.

68. H. Weippert: Die »deuteronomistischen« Beurteilungen der Könige
von Israel und Juda und das Problem der Redaktion der Königsbü-
cher. In: Biblica 53 (1972), S. 301 ff.

69. J. H. Flanagan: Court History or
Succession Document? A Study of
2 Sam 9–20 and 1 Kings 1–2. JBL 91
(1972), S. 172 ff.

70. E. Würthwein: Die Erzählung von
der Thronfolge Davids – theologische oder politische Geschichtsschreibung? ThSt(B) 115 (1974).

71. A. N. Radjawane: Das deuteronomistische Geschichtswerk. ThR N. F. 38
(1974), S. 177 ff.

72. F. Langlamet: Pour ou contre Salomon? La rédaction prosalomo-
nienne de I Rois I–II. RB 83 (1976),
S. 321 ff.; 481 ff.

73. J. Conrad: Der Gegenstand und die
Intention der Geschichte von der
Thronfolge Davids. ThLZ 108 (1983),
Sp. 161 ff.


VI. ZUR SALOMO-GESTALT

74. G. Beer-Straßburg: Saul, David und
Salomo. Tübingen 1906.

75. A. Sanda: Salomo und seine Zeit. In:
Biblische Zeitfragen 6/1–2 (1913).

76. E. Fleg: Salomo. München 1930.

77. G. R. Tabouis: Salomon. Roi d'Israel.
Paris 1934.

78. F. Thieberger: King Solomon. Ox-
ford/London 1947.

79. A. Malamat: The Kingdom of David
and Solomon in its Contact with
Egypt and Aram Naharaim. BA 21
(1958), S. 96 ff.

80. A. Malamat: Aspects of the Foreign
Policies of David and Solomon. JNES
22 (1963), S. 1 ff.

81. H. Gaubert: Salomo le Magnifique.
Tours 1966.

82. G. Mandel/P. Eisele: König Salomo.
Das bewegte Leben des Königs der
Könige – ein Leben voller Gegensätze, Glanz und Tragik. Bern/Mün-
chen 1978.

VII. ZUR ALTORIENTALISCHEN
KÖNIGSIDEOLOGIE

83. A. Moret: Du charactère religieux
de la royauté pharaonique. Paris
1902.

84. A. Erman: Die Sphinxstele. Berlin
1904.

85. L. Dürr: Ursprung und Ausbau der
israelisch-jüdischen Heilandserwartung. Berlin 1925.

86. H. Müller: Die formale Entwicklung
der Titulatur der ägyptischen
Könige. ÄF 7 (1938).

87. A. Herrmann: Die ägyptische
Königsnovelle. Glückstadt 1938.

88. G. von Rad: Das judäische Königsritual. ThLZ 72 (1947), Sp. 211 ff.

89. A. Honeyman: The Evidence for
Regnal Names among the He-
brews. JBL 67 (1948), S. 13 ff.

90. H. Frankfort: Kingship and Gods.
Chicago 1948.

91. A. Alt: Jesaja 8,23 bis 9,6. Befreiungsnacht und Krönungstag
(1950). In: Kleine Schriften II. München 1958, S. 29 ff.

92. M. Noth: Gott, König, Volk im Alten
Testament (1950). ZThK 47 (1950),
S. 157 ff.

93. A. Alt: Das Königtum in den Rei-
chen Israel und Juda (1951). In:
Kleine Schriften II. München 1959,
S. 116 ff.

94. H. Bonnet: Art. »Krönung«. In: Reallexikon der ägyptischen Religionsgeschichte. Berlin 1952,
S. 395 ff.

95. S. Herrmann: Die Königsnovelle
in Ägypten und Israel (1953/4).
In: Gesammelte Studien zur Ge-
schichte und Theologie des Alten
Testaments. München 1986,
S. 120 ff.

96. S. Morenz: Ägyptische und davi-
didische Königstitulatur. ZÄS 79
(1954), S. 73 f.

97. H. Cazelles: La titulaire du roi David. In: Mélanges Bibliques rédigés
en l'Honneur d'André Robert.
Travaux de l'Institut Catholique 4
(1955), S. 131 ff.

98. M. Noth: David und Israel in II Sam

7 (1957). In: Gesammelte Schriften I. München 1957, S. 334 ff.

99. G. Fohrer: Der Vertrag zwischen König und Volk (1959). In: Studien 1949–1966, BZAW 115 (1969), S. 330 ff.

100. H. Wildberger: Die Thronnamen des Messias (1960). In: Jahwe und sein Volk. München 1979, S. 56 ff.

101. H. Goedicke: Die Stellung des Königs im Alten Reich. In: Ägyptologische Abhandlungen 2. Wiesbaden 1960.

102. E. Kutsch: Die Dynastie von Gottes Gnaden. ZThK 58 (1961), S. 137 ff.

103. K.-H. Bernhardt: Das Problem der altorientalischen Königsideologie im Alten Testament. Leiden 1961.

104. E. Kutsch: Salbung als Rechtsakt im Alten Testament und im alten Orient. BZAW 87 (1963).

105. H. Brunner: Die Geburt des Gottkönigs. In: Ägyptologische Abhandlungen 10. Wiesbaden 1964.

106. J. A. Soggin: Das Königtum in Israel. Ursprünge, Spannungen, Entwicklung. BZAW 104 (1967).

107. M. Kümmel: Ersatzrituale für den hethitischen König. Wiesbaden 1967.

108. M. Kümmel: Ersatzkönig und Sündenbock. ZAW 80 (1968), S. 289 ff.

109. S. N. Kramer: The Sacred Marriage. Aspects of Faith, Myth, and Ritual in Ancient Sumer. Bloomington/London 1969.

110. I. Seibert: Hirt-Herde-König. Berlin 1969.

111. T. Veijola: Die ewige Dynastie. Helsinki 1975.

112. T. Ishida: The Royal Dynasties in Ancient Israel. A Study of the Formation and Development of the Royal-Dynastic Ideology. BZAW 142 (1977).

113. F. Crüsemann: Der Widerstand gegen das Königtum. WMANT 49 (1978).

VIII. ZU BLUTRACHE, GEWALT UND LEVITEN

114. N. M. Nicolsky: Das Asylrecht in Israel. ZAW 48 (1930), S. 146 ff.

115. K. Möhlenbrink: Die levitischen Überlieferungen des Alten Testaments. ZAW 52 (1934), S. 184 ff.

116. W. F. Albright: The List of Levitic Cities. L. Ginzberg Jubilee Volume. New York 1945, S. 49 ff.

117. A. Alt: Bemerkungen zu einigen judäischen Ortslisten des Alten Testaments (1951). In: Kleine Schriften II. München 1959, S. 289 ff.

118. A. Alt: Festungen und Levitenorte im Lande Juda (1952). In: Kleine Schriften II. München 1959, S. 306 ff.

119. B. Mazar: The Cities of the Priests and Levites. VT 7 (1960), S. 193 ff.

120. A. H. J. Gunneweg: Leviten und Priester. Göttingen 1965.

121. L. Delekat: Asylie und Schutzorakel am Zionsheiligtum. Leiden 1967.

122. R. Schwager: Brauchen wir einen Sündenbock? Gewalt und Erlösung in den biblischen Schriften. München 1978.

123. J. A. Hoyles: Punishment in the Bible. London 1986.

124. H. Schulz: Leviten im vorstaatlichen Israel und im Mittleren Osten. München 1987.

IX. ZUR THEMATIK DES KRIEGES

125. J. Hunger: Heerwesen und Kriegsführung der Assyrer. AO 12/4 (1911).

126. A. Alt: Die Landnahme der Israeliten in Palästina (1925). In: Kleine Schriften I. München 1959, S. 89 ff.

127. K. Sethe: Die Ächtung feindlicher Fürsten, Völker und Dinge auf altägyptischen Tongefäßscherben des Mittleren Reiches. In: Abh. d. Preuß. Akad. d. Wiss. Phil.-Hist. Kl. 5 (1926).

128. H. Bonnet: Die Waffen der Völker des Alten Orients. Leipzig 1926.

129. R. Zimmermann: Bevölkerungs-

dichte und Heereszahlen in Alt-Palästina. In: Klio 21 (1927), S. 340 ff.

130. L. Borchardt: Bilder des »Zerbrechens der Krüge«. ZÄS 64 (1929), S. 12 ff.

131. A. Moortgat: Der Kampf zu Wagen in der Kunst des alten Orients. OLZ 33 (1930), S. 842 ff.

132. W. F. Albright: Mitannian maryannu »Chariot Warrior« and the Canaanite and Egyptian Equivalents. AfO 6 (1930/1), S. 217 ff.

133. K. Elliger: Die dreißig Helden Davids. PJB 31 (1935), S. 29 ff.

134. W. F. Albright: Archaeology and the Date of the Hebrew Conquest of Palestine. BASOR 58 (1935), S. 10 ff.

135. W. F. Albright: The Israelite Conquest of Canaan in the Light of Archaeology. BASOR 74 (1939), S. 11 ff.

136. A. Alt: Erwägungen über die Landnahme der Israeliten in Palästina (1939). In: Kleine Schriften I. München 1959, S. 126 ff.

137. J. van der Ploeg: Le sens de gibbor hail. In: Vivre et Penser I (1941), S. 120 ff.

138. L. Rost: Weidewechsel und altisraelitischer Festkalender (1943). In: Das kleine Credo und andere Studien zum Alten Testament. Heidelberg 1965, S. 101 ff.

139. H. Frederiksson: Jahwe als Krieger. Lund 1945.

140. R. T. O'Callaghan: New Light on the Maryannu as »Chariot Warrior«. In: Jahrbuch für kleinasiatische Forschung I (1950/1), S. 309 ff.

141. G. von Rad: Der Heilige Krieg im alten Israel. Zürich 1951.

142. F. Hancar: Das Pferd in prähistorischer und früher historischer Zeit. Wien 1956, S. 472 ff.

143. F. Willesen: The Yalid in Hebrew Society. In: Studia Theologica 12 (1958), S. 192 ff.

144. G. E. Mendenhall: The Hebrew Conquest of Palestine. BA 25 (1962), S. 66 ff.

145. R. Smend: Jahwekrieg und Stämmebund. Erwägungen zur ältesten

Geschichte Israels. FRLANT 84 (1963).

146. Y. Yadin: The Art of Warfare in Biblical Lands. London 1963.

147. E. Salonen: Die Waffen der alten Mesopotamier. Helsinki 1966.

148. M. Weippert: Die Landnahme der israelitischen Stämme in der neueren wissenschaftlichen Diskussion. FRLANT 92 (1967).

149. L. Perlitt: Israel und die Völker. In: G. Liedke (Hrsg.): Frieden–Bibel–Kirche. Stuttgart 1972, S. 17 ff.

150. M. Weippert: »Heiliger Krieg« in Israel und Assyrien. ZAW 84 (1972), S. 396 ff.

151. F. M. Cross: Canaanite Myth and Hebrew Epic. Essays in The History of the Religion of Israel. Cambridge, MA, 1973.

152. N. Lohfink: Art. »haram«. TWAT III (1973), Spalte 192 ff.

153. N. K. Gottwald: Were the Israelites Pastoral Nomads? In: J. Jackson/M. Kessler: Rhetorical Criticism. Pittsburgh 1974, S. 223 ff.

154. M. Rose: »Entmilitarisierung des Kriegs«? Erwägungen zu den Patriarchenerzählungen der Genesis. BZ 20 (1976), S. 197 ff.

155. N. K. Gottwald: The Tribes of Jahwe. A Sociology of the Religion of Liberated Israel 1250–1050 B. C. Maryknoll/New York 1979.

156. N. Lohfink (Hrsg.): Gewalt und Gewaltlosigkeit im Alten Testament. Freiburg 1983.

157. B. Mazar: The Military Elite of King David. In: The Early Biblical Period. Jerusalem 1986, S. 83 ff.

X. Zum Richtertum Salomos

158. H. Gressmann: »Das salomonische Urteil«. In: Deutsche Rundschau 130 (1907), S. 175 ff.

159. R. Press: Das Ordal im Alten Testament. ZAW 51 (1933), S. 227 ff.

160. A. Alt: Die Ursprünge des israelitischen Rechts (1934). In: Kleine Schriften I. München 1959, S. 278 ff.

161. E. Sellin: Zu Efod und Terafim. ZAW 55 (1937), S. 296 ff.
162. R. Anthes: Die Maat des Echnaton von Amarna. JAOS 14 (1952).
163. L. Köhler: Der hebräische Mensch. Tübingen 1953.
164. H. Brunner: Das hörende Herz. ThLZ 79 (1954), S. 697 ff.
165. M. Haran: Der Ephod nach den biblischen Quellen. Tarbiz 24 (1955), S. 380 ff. (hebräisch).
166. K. Elliger: Ephod und Choschen. VT 8 (1958), S. 19 ff.
167. R. Knieriem: Exodus 18 und die Neuordnung der mosaischen Gerichtsbarkeit. ZAW 73 (1961), S. 146 ff.
168. F. Horst: Gottes Recht. München 1961.
169. W. Richter: Zu den »Richtern Israels«. ZAW 77 (1965), S. 40 ff.
170. E. Gerstenberger: Wesen und Herkunft des »apodiktischen Rechts«. WMANT 20 (1965).
171. G. Fohrer: Das sogenannte apodiktisch formulierte Recht und der Dekalog (1965). In: Studien 1949–1966. BZAW 115 (1969), S. 120 ff.
172. W. Trillhaas: Felix culpa. In: Festschrift G. von Rad. München 1971, S. 589 ff.
173. G. Chr. Macholz: Die Stellung des Königs in der israelitischen Gerichtsverfassung. ZAW 84 (1972), S. 157 ff.
174. G. Chr. Macholz: Zur Geschichte der Justizorganisation in Juda. ZAW 84 (1972), S. 314 ff.
175. H. Niehr: Grundzüge der Forschung zur Gerichtsorganisation Israels. BZ 31 (1987), S. 206 ff.
176. H. Niehr: Rechtsprechung in Israel. Untersuchungen zur Geschichte der Gerichtsorganisation im Alten Testament. Stuttgart 1987.

XI. Zu Salomos Frauen und zum »Hohenlied«

177. J. G. Wetzstein: Die syrische Dreschtafel. ZE V (1873), S. 270 ff.
178. K. Budde: Was ist das Hohelied? PrJ 1894, S. 92 ff.
179. A. Kampmann: Tawannanas, der Titel der hethietischen Koningin. In: Jaarbericht Ex Oriente Lux 2 (1940), S. 432 ff.
180. S. Schott: Altägyptische Liebeslieder. Zürich 1950.
181. H. Schmökel: Heilige Hochzeit und Hoheslied. Wiesbaden 1952.
182. G. Molin: Die Stellung der Gebira im Staate Juda. ThZ 10 (1954), S. 161 ff.
183. F. Ohly: Hohelied-Studien. Wiesbaden 1958.
184. H. Graf Reventlow: Das allegorische Verständnis des Hohenliedes im Judentum. In: Freiburger Rundbrief 19 (1967), S. 77 ff.
185. E. Würthwein: Zum Verständnis des Hohenliedes. ThR 32 (1973), S. 177 ff.
186. A. Malamat: The First Peace Treaty Between Israel and Egypt. BAR V/5 (1979), S. 58 ff.

XII. Zu Salomos Verwaltungsreform

187. A. Alt: Israels Gaue unter Salomo (1913). In: Kleine Schriften II. München 1953, S. 76 ff.
188. W. F. Albright: The Administrative Divisions of Israel and Juda. JPOS 5 (1925), S. 17 ff.
189. R. P. Dougherty: Cuneiform Parallels to Solomon's Provisioning System. AASOR 5 (1925), S. 23 ff.
190. M. Noth: Das Krongut der israelitischen Könige und seine Verwaltung (1927). In: Aufsätze zur biblischen Landes- und Altertumskunde I. Neukirchen-Vluyn 1971, S. 159 ff.
191. R. de Vaux: Titres et fonctionnaires égyptiens à la cour de David et de Salomon. RB 48 (1939), S. 394 ff.
192. J. Begrich: Sopher und Mazkir. Ein Beitrag zur inneren Geschichte des davidisch-salomonischen Großreiches und des Königreiches Juda. ZAW 58 (1940/1), S. 1 ff.
193. F. Puzo: La segunda prefectura

salomónica. In: Estudios Bíblicos 7 (1949), S. 43 ff.

194. A. Alt: Menschen ohne Namen (1950). In: Kleine Schriften III. München 1959, S. 198 ff.

195. H. Donner: Der »Freund des Königs«. ZAW 73 (1961), S. 269 ff.

196. T. N. D. Mettinger: Solomonic State Officials. Lund 1971.

197. U. RütersWörden: Die Beamten der israelitischen Königszeit. BWANT 117 (1985).

XIII. ZU SALOMOS STÄDTEN

Allgemein:

198. M. Noth: Grundsätzliches zur geschichtlichen Deutung archäologischer Befunde auf dem Boden Palästinas (1938). In: Aufsätze zur biblischen Landes- und Altertumskunde I. Neukirchen-Vluyn 1971, S. 3 ff.

199. W. F. Albright: Die Religion Israels im Lichte der archäologischen Ausgrabungen. München/Basel 1956.

200. M. Noth: Hat die Bibel doch recht? (1957) In: Aufsätze zur biblischen Landes- und Altertumskunde I. Neukirchen-Vluyn 1971, S. 17 ff.

201. M. Noth: Der Beitrag der Archäologie zur Geschichte Israels (1960). In: Aufsätze zur biblischen Landes- und Altertumskunde I. Neukirchen-Vluyn 1971, S. 34 ff.

202. W. F. Albright: Archäologie in Palästina. Einsiedeln/Zürich/Köln 1962.

203. K. M. Kenyon: Archäologie im Heiligen Land. Neukirchen-Vluyn 1967.

204. Y. Aharoni: The Building Activities of David and Solomon. In: IEJ 24 (1974), S. 13 ff.

205. M. Magnusson: Auf den Spuren der Bibel. Die berühmtesten Überlieferungen des Alten Testaments – von der Archäologie neu entdeckt. München/Gütersloh/Wien 1978.

206. K. M. Kenyon: Die Bibel und das Zeugnis der Archäologie. Düsseldorf 1980.

207. Chr. Schäfer-Lichtenberger: Stadt und Eidgenossenschaft im Alten Testament. BZAW 156 (1983).

208. Y. Aharoni: Das Land der Bibel. Eine historische Geographie. Neukirchen-Vluyn 1984.

209. M. Magall: Archäologie und Bibel. Köln 1986.

Gibeon:

210. J. B. Pritchard: Gibeon Where the Sun Stood still. Princeton 1963.

Hazor:

211. Y. Yadin: Hazor I. Jerusalem 1958.

212. Y. Yadin u. a.: Hazor I, II and III–IV. Jerusalem 1960/1.

213. Y. Yadin: Hazor. Die Wiederentdeckung der Zitadelle König Salomos. Hamburg 1976.

Geser:

214. R. A. S. Macalister: The Excavations of Gezer I–III. London 1912.

215. Y. Yadin: Solomon's City Wall and Gate at Gezer. IEJ 8 (1958), S. 80 ff.

216. W. G. Dever u. a.: Gezer I, II. Jerusalem 1970/1974.

217. W. G. Dever u. a.: Further Excavations at Gezer. BA XXXIV/4 (1971), S. 94 ff.

218. K. M. Kenyon: Review of Gezer II. PEQ 109 (1977).

Megiddo:

219. R. S. Lamon: The Megiddo Water System. Chicago 1935.

220. R. S. Lamon/G. M. Shipton: I Seasons of 1925–34. Strata I–V. Chicago 1939.

221. G. Loud: II Seasons of 1935–9. Chicago 1948.

222. Y. Yadin: New Light on Solomon's Megiddo. BA XXIII/2 (1960), S. 62 ff.

223. Y. Yadin: Megiddo of the Kings of Israel. BA XXXIII/3 (1970), S. 66 ff.

224. Y. Yadin: Megiddo Stables or Megiddo Storehouses. In Defense of The Stables at Megiddo. BAR II/3 (1976), S. 11 ff.

Jerusalem:

225. G. Williams: The holy city II. London 1849.

226. C. Wilson/C. Warren: The Recovery of Jerusalem. New York 1871.

227. C. Warren/C. R. Conder: The Sur-

vey of Western Palestine: Jerusalem. London 1884.
228. R. Kittel: Der Schlangenstein bei
Jerusalem. BWA(N)T I/1 (1908),
S. 159 ff.
229. J. Simons: Jerusalem in the Old
Testament. Leiden 1952.
230. L. H. Vincent/M. A. Steve: Jérusa-
lem de l'Ancien Testament I–III.
Paris 1954–56.
231. H.-J. Kraus: Archäologische und
topographische Probleme Jerusalems im Lichte der Psalmenexe-
gese. ZDPV 73 (1959), S. 125 ff.
232. K. M. Kenyon: Die heilige Stadt von
David bis zu den Kreuzzügen. Ausgrabungen 1961–1967. Bergisch
Gladbach 1968.
233. K. M. Kenyon: New Evidence on
Solomon's Temple. In: MUJ XLVI
(1970), S. 137 ff.
234. K. M. Kenyon: Digging Up Jerusalem. London 1974.
235. R. Amiran: Jerusalem Revealed.
Jerusalem 1975.
236. Y. Yadin (Hrsg.): Jerusalem Revealed. Archaeology in the Holy
City, 1968–1974. Jerusalem/New
Haven 1976.
237. Y. Shiloh: The Rediscovery of
Warren's Shaft. BAR VII/4 (1981),
S. 24 ff.
Arad:
238. Y. Aharoni/R. Amiran: Excavations
at Tel Arad. Preliminary Report on
the first Season 1962. IEJ 14
(1964), S. 131 ff.
239. Y. Aharoni/R. Amiran: Arad – a Biblical City in Southern. In: Palestine
Archaeology 17 (1964), S. 43 ff.
240. B. Mazar: The Sanctuary at Arad
and the Family of Hobab the
Kenite. JNES 24 (1965), S. 297 ff.
241. Y. Aharoni: Hebrew Ostraca from
Tel Arad. IEJ 16 (1966), S. 1 ff.
242. V. Fritz: Arad in der biblischen
Überlieferung und in der Liste
Schoschenks I. ZDPV 82 (1966),
S. 331 ff.
243. Y. Aharoni: The Arad Inscriptions.
Jerusalem 1975.

XIV. ZU SALOMOS WEISHEIT

244. A. Erman: Eine ägyptische Quelle
der »Sprüche Salomos«. In: Sitz.
gs.ber. d. Preuß. Akad. d. Wiss.
Phil.-Hist. Kl. 25–26 (1924).
245. L. Dürr: Das Erziehungswesen im
Alten Testament und im antiken
Orient. In: L. Schröteler (Hrsg.): Die
Pädagogik der Kulturvölker. München 1934, S. 134 ff.
246. A. Alt: Die Weisheit Salomos
(1951). In: Kleine Schriften II. München 1959, S. 90 ff.
247. M. Noth: Die Bewährung von Salomos »göttlicher Weisheit« (1955).
In: Gesammelte Studien II. München 1969, S. 99 ff.
248. K. Koch: Gibt es ein Vergeltungsdogma im Alten Testament? ZThK
52 (1955), S. 1 ff.
249. H. Brunner: Altägyptische Erziehung. Wiesbaden 1957.
250. H. Donner: Die religionsgeschicht-
lichen Ursprünge von Prov. Sal. 8.
ZÄS 82 (1958), S. 8 ff.
251. J. Becker: Gottesfurcht im Alten
Testament. In: Analecta Biblica 25
(1965).
252. F. Canciani/G. Pettinato: Salomos
Thron, philologische und archäologische Erwägungen. ZDPV 81
(1965), S. 88 ff.
253. Chr. Kayatz: Studien zu Proverbien
1–9. WMANT 22 (1966).
254. W. H. Schmidt: Die Schöpfungsgeschichte der Priesterschrift.
WMANT 17 (1967).
255. O. Loretz: Die Gottebenbildlichkeit
des Menschen. Mit einem Beitrag
von E. Hornung: Der Mensch als
»Bild Gottes« in Ägypten. München
1967.
256. H. J. Hermisson: Studien zur
israelitischen Spruchweisheit.
WMANT 28 (1968).
257. G. Fohrer: Die Weisheit im Alten
Testament. In: Studien
1949–1969. BZAW 115 (1969),
S. 242 ff.
258. G. von Rad: Weisheit in Israel. Neukirchen-Vluyn 1970.
259. B. Lang: Die weisheitliche Lehr-

rede. In: Stuttgarter Bibelstudien 54 (1972).

260. B. L. Mack: Logos und Sophia. Untersuchungen zur Weisheitstheologie im hellenistischen Judentum. Göttingen 1973.

261. O. Keel: Die Weisheit spielt vor Gott. Ein ikonographischer Beitrag zur Deutung des mesahäqät in Sprüche 8,30f. Fribourg 1974.

262. J. Zandee: Sargtexte. Spruch 80. ZÄS 101 (1974), S. 62ff.

263. B. Lang: Frau Weisheit. Deutung einer biblischen Gestalt. Düsseldorf 1975.

264. O. H. Steck: Der Schöpfungsbericht der Priesterschrift. FRLANT 115 (1975).

### XV. Zu den Ophir-Fahrten

265. Herodot: Historien I–V. Übers. v. E. Richtsteig. München 1961.

266. Diodors von Sizilien Historische Bibliothek. Übers. v. J. F. Wurm. Stuttgart 1827ff.

267. K. Mauch: Carl Mauch's Reisen im Innern von Süd-Afrika 1865–1872. Gotha 1874.

268. C. Peters: Im Goldland des Altertums. München 1902.

269. G. Oppert: »Tarshish und Ophir«. ZE 35 (1903), S. 212ff.

270. C. Peters: Ophir – nach den neuesten Forschungen. Berlin 1908.

271. A. Köster: Das antike Seewesen. Berlin 1923.

272. C. E. V. Craufurd: Treasure of Ophir. London 1929.

273. N. Glueck: Explorations in Eastern Palestine II. AASOR 15 (1935), fortgesetzt in BASOR 71; 75; 79; 80; 82 (1938–1941).

274. K. S. Twitchell: Saudi Arabia. Princeton 1958.

275. N. Glueck: Rivers in the Desert. New York 1959.

276. B. Rothenberg: Ancient Copper Industries in the Western Arabah. PEQ 94 (1962), S. 5ff.

277. H. D. Kind: Antike Kupfergewinnung zwischen Rotem und Totem Meer. ZDPV 81 (1965), S. 56ff.

278. N. Glueck: Ezion-geber. BA 28 (1965), S. 70ff.

279. R. Herzog: Punt. Glückstadt 1968.

280. G. A. Rost: Vom Seewesen und Seehandel in der Antike. Amsterdam 1968.

281. K. Galling: Der Weg der Phöniker nach Tarsis in literarischer und archäologischer Sicht. ZDPV 88/1 (1972), S. 1ff.

282. B. Rothenberg: Timna, das Tal der biblischen Kupferminen. Bergisch Gladbach 1973.

283. L. Berkowitz: Has the U.S. Geological Survey Found King Solomon's Gold Mines? BAR III/3 (1977), S. 1ff.

284. A. Salomon: Ich gebe dir ein weises Herz. Auf den Spuren Salomos durch das Land der Bibel. Freiburg/Wuppertal 1983.

### XVI. Zur Königin von Saba

285. W. Hertz: Die Rätsel der Königin von Saba. In: Zeitschrift für Deutsches Altertum 17 (1883), S. 1ff.

286. A. Wünsche: Die Rätselweisheit der Hebräer. Leipzig 1883.

287. A. Chastel: La légende de la reine de Saba. In: Revue de l'histoire des religions 139 (1939), S. 204ff.; 120, S. 27ff.; 160ff.

288. J. B. Pritchard: Solomon and Sheba. London 1974.

289. A. von Blomberg: Die Königin von Saba. In: Die Waage 14 (1975), S. 146ff.

290. R. Beyer: Die Königin von Saba. Engel und Dämon. Bergisch Gladbach 1987.

291. W. Daum (Hrsg.): Die Königin von Saba. Stuttgart/Zürich 1988.

### XVII. Zum Tempel Salomos

292. V. Place: Ninive et l'Assyrie I. Paris 1867.

293. R. Hartmann: Der Felsendom in Jerusalem und seine Geschichte. In: Zur Kunstgeschichte des Auslandes 69 (1909).

294. J. de Groot: Palästijnsche Masseben. 1913.
295. Ch. Bruston: L'inscription des deux colonnes du Temple de Salomon. ZAW NF 1 (1924), S. 153 f.
296. K. Möhlenbrink: Der Tempel Salomos. BWANT 59 (1932).
297. W. Hertzberg: Der heilige Fels und das Alte Testament. JPOS 12 (1932), S. 32 ff.
298. H. Schmidt: Der heilige Fels in Jerusalem. Tübingen 1933.
299. R. B. Y. Scott: The Pillars Jachin and Boas. JBL 58 (1939), S. 143 ff.
300. V. Müller: Types of Mesopotamian Houses. JAOS 60 (1940), S. 151 ff.
301. W. F. Albright: Two Cressets from Marisa and the Pillars of Jachin and Boas. BASOR 85 (1942), S. 18 ff.
302. A. Alt: Verbreitung und Herkunft des Altsyrischen Tempeltypus (1953). In: Kleine Schriften II. München 1959, S. 100 ff.
303. A. Parrot: Der Tempel von Jerusalem. Zollikon/Zürich 1956.
304. E. Heinrich: Bauwerke in der altsumerischen Baukunst. In: Schriften der Max Freiherr von Oppenheim-Stiftung 2 (1957), S. 31 ff.
305. J. Morgenstern: The King-God among the Western Semites and the Meaning of Epiphanes. VT 10 (1960), S. 138 ff.
306. G. W. Ahlström: Der Prophet Nathan und der Tempelbau. VT 11 (1960), S. 113 ff.
307. K. Koch: Tempeleinlaßliturgien und Dekaloge. In: Festschrift G. von Rad. Neukirchen-Vluyn 1961, S. 46 ff.
308. W. Fuß: II Samuel 24. ZAW 74 (1962), S. 145 ff.
309. B. Bagatti: Il »tempio di Gerusalemme dal II all' VIII secolo«. In: Biblica 43 (1962), S. 1 ff.
310. W. Kornfeld: Der Symbolismus der Tempelsäulen. ZAW 74 (1962), S. 50 ff.
311. S. Kapelrud: Temple Building, a Task for Gods and Kings. OrNS 32 (1963), S. 56 ff.
312. H. Schult: Der Debir im salomonischen Tempel. ZDPV 80 (1964), S. 46 ff.
313. A. v. d. Born: Zum Tempelweihspruch (1. Kg VIII, 12 f.). OTS 14 (1965), S. 235 ff.
314. Th. A. Busink: Der Tempel von Jerusalem I. Leiden 1970.
315. H. Schmidt: Der Tempelbau Salomos in religionsgeschichtlicher Sicht. In: Festschrift K. Galling. Tübingen 1970, S. 241 ff.
316. G. R. H. Wright: Pre-Israelite Temples in the Land of Canaan. PEQ 103 (1971), S. 17 ff.
317. K. Rupprecht: Nachrichten von Erweiterung und Renovierung des Tempels in 1. Könige 6. ZDPV 88/1 (1972), S. 38 ff.
318. K. Rupprecht: Der Tempel von Jerusalem. Gründung Salomos oder jebusitisches Erbe? Berlin/New York 1977.
319. V. Fritz: Tempel und Zelt. WMANT 47 (1977).
320. B. Mazar: Der Berg des Herrn. Bergisch Gladbach 1979.
321. C. L. Meyers: Was There a Seven-Branched Lampstand in Solomon's Temple? BAR V/4 (1979), S. 46 ff.
322. A. S. Kaufman: Where the Ancient Temple of Jerusalem Stood. Extant »Foundation Stone« for the Ark of the Covenant Is Identified. BAR IX, 2 (1983), S. 40 ff.
323. R. Gonen: Was the Site of the Jerusalem Temple Originally a Cemetary? BAR XI/3 (1985), S. 44 ff.
324. M. Ben-Dov: In the Shadow of the Temple. New York 1985.
325. V. Fritz: Temple Architecture. What Can Archaeology Tell Us About Solomon's Temple? BAR 14/4 (1987), S. 38 ff.
326. E.-M. Laperrousaz: King Solomon's Wall Still Supports the Temple Mount. BAR XIII/3 (1987), S. 34 ff.

XVIII. Zu Bundeslade und Cherubim

327. K. Budde: War die Lade ein leerer Thron? ThStKr 79 (1906), S. 489 ff.
328. H. Gunkel: Die Lade Jahwes ein Thronsitz. ZMR 21 (1906), S. 33 ff.

329. M. Dibelius: Die Lade Jahwes. Eine religionsgeschichtliche Untersuchung. FRLANT 7 (1906).

330. H. Gressmann: Die Lade Jahwes und das Allerheiligste des Salomonischen Tempels. BWA(N)T NF 1 (1920).

331. G. v. Rad: Zelt und Lade. NKZ 42 (1931), S. 476 ff.

332. J. Morgenstern: The Ark, the Ephod, and the »Tent of Meeting«. KMP II, Cincinnati 1940.

333. V. Maag: Jahwäs Heerscharen. In: Festschrift L. Köhler. SThU 20 (1950), S. 27 ff.

334. O. Eissfeldt: Jahwe Zebaoth (1950). In: Kleine Schriften III. Tübingen 1966, S. 103 ff.

335. M. Haran: The Ark and the Cherubim. IEJ IX (1959), S. 30 ff.; 89 ff.

336. R. de Vaux: Les chérubins et l'arche d'alliance, les sphinx gardiens et les trônes divins dans l'Ancien Orient. MUJ XXXVII (1961), S. 91 ff.

337. J. Maier: Vom Kultus zur Gnosis I. Salzburg 1964.

338. J. Maier: Das altisraelitische Ladeheiligtum. BZAW 93 (1965).

339. J. Jeremias: Lade und Zion. Zur Entstehung der Ziontradition. In: Festschrift G. von Rad. München 1971, S. 183 ff.

340. J. Gutman: The History of the Ark. ZAW 83 (1971), S. 22 ff.

341. R. Schmitt: Zelt und Lade als Thema alttestamentlicher Wissenschaft. Eine kritische forschungsgeschichtliche Darstellung. Gütersloh 1972.

XIX. Zu Salomos Religion

342. E. Meyer: Art. »Astarte«. In: W. M. Roscher (Hrsg.): Ausführliches Lexikon der Griechischen und Römischen Mythologie I. Leipzig 1884, Sp. 645 ff.

343. S. Mowinckel: Psalmenstudien II. Das Thronbesteigungsfest Jahwäs und der Ursprung der Eschatologie. Oslo 1922.

344. A. Alt: Der Gott der Väter (1929). In: Kleine Schriften I. München 1959, S. 1 ff.

345. M. Noth: Das System der zwölf Stämme. BWANT 4/1 (1930).

346. K. Budde: Die Herkunft Sadoks. ZAW NF 11 (1931), S. 42 ff.

347. A. Bentzen: Zur Geschichte der Sadokiden. ZAW NF 10 (1931), S. 173 ff.

348. O. Eissfeldt: Baal Zaphon, Zeus Kasios und der Durchzug der Israeliten durchs Meer. Halle 1932.

349. M. Buber: Königtum Gottes. Berlin 1932.

350. H. Gunkel: Einleitung in die Psalmen. Göttingen 1933.

351. O. Eissfeldt: El im ugaritischen Pantheon. In: Ber. ü. d. Verh. d. Sächs. Akad. d. Wiss. zu Leipzig. Phil.-Hist. Klasse 98/4 (1951).

352. H. Schmidt: Jahwe und die Kulttraditionen von Jerusalem. ZAW 67 (1955), S. 168 ff.

353. K.-H. Bernhardt: Gott und Bild. Ein Beitrag zur Begründung und Deutung des Bilderverbotes im Alten Testament. Berlin 1956.

354. O. Eissfeldt: El und Jahwe (1956). In: Kleine Schriften III. Tübingen 1966, S. 386 ff.

355. W. F. Albright: The High Place in Ancient Palestine. In: Volume de Congrès, Strasbourg. Leiden 1957, S. 242 ff.

356. R. Mayer: Der Gottesname Jahwe im Lichte der neuesten Forschung. BZ (1958), S. 26 ff.

357. R. de Vaux: Die hebräischen Patriarchen und die modernen Entdeckungen. Düsseldorf 1959.

358. V. Maag: Malkut Jahwe. VT Suppl. 7 (1960), S. 129 ff.

359. W. Schmidt: Königtum Gottes in Ugarit und Israel. BZAW 80 (1961).

360. K. T. Andersen: Der Gott meines Vaters. StTh 16 (1962), S. 170 ff.

361. W. Zimmerli: Ich bin Jahwe. Gottes Offenbarung. In: Gesammelte Aufsätze. München 1963.

362. G. Schmitt: Der Landtag von Sichem. Tübingen 1964.

363. A. H. J. Gunneweg: Mose in Midian. ZThK 61 (1964), S. 1 ff.

364. J. Jeremias: Theophanie. Neukirchen-Vluyn 1965.
365. R. Rendtorff: El, Ba'al und Jahwe. ZAW 78 (1966), S. 277 ff.
366. J. A. Soggin: Der offiziell geförderte Synkretismus in Israel während des 10. Jahrhunderts. ZAW 78 (1966), S. 179 ff.
367. R. Rendtorff: Studien zur Geschichte des Opfers im Alten Israel. WMANT 24 (1967).
368. W. G. Dever: Iron Age Epigraphic Material from the Area of Kirbet el Kom. HUCA 40/41 (1969/70), S. 139 ff.
369. H. Gese: Die Religionen Altsyriens. In: H. Gese u. a.: Die Religionen der Menschheit 10,2. Stuttgart/Berlin/Köln/Mainz 1970, S. 3 ff.
370. F. Stolz: Strukturen und Figuren im Kult von Jerusalem. BZAW 118 (1970).
371. K. Homburg: Psalm 110,1 im Rahmen des judäischen Krönungszeremoniells. ZAW 84 (1972), S. 243 ff.
372. O. H. Steck: Friedensvorstellungen im alten Jerusalem. Zürich 1972.
373. P. Welten: Kulthöhe und Jahwetempel. ZDPV 88 (1972), S. 19 ff.
374. J. C. de Moor: Art. »'Aschera«. In: TWAT I (1973), Sp. 473 ff.
375. J. C. de Moor/J. M. Mulder: Art. »Ba'al«. In: TWAT I (1973), Sp. 706 ff.
376. A. Lemaire: Les inscriptions de Khirbet el-Qom et l'ashérah de YHWH. RB 84 (1977), S. 597 ff.
377. A. L. Perlman: Ashera and Astarte in the Old Testament and Ugaritic Literature. Ann Arbor 1978.
378. J. Ebach/U. Rüterswörden: ADRMLK, »Moloch« und BA'AL ADR. Eine Notiz zum Problem der Moloch-Verehrung im alten Israel. UF 11 (1979), S. 229 ff.
379. K. Koch: Zur Entstehung der Ba'al-Verehrung. UF 11 (1979), S. 465 ff.
380. Z. Meshel: Did Jahwe Have a Consort? BAR V/2 (1979), S. 24 ff.
381. O. Loretz: Baal, le chevaucheur des nuées. AAAS 29/30 (1979/80), S. 179 ff.
382. W. Burkert: Literarische Texte und funktionaler Mythos. Zu Istar und Atrahasis. In: J. Assmann u. a.: Funktionen und Leistungen des Mythos. Fribourg/Göttingen 1982, S. 63 ff.
383. F. Stolz: Funktionen und Bedeutungsbereiche des ugaritischen Ba'almythos. In: J. Assmann u. a.: Funktionen und Leistungen des Mythos. Fribourg/Göttingen 1982, S. 83 ff.
384. A. Angersdorfer: Aserah als »consort of Jahwe« oder Asirtah? BN 17 (1982), S. 7 ff.
385. E. Emerton: New Light on Israelite Religion. The Implications of the Inscriptions from Kuntille 'ajrud. ZAW 94 (1982), S. 2 ff.
386. U. Winter: Frau und Göttin. Exegetische und ikonographische Studien zum weiblichen Gottesbild im Alten Israel und in dessen Umwelt. Fribourg/Göttingen 1983.
387. A. Lemaire: Who or What Was Yahwe's Ascherah? BAR X/6 (1984), S. 42 ff.
388. W. G. Dever: Asherah, Consort of Yahweh? New Evidence from Kuntillet 'Ajrud. BASOR 255 (1984), S. 21 ff.
389. J. C. L. Gibson: The Theology of the Ugaritic Baal Cycle. Or 53 (1984), S. 202 ff.
390. J. M. Hadley: Some drawings and inscriptions on two pitoi from Kuntillet 'Ajrud. VT 37 (1987), S. 180 ff.
391. S. Schroer: In Israel gab es Bilder. Fribourg 1987.
392. J. Jeremias: Das Königtum Gottes in den Psalmen. FRLANT 141 (1987).
393. K. Koch: Aschera als Himmelskönigin in Jerusalem. UF 20 (1988), S. 97 ff.
394. J. C. de Moor: The Seasonal Pattern in the Legend of Aqhatu. SEL 5 (1988), S. 61 ff.
395. E. S. Gerstenberger: Jahwe – ein patriarchaler Gott? Traditionelles Gottesbild und feministische Theologie. Stuttgart 1988.
396. O. Loretz: Ugarit und die Bibel. Kanaanäische Götter und Religion im Alten Testament. Darmstadt 1990.

# Bildnachweis

Ägyptisches Museum, Kairo (Abb. 8, 25);
Benziger Verlag/Neukirchener Verlag,
Neukirchen-Vluyn (Fig. 2, 3, 4, 5, 6, 7, 14,
18, 20, 26, 27, 31, 32, 33); Biblical Archeo-
logical Review (Fig. 24, 28, 29); Bertels-
mann Verlag, München/Gütersloh/Wien
(Fig. 16); E. J. Brill, Leiden (Fig. 19, 30);
British Museum, London (Abb. 9, 11, 44,
48); Christophorus-Verlag, Freiburg i.
Brsg./Aussaat Verlag, Neukirchen-Vluyn
(Fig. 10, 17, 25); Cyprus Museum, Nicosia
(Schutzumschlag); DuMont Verlag, Köln
(Fig. 1, 8, 9, 13, 23); Harry Thomas Frank
(Abb. 3); Dr. Paul Garber and Southeastern
Films, Atlanta/Georgia (Abb. 38); David
Haris (Abb. 5); Max Hirmer, München
(Abb. 6, 7); Institute of Archeology,
Hebrew University of Jerusalem (Abb. 4);
The Israel Museum, Jerusalem (Abb. 14,
39); Paul Jordan (Abb. 13, 15, 17, 19, 20);
Kathleen M. Kenyon, Jerusalem. Bergisch
Gladbach 1968 (Abb. 1, 36, 37); M. Kos-
pach, Köln (Abb. 21); Musée du Louvre,
Paris (Abb. 16, 23, 24, 26, 27, 28, 29, 45);
Miriam Magall (Abb. 18); Benjamin Mazar,
Der Berg des Herrn. Bergisch Gladbach
1979 (Abb. 2); Ze'ev Meshel, Jerusalem
(Abb. 30); Musées Royaux, Brüssel
(Abb. 10); National Council of Tourism in
the Lebanon (CNTL), Beirut (Abb. 22); The
Oriental Institute Museum, University of
Chicago (Abb. 32, 33); Patmos Verlag, Düs-
seldorf (Fig. 12); Ernst Reinhardt Verlag,
München (Fig. 11); Beno Rothenberg,
Timna. Bergisch Gladbach 1973 (Abb. 35);
Staatliche Museen Preußischer Kultur-
besitz, Ägyptisches Museum, Berlin
(Abb. 40); Staatliche Museen Preußischer
Kulturbesitz, Antiquarium, Berlin
(Abb. 47); Yigael Yadin (Abb. 12, 31, 34,
41, 42, 43, 46).

# REGISTER